Hollitzer Allee
DONAUBRÜCKE - MARCHFELD
Steinerweg
Steinerweg
DONAU
1
P
Am Stein
2
KURPARK
3
4
König-Stephan-Gasse
Sulzbach
Badgasse
KIRCHENBERG
P
5
B9
6
7
PFAFFENBERG
8
P
P
Haydn-Weg
9
10
Pfarrer-Maurer-Gasse
Dorfweg
Badgasse
Dr. Sommer-Weg
11
13
Emil-Hoffmann-Gasse
12
Erhardgasse
14
Hainburger Straße
Berggasse
15
BAHNHOF
16
Neustiftgasse
Bahnweg
Hundsheimer Straße
Mühlaugasse
Carnuntumgasse
Wiener Straße
Sulzgasse
P
Limesgasse
Korngasse
Steinabrunngasse
Sulzgasse
17
Feldgasse
MÜHLÄUGL
Wiener Straße
Windmühlstraße
Probusgasse
Erbstadtgasse
Feldgasse
Marbodgasse
Marc-Aurel-Gasse
Steinabrunngasse
18
Kaiser-Konstantin-Gasse
Roseggergasse
20
19
Diocletiangasse
Trajangasse
Burggasse
AMPHITHEATER
P
21
Tiberiusgasse
MÜHLGARTEN
Mithrasgasse
B9
HUBERTUSKAPELLE
22

Bad Deutsch-Altenburg

BILD EINER GEGEND

Für Wolfgang!

herzlichst zugeeignet!

In Erinnerung der guten, ersprießlichen und auch lustvollen Jahre der Zusammenarbeit ad multos annos

Herbert

Wien, am 2. August 2000

Impressum

Text- und Bildredaktion sowie Lektorat:
Redaktion Tagbau (Käthe Springer, Katharina Sacken).
Graphische Gestaltung, technische Betreuung und
Entwurf des Schutzumschlags (unter Verwendung
eines Fotos von Andreas Balon): Loys Egg.
Repros: Digital Laut.
Herstellung: Holzhausen, A-1070 Wien.

Die Deutsche Bibliothek – CIP-Einheitsaufnahme

Ein Titeldatensatz für diese Publikation ist bei
der Deutschen Bibliothek erhältlich
ISBN 3-205-99150-8

Das Werk ist urheberrechtlich geschützt. Die dadurch
begründeten Rechte, insbesondere die der Übersetzung,
des Nachdruckes, der Entnahme von Abbildungen,
der Funksendung, der Wiedergabe auf photomechanischem
oder ähnlichem Wege, der Wiedergabe im Internet und
der Speicherung in Datenverarbeitungsanlagen, bleiben,
auch bei nur auszugsweiser Verwertung, vorbehalten.

© 2000 by Böhlau Verlag Ges.m.b.H. und Co. KG, Wien · Köln · Weimar
http://www.boehlau.at

Gedruckt auf umweltfreundlichem, chlor- und säurefreiem Papier.

Bad Deutsch-Altenburg

BILD EINER GEGEND

Herausgeber

GERTRUDE GENG-SESZTAK

WALTER KREMS

HERBERT LACHMAYER

böhlau Wien

*Die Dauer des menschlichen Lebens ist ein Augenblick –
das Wesen ein beständiger Strom.*

MARC AUREL

INHALT	9	ZUM GELEIT HERMANN TERSCINAR
	13	AN EINER GRENZE HERBERT LACHMAYER
	17	ORT UND GEGEND KÄTHE SPRINGER
	29	ZUR GESCHICHTE DES ORTES GERTRUDE GENG-SESZTAK · KÄTHE SPRINGER
	85	CARNUNTUM. GRABUNGSGESCHICHTE UND BEDEUTUNG HILKE THÜR
	103	DIE DONAU GERTRUDE GENG-SESZTAK
	125	DAS KURBAD GERTRUDE GENG-SESZTAK
	139	VERKEHR UND ERSCHLIESSUNG GERTRUDE GENG-SESZTAK
	149	DAS DORF GERTRUDE GENG-SESZTAK
	233	KIRCHENBERG UND KIRCHE GERTRUDE GENG-SESZTAK
	283	DIE STEINBRÜCHE GERTRUDE GENG-SESZTAK · KÄTHE SPRINGER
	313	DER TEMPELBEZIRK AUF DEM PFAFFENBERG HILKE THÜR
ANHANG	331	SCHRIFTLICHE QUELLEN ÜBER „HAINBURG" AUS DER MITTE DES 11. JAHRHUNDERTS, NEBST EINEM AUSFLUG INS AUSGEHENDE 9. JAHRHUNDERT – INHALT, PROBLEME, FRAGEN · HEIDE DIENST
	345	URKUNDE AUS DEM STIFTSARCHIV GÖTTWEIG MIT DER ERSTNENNUNG DES NAMENS ALTENBURG
	346	VERZEICHNIS DER ABGEBILDETEN STICHE
	347	VERZEICHNIS DER ABGEBILDETEN LANDKARTEN
	348	LITERATUR
	350	ORTSRICHTER, BÜRGERMEISTER, SCHULLEHRER, OBERLEHRER/SCHULDIREKTORINNEN UND PFARRER
	351	STATISTIK
	352	BILDNACHWEIS
	353	REGISTER
	359	AUTORINNEN UND AUTOREN
	360	DANK

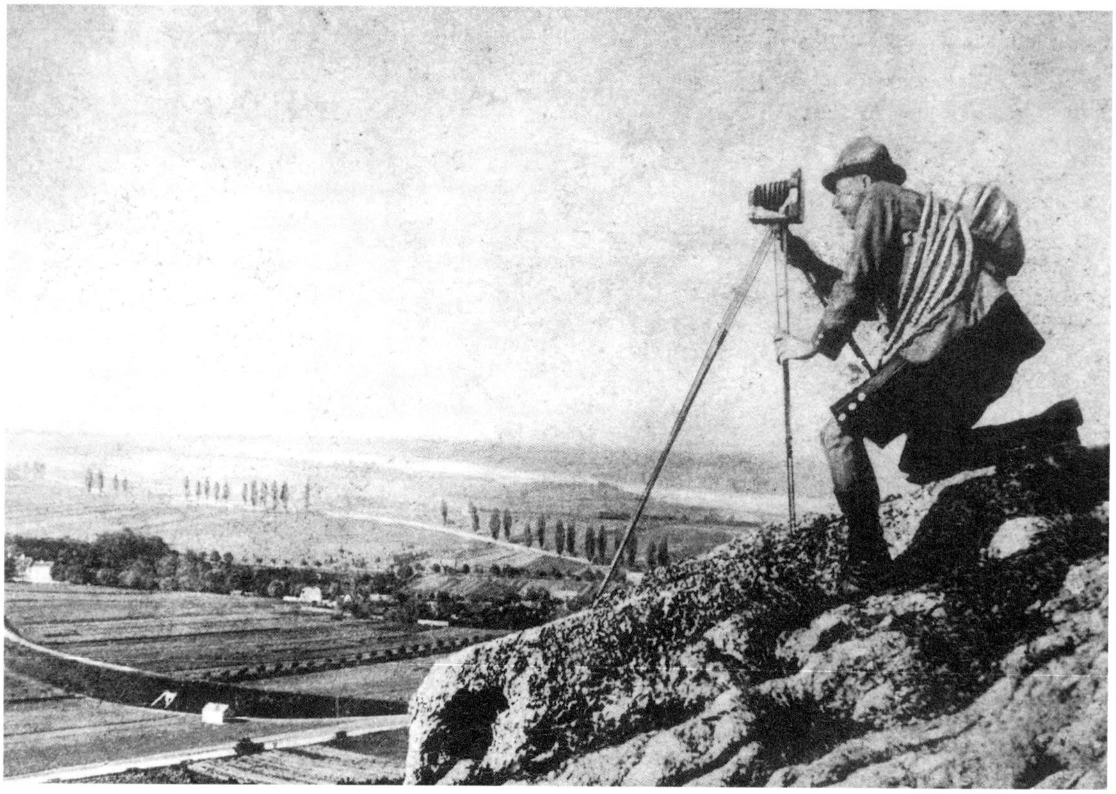

Zum Geleit

Wer das Gestern kennt, wird auch das Heute begreifen und das Morgen bewältigen können. Dieser Grundsatz gilt für die „große" Geschichte, aber auch für die Entwicklung einer Region und ganz besonders für die eines Ortes.

Überdies blickt (Bad) Deutsch Altenburg im Jahr 2000 auf sein 150jähriges Bestehen als freie Gemeinde zurück: 1850 fanden die ersten freien Gemeindewahlen statt, und erst seit jenem Jahr gibt es in Österreich frei gewählte Gemeinderäte und Bürgermeister statt der bis dahin eingesetzten Ortsrichter mit ihren „Geschworenen".

Nicht zuletzt deshalb präsentiert das vorliegende Buch anschaulich die reiche, bewegte Vergangenheit von Bad Deutsch-Altenburg: Nur solches Wissen um das Werden des Ortes vermag uns zu einem besseren Verständnis der gegenwärtigen Probleme und ihrer Lösungsentwürfe zu führen.

Dieses Buch richtet sich an die Bevölkerung des Ortes, an unsere Gäste, an alle, die sich über Bad Deutsch-Altenburg und seine Umgebung informieren möchten. Es will das Bewußtsein der Bürgerinnen und Bürger über die eigene Herkunft schärfen, die Verbundenheit mit dem Heimatort vertiefen und gerade auch junge Menschen dazu anregen, an der Vergangenheit zu lernen und sich engagiert an der Gestaltung der Zukunft ihrer Gemeinde zu beteiligen.

Der Band setzt die Arbeiten verdienstvoller Regionalhistoriker fort: das längst vergriffene „Bad Deutsch-Altenburg" von Franz Müllner ebenso wie „Bad Deutsch-Altenburg in alten Fotografien" von Walter Krems; beide Werke haben zusammen mit der langjährigen Arbeit von Gertrude Geng-Sesztak wesentlich zum Entstehen des neuen Buches beigetragen.

Mein Dank als Bürgermeister von Bad Deutsch-Altenburg gilt allen, die daran mitgewirkt haben: den Herausgebern und den Autorinnen, der Redaktion Tagbau für die sorgfältige Durchführung und insbesondere den Hollitzer Baustoffwerken sowie Herrn Gewerken Hans Weidinger, die das Projekt ermöglichten und diesen Band anläßlich ihres Jubiläums „150 Jahre Unternehmung Hollitzer" den Bad Deutsch-Altenburgern widmen.

Möge das Buch zum Erfolg werden und das Interesse vieler Menschen an unserem Ort und seiner Gegend wecken!

ING. HERMANN TERSCINAR

Bürgermeister
der Marktgemeinde Bad Deutsch-Altenburg

Ich habe noch einmal die Häuser in der Badgasse gemalt. Nächstes Jahr wird es sie nicht mehr geben. Links im Vordergrund mit dem schönen Rauchfang das Haus vom Grill Gustl. Hinter der verschlossenen Türe und dem Fenster hat eine Tante vom Gustl ein Geschäft gehabt. Milch und Käse hat sie dort an Kurgäste verkauft. Es wird so in den Jahren 1928, 1929 gewesen sein. Gegenüber ist das Haus vom Köpf Gustl zu sehen. Er war unverheiratet, so wie seine Schwester, die Mitzl, mit der er in diesem Haus gewirtschaftet und gewohnt hat. Im Hintergrund, in der Mitte des Bildes, das Illekhaus. Darin haben etliche Persönlichkeiten gewohnt die mit dem kulturellen Leben in B.D. Altenburg etwas zu tun hatten. Der Oberlehrer Bauer, die Boyer Familie, der Ing. Braun, der Horadt Franz.
Die ganze Szene ist menschenleer, bis auf den einen Mann, der vom Badehaus weggeht. Ich gehe noch einmal an den Häusern vorbei die es bald nicht mehr geben wird und bald wieder das sein werden, was sie einmal waren, Steine und Sand.

Bad Deutsch Altenburg, 1976 W. Kern

Die Badgasse. Ölbild von Walter Krems, 1976.

An einer Grenze

HERBERT LACHMAYER

Die heutige historische Situation Europas führt uns die Entstehung und Auflösung von Grenzen vor Augen. Damit rückt unter anderem die Frage nach der *Identität einer Region* stärker ins Bewußtsein ihrer Bevölkerung. In Zeiten des sogenannten Eisernen Vorhangs waren die Grenzen zu Ungarn und zur damaligen Tschechoslowakei monumentale Barrieren; für die Gegend um Bad Deutsch-Altenburg und Hainburg an Österreichs Ostgrenze schienen sie etwas zu verewigen, was entlang der damaligen Grenze der Bundesrepublik Deutschland (BRD) zur ehemaligen DDR ‚Zonenrandgebiet' genannt wurde. Es war wohl auch eine Situation ‚im Eck', einer Halbinsel gleich, von der aus Bewegung und Verkehr eben nur in eine Richtung stattfinden konnten – zum Westen hin. Die Erinnerung an einen ‚offenen Osten' war weit weg, von grauenhaften Kriegsereignissen und einer schwierigen Nachkriegszeit überlagert. Erst in den achtziger Jahren begann angesichts eines ‚milderen Ostblocks', der immer mehr erstarrt und daher brüchig geworden war, eine neue Entwicklung. Heute haben Arbeitsmarkt, Währung, Tourismus, internationaler Lastenverkehr usw. die eisernen Grenzen des ‚kalten Krieges' von einst neu definiert und wieder in beide Richtungen durchlässiger werden lassen. Dies bringt uns die Erinnerung an die historischen Zeiten vor dem Zweiten Weltkrieg näher, die Erinnerung an die Monarchie, die Türken, das Heilige Römische Reich, die slawische Welt, an Awaren und Hunnen, an die Römer und ihren Germanenwall, an Kelten und Illyrer – kurzum, das Bewußtsein einer *lebendigen Grenze* ist plötzlich wieder da.

Von der *Identität einer Region* zu sprechen, wirkt für deren Einwohner oft reichlich abstrakt: Worte wie ‚Heimat', ‚Zuhause', ja, selbst ‚Gegend' klingen viel konkreter, vertrauter und auch den Gefühlen angemessener, die man möglicherweise damit verbindet. *Identität* eines Ortes, einer Gegend, einer Region oder eines Landes meint den *inneren* Zusammenhang jener persönlichen und gemeinschaftlichen Momente (soziale, ökonomische und kulturelle), die auch *äußerlich* in Wechselwirkung zueinander stehen – und die Bewohner mit dem Bewußtsein und Gefühl von Zusammengehörigkeit ausstatten. *Zusammengehörigkeit* bedeutet Verbundenheit des einzelnen mit der lokalen Gemeinschaft, bedeutet familiäre und gesellschaftliche Verwurzelung in einem sozialen Gemeinwesen, wo man einander kennt, mit Familienverhältnissen und Einzelschicksalen wechselseitig oft über Generationen vertraut ist. So kann jeder sich jederzeit über den anderen definieren: nicht zuletzt im Tratsch – den wir als Urheber zwar gern verleugnen und als seine Opfer oft verwünschen, ohne den jedoch eine merkliche Verarmung des sozialen Lebens einträte. Die Eigenart der Landschaft, der typische Eigensinn ihrer Bevölkerung, das kulturelle Erbe, aber auch das durch Tourismuspflege entstandene ‚Image' – all dies gehört zur besonderen regionalen Identität. Diese ist Voraussetzung, damit man sagen kann: „Ich war lange weg" (und meint ‚von zu Hause'); oder: „Wir haben ein Haus gebaut" (und meint am Ort, wo man aufgewachsen ist); oder: „Wir werden jetzt von denen überlaufen" (und meint damit Fremde, die neuerdings die Gegend besuchen, aber nicht immer nur durch sie durchfahren wollen). *Hüben* und *Drüben* sind die Kategorien der Selbstdefinition einer Gegend, zu der man gehört: Grenzen sind also die politischen, kulturellen wie geistigen Voraussetzungen dafür, daß es dieses *Innere*, diesen magnetischen Zusammenhalt gibt – diese fast zur „zweiten Natur" gewordene Ortsgebundenheit, an der sich eben auch unser Heimatgefühl festmacht.

Die Donau war aus der Sicht der Römer *Grenze* und *Schwelle* nach Norden, die Porta Hungarica aus der Sicht des Deutschen wie des habsburgischen Reiches,

Grenze und *Tor* zum Osten. Beide – die Donau, wie die von ihr durchbrochene Bergkette – bilden als geographische Gegebenheiten *natürliche* Grenzen. In Friedensverhandlungen etwa wurde eine solche ‚Naturgegebenheit' als naheliegende Voraussetzung einer Grenze wie selbstverständlich angesprochen. So wies Spanien im Frieden von Cateau-Cambrésis 1529 das Begehren Frankreichs zurück, jene Grenze wiederherzustellen, die anderthalb Jahrtausende zuvor Julius Caesar für Gallien eingerichtet hatte. Die Begründung war, „que les montagnes constituent des *frontières naturelles*", nämlich, „daß die Berge *natürliche Grenzen* bilden".

An solchen Charakteristiken läßt sich erkennen, wie leicht strategische Vorteile – z.B. Fluß und Berg – über ihre militärische Funktion hinaus hohe symbolische Bedeutung gewinnen können.

Unter Grenze versteht man in der griechischen Philosophie, etwa bei Aristoteles, auch *Schranke*; dafür steht im Lateinischen *limes* oder *terminus*, was zur Definition der ‚endlichen Dinge' dient. Gottfried Wilhelm Leibniz verwendet – wie bis ins 18. Jahrhundert üblich – *Schranke* und *Grenze* gleichbedeutend; was im philosophischen Denken abstrakt in eins gesetzt ist, findet sich in der banalen Alltagsrealität des Schrankens an der Zollstation wieder. In der Entwicklung des Infinitesimalkalküls (bekannt durch die Logarithmenrechnung, ohne die es heute keinen Computer gäbe) wurde ‚Grenze' zum festen Begriff: Leibniz bezeichnet damit den Grenzwert einer konvergenten Zahlenfolge. Erst gegen Ende des 18. Jahrhunderts unterscheidet Immanuel Kant Schranke und Grenze begrifflich: „In der Mathematik und Naturwissenschaft erkennt die menschliche Vernunft zwar Schranken, aber keine Grenzen." In der Philosophie des „Deutschen Idealismus", etwa bei Johann Gottlieb Fichte und Georg Friedrich Hegel, wird der Begriff der Grenze unter anderem auf die *Selbstbegrenzung des Ich* angewendet und charakterisiert für dieses Ich die trennende Beziehung von etwas *Endlichem* zum *Unendlichen*, das an dieses Ich grenzt.

Die Unterscheidungen der Philosophie erscheinen auf den ersten Blick haarspalterisch. Sie treffen aber einen Sachverhalt, der auch für unser Alltagsbewußtsein bedeutsam sein kann: Wo der Flecken Erde, den man Heimat nennt, aufhört, beginnt das Gefühl der Unendlichkeit, deren Schwelle man gerade dort zu überschreiten meint. Darin ist alle Sehnsucht begründet, die ‚von hier aus' in die Ferne drängt, umgekehrt auch jener ‚Heimatsog', der viele aus der Ferne wieder zurückkehren läßt. Die Grenzen, um die es da geht, sieht man nicht: Sie sind nur *innerlich* vorhanden. Sie können aber nach außen hin vorurteilsgeladene Folgen haben, z.B. wenn es sich um die (oftmals nur eingebildeten) *kulturellen* Grenzen zwischen Einheimischen und „Zugereisten" dreht.

Der Wiener Philosoph Richard Heinrich hat in seiner Abhandlung „Die Grenze zwischen Scharfsinn und Stumpfsinn" zu Recht darauf hingewiesen, daß *Denken* und *Begrenzung* in sehr prekären Verhältnissen zueinander stehen. „Es ist ja nicht so, daß wir die Grenze bloß denken, und in Wirklichkeit ist sie gar nicht da. Genau so massiv drängt sich das Gegenteil auf: daß sie nämlich völlig offenkundig da ist, und wir können sie nicht denken. Das ist das Aneinanderstoßen zweier Farbfelder. Diese Grenze sehen wir, aber wenn wir auch das, was wir sehen, reflektieren, dann können wir kein Etwas dingfest machen, das diese Grenze wäre, noch zu den Farbfeldern dazu."

Um zu verhindern, daß eigenes und fremdes Gebiet – gleichsam Freundes- und Feindesland – just ihre Grenze miteinander teilen müssen, erfand man das *Niemandsland*: Nicht wenige Städte oder Reiche haben mit doppelten Grenzführungen operiert. Altbabylonische und altchinesische Städte waren von zweifachen Mauern umgeben – nicht allein aus Gründen der Verteidigung.

Auch die Berliner Mauer wurde 1961 als „Doppelmauer" errichtet: Die eine Mauer bildete die Abgrenzung des eigenen Gebiets (Innenmauer), die andere fungierte als Ausgrenzung des fremden Territoriums (Außenmauer). Wohl militärisch motiviert, war der Zweck der Mauer weniger die Verteidigung nach außen, als der unmenschliche Versuch, die Paradiesesgrenzen des real existierenden Sozialismus nach innen ‚dichtzumachen'.

In dem solchermaßen definierten Zwischenraum hielten altorientalische Städte gelegentlich Bären oder andere wilde Tiere; zwischen den beiden Berliner Mauern lag die berüchtigte „Todeszone". In diesem Sinne war der „Eiserne Vorhang" überwiegend als Doppelgrenze konzipiert. So erstreckte sich zwischen der ungarischen und der österreichen Staatsgrenze ein Niemandsland, in dem unter anderem nach dem Umsturz in Rumänien zahlreiche Flüchtlinge kampierten, die zwar aus Ungarn ausreisen, aber noch nicht nach Österreich einreisen durften.

Die Rede vom Niemandsland erinnert an den Krieg. Besonders an der Westfront des Ersten Weltkriegs markierten einander gegenüberliegende Schützengräben die jeweils besetzten „Grenzen". Dazwischen klaffte ein durch Artilleriefeuer verwüstetes, noch nicht besetzbares Niemandsland.

Eine Grenze erkennen, sagt man, heißt, sie überschreiten. Was uns als Grenze zurückhält, uns in Sicherheit und Vertrautheit wiegt, lockt zugleich, darüber hinauszugehen: sich auf Unbekanntes, auf Gefährliches und Risikoreiches, auf alles „Drübere" einzulassen – und auch hinzugehen. Grenze bedeutet Bewußtsein von Ambivalenz und Ambiguität – daß die Dinge meistens *zwei Seiten* haben, ein Für und Wider, ein Gut und Böse, einen Nachteil und einen Vorteil. In dieser Einsicht liegt freilich auch die *Neigung zum Relativieren* begründet – oft negativ bewertet als Hang zum möglicherweise ‚faulen' Kompromiß. Positiv gewendet, läßt sich daraus jene weltbürgerliche Weisheit gewinnen, die uns befähigt, an einer Sache zwei oder mehr Seiten nicht nur zu sehen, sondern auch zu verstehen. Dies jedoch nicht aus dem Kalkül diplomatischer Berechnung, sondern aus einem Selbstgefühl *souveräner Toleranz* und der Großzügigkeit, kulturell Anderes gewähren zu lassen.

Ein solches Verständnis von Grenze kommt einem vernünftigen, aufgeklärten Bewußtsein gleich: es begreift die *Vielfalt* menschlicher Zivilisation, Kultur und Kreativität als Gewinn. Das Bewußtsein ‚im Zeichen der Vernunft' ist im Idealfall frei von Angst vor allem Fremden. Fremdenangst flüchtet panisch ‚nach vorn': in die Totalität der Herrschaft einiger weniger Auserwählter über alle. Wäre endlich alles unter den ‚Ordnungsdeckel' gebracht, alles Fremde in diese Ordnung gezwungen, durch sie beherrscht oder von ihr ausgetrieben – dann wäre vermeintlich das Hauptproblem einer komplexen Menschheit bewältigt. Dabei war, was heute mit den Schlagworten ‚interkulturell', ‚kulturelle Kompetenz' und ‚neue Internationalität' für ein *vereintes Europa von morgen* bedacht wird, bereits zu Zeiten der österreichisch-ungarischen Monarchie eine politische, soziale und kulturelle Praxis.

Die Bedeutungsvielfalt des Wortes Grenze umfaßt auch den psychischen Bereich. In der Benennung psychischer Zustände ist *delirös*, ebenso wie *borderline* (Grenzlinie), ein Wort, das etwas Prekäres und verhaltensmäßig aus der Norm Fallendes bezeichnet: eine Person, die sich in Grenzzuständen befindet, möglicherweise von einem Extrem ins andere ‚kippt', oder jemanden, der nicht genau weiß, wohin er gehört, der unzuverlässig und nicht belastbar ist. Delirös heißt buchstäblich *de linea ire*, ‚über die Linie gehen', was im heutigen Sprachgebrauch eben einen *psychischen Grenzgang* meint. Diese Wortverwendung von *grenzgängerisch* – vom Aufenthalt im psychischen Niemandsland sozusagen, einem *in between* oder *Zwischenraum* – können wir ohne weiteres auf unsere Grenzüberlegungen übertragen, die von vergleichsweise realen Grenzen einer Gegend, einer kulturellen Region ausgegangen sind. Unschwer kommen wir dabei ins Nachdenken über eigene und fremde Kultur, eigene und fremde Sitten, befremdliche Heimat und heimgebende Fremde – unsere eigenen Werte und Bewertungen: Dieses Nachdenken über das Thema *Grenzen* – das in der Gegend von Bad Deutsch-Altenburg ein historisch angereichertes ist – führt uns immer wieder in die trübe Welt der Vorurteile, des Fremdenhasses und jener ausgrenzenden Ideologien, mit denen kein friedliches Europa gemeinsam gestaltet werden kann. Ein Blick in die Geschichte und die Bereitschaft, aus ihr zu lernen, hilft bei der Überwindung dieses zerstörerischen, für das Zusammenleben von Menschen unterschiedlichster Herkunft und Lebensart stets gefährlichen Gedankenguts: Durchmischungen von Kulturen und ethnischen Gruppierungen in Grenzgegenden – sie waren immer auch eine produktive Kraft gesellschaftsbildender und kultureller Erneuerung. Diese urbane und weltbürgerliche Perspektive gilt heute für jede Region eines zukunftsbewußten Europas. „Provinz ist kein Ort, sondern ein Zustand", nannte es einmal der Linzer Informatiker Gustav Pomberger. Er meinte damit nicht die Bezeichnung einer ländlichen Gegend; er zielte auf die Borniertheit und Überheblichkeit derjenigen, die da meinen, daß beispielsweise die Ausgrenzung der ‚Fremden' als eine Voraussetzung für die Steigerung des eigenen lokalen Selbstwertgefühls legitim sei und man darin wahrhaft patriotisch wäre. Es kommt indes vielmehr darauf an, durch das Verständnis der fremden Kulturen ein wirkliches Selbstbewußtsein zu erlangen: nicht innerhalb der eigenen Begrenztheit sich selbstgefällig einzubunkern, sondern im Überschreiten gerade dieser eigenen Grenzen dem ‚Anderen' im Gestus souveräner Anerkennung menschlich zu begegnen.

Namen von Straßen, Flüssen oder Brücken erinnern stets an das Trennende wie an das Zusammenführende. So war im Großen wohl die *Bernsteinstraße* für viele Jahrhunderte als relevante Nord-Süd-Verbindung von hervorragender interkultureller Bedeutung. So ist es die Donau noch heute – sie blieb selbst in Zeiten des ‚kalten Krieges' zumindest ein Transportweg zum Schwarzen Meer, sie verlieh und verleiht den Regionen an ihrem Ufer eine *verbindende Identität*, auf die unter verschiedensten Umständen immer wieder zurückgegriffen wird.

Schließlich ist es die *Gegend* selbst, die als Reiseziel wie Durchzugsstrecke zu grundsätzlichen Betrachtungen einlädt. Auch der römische Kaiser Marc Aurel hat sich während seiner Aufenthalte in Carnuntum mit solchen Gedanken beschäftigt. Gegen Ende seines Lebens gelangte er zu dem Schluß: „Entweder lebst du hier und hast dich bereits eingewöhnt oder du ziehst fort und wolltest es so oder du stirbst und hast deinen Dienst getan. Darüber hinaus gibt es nichts. Aber sei frohen Mutes."*

---

* *Marc Aurel: Wege zu sich selbst. München 1990. Zehntes Buch, Abschnitt 22.*

Ort und Gegend

KÄTHE SPRINGER

Blick vom Braunsberg über Hainburg und Deutsch Altenburg auf das Wiener Becken. Anonymes Ölgemälde, nach 1818.

„… jenseits des Flusses breitet sich in einem grossen Plaz eine Ebene deren Feldern aus, gegen Mittag gehet ein jäher Fußsteig, allwo man fruchtbare Aecker, und die Denckmahle der von dem Attila verwüsteten Stadt Carnunta siehet; ein Bach schneidet das gegen Niedergang liegende Hügelein ab, welches wegen Fürtrefflichkeit des Schlosses, Schönheit des Zierd-Garten und Annehmlichkeit des Schatten Betrachtungs würdig ist; gegen Aufgang steiget aus denen lebhafften und glänzenden Felsen ein Berg auf, dieser, je mehr er sich erhöhet, je rauher wird er von denen Wäldern, Dorn-Stauden, und von denen tieff-eingerissenen Löchern deren Felsen, und Wegen, Anfangs ist er niedriger und glatter, dannoch aber wegen der Kirchen berühmt, er ernähret auch unfruchtbare Äcker, dann das grausame Wüten deren Winden, und die unnützliche Menge der Ochra läßt nicht einmal das Gras aufwachsen; am Fuß des Berges ist das von seinem Bad beruffene Dorff Altenburg …"

Eigentliche Beschreibung deren Berühmten dreyen Gesundheits-Bädern in dem Ertz-Hertzogthum Oesterreich unter der Enns, übersetzet von J. A. C. v. S., Nürnberg und Wien 1734

Plan der zerstöhrten Stadt Carnunto. 1. Haimburg. 2.
Triumph-Bogen. 6. Zerstöhrtes Dorff Stainabrun. 7. Alte m...

1. Römisch-Heydnischer Triumph-Bogen. 2. Alter Thurn von S...
4. Pfarr Kirche zu Teutsch Altenburg. 5. Hainburg. 6. P...

Die Umgebung der zerstörten Stadt Carnuntum. Stich aus „Alt- und Neues Oesterreich" von Mathias Fuhrmann, 1734–1737. (Angabe S. 346)

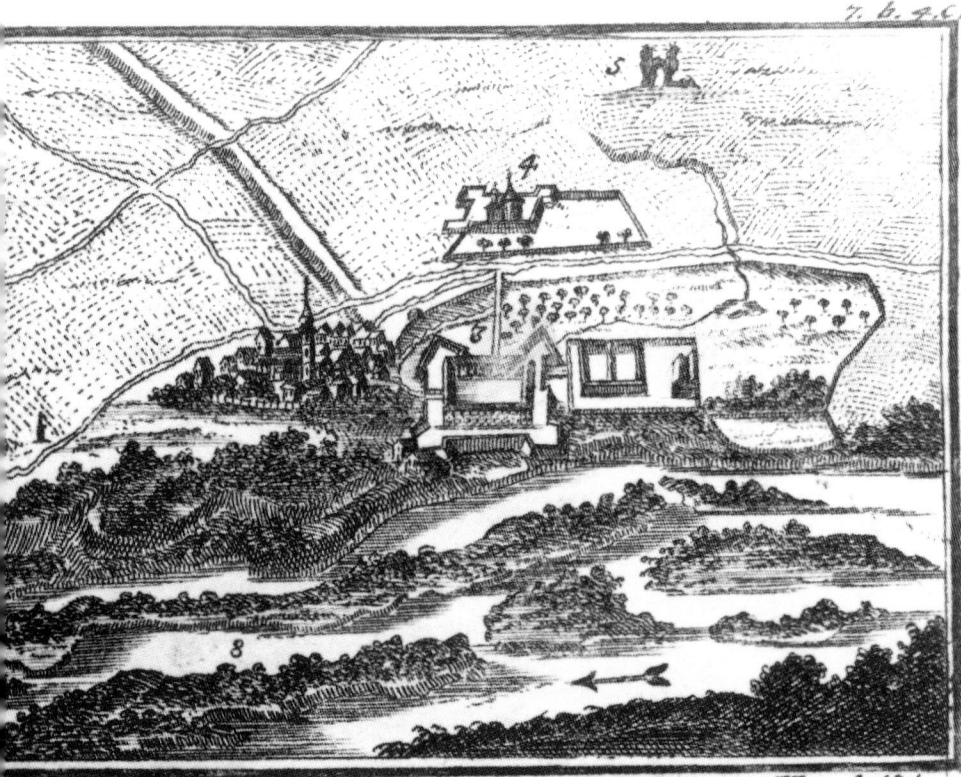

…urg. 3. Petronell. 4. S. Iohanns Kirche. 5. Heydnischer
…ke der Stadt Carnunto. 8. Donau flus.

…un. 3. S. Iohanns Kirche von denen Tempel-Herren erbauet.
… 7. Theben.

Bad Deutsch-Altenburg, etwa 40 km östlich der Bundeshauptstadt Wien am rechten Donauufer gelegen, ist auf altem Siedlungsgebiet entstanden. Der Ort befindet sich in der Mulde eines kleinen Tales auf 138 Metern Seehöhe – im Norden von der Donau begrenzt (auch wenn das Donauufer seit der Regulierung des Flusses zum Gemeindegebiet von Petronell bzw. Hainburg gehört), an den anderen Seiten von Hügeln umgeben: Im Osten erstreckt sich der Kirchenberg (178 m) mit der romanisch-gotischen Marienkirche, dem weithin sichtbaren Wahrzeichen des Ortes. Dahinter erhebt sich markant der Pfaffenberg (327 m), auf dem sich einst der Tempelbezirk der römischen Lagerstadt Carnuntum befand. Die Kultstätte war von großer Bedeutung für Oberpannonien: Ein Tempel (vielleicht der kapitolinischen Trias Juppiter, Juno und Minerva), Kaiseraltäre, ein Kulttheater u.a. wurden hier in den Jahren zwischen 1970 und 1985 freigelegt; heute prägt den Berg der in Stufen erfolgende Steinabbau. Im Südwesten steigt der Krainerhügel (auch Kreiner- oder Greinerhügel, 168 m) an, der in den letzten Jahrzehnten durch die Ausdehnung des Ortes als Siedlungsgebiet erschlossen wurde.

Westlich von Bad Deutsch-Altenburg, in nur 5 Kilometern Entfernung, kennzeichnen das bekannte *Heidentor* sowie die Ausgrabungsstätte des römischen Carnuntum die Umgebung. Auch im Garten des Schlosses Petronell finden sich bauliche Spuren von Roms bedeutendem Erbe an der Donau. Heute zählen die Ruinen Carnuntums – seit 1996 ein „Archäologischer Park" – zu den wichtigsten archäologischen Stätten Mitteleuropas. Zudem findet im Sommer das jährliche Festival *Art Carnuntum* statt, das zeitgenössisch inszeniertes antikes Theater im römischen Amphitheater bietet.

„Schloss vndt Herrschafft Petronell sambt ihren Marcktdörffern".
Aus Matthäus Merians „Topographia", 1649.
(Angabe S. 347)

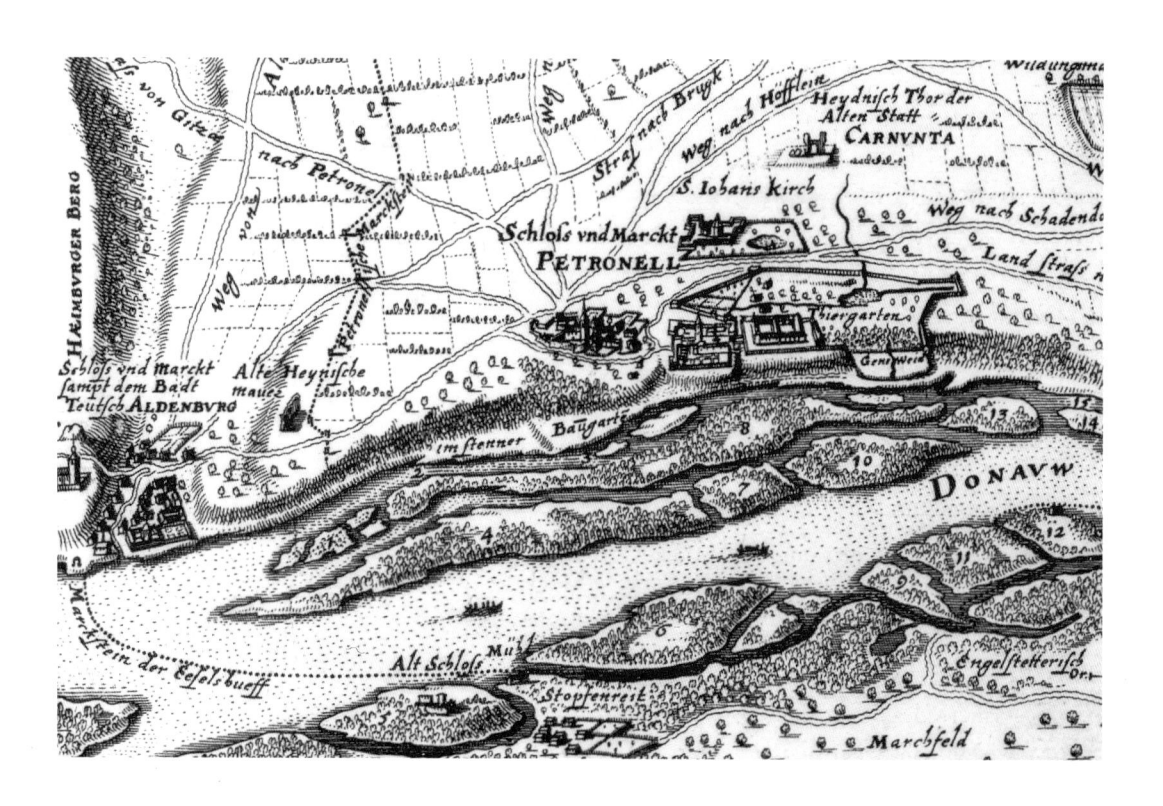

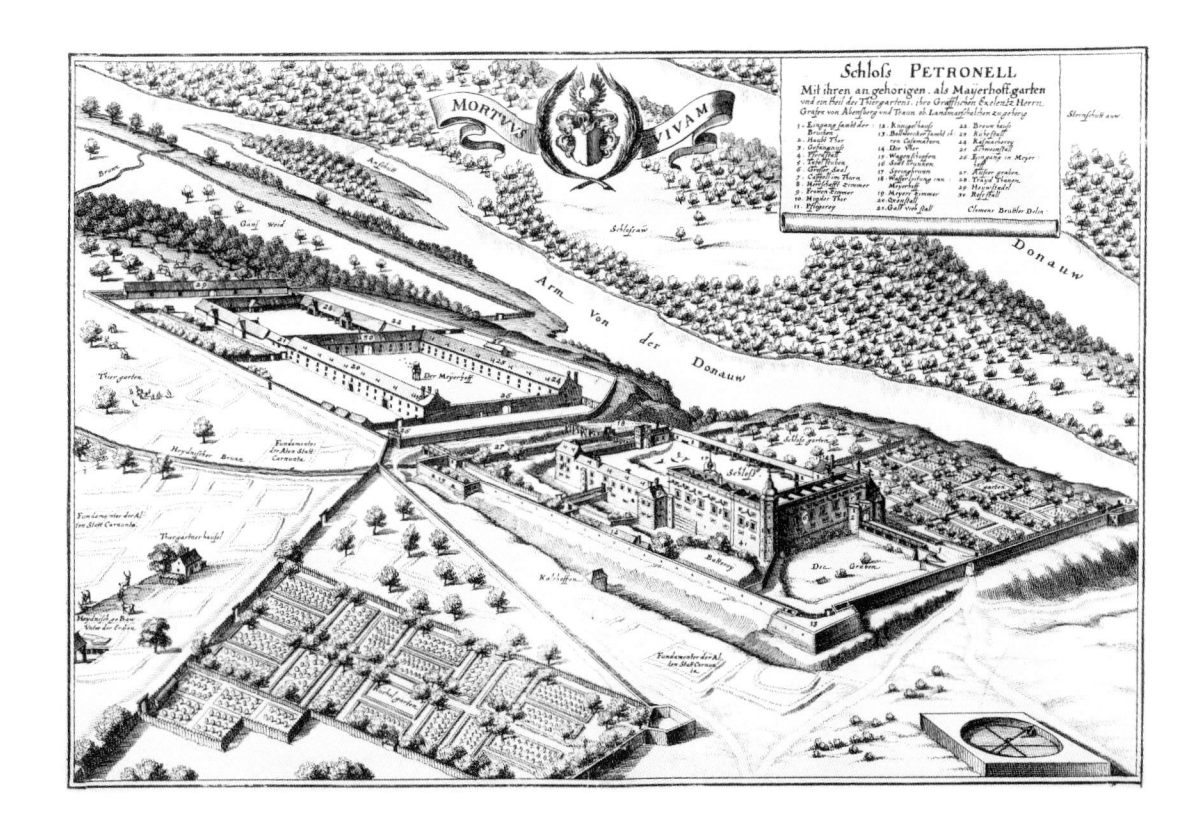

Schloß Petronell. Aus Matthäus Merians „Topographia", 1649. Auf dem Stich sind mehrere Ruinenstätten markiert. (Angabe S. 346)

3 Kilometer östlich von Bad Deutsch-Altenburg liegt die Stadt Hainburg mit den Resten einer mittelalterlichen Burg; diese wurde erbaut, als die alte Wallburg auf dem benachbarten Kirchenberg – als „alte Burg" Namensgeberin der zu ihren Füßen liegenden Dorfsiedlung *Altenburg* – als Grenzbefestigungsanlage ausgedient hatte (das Baujahr der „neuen" Heimenburg ist umstritten: manche Historiker vermuten 1050, andere später). 1975 begann der Hainburger Verein „Schloßberggruppe" mit Sanierungsarbeiten an der Burgruine und setzte die Burgkapelle sowie den Wohnturm instand; seither werden die Burg und ihr Hof für kulturelle Veranstaltungen genützt. Die Festungsmauern der Stadt Hainburg stammen – wie jene von Bruck an der Leitha – aus der Zeit nach der Gefangenschaft des englischen Königs Richard I. Löwenherz auf Burg Dürnstein (1193), mit dessen Lösegeld sie unter Benützung von Steinen der verfallenen Stadt Carnuntum erbaut wurden (Wiener Tor, Fischertor, Ungartor). Im alten Schulhaus zu Hainburg erhielt übrigens der kleine Joseph Haydn 1737–1740 seinen ersten Unterricht; er lebte damals bei seinem Großvater Thomas Haydn, einem Wagnermeister, der als einer von rund zehn das Hainburger Gemetzel von 1683 überlebt hatte.

Ebenfalls nicht weit von Bad Deutsch-Altenburg entfernt, durch die Hollitzer-Allee entlang der Donau bequem erreichbar, thront am Fuß des Braunsbergs auf hohem, fast senkrechtem Felsen über dem Strom die Ruine Röthelstein (ursprünglich: Rottenstein). Vom ehemaligen Festungsbau aus dem 12. Jahrhundert öffnet sich ein prachtvoller Fernblick – weit über die Donau und ihre Auen, ins Marchfeld, das sich mit seinen Feldern und barocken Schlössern (mit freiem Auge gut erkennbar: Niederweiden und Schloßhof) jenseits der Donau erstreckt, und über die Staatsgrenze hinweg in die benachbarte Slowakei.

Burgreste, die ebenfalls auf die einst wehrhaften Aufgaben der Grenzregion hinweisen, finden sich auch zwischen Wolfsthal und Berg: Hier liegt auf halber Höhe des bewaldeten Königswarts am Weg nach Kittsee die Ruine Pottenburg (auch: Hasenburg), mit ihrem Blick in die Ungarische Ebene und nach Preßburg.

Hainburg „ab occidente". Aus der „Topographia" von Georg Matthäus Vischer, 1672. (Angabe S. 346)

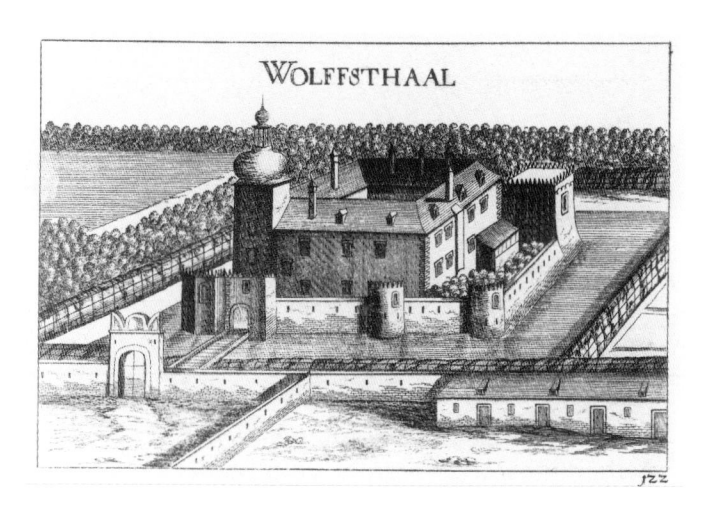

Schloß Wolfsthal. Aus der „Topographia" von Georg Matthäus Vischer, 1672. (Angabe S. 346)

Schloß zu Deutsch Altenburg. Aus der „Topographia" von Georg Matthäus Vischer, 1672. (Angabe S. 346)

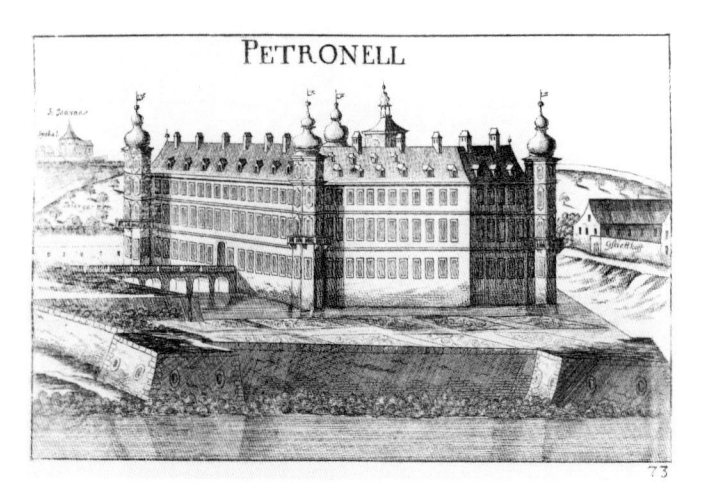

Schloß Petronell. Aus der „Topographia" von Georg Matthäus Vischer, 1672. (Angabe S. 346)

Weiter Richtung Süden, schon in den Leitha-Auen, liegt der kleine Ort Rohrau mit dem zur Gedenkstätte ausgebauten Geburtshaus von Michael und Joseph Haydn. Auch das Schloß der Grafen Harrach befindet sich hier, deren bekannte Galerie die wichtigste Sammlung neapolitanischer Malerei außerhalb Neapels beherbergt. (Aloys Thomas von Harrach war Vizekönig von Neapel zur Zeit der österreichischen Herrschaft unter Karl VI. am Beginn des 18. Jahrhunderts.) Der gräfliche Landsitz war einst ein Wasserschloß, wie ursprünglich auch die Schlösser in Petronell, Wolfsthal und Prellenkirchen sowie jenes in Bruck an der Leitha, der heutigen Bezirkshauptstadt. Bruck hat auch noch andere bauliche Schätze zu bieten: schöne Renaissancehäuser, die Stadtpfarrkirche, deren Turm der letzte Türmer Österreichs

Schloß Prellenkirchen. Aus der „Topographia" von Georg Matthäus Vischer, 1672. (Angabe S. 346)

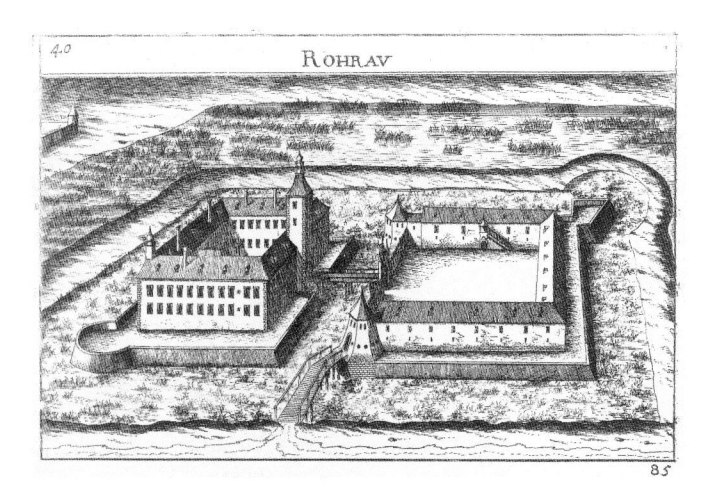

Schloß Rohrau. Aus der „Topographia" von Georg Matthäus Vischer, 1672. (Angabe S. 346)

Schloß zu Bruck an der Leitha. Aus der „Topographia" von Georg Matthäus Vischer, 1672. (Angabe S. 346)

Die Stadt Bruck an der Leitha. Aus der „Topographia" von Georg Matthäus Vischer, 1672. (Angabe S. 346)

bewohnte, und die schon erwähnten alten Stadtmauern.

Damit erstreckt sich zwischen Donau und Leithagebirge weitläufig eine Region, die als westliche Angel der *Porta Hungarica* auf eine lange, wechselvolle Geschichte am Schnittpunkt zwischen Ost und West zurückblickt – war doch die Leitha seit dem Jahr 1050 Grenzfluß und trennte bis zum Ende der Habsburgermonarchie 1918 die beiden Reichshälften Cisleithanien *(die im Reichsrat vertretenen Königreiche und Länder)* und Transleithanien *(die Länder des apostolischen Königreichs Ungarn)*. Über die Jahrhunderte haben Reiche und Länder, Völker und Kulturen in Bad Deutsch-Altenburg und seiner Umgebung nachhaltig ihre Spuren und ein vielfältiges Erbe hinterlassen.

Blick auf die Hainburger Berge und den Thebener Kogel (links) am Beginn der Kleinen Karpaten.

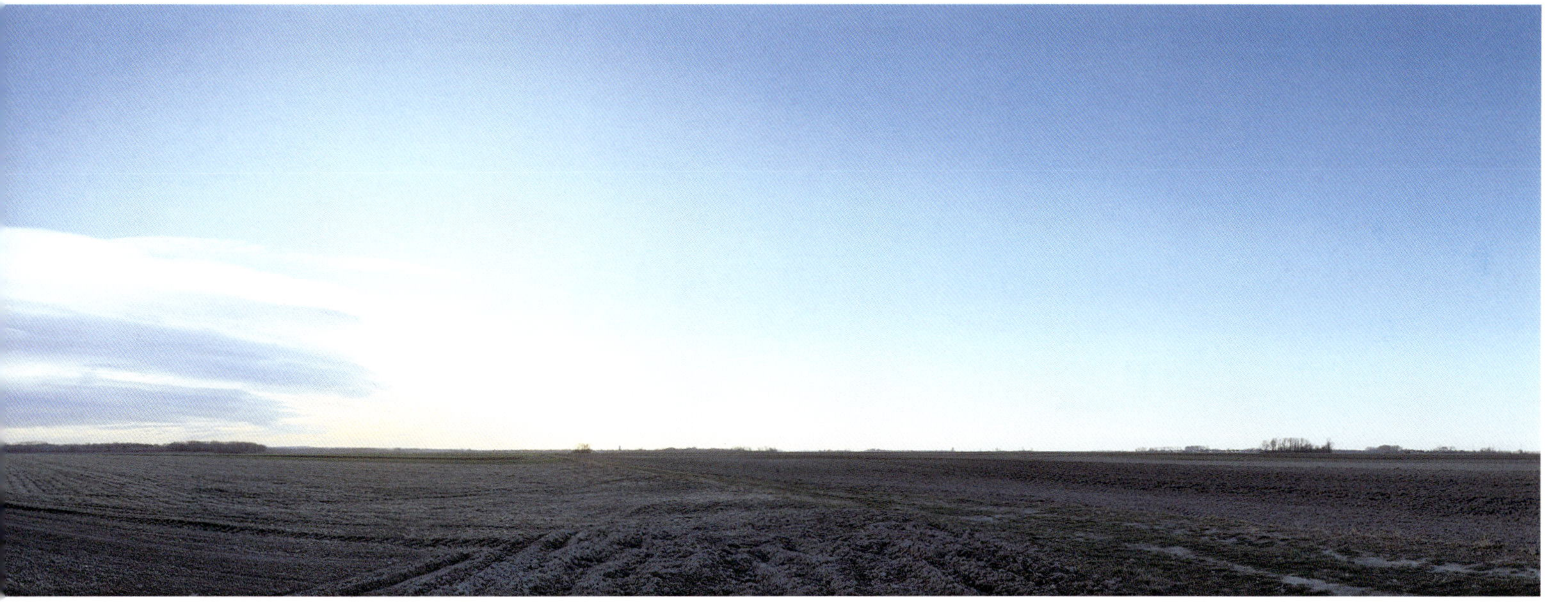

Zur Geschichte des Ortes

GERTRUDE GENG-SESZTAK · KÄTHE SPRINGER

Carnuntum, ursprünglich eine keltische Siedlung, wurde der wichtigste römische Militärstützpunkt am Donaulimes.

Kelten und Römer

Archäologische Funde im Ortsgebiet von Bad Deutsch-Altenburg lassen sich bis in die jüngere Steinzeit (um 3500 v. Chr.) nachweisen – es handelt sich vor allem um Steinwerkzeuge. Aus der Bronzezeit (2. Jahrtausend v. Chr.) stammen ein Hockergrab mit Beigaben nahe der ehemaligen Pálffy-Villa (heute: Mühlgarten) in der Steinabrunngasse sowie ein Depotfund* mit Bronzeringen und Bronzeaxt vom Pfaffenberg. Die Gegenstände befinden sich heute im Museum Carnuntinum bzw. im Naturhistorischen Museum in Wien. Carnuntum – wie früher vermutet, schon der Name der keltischen Siedlung auf dem Braunsberg** am Donauknie östlich von Hainburg – leitet sich vom keltischen Wort *car* bzw. *kar* oder *karn* ab, das soviel wie „steiniges Gelände" oder „Stein" bedeutet, und weist auf die Wichtigkeit hin, die *Stein* bereits in alter Zeit für die Gegend hatte: Carnuntum also, eine Siedlung in der Nähe von Felsen. Daß hier auch schon früh Stein gebrochen wurde, liegt nahe. Funde aus der Keltenzeit sind jedoch für das Ortsgebiet von Bad Deutsch-Altenburg nur spärlich dokumentiert: Einerseits galt, wie Erich Swoboda in seinem Buch „Carnuntum. Seine Geschichte und seine Denkmäler" anmerkt, das Interesse der Archäologen hauptsächlich der römischen Stadt mit ihren im Terrain noch erkennbaren Mauerresten, andererseits begannen die Grabungen zu einer Zeit, als von wissenschaftlichen Methoden und Auswertungsmöglichkeiten des Fundmaterials im heutigen Sinn keine Rede sein konnte. Viele Erkenntnisse über die Vor- und Frühgeschichte des Ortes sind daher wohl unwiederbringlich verloren.

Das Vordringen der Markomannen und Quaden in die nördlich der Donau gelegenen

---

* „Depot-" oder „Hortfund" nennt man eine Ansammlung von Material, z.B. Haushaltsgeräten, Werkzeug, Waffen, Münzen u.a., das etwa in unruhigen Zeiten in der Erde oder anderswo zur späteren Verwendung deponiert wurde.

** *Ob die Siedlung auf dem Braunsberg als Vorgängersiedlung des römischen Carnuntum bezeichnet werden kann, wird heute bezweifelt. O. H. Urban, derzeitiger Ausgräber dieser Siedlung bzw. ihrer Befestigung, nimmt eher die auf dem gegenüberliegenden Burgberg von Devin (Theben) liegende Siedlung als das vorrömische Carnuntum an, da auf dem Braunsberg im Gegensatz zu Devin Funde aus Augusteischer Zeit fehlen. Als vorrömischer Hauptort dieser Gegend hat im übrigen die Siedlung auf dem Burgberg von Preßburg fungiert (freundliche Mitteilung von Manfred Kandler).*

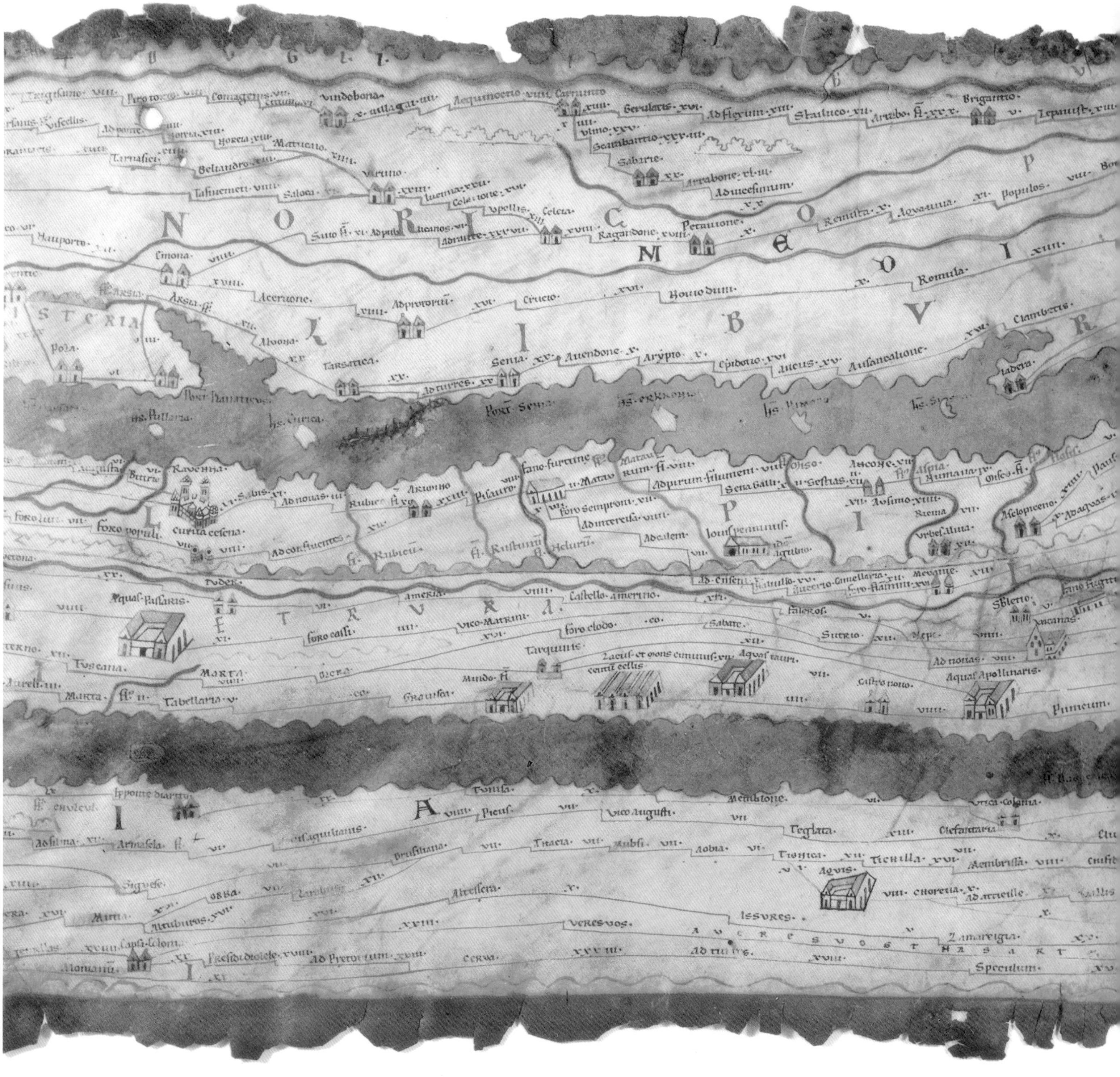
Vindobona
Carnunto
Brigantio
Arrabone
Petavione
Cruci
Romula
Ravenna
Ariminio
Pisauro
Ancone
Auximo
Senagallia
Castello Amerino
Foro Clodi
Tarquinis
Aquas Apollinaris
Aquas Tauri
Aquas Passaris
Tuscana
Veresvos
Speculum

Die sogenannte „Tabula Peutingeriana" ist eine römische Straßenkarte aus dem 4. Jh. n. Chr., die uns in einer Kopie aus dem späten 12. oder frühen 13. Jh. überliefert ist. Auf ihr sind die wichtigsten Straßenverbindungen der Römerzeit schematisch dargestellt, die niederösterreichischen auf den Segmenten III und IV. Die Karte, benannt nach dem Augsburger Ratsschreiber und Humanisten Konrad Peutinger (1465–1547), wurde 1717 vom Prinzen Eugen erworben; nach dessen Tod kam sie in die kaiserliche Bibliothek, die jetzige Österreichische Nationalbibliothek (Codex 324). Im Bild: Segment IV (links) und ein Ausschnitt daraus, der Ort und Region Carnuntum zeigt (oben). (Angabe S. 347)

Kaiser Tiberius (Tiberius Julius Caesar Augustus, reg. 14–37 n. Chr.).

Kaiser Hadrian (Publius Aelius Hadrianus, reg. 117–138 n. Chr.).

Kaiser Marc Aurel (Marcus Aurelius Antoninus, reg. 161–180 n. Chr.).

Gebiete veranlaßte die Römer ab dem Jahr 16 v. Chr., zum Schutz des mit ihnen verbündeten keltischen Königreichs Noricum die Donaugrenze zu sichern, um diesen Vormarsch der Germanen zu stoppen. Ein Stützpunkt entstand, der als *Carnuntum** eines der wichtigsten römischen Militärlager an der Donaugrenze, dem *limes*, werden sollte. Eine erste Erwähnung des Namens Carnuntum finden wir bei Velleius Paterculus anläßlich der Beschreibung des Feldzugs des nachmaligen Kaisers Tiberius gegen den Markomannenfürsten Marbod im Jahr 6 n. Chr.: *Ipse a Carnunto qui locus Norici regni proximus ab hac parte erat exercitum qui in Illyrico merebat, ducere in Marcomannos orsus est.* (*Er selbst* [=Tiberius] *brach von Carnuntum – jenem Ort im norischen Königreich, der diesen Gebieten zunächst lag – auf, das Heer, das in Illyrien stand, gegen die Markomannen zu führen.* Aus: Velleius Paterculus, Historia Romana, l. II. c. 109.)

Um 15 v. Chr. wurde das verbündete Noricum von den Römern „zum Schutz" besetzt und unter Kaiser Claudius (reg. 41–54 n. Chr.) schließlich zur römischen Provinz; das norische Gebiet östlich des Wienerwalds war schon 9 n. Chr. der Pannonischen Provinz zugeschlagen worden. Als diese unter Kaiser Trajan (reg. 98–117) in Ober- und Unterpannonien *(Pannonia superior und inferior)* geteilt wurde, stieg Carnuntum zur Hauptstadt der Teilprovinz Pannonia superior (Oberpannonien) auf, zum bedeutenden Militärlager und zum Sitz des Statthalters im Rang eines Konsuls. Von Trajans Adoptivsohn und Nachfolger Hadrian (reg. 117–138) wurde es zum *municipium*, also zur Stadt mit Selbstverwaltung, erhoben, von Kaiser Septimius Severus (reg. 193–211) zur *colonia*, das heißt, seine Einwohner wurden römische Bürger. Immer wieder Angriffsziel der germanischen Stämme, wurden

Kaiser Septimius Severus (Lucius Septimius Severus Pertinax, reg. 193–211 n. Chr.).

Kaiser Diokletian (Gaius Aurelius Valerius Diocletianus, reg. 284–305 n. Chr.).

Kaiser Valentinian (Flavius Valentinianus, reg. 364–375 n. Chr.).

die inzwischen gewachsene Stadt und das Militärlager im Jahr 171 zerstört.

In dieser gefährlichen Situation begab sich Kaiser Marc Aurel (reg. 161–180) nach Carnuntum und leitete von diesem Stützpunkt aus die römischen Operationen gegen die Germanen. Hier verfaßte der „Philosoph auf dem Kaiserthron" auch einen Teil seiner „Selbstbetrachtungen", deren zweites Buch mit den Worten *In Carnuntum* schließt. Während Marc Aurels Aufenthalt wurde mit dem Wiederaufbau der Stadt sowie mit dem Ausbau des Tempelbezirks auf dem Pfaffenberg begonnen. Im Jahr 180 starb der Kaiser, vermutlich im Kastell Bononia bei Sirmium (Sremska Mitrovica bei Belgrad).

Auch am innenpolitischen Geschehen des Römerreichs hatte Carnuntum Anteil: Hier wurde im Jahr 193 Septimius Severus, Statthalter von Oberpannonien, zum Kaiser ausgerufen, und 308 fand an diesem Ort ein Kaiserkongreß statt. Diokletian (reg. 284–305), der die Regierungsgeschäfte bereits zurückgelegt hatte, berief seine vormaligen Mitregenten Maximian (reg. 286–305, 307–308) und Galerius (reg. 305–311) zu diesem Treffen, um die Streitigkeiten um seine Nachfolge in der Herrschaft im West- bzw. Ostteil des Römischen Reiches zu schlichten.

Zwei Generationen später war von Carnuntums Glanz nicht viel geblieben, wie Ammianus Marcellinus, Kaiser Valentinians Hofgeschichtsschreiber, in den *Res gestae* festhält: Als der Kaiser im Jahr 375 von hier aus einen weiteren Feldzug gegen die Germanen begann, fand er ein *verlassenes, ödes Nest* vor – *oppidum desertum quidem nunc et squalens*. Nur strategisch war der Ort, den vermutlich überdies ein Erdbeben erschüttert hatte, noch von Bedeutung. 430 finden wir Carnuntum zum letzten Mal in einem römischen Schriftstück erwähnt – in der *Notitia Dignitatum utriusque Imperii (Verzeichnis der Ämter beiderlei Reichs)*, der wichtigsten Quelle zur Organisation des west- und oströmischen Imperiums der Spätantike. Dieses Verzeichnis enthält Beschreibungen der zivilen Behörden der Reichsverwaltung, der hohen militärischen Ränge und der obersten Hofämter. Darin sind der Befehlshaber einer in Carnuntum stationierten Legion genannt sowie jener einer Donauflottille – diese war jedoch schon von Carnuntum nach Vindobona verlegt worden. 433 gaben die Römer die Provinzen an der Donau endgültig auf. Militär und Verwaltung wurden abgezogen, und von der einstigen Besatzung der Festung blieben nur Veteranen zurück, die sich als Bauern in der Gegend seßhaft gemacht hatten.

---

* *In der Antike schrieb man auch Karnuntum, doch ist seit den Humanisten des 16. Jahrhunderts die Schreibweise Carnuntum verbreitet.*

Karl der Große, König der Franken (reg. 768–814) und erster Kaiser des Heiligen Römischen Reiches, gekrönt in Rom am Weihnachtstag des Jahres 800.

VÖLKERWANDERUNG UND FRÜHES MITTELALTER

Durch den ersten Ansturm der Völkerwanderung vom römischen Einflußbereich abgetrennt, bot der verlassene Ort im 5. und 6. Jahrhundert Westgoten, Ostgoten und Langobarden vorübergehend Wohnstatt, wie man aus Funden schließen kann.

Die folgende Epoche vom 7. bis zum 10. Jahrhundert ist nur spärlich belegt.* Ab 623 war das Gebiet vermutlich Teil des Slawenreichs unter der Herrschaft des fränkischen Adligen Samo und kam nach dessen Tod 659 unter die Herrschaft der Awaren. Seit dem frühen 8. Jahrhundert konnten die Slawenstämme nördlich der Thaya unabhängig werden und das Großmährische Reich errichten – nicht ohne Einmischung der Franken, die ihren Einfluß im Osten des heutigen Österreich gegen Awaren und Mährer auszubauen suchten. So soll der Frankenkönig Karl der Große im – zunächst erfolglosen – Kampf gegen die Awaren 791 bis zur Mündung der Raab in die Donau vorgedrungen sein. Die *Annales regni Francorum* (die *Jahrbücher des fränkischen Königreichs*, entstanden vermutlich vor 830) überliefern für das Jahr 805, daß *Capcan*, ein christianisierter awarischer Fürst namens Theodor, der mit seinen Leuten den Wohnsitz vor gegnerischen Slawen hatte räumen müssen, beim Frankenkönig um ein Gebiet ansuchte, das vor slawischen Ansprüchen sicher war, und von diesem ein solches zwischen *Sabaria* (Savaria, Steinamanger) und *Carnuntum* zugewiesen bekam (siehe auch S. 342). Ein solches abhängiges awarisches Fürstentum wurde von der fränkischen Verwaltung also geduldet, wenn auch beargwöhnt. So war noch 805 jeder Waffenhandel mit Slawen und Awaren verboten: Hochwertiges Gerät durfte die Enns nach Osten nicht überschreiten. Grenzstelle für Kaufleute, die mit Slawen und Awaren Handel trieben, war nach dem *Capitular von Diedenhofen* (805) Lorch an der Enns – das römische Lauriacum. Die Niederlage eines bayerischen Heeres 907 bei *Brezalauspurc* (Bratislava/Preßburg/Poszony) gegen die Magyaren bedeutete das Ende der karolingischen Mark; der Erzbischof von Salzburg und Liutpold, Markgraf in Bayern – möglicherweise ein Vorfahre des später in Österreich regierenden Hauses der Babenberger –, fanden dabei den Tod. Das Gebiet östlich des Wienerwalds kam unter die Herrschaft der Ungarn. Erst 955 konnten diese – nach ihrer Niederlage gegen König Otto I. auf dem Lechfeld – zurückgedrängt werden, und die Kolonisation östlich der Enns begann von neuem.

---

* *In seinem vieldiskutierten Werk „Das erfundene Mittelalter. Die größte Zeitfälschung der Geschichte" (1996) zieht Heribert Illig in Zweifel, ob es die Jahre 614–911 überhaupt gegeben hat.*

Die Marienkirche von Deutsch Altenburg während der Renovierung um 1900. Rechts im Hintergrund Reste der Wallburg, die heute nicht mehr erhalten sind.

„HEIMENBURC" UND MARIENKIRCHE

Wir wissen, daß sich einst auf dem Kirchenberg von Bad Deutsch-Altenburg – oder genauer: auf dem „Stein", einem heute nicht mehr bestehenden, dem Kirchenberg donauseitig vorgelagerten Felsstock – bedeutende Baureste befunden haben, die allgemein als Befestigungsanlage interpretiert werden. In ihrer Untersuchung dieses *Utopos*, dieses nicht (mehr) bestehenden Ortes, faßt Christine Neugebauer-Maresch 1980 zusammen: „Durch die Lage an der Kreuzung eines Nord-Süd-Weges (der alte Donauübergang wird mit der Bernsteinstraße in Verbindung gebracht) mit der nördlich am Fuß des Pfaffenberges vorbeiführenden West-Ost-Verbindung haben wir es mit einem sehr wichtigen Knotenpunkt zu tun, der sicherlich nicht erst seit der Römerzeit Bedeutung erlangte. Daß die Anhöhe begangen bzw. besiedelt wurde, davon zeugen Funde aus der Bronzezeit, der Hallstattkultur, der Römerzeit und des Frühmittelalters." *

Es ist daher keineswegs auszuschließen, daß Vorgängerbauten noch nutzbar oder in ausreichenden Resten vorhanden waren, als hier, wie vielfach angenommen wird, zwischen 990 und 1020 eine Burg errichtet wurde – vielleicht vom *Hochedlen Haimo, Vogt des Klosters Tegernsee*, wie es im „Handbuch der historischen Stätten Österreichs" heißt.** Wie im frühen Mittelalter üblich, handelte es sich um einen Bau aus Holz und Erde, der von Ringwällen umgeben war, also eine „Wallburg". Bayerische weltliche und geistliche Herren errichteten damals im unsicheren Grenzgebiet Befestigungsanlagen (z.B. die Grafen von Rott am Inn die Veste Rottenstein – die heutige Ruine Röthelstein – östlich von Hainburg) für ihre Verwaltung und ihre Gefolgsleute. Auch die slawische Bevölkerung lebte weiterhin hier, wie die Gräberfunde auf dem Kirchenberg von Bad Deutsch-Altenburg zeigen; sie wurden 1947–1950 vom damaligen Leiter des Museums Carnuntinum, Karl Kutschera, zum Teil untersucht. Herbert Mitscha-Märheim (1955; siehe auch S. 340, insbes. Anm. 24) interpretierte die Funde als Slawenbestattungen aus der

---

* *„Der Tumulus südlich der Kirche scheint sehr wohl in Zusammenhang mit der verschwundenen Wallburg zu stehen: entweder als (hallstattzeitlicher?, ausgeraubter?) Grabhügel und/oder als mittelalterlicher ‚Turmhügel'"* (zit. aus Neugebauer-Maresch, S. 51).

** *Haimo (oder Heimo), der sagenhafte Gründer von Burg und Stadt Hainburg, wurde auch mit dem Mundschenken Kaiser Arnulfs (reg. 887–899) identifiziert (so in der „Geschichte der landesfürstlichen Stadt Hainburg" von Joseph Maurer, S.14, und noch im Stadtführer Hainburg von 1954). Möglicherweise geht der Name Hainburg auf ältere Sprachschichten zurück. (Siehe auch S. 334 f.)*

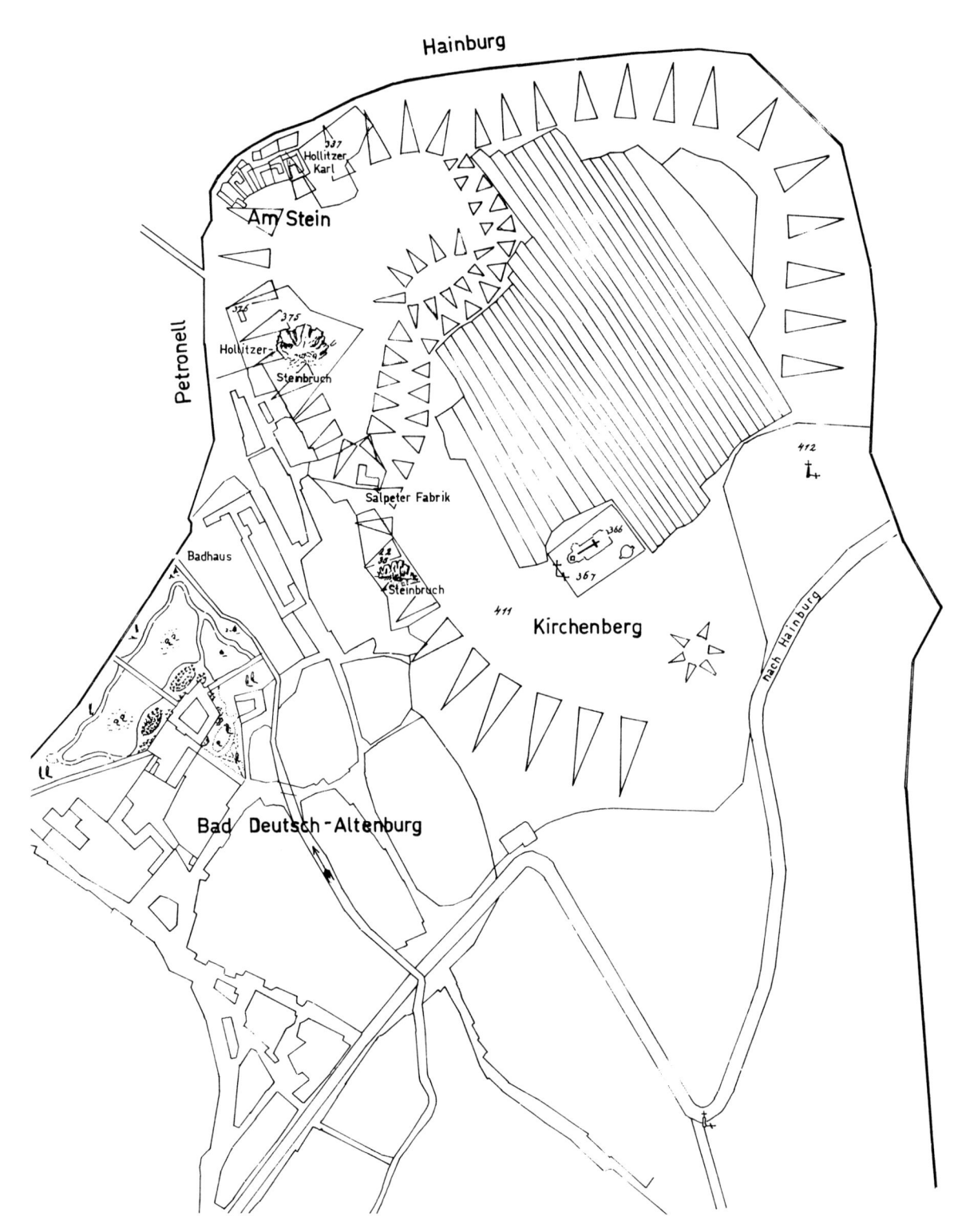

Das einstige Felsplateau des „Steins", auf dem – mit weitem Blick über die Donau – die alte Wallburg lag, war durch einen grabenartigen Einschnitt deutlich vom Kirchenberg getrennt. Die schematische Ineinanderprojektion der „Grenzkarte Ungarn-Niederösterreich" (1754–1756 im Auftrag der Kaiserin Maria Theresia von dem k. k. Hauptmann und Ingenieur C. J. von Walter erarbeitet) und des Katastralmappenblatts von 1868 zeigt die Lage und das Areal mit der maximal möglichen Ausdehnung (ca. 35000–40000 m^2). Abbildung aus Neugebauer-Maresch, S. 57, Tafel 2. Über die in der Karte angeführte Salpeterfabrik gibt es keine näheren Angaben.

Blick vom Braunsberg über Hainburg und Deutsch Altenburg auf das Wiener Becken. Anonymes Ölgemälde, nach 1818 (Detail).

Die Burgruine zu Hainburg. Stich von Conrad Greise, 1856. (Angabe S. 346)

Hainburg an der Donau. Im Hintergrund der Kirchenberg von Deutsch Altenburg mit seinen Monumenten – Türkenhügel, Marienkirche und Resten der Wallburg (von links nach rechts, in eher freier Darstellung). Ausschnitt aus einem Stich von Anton von Ruthner, 1871. (Angabe S. 347)

Von der Donau aus gesehen: Reste der Wallburg auf dem „Stein", die der Historiker Matthäus Much 1874 untersuchte und als „Quadenburg" bezeichnete. Um 1880.

Der ungarische König Stephan I., der Heilige (reg. 1000–1038), gilt nach der Legende als Gründer der Marienkirche.

Zeit von 950 bis 1042, was auf eine gleichzeitige Besiedlung von altansässigen Slawen und eindringenden Bayern schließen läßt.

Die Gräber fielen dem Steinbruch am Kirchenberg zum Opfer; dies war um die Jahrhundertwende bereits der Wallburg widerfahren, ebenso Gräberfunden, die in den Jahren 1926–1928 gemacht, doch wissenschaftlich nicht beachtet worden waren. Die regionale archäologische Forschung hatte, wie gesagt, lange keinerlei Interesse an nichtrömischen Altertümern (so wurden 1966 gemachte Funde von elf Gräbern zwar fachgerecht geborgen, doch nicht publiziert).

Gegen 1030 drangen die Ungarn, die sich wohl durch die rasch nach Osten fortschreitende Kolonisation bedroht fühlten, erneut in den Raum des heutigen Niederösterreich vor. Wie früher Karl der Große kam Kaiser Konrad II. mit seinem Gegenfeldzug bis zur Raab; er mußte jedoch wegen Versorgungsschwierigkeiten umkehren.

Dieser Feldzug bildet den geschichtlichen Hintergrund für eine der Gründungssagen (an eine andere werden wir später erinnern, siehe S. 259) der Bad Deutsch-Altenburger Marienkirche: Es heißt, der später heiliggesprochene Ungarnkönig Stephan (István) I. habe im Zuge dieses Krieges auf dem Kirchenberg – und zwar in der alten Burg auf dem „Stein", wie die Pfarrchronik anno 1755 schreibt – sein Lager aufgeschlagen, auf dem Hügel (heute: Kreinerhügel und Sauberg) westlich des Baches sei das Heer des Kaisers gelegen. Da Stephans Gefolge für ein siegreiches Gefecht zu schwach war, gelobte der König, der Gottesmutter eine Kirche zu erbauen, würde er vor der drohenden Niederlage gerettet; noch in derselben Nacht sei das Heer des Kaisers kampflos abgezogen, ohne dafür einen Befehl erhalten zu haben.

Historisch belegt ist, daß Konrad II. bei Wien von Stephan I. gefangengenommen wurde und das Gebiet zwischen Fischa und Leitha im Frieden von Regensburg 1031 an die Ungarn kam. Als diese ein Jahrzehnt später bis zur Traisen vorgerückt waren, unternahm König Heinrich III., zusammen mit dem aus seinem Land vertriebenen König Peter I. von Ungarn und Markgraf Adalbert von Österreich, 1042 einen Gegenzug. Heinrich eroberte das elf Jahre zuvor an Stephan den Heiligen abgetretene Gebiet zurück; dabei wurden die Wallburg auf dem Kirchenberg und vermutlich auch der erste Bau der Marienkirche zerstört. Dem Sieg Heinrichs folgte die grausame Vertreibung der Ungarn aus der Region: ... *Weiber wie Männer wüteten mit Lanzen, Messern und Pfeilen ... bis alle ermordet dalagen ... und sie vom großen Morden ermüdet waren* ..., schildert ein zeitgenössischer Bericht die blutigen Ereignisse unter Markgraf Adalbert dem Siegreichen (zit. aus Stenzel, S. 66). Doch der Versuch des deutschen Königs, hier eine Mark einzurichten, schlug bis auf weiteres fehl.

Erst acht Jahre später entstand die Heimenburg neu. Wie die Chronik des Klosters Niederalteich berichtet, soll der Auftrag dazu an Bischof Gebhard von Regensburg, Herzog Konrad von Bayern und Markgraf Adalbert von Österreich im Jahr 1050 zu Nürnberg* erteilt worden sein. Zum Schutz der Bauleute verlegte Bischof Gebhard eine Garnison in den Grenzort.** Schon im folgenden Jahr konnte sich Heinrich III., mittlerweile Kaiser, wieder in der Feste aufhalten; dies belegen zwei Urkunden, beide am 25. Oktober 1051 in *Heimenburc* verfaßt (siehe S. 331 ff.). In der einen schenkt der Kaiser ein *Gut namens Sigehartteschiriha, gelegen in der Grafschaft des Markgrafen Adalbert im Lande Osterich, dem Altare* [= der Kirche] *am Orte Heimenburc, geweiht der Gottesgebärerin Maria wie den heiligen Märtyrern Mauritius und Laurentius (... predium Sigehartteschiriha dictum in comitatu Adalberti marchionis in pago Ostericha situm ad altare in loco Heimenburc in honore sanctae dei genitricis Mariae sanctorumque martirum Mauricii Laurentii consecratum ...,* siehe auch S. 342 f.).

In der zweiten Urkunde vom selben Tag schenkt der Kaiser der *Marienkirche in Heimenburg (ad altare sanctae Mariae et sanctorum martyrum Mauricii Laurentii in Heimenburg)* den Fruchtzehent aus dem Gebiet zwischen Fischa und Leitha sowie zwischen *Strachtin* (heute Strachotin, am Nordpunkt des mährischen Thayabogens) und der Fischamündung bis an die March, dazu den dritten Teil des Einkommens aus der gleichnamigen Stadt *(de eadem urbe)* – gemeint ist *Hainburg* (siehe S. 343).

Die Verfügungsgewalt über diesen Besitz überträgt der Kaiser dem *praepositus* (Propst) des Kollegiatstifts. Wir wissen aber nicht, ob ein solches Kollegiatstift zum Zeitpunkt von Heinrichs Schenkung bereits bestand oder erst „in Gründung" war, ja, vielleicht niemals errichtet wurde.***

Es kann keinesfalls von langer Dauer gewesen sein, denn kaum zwei Jahre nach dem Tod Heinrichs III. schenkte am 18. Oktober 1058 dessen achtjähriger Sohn, König Heinrich IV., *die Kirche zu Ehren der heiligen Gottesgebärerin Maria beim Castrum* [= bei der Wehranlage] *Heimenburc (aeclesiam in honore sanctae dei genitricis Mariae iuxta castrum Heimenbvrc)* mit allen von seinem Vater Heinrich dem Kollegiatstift übertragenen Besitzungen seiner Mutter Agnes (siehe S. 335 f. und 344). Wie in den Urkunden Heinrichs III. überliefert, war die Kirche neben Maria nun auch den beiden Heiligen Mauritius und Laurentius geweiht, die im damals kaiserlichen Haus besonders verehrt wurden: Die Lanze des heiligen Mauritius war Teil des Königsschatzes der Ottonen wie der Salier, jenes Herrschergeschlechts, dem auch Heinrich III. angehörte, und der heilige Laurentius erinnert an die Lechfeldschlacht, den entscheidenden Sieg König Ottos I. über die Ungarn, der sich am Laurentiustag – dem 10. August – des Jahres 955 ereignet hatte. Dies läßt auf eine Stiftung durch das Kaiserhaus schließen.

Die Ansicht, daß die in den Kaiserurkunden erwähnte *Marienkirche am Orte Heimenburc* mit der heutigen Marienkirche von Bad Deutsch-Altenburg identisch und nicht ein verschwundener Vorgängerbau der um 1260 errichteten Martinskirche im heutigen Hainburg sei, hat als erster Ernst Klebel (1933) vertreten. Sein Argument war, daß man die Weihe einer Kirche an bestimmte Heilige üblicherweise nicht änderte.

Mit der Errichtung der Hainburger Martinskirche (1260) verlor jedenfalls die Altenburger Marienkirche ihre frühere Bedeutung; sie, die Mutterkirche der ganzen Gegend, wurde Hainburger Vikariat. Eine Urkunde vom 19. Februar 1462 bezeichnet den Pfarrer von Hainburg, Wolfgang Payr, als *Rektor der Pfarrkirche zur seligen Jungfrau Maria oder auch zum heiligen Martin in Hainburg (rector parrochialis ecclesie beate Marie virginis, alias sancti Martini in Hainburga)*; man erinnerte sich damals also noch, daß die Pfarrrechte ursprünglich an der Marienkirche hingen.

Die zitierten Kaiserurkunden über die *Marienkirche am Orte Heimenburc* legen nahe, die Wallburg auf dem Kirchenberg mit der ursprünglichen *Heimenburc* gleichzusetzen. Wann man sich jedoch zu einer Neuanlage als zeitgemäße Höhenburg an der heutigen Stelle auf dem Burgberg in Hainburg entschloß (der Historiker Hans Schad'n vermutet 1050, andere später), ist nicht hinreichend geklärt.**** Die aufgelassene Burg wurde alsbald zur „Alten Burg", und die Siedlung zu ihren Füßen übernahm in der Folge diesen Namen.

---

* Oft ist in der historischen Literatur von einem „Reichstagsbeschluß" zu lesen. K. F. Stumpf (1865) spricht in diesem Zusammenhang vom „Hoftag", Max Manitius (1889) vom „bayerischen Fürstentag"; der Beschluß zum Wiederaufbau oder Neubau ist jedoch urkundlich nicht belegt. Die Chronik von Niederaltaich spricht von einer „Zusammenrufung der bayerischen Fürsten". (Siehe auch S. 342)

** Nach Ekkehard von Aura noch im Jahr 1050; die späteren Admonter Annalen verlegen dies ins Jahr 1056. (Siehe auch S. 344)

*** Die Urkunden befinden sich im Bischöflichen Archiv von Bamberg; Bamberger Vögte, die Grafen von Sulzbach, hatten bis zu ihrem Aussterben 1188 Besitzungen im Gebiet des heutigen Bad Deutsch-Altenburg.

**** G. Seebach (1977) versuchte, die Gründung der Festung *Hainburg* mit den Daten der Wiedererrichtung der *Heimenburg* in Zusammenhang zu bringen, da nun doch genügend Bausubstanz aus der zweiten Hälfte des 11. Jahrhunderts zu stammen scheint. Mitscha-Märheim (1943) hat eine Gründung des Ortes *Hainburg* vor 900 angenommen, indem er auf die Flurform und die Frühangerform des Straßendorfs mit Straßengabel hinwies (nach Neugebauer-Maresch, S. 49).
1997 hat Carola Schreiner in ihrer Arbeit „Studien zur Baugeschichte der Pfarrkirche Mariae Himmelfahrt in Bad Deutsch-Altenburg" die bisher von der Forschung vertretenen Meinungen zum Fragenbereich *Heimenburg–Marienkirche* verdienstvoll zusammengestellt.

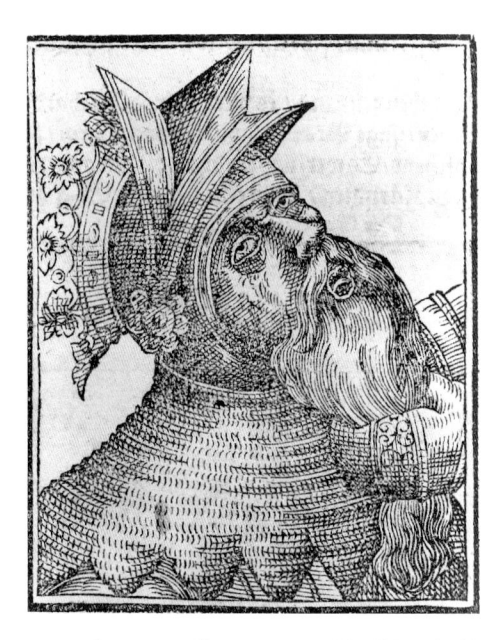

König Ottokar II. Přemysl (reg. 1231/33–1278) heiratete 1252 auf der Hainburg Margarete von Österreich.

Die Babenbergerin Margarete von Österreich (ca. 1204/05–1266) residierte 1251–1252 auf der Hainburg.

Von den Babenbergern zu den Habsburgern

1246 verlor der letzte männliche Babenberger, Herzog Friedrich II., der Streitbare, in der Schlacht an der Leitha bei Wiener Neustadt* gegen den „östlichen" Nachbarn König Béla IV. von Ungarn sein Leben. Um sich den Anspruch auf die österreichischen Länder zu sichern, heiratete der „nördliche Nachbar" Ottokar II. Přemysl, der 22jährige König von Böhmen, im Jahr 1252 Margarete, die 47jährige Schwester des letzten Babenbergers und Witwe des deutschen Königs Heinrich VII. Die Hochzeit fand auf der Hainburg statt, Margaretes damaliger Residenz.

1273 wurde Rudolf von Habsburg, ein in Österreich damals noch unbekannter Graf aus dem Aargau, deutscher König. Sein großer Gegenspieler war der erwähnte Ottokar II. von Böhmen. 1278 setzte König Rudolf mit seinem Heer bei Altenburg über die Donau, um ins Marchfeld gegen Ottokar II. zu marschieren. Bei Dürnkrut und Jedenspeigen kam es zur Entscheidungsschlacht – der wahrscheinlich größten Ritterschlacht der Geschichte, denn jedes Heer soll rund 30 000 Mann umfaßt haben. Ottokar fiel, sein Heer wurde vernichtet. Der siegreiche Rudolf von Habsburg belehnte seine Söhne Albrecht und Rudolf mit den heimgefallenen Herzogtümern Österreich und Steier, womit er die Macht des Hauses Habsburg begründete.

1411 schloß Herzog Albrecht V. mit seinem zukünftigen Schwiegervater, Kaiser Sigismund aus dem Hause Luxemburg, der auch König von Böhmen und Ungarn war, einen Vertrag, in dem March und Leitha als Grenzen festgelegt wurden. Nach dem Tod seines Schwiegervaters wurde Herzog Albrecht 1437 zum König von Ungarn wie von Böhmen gewählt, konnte aber infolge seines frühen Todes (1439) diese Titel seinem nachgeborenen Sohn Ladislaus Postumus nicht vererben. Dieser – durch einen am 23. August 1440 in Hainburg geschlossenen Vertrag ein Mündel König Friedrichs IV. (später: Kaiser Friedrich III.) – starb kaum 17jährig im Jahr 1457. Kriegerische Konflikte waren die Folge. Dreimal belagerte der neue Ungarnkönig Matthias Corvinus ab 1478 Hainburg. Im Jahr 1482 nahm er es ein, wählte Wien zu seiner Residenz und blieb bis zu seinem Tod 1490 im Besitz des Landes. Danach eroberte Maximilian I., der Sohn Friedrichs III., die Gegend zurück.

---

* *Nach neueren Forschungen: bei Ebenfurth, ebenfalls Niederösterreich.*

„Altenburg" und „Teitschen Altenburg"

Erst lange nach Verlegung der alten *Heimenburc* findet sich die erste schriftliche Nennung des Ortsnamens *Altenburg*: In einer Urkunde vom 3. Februar 1297 löst Abt Heinrich IV. von Göttweig dem Wulfing von Gerlas die Zehente des Stifts in verschiedenen Orten im Viertel unter dem Wienerwald ab, darunter auch *daze Altenburch*.

Ein Ort *Altenburg* kommt, anders als viele Orte der Umgebung, in der Gründungsurkunde des Stiftes Göttweig vom 9. September 1083 nicht vor; er erscheint auch nicht in der Schenkungsurkunde des Jahres 1125, in der Markgraf Diepold III. von Vohburg dem Kloster Göttweig *alle Zehente zu Heimburch und der diesem Gut zugehörigen Dörfer zwischen den Flüssen Fischa und Leitha (omnem decimationes ad Heimburch et villarum ad idem predium pertinentium infra fluvios Viscah et Litah)* widmete. Der spätere Besitz des Klosters Göttweig zu Altenburg muß in dieser Schenkung enthalten gewesen sein – entweder unter der alten Ortsbezeichnung *Heimburch* oder als eines der „zugehörigen Dörfer".

Den Namen *Altenburg* leitete man immer wieder von der römischen Ruinenstätte her, deren Name bis ins 16. Jahrhundert vergessen blieb; diese Deutung konnte sich auf den Flurnamen „Burgfeld" stützen, der bereits 1396 im Lehensbuch Herzog Albrechts IV. aufscheint und bis heute das durch eine leichte Erhöhung im Gelände kenntliche Areal des römischen Militärlagers bezeichnet.

Doch schon 1634 kam Johann Wilhelm Mannagetta, der *Teutschen Altenburg* zur Abfassung seines *Pollhaimerisch Badbuch*es (siehe S. 128/129) besucht und studiert hatte, zu einem anderen Schluß: *Der Nahmen Altenburg ist besonders zweiffels/ dem Orth dahero gegeben worden/ weil alda vor unerdencklichen zeiten eine Alte Burgg/ oder*

Die beiden Wappen der Ritter von Dörr an zwei Strebepfeilern des Turmes der Marienkirche: links die Hundsheimer, rechts die Altenburger Linie; die Kreuzchen an den Büffelhörnern des rechten Helmes bedeuten Büschelchen von Straußenfedern. Nach dem Aussterben der Hundsheimer Linie wurde deren Wappen mit jenem der Altenburger vereinigt. Dieses zusammengesetzte Wappen findet sich am Gruftstein der Familie Dörr im Chor der Kiche (siehe S. 46).

Die Kreuzzugsheere unter Gottfried von Bouillon (1. Kreuzzug, 1096–1099), König Konrad III. (2. Kreuzzug, 1147–1149) und Kaiser Friedrich I. Barbarossa (3. Kreuzzug, 1189–1192) durchzogen auf ihrem Weg ins Heilige Land das Gebiet der alten und neuen Heimenburg. Hier, an der Porta Hungarica, trafen die teilnehmenden Fürsten zusammen, um die unsichere Weiterreise gemeinsam anzutreten. An einem Kreuzzug, den der Ungarnkönig Andreas II. im Jahr 1217 nach Ägypten führte, nahm im Gefolge Herzog Leopolds VI. auch der Ritter Friedrich von Dörr teil. Er gehörte zu jener Familie Dörr, die erstmals 1162 in Zusammenhang mit der Altenburger Gegend – in einer Urkunde des Bischofs Konrad von Passau – erwähnt ist und Besitzungen in Wildungsmauer, Altenburg, Hundsheim und Steinabrunn hatte; in (Deutsch) Altenburg übten die Dörr bis zu ihrem Aussterben im Jahr 1615 die Grundherrschaft aus.

Im Bild: Der Dörrsche Gruftstein im Chor der Marienkirche von Deutsch Altenburg mit der Inschrift:
IM 1553 IAR HAT DER EDL
VEST FRANCZ DERR ZV WIL
DVNGSMAVR VND DEITSCHẼ
ALTENBVRG ZV EREN SEINEN
ELTERN VÑ NAMEN DISE BEGREB
NVS MACHEN LASEN DEREN ET
LICH DA BEGRABẼ LIGEN DENẼ
VÑ VNS ALEN GOT GENEDIG SEI

Die Urkunde vom 3. Februar 1297 aus dem Stiftsarchiv Göttweig, in welcher der Name Altenburg erstmals schriftlich erscheint (vollständiger Text im Anhang).

Residenz eines Mächtigen Herrn gestande/, so ausser der Uhralten Statt Carmunden nechst darbey auff einem hohen Bühel oder Berge/ da jetzt eine Kirche stehet … (zit. aus *Pollhaimerisch Badbuch*, Kapitel *Von deß Teutschen Altenburgischen Badbronnens Orth und gelegenheit*). Mittlerweile hat sich diese Annahme der Herleitung des Ortsnamens von der alten Wallburg durchgesetzt.

Als 1526 während der Schlacht bei Mohács (Südungarn) gegen die Türken unter Sultan Soliman II. der Ungarnkönig Ludwig II. auf der Flucht in der Donau ertrank, trat ein Erbvertrag zwischen Habsburgern und Jagellonen, den Herrschern in Böhmen und Ungarn, in Kraft: Ferdinand von Österreich erbte Ungarn – und damit zugleich den Kampf gegen die Türken, die große Teile seines neuen Landes in Besitz hatten. Daß nun auch der Ort Ungarisch Altenburg (Magyaróvár) an die Habsburger gefallen war, dürfte die Familie Derr*, Inhaber der Grundherrschaft in Altenburg, veranlaßt haben, ihren Ort „Deutsch" Altenburg zu nennen, um Verwechslungen vorzubeugen. In den Lehensbüchern waren die Bezeichnungen *Altenburch bey Haimburg* oder *Altemburg bei Petronell* noch 1538 üblich. 1548/49 lesen wir in Franz Derrs Schreiben an den Landesfürsten, König Ferdinand I., worin er um Genehmigung zur Wiedererrichtung des Bades ansucht, erstmals den neuen Namen *Teitschen Altenburg*. Auf dem Derrschen Gruftstein aus dem Jahr 1553 in der Marienkirche finden wir die Bezeichnung *Deitschen Altenburg*.

---

* *Später hat sich die zweite Schreibweise „Dörr" eingebürgert.*

Der erste Türkenkrieg

Im September 1529 zogen die Türken unter Sultan Soliman II. dem Prächtigen mit einem 200 000 Mann starken Heer gegen Wien, worunter auch Altenburg sehr zu leiden hatte. Kirche und Pfarrhof auf dem Berg wurden zerstört, das Bad verwüstet, der nahe gelegene Ort Steinabrunn nie mehr aufgebaut. Im entvölkerten Altenburg siedelten sich Kroaten an. In der oben genannten Eingabe an den König beschreibt Franz Derr (Dörr) die Lage nach dem ersten Türkenkrieg: wie sein Vater und seine Vettern auf ihrem Sitz in *Prun* (Brunn am Gebirge) und auf den Gütern bei Bruck und Hainburg durch den grausamen türkischen Feind gelitten haben. Alles sei verbrannt, verwüstet und verdorben worden, die Untertanen mit Weib und Kind getötet oder verschleppt. Doch würde er darüber nicht so sehr klagen, wenn nicht seither die königlichen Truppen mehrmals den Weg über seine und seiner Leute Güter, die er und sein Vater mit großen Unkosten gestiftet hatten, genommen und jedesmal ihn und seine Untertanen vollständig geplündert hätten (… *vber das bemelten meinem Vattern vnd Vettern, Ir gesaß vnnd Hof zu Prun. vnnd Darzue alle Guetter so Sy umb Pruckh, Hainburg vnnd daselbst umb haben, Durch des Graussamen Veindt des Türckhen Zween Straifzug, verprennt, Verwießt, vnnd verderbt, Auch alle Ir Varunde Hab, Verhört, vnnd die Armen Vnnderthanen, mit Weib vnnd Khindern Entleibt, Erschlagen vnnd verfuert worden, noch darüber war solliches alles nit so Hoch Zuelagen gewest, Wo nit seither Zu mer als dreienmallen durch des Reichs vnnd E. Khu. Mt.* [= Eure Königliche Majestät] *Kriegs Volckh so yederzeit seinen Zug vber mein vnnd vber meine Armen Leidt Guetter, die ich vnnd mein Vatter Widerumben mit Schwarem Darlegen vnd Vncosten gestifft, genomben Vnd Zum Dritten vnnd Viertten mall mich vnnd meine Vnnderthanen mit Plinderung vnnd Versetzung Vnnseres Viech, Frucht vnnd Annderes verderbt…*; aus den niederösterreichischen Herrschaftsakten Deutsch Altenburg, Fol. 6; zit. aus Müllner, S. 224).

Die Zeit der Reformation und Gegenreformation

Seit 1529 – der Zeit der ersten Belagerung Wiens durch die Türken – hatte Deutsch Altenburg offenbar keinen geistlichen Beistand mehr. 1551 nämlich klagte die Pfarrgemeinde des Ortes den Pfarrer von Hainburg, Benedikt Neuenpauer: Er beziehe wohl den Zehent aus dem Ort, habe aber seit Jahren keinen Gottesdienst mehr gehalten und die Spendung der Sakramente vernachlässigt, so daß unter der Bevölkerung Laster und Gottlosigkeit überhandnähmen (*vill jar her auch gar khain Gotsdienst mit Predigen, Messlesen, Singen oder Raichung der Sakramente bei ihrer Pfarrkirchen nit gehalten noch ausgericht, dadurch vill Personen alt und jung an ihren letzten Zeiten von die Sakramente vernachlest, das Volkh vill jar als das Vieh erzogen, in allen Lastern und Gottlosigkeit erwachsen*; zit. aus Sesztak, S. 102). In dem Verfahren, das der Passauer Offizial Dr. Johann Vilius (eigentl. Höfler) als Vertreter des Bischofs im Beisein *zwaier Benefiziaten, Richter und zwaier Ratsgenossen … und anderer von der Gmain Hainburg und Altenburg* leitete,

Im Jahr 1568 bewilligte Kaiser Maximilian II. den adligen Ständen, Herren und Rittern im Lande ober und unter der Enns die freie Ausübung der Augsburger (d.h. evangelischen) Konfession. Allerdings verlangte er, daß eine einheitliche Auslegung dieser Glaubensmeinung erarbeitet werden müsse: erst dann sollte diese Religionskonzession Gültigkeit erlangen. Die evangelischen Stände ließen daraufhin von Theologen die „Christliche Kirchenagenda" ausarbeiten, die 1571 im Druck erschien. Noch im selben Jahr wurde für das Land unter der Enns eine Erweiterung der kaiserlichen Zusagen, eine „Assekurazion", erlassen, ausgedehnt auf die Untertanen der Herren und Ritter. Ausgenommen blieben allerdings die Untertanen jener Adligen, die weiterhin an ihrem katholischen Glauben festhielten, die landesfürstlichen Städte, wie z.B. Hainburg, aber auch die Märkte, wo die Gegenreformation somit angeordnet und schließlich durchgesetzt werden konnte.

verpflichtete sich der Hainburger Pfarrer, einen Vikar in Deutsch Altenburg einzusetzen, hielt sein Versprechen aber nicht ein (nach Müllner, S. 81).

Später nahm der protestantische Herrschaftsinhaber Ehrenreich Dörr (Derr) einen Prediger seines Glaubens auf. Am 27. Mai 1577 erhielt er von Erzherzog Ernst den Befehl, den Prediger zu entlassen und die Altenburger Kirchenschlüssel dem Pfarrer von Hainburg zu übergeben. Dörr befolgte diesen Befehl – und stellte einen neuen Prediger ein: Jakob Püttner, aus Pforzheim gebürtig, erst Kartäusermönch in Mauerbach, dann Jesuit, schließlich Protestant, dem die protestantische Kirchenvisitation zu Rodaun 1580 ein ausgezeichnetes Zeugnis ausstellte. Die wiederholten Beschwerden des Hainburger Pfarrers Wolfgang Molitor (eigentl. Millner) beim Klosterrat über den protestantischen Prediger konnte Dörr entkräften, indem er darauf verwies, daß seine, Dörrs, Behausung kein Markt (wo die freie Ausübung des protestantischen Glaubens nicht erlaubt war), sondern ein befreiter Edelmannssitz sei, ihm selbst daher vom Kaiser die Wahl des Bekenntnisses freistehe und obendrein der Prediger nur mehr die von Dörrs Eltern erbaute Peter-und-Pauls-Kirche im Ort zum Gottesdienst nutze: *Daß Altenburg eines Markt Freyheyt hab, ist mir nicht bewußt, bis hero hab ich's für ein Dorf oder Aigen, wie man's nennt, besessen und mich der Jurisdiction und Obrigkeit gebraucht wie vor Altersherkommen ... Das solches Kirchlein* [= die Peter-und-Pauls-Kirche] *von meinen lieben Eltern selig gleich vor meinem Edelmannhof gebauet ... daß es aber niemals zu einer Pfarrkirche gehöret oder das löbl. Haus Österreich sich des Eigentums hätte angemasst, das wird Wolf Millner nicht sobald erweisen*, schrieb Dörr in seiner Entgegnung (zit. aus Müllner, S. 61).

Auch nach 1621 – dem Jahr des Verkaufs der Herrschaft Deutsch Altenburg an den in der Gegend bereits begüterten Gundakar von Polheim – blieb der Ort protestantisch. 1639 berichtete der Pfarrer von Hainburg, Dr. Dominik Valentini, daß vertriebene oberösterreichische Lutheraner unter dem Schutz des neuen Herrn in Deutsch Altenburg wohnten. Dies war nicht weiter verwunderlich, schließlich waren die Polheimer Protestanten und stammten selbst aus Oberösterreich.

Im Jahrzehnt 1650–1660 siegte auch in Niederösterreich die Gegenreformation. Die Protestanten wurden zur Bekehrung gezwungen oder systematisch vertrieben. Heute weiß man, daß eine Art Geheimprotestantismus weiterbestand, doch ist dessen Ausmaß schwer zu erfassen.

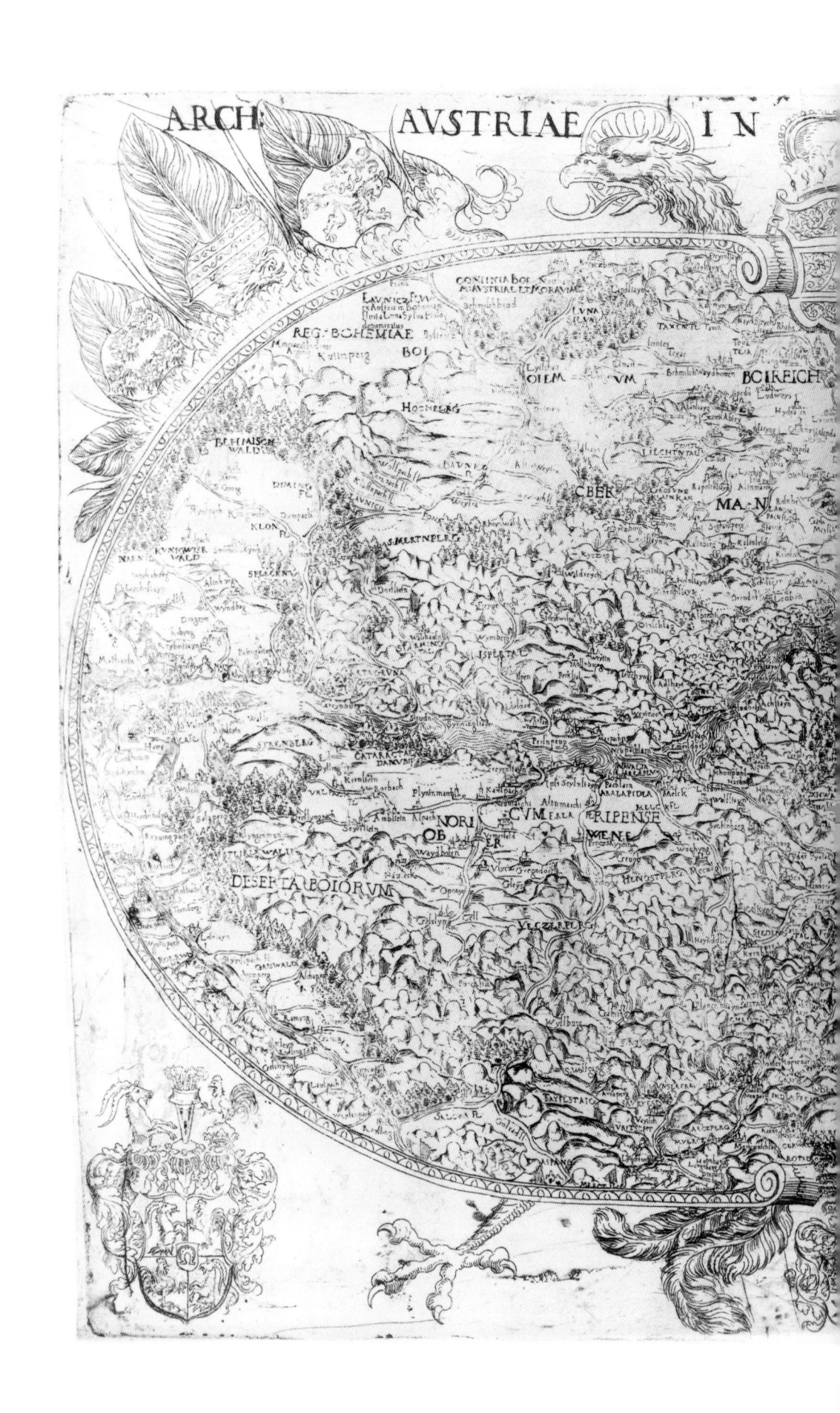

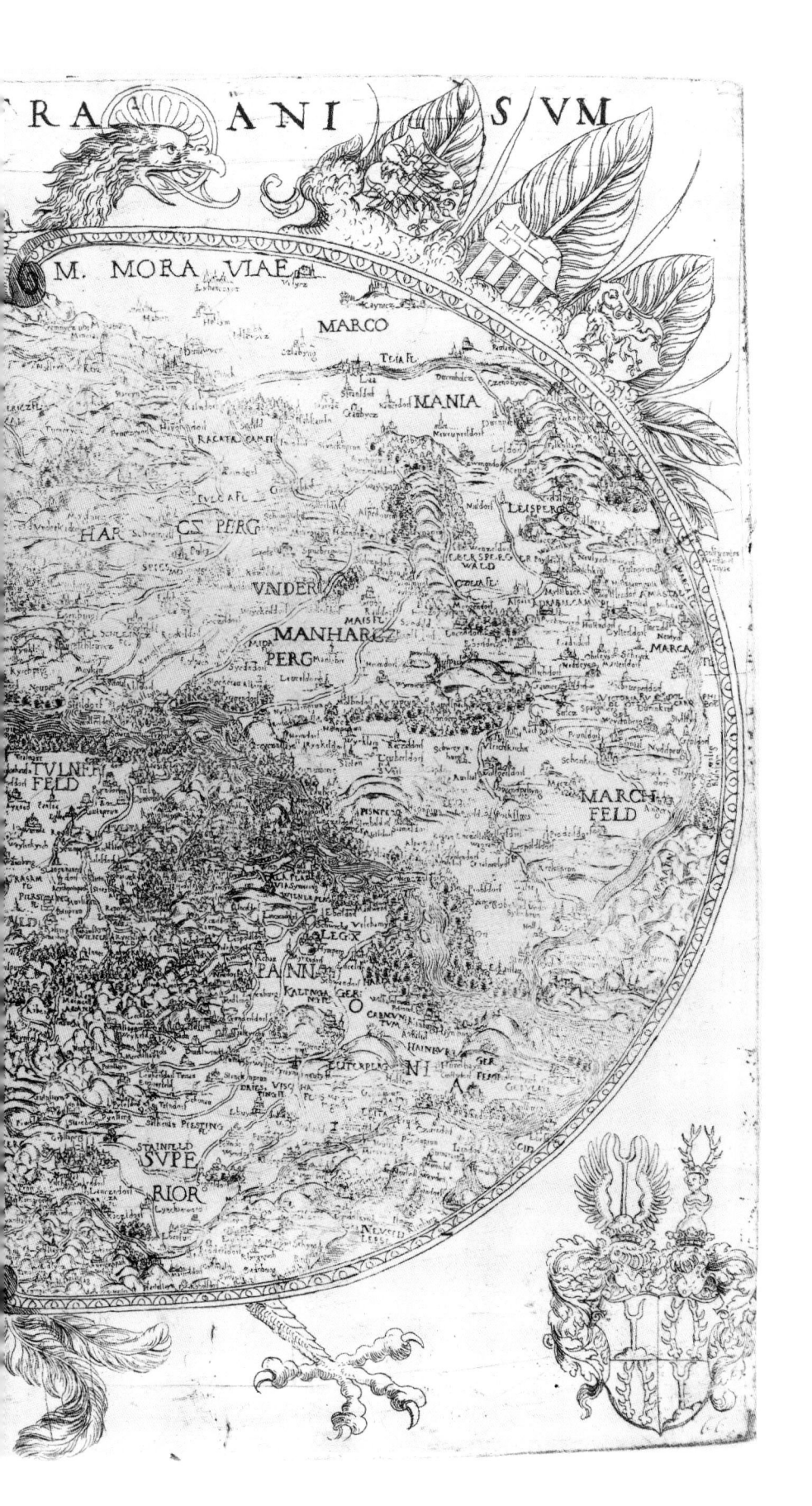

„Arch[iducatus] Austriae Infra Anisum" (Erzherzogtum Österreich unter der Enns): eine Karte Niederösterreichs, verfaßt vom Kartographen und Arzt Wolfgang Lazius in Wien, um 1560. (Angabe S. 347)

AVSTRIA archiducatus.

„Austria archiducatus" (Das Erzherzogtum Österreich). Karte von Gerhard Mercator, 1585. (Angabe S. 347)

Archiducatus Austriæ Inferioris Geographica, et Nouiter E...

SEPTENTRIO

OCCIDENS

MERIDIES

In den Jahren 1669 und 1670 bereiste der Geistliche und Topograph Georg Matthäus Vischer (1628–1696) das Land, um im Auftrag der niederösterreichischen Stände eine Landkarte herzustellen.
Links: Die Vischer-Karte „Des Erzherzogthumes Unterösterreich geographische, und erneut herausgegebene allergenaueste Beschreibung" in der Ausgabe von 1697.
Rechts: Ausschnitt mit der Gegend um Deutsch Altenburg.
(Angabe S. 347)

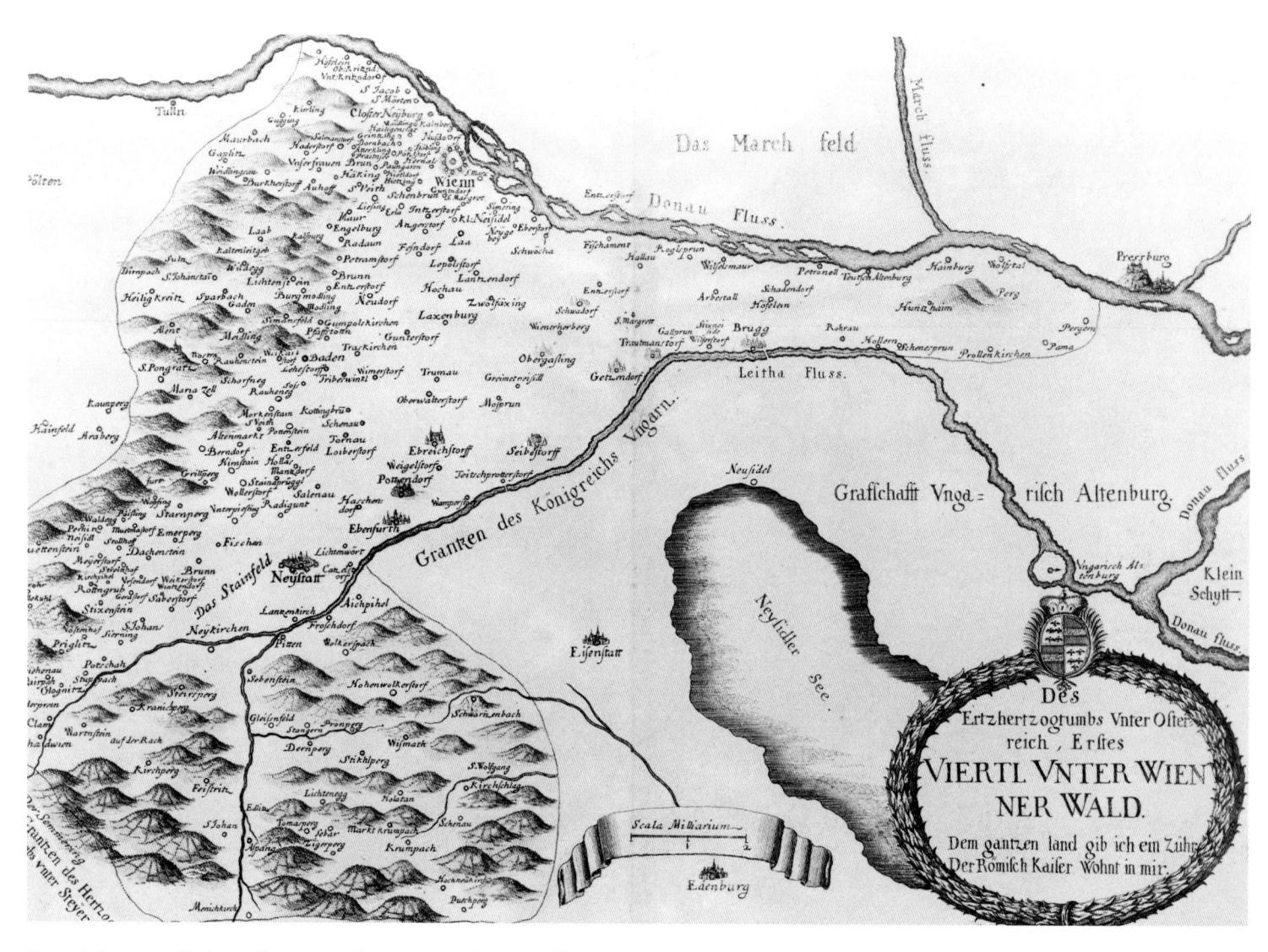

Kartenbeilage aus Vischers „Topographia" in der Ausgabe von 1679/80. (Angabe S. 347)

Die Pest

Der Dreißigjährige Krieg (1618–1648), diese blutige Auseinandersetzung zwischen dem katholischen und dem protestantischen Europa, ging auch an Deutsch Altenburg nicht spurlos vorüber. 1645, schon gegen Ende des Krieges, bezog ein Regiment unter Oberst Christoph Fernberger im Ort Winterquartier: Man befürchtete ein weiteres Vorrücken der Schweden, die schon das nördliche Niederösterreich besetzt hatten. Verbreitet durch Truppen und Umherziehende, brach im selben Jahr in einigen Orten Niederösterreichs die Pest aus: Der „Schwarze Tod" forderte auch in Deutsch Altenburg seine Opfer. Die Bewohner begruben ihre Toten außerhalb des Ortes, dort, wo heute die Roseggergasse von der Wiener Straße abzweigt. Rund drei Jahrzehnte später, 1679, fegte eine weitere Pestepidemie, von Ungarn kommend, über Deutsch Altenburg.

An diese schweren Zeiten erinnert noch heute das „Pestmarterl". Der alte Bildstock mußte 1931 dem Bau des Hauses Roseggergasse 2 weichen, der neue wurde an derselben Stelle 1964 nach einem Entwurf von Franz Déed errichtet. Im Inneren des neuen Marterls befand sich die barocke Pietà aus dem früheren Bildstock, bis sie einem Diebstahl zum Opfer fiel; heute ist sie durch eine moderne Pietà von Erwin Burgstaller ersetzt, die am 15. September 1983 geweiht wurde.

Der zweite Türkenkrieg

1670 erwarb Franz Christoph Geyer von Edelbach die Herrschaft Deutsch Altenburg, noch ehe der Türkenkrieg sie entvölkerte.

1683 zogen die türkischen Heere unter Großwesir Kara Mustafa zum zweitenmal gegen Wien, auch diesmal mit grausamen Folgen für die Einwohner Deutsch Altenburgs: Einige versteckten sich in den Donauauen, viele flohen nach Hainburg, das aber von den vorrückenden türkischen Truppen am 11./12. Juli zerstört wurde, wobei 8436 Menschen ums Leben oder in Gefangenschaft kamen. Abermals war der Ort nur schwach besiedelt. Um ihn wieder zu bevölkern, übergab Maria Eleonora Geyer von Edelbach im Verlauf der Jahre 1689 bis 1691 – ihr Mann Franz Christoph war kurz davor gestorben – 19 der ihr gehörigen 67 Häuser an Zuwanderer, hauptsächlich Schwaben; weitere 12 Höfe wurden von Bauern an die neuen Siedler verkauft. Die Hälfte all dieser Anwesen war „Brandstatt" oder „anders vom Erbfeind ruiniert".

1693 veräußerte Maria Eleonora mit Zustimmung ihres Sohnes den Besitz an Antonio Francesco Reichsgraf von Collalto.

Bauernhaus um 1700 zur Zeit der Schwabenzuwanderung. Lavierte Federzeichnung von Friedrich August Brand.

Kuruzzenaufstände

Im Sommer 1703 brach in Ungarn unter Führung von Franz II. Rákóczy ein Aufstand aus, der auch das angrenzende Niederösterreich schwer bedrohte: Die „Kuruzzen" (nach dem türkischen Wort *khurudsch* = freier Krieger, Freischärler; der Ausdruck „Kruzitürken" erinnert daran) hatten sich zunächst 1678 unter Graf Imre Tököly formiert – eine bewaffnete, aber schlecht organisierte Bewegung von Kleinadligen, bedrängten protestantischen Bauern und ausgedienten Soldaten, die zunächst auf Nordungarn beschränkt blieb.

1703 kam es zum erwähnten zweiten Aufstand. Er begann als Verschwörung ungarischer Magnaten gegen die Habsburger, weitete sich aber erneut auf Teile des bedrückten Volkes, auf Soldaten, Freischärler und Räuberbanden aus, die – von Frankreich finanziell und mit Waffenlieferungen unterstützt – in wilden Reiterscharen schließlich bis in die Nähe Wiens vordrangen.

Die Rebellen zerstörten 1704 auch Deutsch Altenburg, gleich allen Orten zwischen Hainburg und Schwechat. Daraufhin wurde eine kaiserliche Aufforderung erlassen, daß von jedem fünften Haus ein Mann zu rekrutieren sei. Deutsch Altenburg stellte damals von 51 Häusern zehn Mann.

Der Ort hatte sich kaum erholt, als er 1706 abermals von kuruzzischen Freischärlern, unter Führung von Paul Andrássy, geplündert, verwüstet und seine Bevölkerung zur Huldigung aufgefordert wurde. Zwischen 1704 und 1708 belief sich der Schaden, den die Kuruzzen in der Herrschaft „Teutschaltenburg, Prellenkirchen und Wanckmühl" verursachten, auf 43183 Gulden, jener der Untertanen auf 17519 Gulden.

Schließlich wurde die Rebellion niedergeschlagen und 1711 im Frieden von Szátmár mit den ungarischen Ständen förmlich beendet. Auf eine Bestrafung der Aufständischen wurde weitgehend verzichtet.

Die Kuruzzeneinfälle in Österreich und ihre Niederschlagung in zeitgenössischer Darstellung. Stich aus „Alt- und Neues Oesterreich" von Mathias Fuhrmann, 1735.

Die Urkunde aus dem Jahr 1725, worin der Provisor der Pfarre Deutsch Altenburg, Andreas Kessler, von Kaiser Karl VI. dem Fürstbischof von Passau präsentiert wird, mit Siegel und eigenhändiger Unterschrift des Kaisers (Diözesanarchiv in Wien).

Die Herrschaft Ludwigstorff und die Anfänge der Pfarre Deutsch Altenburg

1706 kam der Herrschaftsinhaber Leopold Rombald Reichsgraf von Collalto und San Salvadore – der Sohn jenes Antonio Francesco, der 13 Jahre zuvor den Besitz erworben hatte – hochverschuldet bei einem Duell ums Leben. Aus seiner Verlassenschaft kaufte 1709 ein niederösterreichischer Regimentsrat die Herrschaften Deutsch Altenburg und Prellenkirchen: Johann Rudolf Katzy, Edler Herr von Ludwigstorff, Freiherr von Goldlamb.

Keine drei Jahrzehnte waren seit der Pest und dem Türkenjahr 1683 vergangen, und noch bedrohte die rebellische Kuruzzenbewegung das Land. Ludwigstorff, der Schloß und Heilquelle von Deutsch Altenburg als Fideikommiß (= unveräußerlicher, unteilbarer Familienbesitz) erworben hatte, nahm sich des Wiederaufbaus an. Der neue Herr kümmerte sich auch um das geistliche Wohl seiner Untertanen, indem er einen Franziskaner aus Hainburg dafür entlohnte, an Sonn- und Feiertagen die Messe zu lesen – ein erster Schritt zur geistlichen Unabhängigkeit von der Pfarre Hainburg. Ludwigstorff stellte die Bezahlung aber 1716 ein, da die Pfarre Hainburg ja auch Pfarreinkünfte aus Deutsch Altenburg bezog.

1717 kam es zu einem Vergleich zwischen Ludwigstorff und Pfarrer Rascher von Hainburg: Rascher behielt bis zu seinem Tod die Altenburger Pfarreinnahmen, dafür durfte sich Ludwigstorff einen Priester halten, den er mit 300 Gulden zu entlohnen hatte.

Außerdem verpflichtete sich Ludwigstorff, dem neuen Priester *eine anständige Wohnung zu verschaffen und nächstfolgenden 1718ten Jahr einen aigenen Pfarrhof, wie auch Schulhaus auf aigen Unkosten zu erbauen und erhalten, ingleichen die Kirche am Berg sowohl von innen als außen also gleich in guten Baustand zu setzen, wie nicht weniger das Capellerl* [= den Karner] *allda unter Tach zu bringen.* (Aus dem Pfarrgedenkbuch Deutsch Altenburg I, S. 6, zit. aus Sesztak, S. 108.)

Der von Ludwigstorff berufene Geistliche war Andreas Kessler. Am 24. März 1725 wurde er im Alter von 36 Jahren der erste Pfarrer des Ortes und blieb es 17 Jahre lang bis zu seinem Tod am 6. Februar 1742; er ist in der rechten Seitenkapelle (der heutigen Taufkapelle) der Marienkirche beigesetzt, die Grabplatte im Boden bezeichnet die Stelle.

Grabplatte von Andreas Kessler, dem ersten Pfarrer von Deutsch Altenburg, im Fußboden der Taufkapelle der Marienkriche. Der heitere Grabspruch stammt wohl von Kessler selbst. In Versen und getreu übersetzt:

*Gehet, kommet her und seht,
wie´s um das Leben steht.
Ein guter Hirt ruht hie
und Biber von Marie,
ein Redner hochwillkommen,
Beichtvater hochvollkommen.
Hervorragend er dichtet,
Geschichte recht gewichtet,
nicht minder ein Jurist,
berühmt auch als Linguist.
Als Philosoph bewunderbar,
als Theolog der Beste gar.
Nach zweiundzwanzig Jahren
ist er dann abgefahren
am sechsten Februar
mit dreiundfünfzig Jahr, anno 1742.*

ITE VENITE
ECCE
COMPENDIUM VITÆ
HIC JACET BONUS PASTOR
ET MARIANUS CASTOR
ORATOR TER ACCEPTUS
CONFESSOR TER PERFECTUS
EXIMIUS POETA
HISTORICUS MONETA
NON MINIMUS JURISTA
PRACLARUS ET LINGUISTA
MIRABILIS PHILOSOPHUS
NUNC OPTIMUS THEOLOGUS

A. R. D. ANDEAS KESSLER ARCHI
DUCALIS IN TEUTSCH ALTENBURG
ANNIS XXII SVEVLSII TATis LIII
OBIIT DIE FEBRUar VI A MDCCXLII

B O H E I M
M A R G G R A F
BOROWANY
Rudolfstan
Benellow
Kaphce
Zlabing
Landstain
D A S
S C H W A R T Z
V I E R T L
Mitterberg
Ips
Amstotten
Strenberg
Haag
Aspach
Scheibs
Frankenfels
Kirchperg
Lillienfeld
Hohenberg
Mark Gaming
Mariæ Zell
Altenmarkt
Palfa
H E R T Z O G T H U M
S T E Y R M A R C K
Admondt
ROTTENMAN
Eisenartz
Vordernperg
Mautern
Traffeiach
Kapfenberg
PRUCK an der Muehr
LEOBEN
Fischbach

„Archiducatus Austriae Inferioris" (Erzherzogthum Unter Oesterreich).
Karte von Johann Baptist Homann, 1720. (Angabe S. 347)

„Vuë de Teutsch Altembourg". Kolorierter Stich aus dem Donau-Atlas von F. N. de Sparr, 1751. (Angabe S. 346)

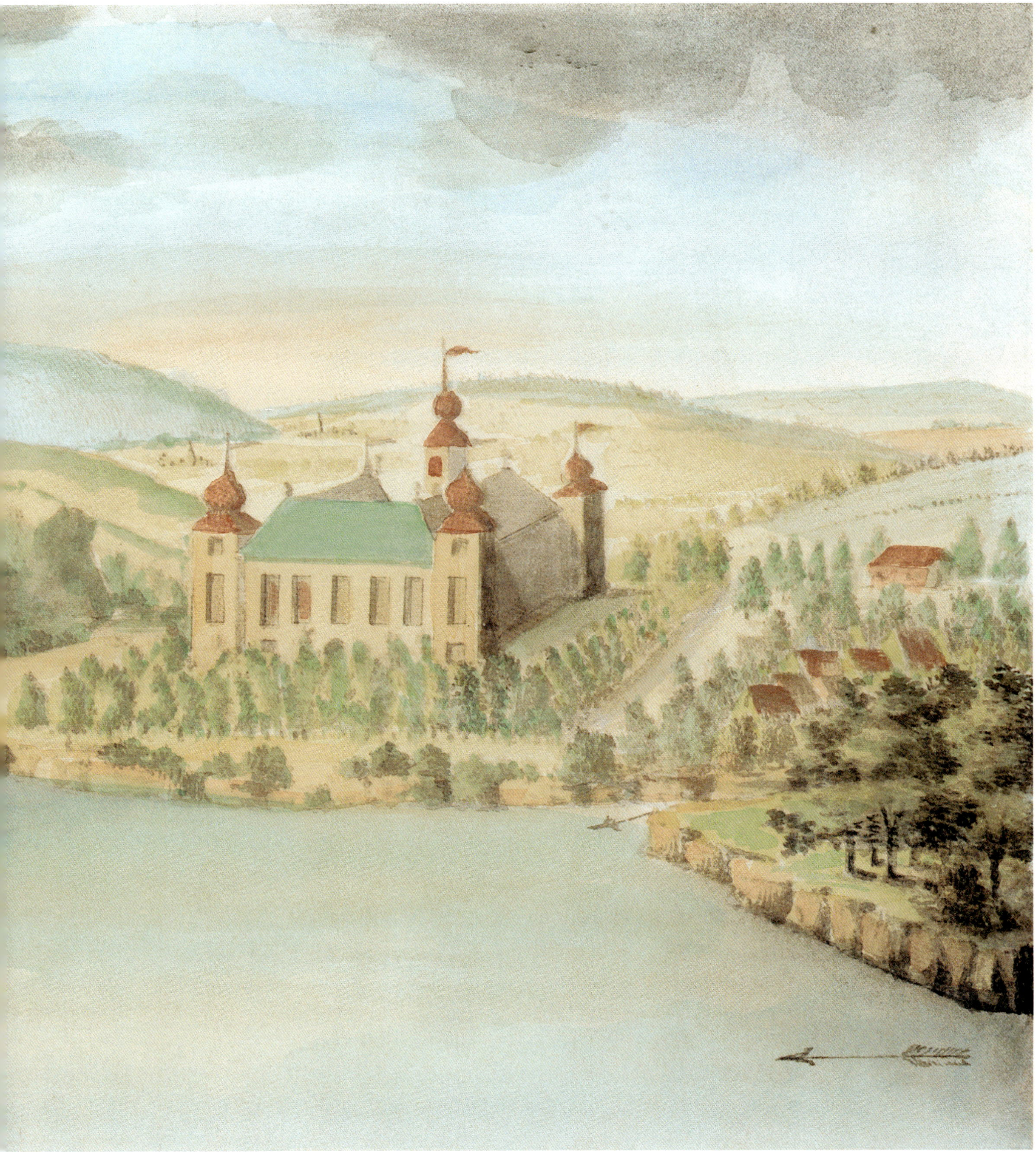

Zwischen den türkischen und den Napoleonischen Kriegen

Nach Beendigung der Türkenkriege und der Kuruzzenaufstände folgte eine Epoche relativ friedlichen Aufbaus: die Ära der *Pax Austriaca*. Damals entstanden in Deutsch Altenburg unter anderem die „Fiebersäule" vom Kirchenberg, die heute den „Frauenbrunnen" im Ortszentrum (siehe S. 166/167) überragt, sowie zwei Statuen des Brückenheiligen Johann von Nepomuk: eine davon steht derzeit im Kaiserbad, die andere – ein besonders eindrucksvolles Beispiel barocker Bildhauerkunst – seit jeher an der ebenfalls damals erbauten Schloßbrücke (siehe S. 172).

In jener Zeit hat der Komponist Joseph Haydn, der ja aus Rohrau stammte und zwischen 1737 und 1740 in Hainburg zur Schule ging, gewiß Deutsch Altenburg besucht. Und rund 25 Jahre später, am Nachmittag des 11. Dezember 1762, beehrte der sechsjährige Mozart mit seiner Familie auf der Reise von Preßburg nach Wien die Poststation des Ortes.

Am 15. August 1774, zu Mariä Himmelfahrt, brach in der Marienkirche ein Brand aus, den die vergessene Kerze eines Wallfahrers ausgelöst hatte; ihm fielen das Dach und fast die gesamte Inneneinrichtung zum Opfer.

Der Vormarsch Napoleons im von konservativen Mächten beherrschten Europa konfrontierte die Einwohner Deutsch Altenburgs erneut mit kriegerischen Ereignissen. Das Jahr 1805 brachte eine Einquartierung französischer Truppen, die jedoch danach trachteten, möglichst schnell weiterzuziehen; sie marschierten nach Preßburg, um die dortige Schiffsbrücke einzunehmen. Noch 1805 wurde in Preßburg Frieden mit Frankreich geschlossen, doch bereits 1809 kam es erneut zum Krieg. Zunächst feierten die Österreicher unter Erzherzog Karl bei Aspern und Eßling am 21. und 22. Mai 1809 einen ihrer seltenen Siege – und zugleich die erste Niederlage Napoleons, der bis dahin als unbesiegbar gegolten hatte. Doch schon die folgende Entscheidungsschlacht bei Deutsch-Wagram am 5. und 6. Juni ging zugunsten Napoleons aus, wonach bis Mitte November 1809 auch die Gegend um Deutsch Altenburg französisch besetzt war. Es kam zu Verwüstungen und Brandlegungen; der Karner ging damals in Flammen auf. Napoleon selbst kam im August höchstpersönlich nach Hainburg und Deutsch Altenburg und inspizierte mit seinem Stabschef Murat vom Pfaffenberg aus die Gegend. Er residierte damals vor den Toren Wiens, das von seinen Truppen besetzt war, im Schloß Schönbrunn; hier wurde am 14. Oktober der Friedensvertrag unterzeichnet, dem ein Waffenstillstand in Ungarisch Altenburg (Magyaróvár) vorangegangen war.

Am 16. Oktober 1809 verließ Napoleon nach 158 Tagen Aufenthalt die Haupt- und Residenzstadt der Donaumonarchie; seine Truppen folgten ihm Mitte November. 1812 – Napoleon I. hatte neben bedeutenden Gebietsabtritten Österreichs obendrein die Habsburger Kaisertochter Marie Louise zur Gemahlin erhalten – marschierte Frankreichs „Große Armee" gegen Moskau. Der Abzug der französischen Truppen aus Niederösterreich hatte nur kurze Erleichterung gebracht: In Deutsch Altenburg und Hainburg folgte die Einquartierung der Esterházy-Infanterie. Wieder mußten Soldaten untergebracht und verpflegt werden, was erneut große Belastungen für die Bevölkerung zur Folge hatte.

Das sechsjährige „Wunderkind" Wolfgang Amadeus Mozart (1756–1791) in dem ihm von Kaiserin Maria Theresia geschenkten Staatskleid. Ölgemälde von Pietro Antonio Lorenzoni, 1763.

Der Komponist Joseph Haydn (1732–1909). Stich nach einem Gemälde von Thomas Hardy, 1792.

„Französische Linieninfanterie 1812". Aquarellierte Bleistiftzeichnung von Carl Leopold Hollitzer.

Vormärz

Im Jahr 1817 – zwei Jahre nach dem Wiener Kongreß mit seinen weitreichenden Beschlüssen für eine Neuordnung Europas – wurde von Kaiser Franz I. die Errichtung eines stabilen Katasters („Franziszeischer Kataster") in Auftrag gegeben. Diese amtliche Landvermessung – die zweite, nach der Josephinischen –, auf deren Basis künftig Grundbesitz und Besteuerung geregelt sein sollten, wurde für Niederösterreich 1833 beendet.

Es war die Zeit des „Biedermeier" oder „Vormärz", geprägt vom Beginn der Industrialisierung, aber auch von politischen Spannungen, von Not und Elend. Die schwierige soziale Lage wurde durch Katastrophen wie den starken Eisstoß im März 1830, der auch in Deutsch Altenburg zu Überschwemmungen führte, und mehrere Choleraepidemien zusätzlich verschärft. Viele Menschen starben daran; zahlreiche wurden brot- und erwerbslos. Die Seuche wütete in Wien und Niederösterreich zum erstenmal 1831; in Deutsch Altenburg legte man an der Straße nach Hainburg (beim heutigen Bahnhof) einen eigenen Friedhof für die Choleratoten an. 1836, als die Epidemie zum zweitenmal ausbrach, errichtete die Gemeinde dort ein Kreuz; die Opfer bestattete man dieses Mal jedoch auf dem Ortsfriedhof.

Als 1866 österreichische Truppen, die vom Kriegsschauplatz in Königgrätz zurückkamen und die Preußen am Übersetzen der Donau hindern sollten, im Ort lagerten, brach die Cholera zum drittenmal aus und forderte unter den Einwohnern 30 Todesopfer.

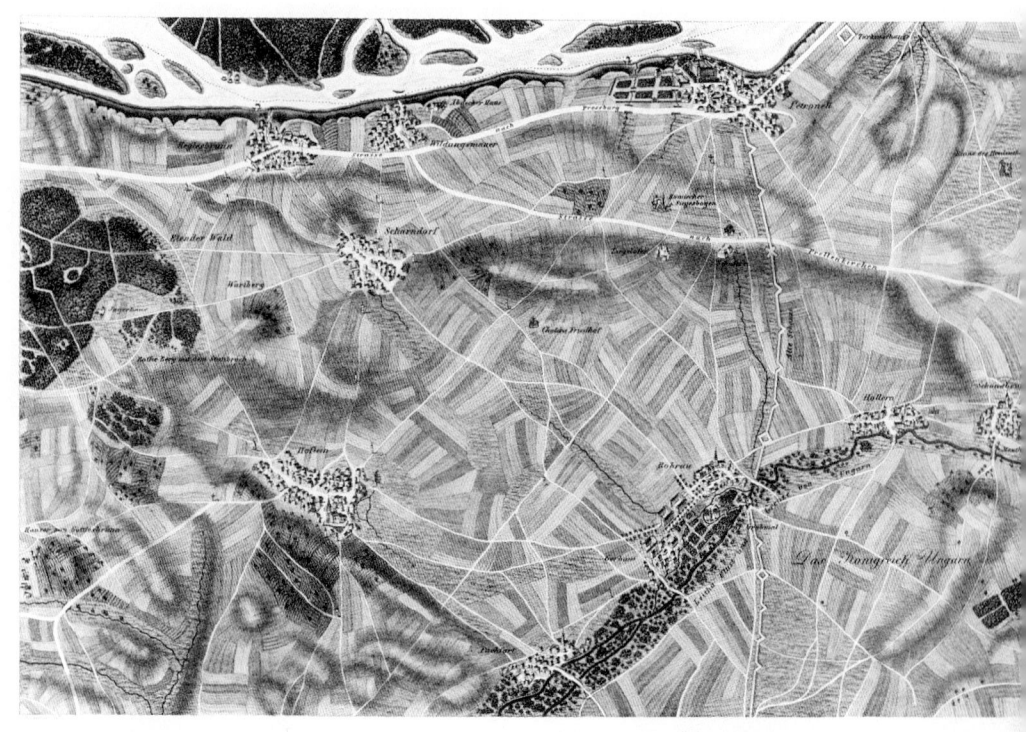

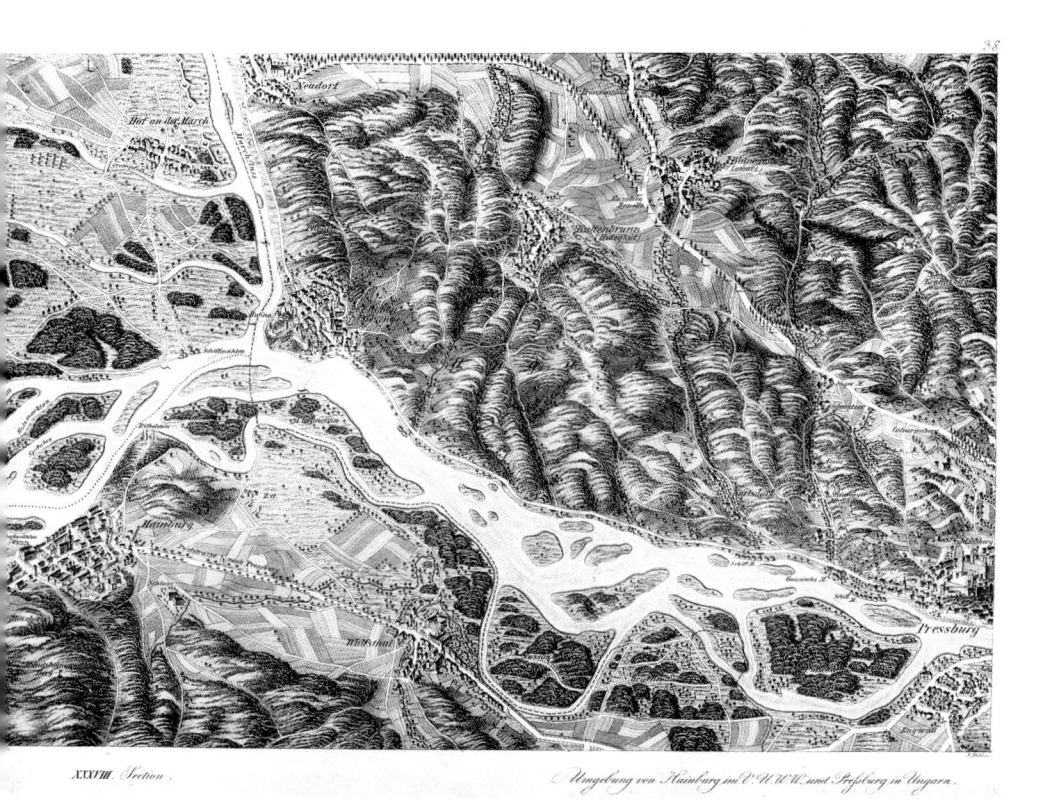

Die „Perspectiv-Karte des Erzherzogthums Oesterreich unter der Ens, Wien 1831–1841" von F. X. Schweickhardt v. Sickingen dokumentiert mit ihrer detailgetreuen Wiedergabe die Kulturlandschaft des Biedermeier. (Angabe S. 347)

Die Josephinische Landesaufnahme, Section 84: „Theil deren Vierteln unter Manhartsberg und unter Wienner Wald", 1764–1787. (Angabe S. 347)

Der Franziszeische Kataster. Ausschnitt mit Deutsch Altenburg und Umgebung, 1819. (Angabe S. 347)

BAUERNBEFREIUNG UND GEMEINDEVERFASSUNG

Das Revolutionsjahr 1848 wurde vor allem durch die Ereignisse in Wien bestimmt. Bleibende Errungenschaft dieses Kampfes um bürgerliche Freiheiten war die Aufhebung der bäuerlichen Grunduntertänigkeit und damit die Abschaffung von Zehent und Robot. Der berühmte Antrag zu dieser *Bauernbefreiung*, vom jungen Abgeordneten Hans Kudlich am 25. Juli im Reichstag eingebracht, wurde noch am 9. September von Kaiser Ferdinand bestätigt.

Auch Deutsch Altenburg blieb von den Ereignissen jenes Jahres nicht unberührt: Ungarische Truppen, die den aufständischen Wienern zu Hilfe eilten, zogen durch den Ort; ihr Einsatz blieb jedoch vergeblich. Am 11. Oktober überquerten kaiserliche Dragoner – das Regiment des 18jährigen Neffen des Kaisers, Erzherzog Franz – in Deutsch Altenburg die Donau,

„Gemein Rechnung": Abrechnung der „hochfreyherrlich Ludwigstorfischen Gemeinde Deutschaltenburg über Geld, Körner, Empfang und Ausgaben", unterfertigt vom damaligen Ortsrichter Johann Sutter, 1798. Die Jüngeren waren infolge der Theresianischen Schulreform bereits schreibkundig und setzten dem Siegel ihren Namen bei.

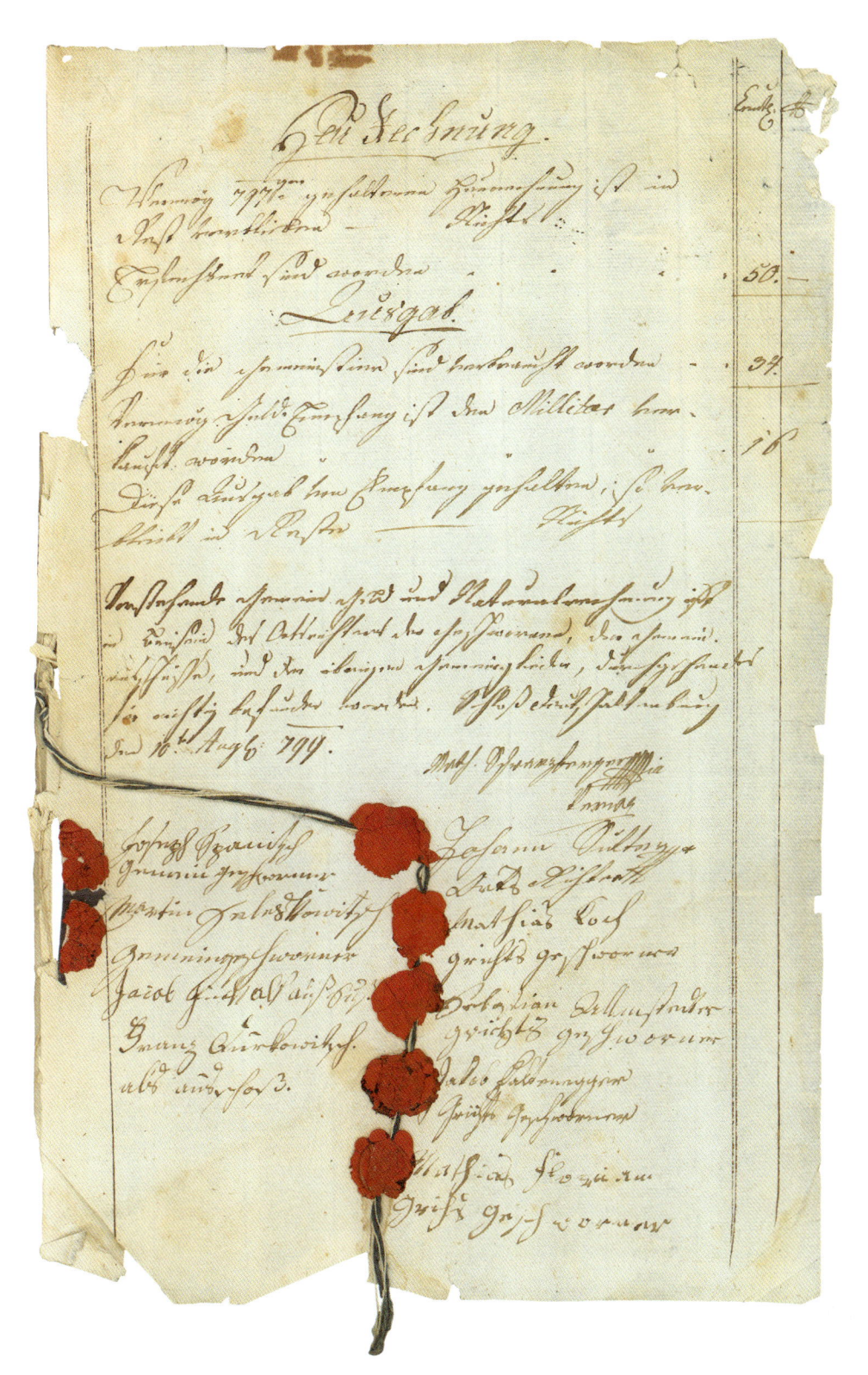

*Unterschriften links: Joseph Spanitsch, Gemeingeschworener; Martin Seleskowitsch, Gemeingeschworener; Jacob Finck, als Ausschuß; Franz Durkowitsch, als Ausschuß.
Rechts: Matthias Schwarzberger, Verw[alter]; Johann Sutter, Dorfs Richter [!]; Matthias Koch, Gerichtsgeschworner [!]; Sebastian Dellenstedter, Gerichtsgeschworner [!]; Jakob Kaltenegger, Gerichtsgeschworner; Matthias Florian, Grichsgeschworner [!].*

Hans Kudlich (1823–1917), Politiker und Arzt, gilt als der österreichische Bauernbefreier.

um gegen Wien zu marschieren, wo noch im selben Monat die Revolution blutig niedergeschlagen wurde.

Am 2. Dezember 1848 dankte Kaiser Ferdinand ab, und sein Neffe Franz wurde als Franz Joseph I. zum Kaiser proklamiert. Am 17. März 1849, rund ein halbes Jahr nach Aufhebung der Grundherrschaften, wurde ein neues Gemeindegesetz erlassen, das die Grundlage des modernen österreichischen Gemeindewesens bildet. 1850 fanden die ersten freien Wahlen statt: Der erste Gemeinderat von Deutsch Altenburg konnte nunmehr die Geschicke des Ortes lenken. Erster Bürgermeister wurde Anton Hollitzer, der bis dahin herrschaftlicher Ortsrichter gewesen war; Ortsrichter und Geschworene, deren Einrichtung seit 1683 bestanden hatte, wurden nun durch Bürgermeister und Gemeinderat abgelöst. Seither gab es 22 Bürgermeister, unter denen Anton Hollitzer nicht nur der erste, sondern mit 16 Dienstjahren auch einer der längstamtierenden war.

DIE BÜRGERMEISTER VON BAD DEUTSCH-ALTENBURG AB 1850

1865 Matthias Nowatzi 1870 — 1870 Thomas Aberham 1876 — 1850 Anton Hollitzer 1866 — 1876 Carl Hollitzer 1884 — 1884 Franz Koch 1900

1900 Franz Krems 1908 — 1908 Leopold Eder 1919 — 1919 Leopold Hösel 1920 — 1920/1950 Johann Knobloch 1934/1954

1934 Franz Nebastelitz 1935 — 1935 Albert Schildorfer 1938 — 1938 Johann Polt 1939 — 1939 Franz Hradil 1945

1945 Gustav Zöcklein 1945 — 1945 Karl Schrei 1946 — 1946/1955 Karl Strasser 1950/1970 — 1954 Richard Strasser 1955 — 1970 Josef Höferl 1972

Die Bürgermeister des Ortes 1850–1972. Nicht auf dem Bild: die Bürgermeister Kurt Trimmel (1972–1987) und Ing. Hermann Terscinar (seit 1987).

In der Mitte das Haus des ehemaligen Ortsrichters Anton Hollitzer (oben), darunter das Gemeindeamt in der Berggasse 4 (1935–1964) sowie das Amtshaus in der Wiener Straße 17 (1964–2000); seit März 2000 ist das Gemeindeamt in der ehemaligen „Hollitzer-Villa", dem Wohnhaus des Bürgermeisters Carl Hollitzer, in der Erhardgasse 2 untergebracht.

Verbesserungen der Infrastruktur

An kommunalen Leistungen war angesichts ständiger Seuchengefahr die Verbesserung der hygienischen Verhältnisse besonders dringend. Die Wasserversorgung erfolgte damals noch über Hausbrunnen. Nur das Schloß und seine Umgebung wurden ab 1901 durch eine Wasserleitung versorgt, die, vom *Ludwigstorffbründl* kommend, Feldgasse, Sulzgasse und Sulzbach querte und über die Schulgasse, die Pfarrer-Maurer-Gasse und das Schloß wieder zum Sulzbach führte. 1909 erhielt auch der Steinbruch am Pfaffenberg eine eigene Wasserversorgung, die Franz und Emil Hollitzer anlegen ließen; im selben Jahr wurde das erste Telefon im Ort installiert.

1910 beschloß der Gemeinderat den Bau einer Ortswasserleitung, die – vom *Burgbründl* gespeist – im Jahr darauf als „Kaiser Franz Joseph I. Wasserleitung" den Betrieb aufnahm; auch das *Solabründl* sollte ursprünglich einbezogen werden, dieser Plan war aber fallengelassen worden. 1929 wurde die Wasserleitung (nun ohne kaiserlichen Namen) durch die Einbeziehung des *Ludwigstorffbründls* erweitert und das Reservoir auf dem Kirchenberg vergrößert.
Nicht nur wechselnde Namensgebung spiegelt geschichtliche Ereignisse wider: Während des Nationalsozialismus mußten jüdische Häftlinge, die im weiten Umkreis in der Landwirtschaft, in der Industrie, am

Erinnerungstafel aus dem Reservoir auf dem Kirchenberg, angebracht anläßlich der Erweiterung der Wasserleitung 1929.

Das alte Wasserreservoir, erbaut 1911, erweitert 1929.

Bau und v. a. zur Errichtung des „Südostwalls" eingesetzt waren, einen Brunnen bei der Strombauleitung am Donauufer schlagen, der 1955 ausgebaut und der Wasserversorgung des Ortes angeschlossen wurde. 1970–1975 kam es zu Um- und Erweiterungsbauten am Leitungsnetz, wobei auch ein neuer Hochbehälter am Pfaffenberg errichtet wurde. Wegen der Verunreinigung des Grundwassers wird das Ortswassernetz seit 1986 von der NÖSIWAG (Niederösterreichische Siedlungs- und Wasserbaugesellschaft) versorgt, die Brunnenanlagen in Petronell und Reisenberg betreibt. Die alten Brunnen werden nur mehr als Nutzwasserspender verwendet: jener bei der Strombauleitung zur Bewässerung des Kurparks, des Sportplatzes und der Gartenanlage des Museums Carnuntinum, das Ludwigstorffbründl zur Entstaubung des Steinbruchs am Pfaffenberg.

Im Zuge der Verbesserung der sanitären Infrastruktur wurde 1929 mit dem Bau eines Kanalnetzes begonnen, wobei man die Kanäle in den Sulzbach und die Abwässer mit diesem in die Donau münden ließ. 1976 erfolgte ein Umbau der Kanalanlage: Der Sulzbach wurde zwischen Steinabrunngasse und Pfarrer-Maurer-Gasse überdeckt und die Trasse des Sammelkanals darin eingebaut; die Abwässer werden in die Kläranlage Hainburg geleitet, die, 1983 vom „Abwasserverband Raum Hainburg" errichtet, auch für Bad Deutsch-Altenburg und Hundsheim zuständig ist. 1968 nahm zudem die kommunale Müllabfuhr ihren Betrieb auf.

Die Einführung der elektrischen Beleuchtung wurde 1913 vorerst vom Gemeinderat wegen zu hoher Kosten abgelehnt; doch 1919/20, in den schwierigen Jahren nach dem Zerfall der Monarchie, erstrahlte auch Deutsch Altenburg im elektrischen Licht.

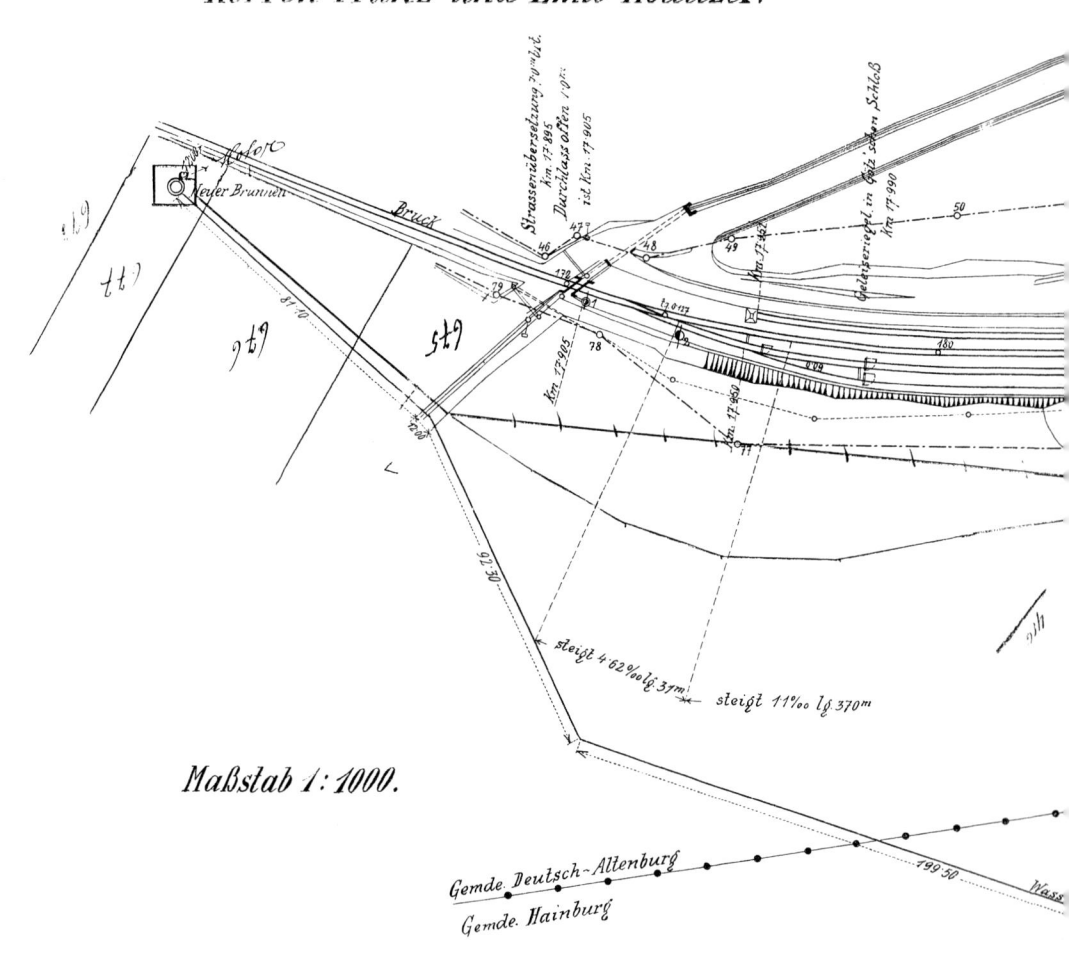

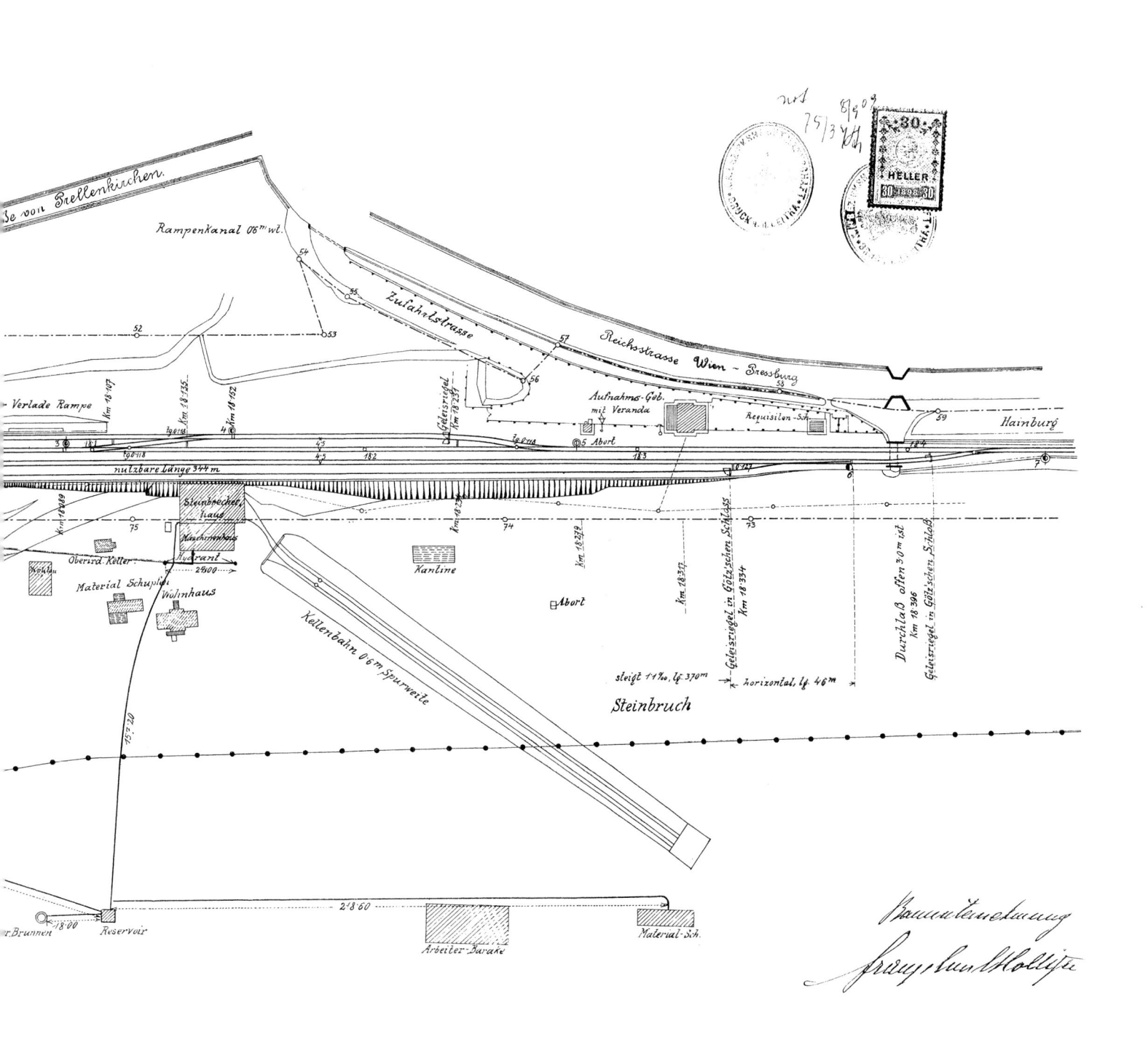

Lageplan der Wasserleitung der Hollitzer-Werke, 1909.

1916 wurde zwischen der Regierung und Anton Ludwigstorff vertraglich vereinbart, im herrschaftlichen Gasthaus „Zum goldenen Lamm" 100 Rekonvaleszente auf sechs Jahre aufzunehmen. Im Bild: Rekonvaleszente Soldaten vor dem Bild des Kaisers anläßlich der Feier von dessen 86. Geburtstag am 18. August 1916 im Gasthaus „Zur blauen Traube". In der Mitte die „Traubenwirtin" Marie Wimmer, geb. Koch, mit ihren Kindern Johann (links von ihr) und Anna (rechts, später verheiratet mit Hans Wertanek). Anna Wertanek wurde 1933 für ihr karitatives Engagement mit der Goldenen Medaille für Verdienste um die Republik Österreich ausgezeichnet; u.a. leistete sie jahrelang Hilfe für 40 unterernährte Schulkinder, die sie – in Zusammenarbeit mit ihrer damals nahezu blinden Mutter – täglich mit einem warmen Mittagessen versorgte.

Das Kriegerdenkmal, nach einem Entwurf von Adolf Pohl, wurde 1921 für die Gefallenen des Ersten Weltkriegs auf dem Plateau des Kirchenbergs vor dem Friedhof errichtet. Inzwischen gedenkt es der toten Soldaten beider Weltkriege, 1999 wurde es renoviert.

Der Erste Weltkrieg

Am 28. Juli 1914 begann mit Österreichs Kriegserklärung an Serbien der Erste Weltkrieg. Die Bevölkerung begrüßte zunächst die Mobilmachung stürmisch, doch zeigte sich bald das wahre Gesicht des Krieges: Väter, Brüder, Gatten und Söhne fielen an der Front, wurden verwundet oder gerieten in Gefangenschaft. Die Zivilbevölkerung litt an Lebensmittelknappheit.

Zur Unterstützung der Rüstungsindustrie führte man sogenannte Kriegsmetallsammlungen durch: 1917 wurden in Deutsch Altenburg alle drei Kirchenglocken wie auch die Dachrinnen und Metallteile des Kirchendachs von der Regierung requiriert. Erst sechs Jahre später erhielt die Marienkirche neue Glocken, die von der Firma Böhler in Kapfenberg stammten und am 4. Mai 1923 feierlich geweiht wurden.

Die Radiostation in Bad Deutsch-Altenburg

Im Zuge des Ersten Weltkriegs stellte man 1916 unter Einsatz russischer Kriegsgefangener eine Funkstation südwestlich des Ortes, auf der Steinabrunner Heide, fertig; der 150 Meter hohe Funkturm der damaligen Post- und Telegraphenverwaltung sollte den kriegsbedingt behinderten internationalen Telegraphenverkehr durch Aufnahme der Radioverbindungen mit Spanien und der Türkei verbessern. Nach dem Krieg erfolgte die kommerzielle Nutzung dieser mittlerweile bewährten Einrichtung; im Jänner 1924 nahm die Radio-Austria AG (mehrheitlich im Besitz einer englischen Gesellschaft) den direkten radiotelegraphischen Verkehr mit Berlin und London auf. Durch kontinuierliche Ausweitung stieg die Zahl der Verbindungen auf 21, darunter drei außer-

Die markanten Antennenmasten der Sendestation, welche die Radio-Austria AG am Standort Bad Deutsch-Altenburg bis 1985 betrieb.

europäische. Die Empfangsstation lag auf dem Laaerberg.

Die Radio-Austria AG bestand auch nach 1938 weiter; die Aktien der englischen Gründergesellschaft wurden durch einen Verwalter für das „Feindvermögen" betreut und die Bad Deutsch-Altenburger Anlage vom Deutschen Reich für den Telegraphenverkehr mit dem Balkan benützt. 1945 sprengten die zurückweichenden deutschen Truppen die Station. Mit dem Wiederaufbau wurde sofort begonnen, doch erst 1946 genehmigten die Besatzungsmächte die Aufnahme des radiotelegraphischen Verkehrs mit London, Moskau, Paris und New York. Zwei Jahre später erreichten die internationalen Verbindungen Vorkriegsumfang.

Ab 1954 standen drei markante, 100 Meter hohe Stahlgittermasten mit Langwellenantennen auf der Steinabrunner Heide. 1956 wurde die Anlage zur zentralen Sendestation für den österreichischen Telexverkehr mit Übersee. Zwei Jahre später erfolgte die Ausstattung mit modernsten Sendegeräten, und 1960–1962 wurde wegen des ansteigenden Telegramm- und Telexverkehrs eine neue Sendehalle gebaut. Die Bad Deutsch-Altenburger Sender bestanden bis 1985, dann wurden sie aufgelassen, die Masten demontiert und das Personal nach Wien versetzt.

Die Erste Republik

Am 12. November 1918 wurde die Republik ausgerufen. Diesen Tag beging man in Deutsch Altenburg unter Führung des Badearztes Dr. Simon Brandeis mit Aufmärschen und Hissen der Fahne.

Darüber hinaus gab es nicht viel Anlaß für Jubel. Durch den Zerfall der österreichisch-ungarischen Monarchie wurde Deutsch Altenburg wieder Grenzregion. Zwar erfolgte am 16. Februar 1927 durch Beschluß des Niederösterreichischen Landtags die Erhebung des Ortes zum Markt, und ein Jahr später, 1928, erhielt dieser die Bezeichnung Bad Deutsch-Altenburg, was die Bedeutung des Heilbads hervorheben sollte. Doch sonst lag, wie in der ganzen jungen Republik, die Wirtschaft im argen: Märkte und Rohstoffe fehlten, die Landwirtschaft produzierte nicht genug Nahrungsmittel, Armut – auch im bäuerlichen Bereich – und Arbeitslosigkeit stiegen, die politischen Lager polarisierten sich. Die Spannungen führten zum Bürgerkriegsjahr 1934, das Niederösterreich jedoch nur sporadisch in einigen Industriezentren erfaßte. Danach wurden in Österreich alle demokratischen Institutionen für mehr als ein Jahrzehnt ausgeschaltet.

Die Wappen der Marktgemeinde

Das Wappen, das die neue Marktgemeinde 1927 erhielt, wurde später gebessert und am 19. Dezember 1967 neuerlich verliehen. Dieser zweite Entwurf stammt von Franz Déed, die Gestaltung der Wappenverleihungsurkunde von Gertrude Svoboda. Der Schild des neuen Wappens ist geteilt; seine obere, gespaltene Hälfte zeigt im ersten, silbernen Feld eine schwarze römische Lagermauer mit offenem Tor und zwei Türmen, und im zweiten, goldenen Feld eine silberne Kirche mit Turm und einer das Dach überragenden Apsis; die untere, rote Schildhälfte zeigt eine in die Schildmitte ragende kapitelltragende schwarzsilberne Säule, aus der drei goldene Wasserströme fließen. Am 14. Juni 1966 wurden vom niederösterreichischen Landtag die Gemeindefarben „Rot-Weiß-Gold" genehmigt.

Das erste Wappen der Marktgemeinde Bad Deutsch-Altenburg, 1927.

Der Zweite Weltkrieg

Die politischen Ereignisse des Jahres 1938 und der Ausbruch des Zweiten Weltkriegs im Jahr darauf warfen ihre Schatten auch auf den Kurort an der Donau: Österreich wurde ausgelöscht, und die Männer mußten erneut an die Front. 65 Deutsch-Altenburger kehrten nicht mehr zurück.* 1940 und 1941 waren deutsche Truppen in Bad Deutsch-Altenburg einquartiert.

---

* *Zahlenangabe laut freundlicher Auskunft des Gemeindeamts von Bad Deutsch-Altenburg.*

Verleihungsurkunde des zweiten, gebesserten Wappens, 1967.

1944/45 bestand außerdem im Kurhaus ein Reservelazarett. Vom Fuß des Pfaffenbergs führte ein Panzergraben am Bahnhof vorbei um den Ort herum bis zur Windmühle und über den Kreinerhügel zur Donau: Bad Deutsch-Altenburg sollte zu einer Verteidigungsstellung ausgebaut werden.

Damals arbeiteten Zwangsarbeiter aus Italien, Albanien, Rumänien und Bulgarien in den Steinbrüchen, untergebracht in Baracken auf dem Pfaffenberg.

Die Front rückte heran. Als sie sich in der Karwoche 1945 Preßburg näherte, beschloß die SA-Leitung des nahen Zwangarbeitslagers von Engerau (Petržalka; heute ein Stadtbezirk von Bratislava), die Häftlinge donauaufwärts in das Konzentrationslager Mauthausen zu „evakuieren". Im Lager (bzw. in den Teillagern, aus denen es sich zusammensetzte) befanden sich ungarische Juden, die beim „Schanzen" für den sogenannten Südostwall (eine geplante Verteidigungsanlage des Deutschen Reichs), aber auch für zivile Arbeiten in den Orten der Umgebung eingesetzt wurden.

Am 29. März erschoß ein Sonderkommando der SA noch in Engerau 102 Marschunfähige und Kranke. Danach wurden rund 1600 Häftlinge, die von insgesamt 2 000 die menschenunwürdigen Arbeits- und Lebensbedingungen überlebt hatten, in Marsch gesetzt. Bad Deutsch-Altenburg war das erste Etappenziel des Transports. Auf dem Fußtreck, der über Berg und Hainburg führte und eine Nacht lang dauerte, wurde jeder, der nicht Schritt halten konnte, von der SA erschossen: Laut offiziellem Polizeibericht wurden auf der rund 12 Kilometer langen Strecke 47 Leichen mit Kopfschuß gefunden; Prozeßakte der Nachkriegszeit (die „Engerau-Prozesse" fanden in den Landesgerichten Wien, Klagenfurt und Linz statt)

Der Grabstein am Friedhof gedenkt der elf unbekannten jüdischen Opfer, die auf dem Todesmarsch von Engerau zur Donau in Bad Deutsch-Altenburg vor Hunger und Erschöpfung zusammenbrachen und hier von der SA ermordet wurden.

sprechen von insgesamt 112 Opfern des Todesmarsches.

Am 30. März warteten in Bad Deutsch-Altenburg drei Schlepper der DDSG, um die Häftlinge aus Engerau sowie 1 200 Juden aus Budapest, die über Bruck an der Leitha hier eingetroffen waren, weiter nach Mauthausen zu deportieren. Fast 3 000 gequälte Menschen lagerten damals im Kurpark, nahe der Schiffsanlegestelle, ehe ihre tödliche Reise weiterging.

Im Lager von Engerau hatten sich, Gerichtsakten zufolge, auch Widerstandskämpfer aus Bad Deutsch-Altenburg und Hainburg befunden. Wegen der grausamen Zustände gab es 1945–1954 im Zuge der österreichischen Nachkriegsprozesse insgesamt sechs Verfahren wegen Verbrechen an ungarischen Juden beim Südostwallbau in Engerau; es war der größte Verfahrenskomplex der österreichischen Nachkriegsgeschichte.

Sechs Tage – vom 31. März bis 5. April 1945 – dauerten die Kämpfe in Bad Deutsch-Altenburg. Hart umkämpft war die Flakstellung bei der Radiostation auf der Steinabrunner Heide. Die insgesamt 120 Bomben, abgeworfen von amerikanischen Flugzeugen, haben zwar die Flakstellung nicht getroffen, doch wurde unter anderem die Bienenfeldmühle am südwestlichen Ortsrand zerstört.

Als die Rote Armee heranrückte, setzte sich die Wehrmacht über die Donau ab: Kurz vorher hatte sie die Straßenbrücke über die Eisenbahngleise zwischen Bad Deutsch-Altenburg und Hainburg gesprengt, wobei die Fenster der Marienkirche großteils zu Bruch gingen. Auch die Radiostation wurde zerstört.

Dieser Rückzug über die Donau wurde für die Soldaten zur Katastrophe. Zwei vollbesetzte Fähren – die Rollfähre sowie eine Motorfähre – sanken im russischen Artilleriefeuer, die übrigen Männer suchten schwimmend oder in einfachen Booten zu entkommen, die meisten vergeblich: Hunderte Soldaten der Deutschen Wehrmacht fanden damals in der Donau den Tod.

Am 5. April rückte die Rote Armee in den von der Wehrmacht aufgegebenen Ort ein; die Soldaten blieben rund ein Jahr einquartiert. In der Kirche wurde ein Posten errichtet; das Marienbild wurde durchschossen, die Vitrinen mit Weihnachts- und Fastenkrippe wurden beschädigt und Pferde in der Kirche eingestellt. Dennoch, die Herrschaft des Nationalsozialismus war gebrochen.

Ein Gedenkstein an der Friedhofsmauer erinnert an die Kriegstoten 1939–1945.

Die Zweite Republik

Am 8. Mai 1945 kapitulierte das Deutsche Reich. Der Zweite Weltkrieg war zu Ende. In der Grenzregion trafen zahlreiche deutschsprachige Flüchtlinge ein, die aus den benachbarten Gebieten der Slowakei vertrieben worden waren. Rund 150 von ihnen fanden in Bad Deutsch-Altenburg Zuflucht, viele auch ein bleibendes Zuhause.

Der Wiederaufbau begann, und nach Abschluß des Staatsvertrags 1955 markierte eine rege Bautätigkeit den Aufschwung des Ortes: Ab 1956 – dem Jahr des Aufstands in Ungarn und eines erneuten Flüchtlingsstroms – entstand die erste „Siedlung": 53 Einfamilienhäuser zwischen Wiener Straße und Roseggergasse. 1960 folgte in der Badgasse – auf dem Areal des abgerissenen „Bastlerhauses" – der Florianihof mit 32 Gemeindewohnungen, 1964 entstanden zehn Gemeindewohnungen sowie Räumlichkeiten für Gemeindeamt, Post und Gendarmerie an der Wiener Straße. Die Wohnbautätigkeit hielt an: 1968 16 Eigentumswohnungen in der Roseggergasse, 1972 21 Reihenhäuser in der Steinabrunngasse, beide Anlagen auf dem Grund der Bienenfeldmühle; seit 1973 die Windmühlsiedlung am Westrand des Ortes zwischen Wiener Straße und Auwald (dem „Mühläugl"); seit 1979 eine Siedlungsanlage auf den Mühläckern zwischen Wiener Straße und Roseggergasse (Grabungen unter Leitung des Österreichischen Archäologischen Instituts haben hier u.a. ein Heiligtum für orientalische Götter freigelegt, daher ist die Bautätigkeit in diesem Bereich noch nicht abgeschlossen); 1984 der erste Abschnitt einer Wohnhausanlage mit 49 Wohnungen und sieben Reihenhäusern an der Stelle des früheren

Posthofs zwischen Wiener Straße und Sulzgasse (eine Fortsetzung dieser Anlage zwischen Sulzgasse und Feldgasse ist projektiert); 1994 eine Wohnhausanlage an der Wiener Straße neben dem Gemeindeamt; 1998 eine Wohnhausanlage in der Roseggergasse.

1991 zählte Bad Deutsch-Altenburg 1275 Einwohner, 551 Haushalte sowie 578 Gebäude, davon 458 bewohnt. Und wie schon früher, wurde der Ort seither auch zur manchmal vorübergehenden, manchmal bleibenden Heimstatt für vertriebene und flüchtende Menschen, zuletzt aus den Kriegsgebieten in Bosnien und Kosovo.

Bad Deutsch-Altenburg, Blick vom Pfaffenberg nach Westen; im Hintergrund die neuen Ortsteile, 1999.

Blick von der Hainburg nach Osten.

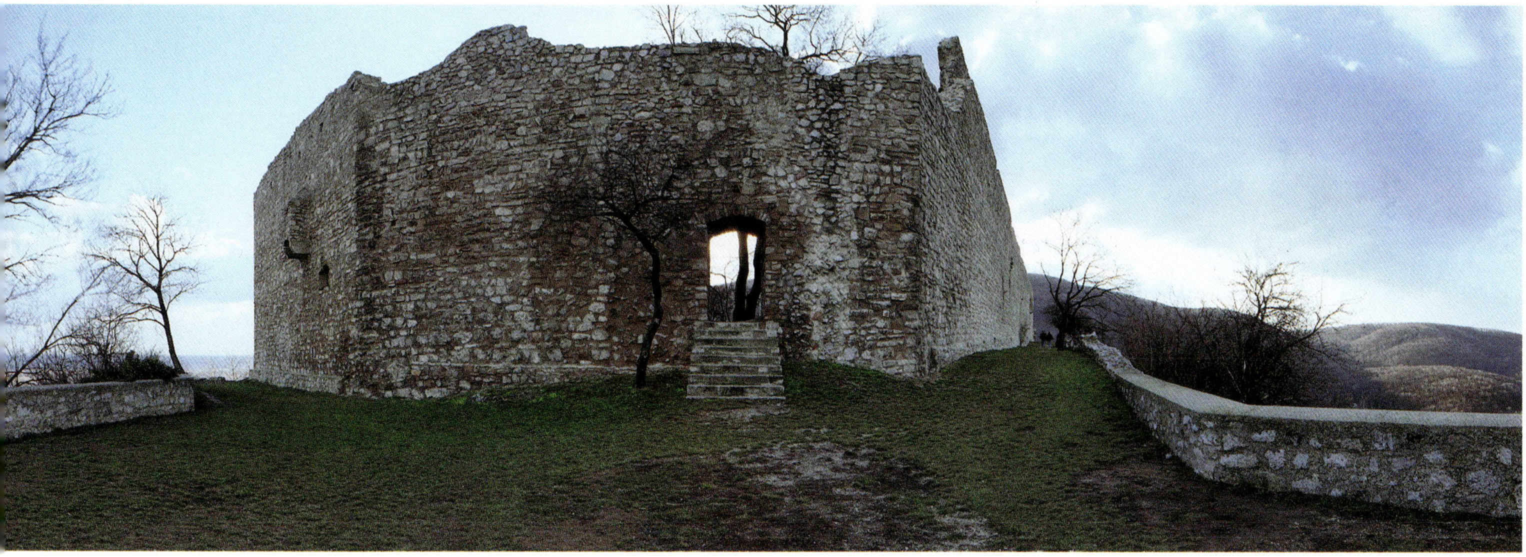

CARNUNTUM

GRABUNGSGESCHICHTE UND BEDEUTUNG

HILKE THÜR

Heidentor und Reste eines aufgedeckten römischen Gebäudes mit Fußbodenheizung. Stich nach einer Zeichnung von Clemens Beuttler. Aus Matthäus Merians „Topographia", 1649. (Angabe S. 346)

Carnuntum wurde einst in voreiliger Überbewertung *Troia minor* – kleineres Troja – genannt und, kaum bescheidener, im vergangenen Jahrhundert *Pompeji vor den Toren Wiens*. Zweifelsfrei aber stellt es – nicht zuletzt durch die 1988 initiierte Anlage eines Archäologischen Parks – mit seinen ergrabenen Ruinen und den im Museum Carnuntinum ausgestellten Funden die größte und bedeutendste archäologische Landschaft Österreichs dar.

Seit ungefähr der Mitte des 1. Jahrhunderts n. Chr. zählte das römische Carnuntum zu Roms wichtigsten militärischen Stützpunkten am Donaulimes und war Standquartier verschiedener Legionen. Nach Einrichtung der Provinz Oberpannonien zwischen 103 und 107 n. Chr. war es deren Hauptstadt und damit nicht nur Sitz und Aufenthaltsort der Provinzstatthalter, sondern häufig auch regierender oder künftiger Kaiser. Als Schnittstelle zweier großer Verkehrsverbindungen – der Ost-West verlaufenden Donauuferstraße und der von der Ostsee ans Mittelmeer führenden Bernsteinstraße – war Carnuntum der wichtigste an der mittleren Donau gelegene Ort für Handelsniederlassungen.

Die Ruinenstätte war durch ihre über dem Boden sichtbaren Mauerreste und die beim Ackern zutage geförderten Gegenstände, insbesondere aber durch das bis heute hoch aufragende Heidentor immer gegenwärtig. Der antike Name *Carnuntum* ist jedoch erst seit dem 16. Jahrhundert, genauer seit dem Fund der mittelalterlichen Kopie einer römischen Straßenkarte, der *Tabula Peutingeriana*, wieder bekannt (siehe S. 32/33). Das dadurch ausgelöste Interesse der Humanisten führte noch im selben Jahrhundert zu den ersten Grabungen. Dabei ging es nicht sosehr um wissenschaftliche Erkenntnis im heutigen Sinn, sondern eher um die Fundstücke, die den Sammlungen des Kaiserhauses und des lokalen Adels als „Kuriositäten" einverleibt wurden. Antiquarische und historische Interessen wurden in erster Linie mit dem Sammeln von Inschriften verfolgt. Bereits im 17. Jahrhundert entwickelte der Leiter der Wiener Hofbibliothek, Petrus Lambeck (1626–1680), lebhaftes Interesse an den Carnuntiner Ruinen; er besuchte sie mehrfach

Das Heidentor, 1673. Stich aus dem Reisebericht von Edward Brown. (Angabe S. 346)

"The pagans gate at Petronell". Anonymer Stich aus dem Buch "Illustriertes Donau-Album", o. J. (Angabe S. 347)

"Arc de Triomphe Romain près de Peternel en Autriche". Kolorierter Stich, 1821. (Angabe S. 346)

„Der römische Siegesbogen nächst Petronell". Stich aus der „Darstellung des Erzherzogthums Oesterreich unter der Ens" von Franz Xaver Schweickhardt v. Sickingen, 1831–1841. (Angabe S. 346)

„Das Heidentor bei Petronell". Stich von J. Axmann nach einem Bild von Rudolf v. Alt. (Angabe S. 346)

Carl F. E. Haunold (1832–1911) malte 1885 die Ausgrabungen im Legionslager Carnuntum. Das Schwarzweißfoto davon galt lange als die einzige bekannte Dokumentation dieses offensichtlich bei der Ausgrabung noch relativ hoch erhaltenen Raumes mit Wandmalereien im Kommandogebäude des Lagers. Erst 1998 wurde das Originalgemälde in einer Ausstellung des NÖ. Landesmuseums wiederentdeckt.

und hatte den ehrgeizigen Plan, eine Monographie mit dem Titel „Carnuntum redivivum" zu verfassen; er verwirklichte ihn leider nur stark reduziert in Form eines 1669 veröffentlichten Exkurses in den „Commentarii de bibliotheca Caesarea Vindobonensi" über die Lage der Ruinen. Aus dem Jahr 1673 stammt ein Reisebericht des Engländers Edward Brown, worin das Heidentor zeichnerisch festgehalten ist (siehe S. 88). Beschreibungen der Carnuntiner Landschaft und Ruinen liegen auch aus den Jahren 1736/37 vor, verfaßt von den englischen Reisenden Richard Pococke (1704–1765) und Jeremia Milles (1714–1784). Im Jahr 1821 begann Anton Steinbüchel von Rheinwall (1790–1883), Direktor des kaiserlichen Münz- und Antikenkabinetts, eine erste größere Ausgrabung, deren Ziel nach wie vor die Vermehrung der kaiserlichen Sammlung war; da der erwartete Erfolg ausblieb, wurde die Grabung bald eingestellt.

Die Erkenntnisse dieser frühen Grabungs- und Forschungstätigkeit wurden von Eduard Freiherrn von Sacken, ebenfalls Mitarbeiter und später Direktor des k. k. Münzkabinetts, in „Die römische Stadt Carnuntum", der ersten Monographie zu diesem Thema, erfaßt und 1852 in den Sitzungsberichten der kaiserlichen Akademie der Wissenschaften publiziert. 1869 errichtete man an der Universität Wien eine Lehrkanzel für klassische Archäologie, die seit ihrem ersten Inhaber Alexander Conze der provinzialrömischen Forschung und insbesondere dem römischen Carnuntum große Aufmerksamkeit widmete – dies ist zu einer Tradition geworden, die sich bis heute durch die regelmäßige Abhaltung von Lehrgrabungen für Studierende der klassischen Archäologie in Carnuntum fortsetzt.

Der Beginn der Erforschung Carnuntums lag in erster Linie in den Händen privater Mäzene. Erst im letzten Viertel des 19. Jahrhunderts gelang es, staatliche Stellen von der Notwendigkeit zu überzeugen, der archäologischen Forschung Geldmittel zur Verfügung zu stellen; Alois Hauser (1841–1896) konnte ab 1877 erstmals systematische Grabungen im Legionslager durchführen und legte das in dessen Zentrum an der Kreuzung der beiden Lagerhauptstraßen gelegene Kommandogebäude, die *principia*, frei.

Die staatlichen Mittel erwiesen sich jedoch bald als unzureichend, weshalb 1885 der Verein Carnuntum gegründet wurde – der erste private Förderungsverein für ein Anliegen der Altertumsforschung im österreichischen Raum; der Verein – seit dem Ende des Zweiten Weltkriegs als „Gesellschaft der Freunde Carnuntums" – verfolgt

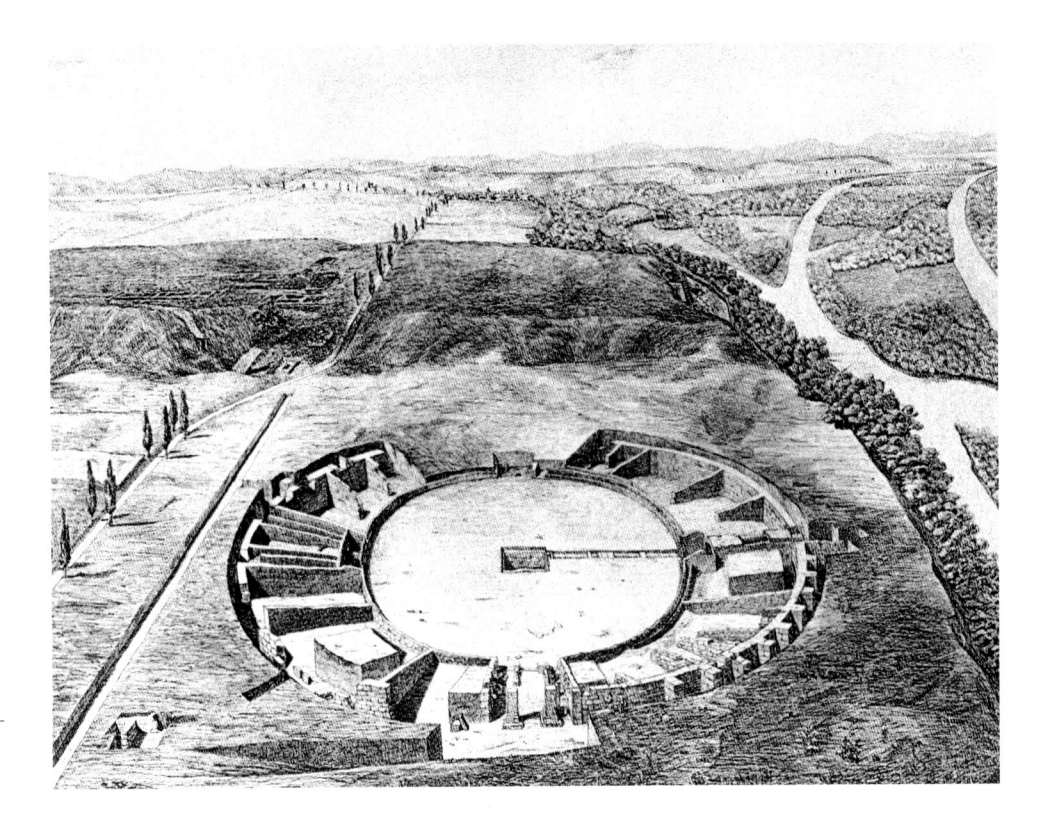

Amphitheater I. Ansicht nach den Grabungen 1889 aus der Vogelschau mit Blick auf Petronell, gezeichnet von Ing. Thrul. Als Heliogravure Jahresgabe 1890 für die Mitglieder des Vereins Carnuntum.

das Ziel, die Ausgrabung der Carnuntiner Ruinen, deren Konservierung sowie deren wissenschaftliche Erforschung und Publikation zu fördern. Eines seiner ersten Vorhaben war der Bau eines Carnuntiner Museums.

Unterstützt durch staatliche Subventionen, entfaltete der Verein alsbald eine rege Grabungstätigkeit, wodurch Bereiche des Legionslagers, ein Bäderkomplex südöstlich davon sowie das Lager-Amphitheater erfaßt werden konnten. Später wurden auch Ruinen des benachbarten Petroneller Gebiets erforscht: Man begann die Restaurierung des Heidentors sowie Grabungen in der Langen Gasse (Mithraeum 3), im Heiligtum des Juppiter Dolichenus auf der Pfaffenbrunnwiese und, neben (unpublizierten) kleineren Grabungen im Tiergarten von Schloß Traun, vor allem in der sogenannten Palastruine ebendort (man hielt die Gebäudereste ursprünglich für eine *bedeutende palastähnliche Anlage*, daher der Name).

Als im Jahr 1897 an der Akademie der Wissenschaften eine Kommission zur Erforschung des römischen Limes auf dem Gebiet von Ober- und Niederösterreich (kurz Limeskommission genannt) gegründet wurde, wandte sich die Grabungstätigkeit wieder dem Legionslager zu, denn das von der Kommission aufgestellte Konzept sah eine Erforschung der Ruinen in der Reihenfolge Legionslager – Lagerstadt (*canabae legionis*) – Zivilstadt vor. Verein und Kommission führten nunmehr Grabung und Forschung bei geteilten Kosten gemeinsam durch. Erster Grabungsleiter dieser Konstellation wurde der k.k. Oberst d. R. Max Groller von Mildensee, der das Legionslager, den Pfaffenberg, Gräberstraßen und den Brückenkopf am linken

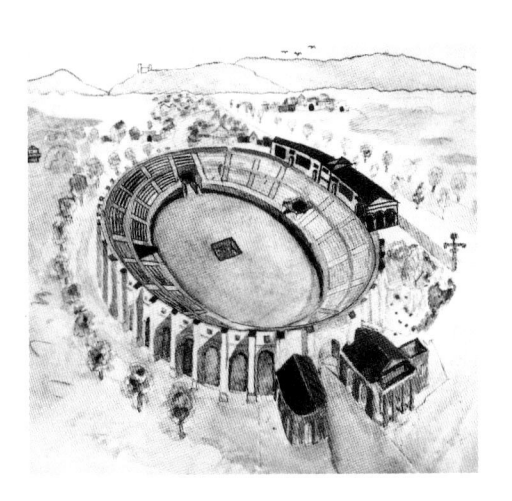

Amphitheater I, Blick gegen Bad Deutsch-Altenburg. Rekonstruktion durch Emil Gamber (1938), basierend auf einer vor dem Ersten Weltkrieg entstandenen Studie des Architekten Ludwig Trojan.

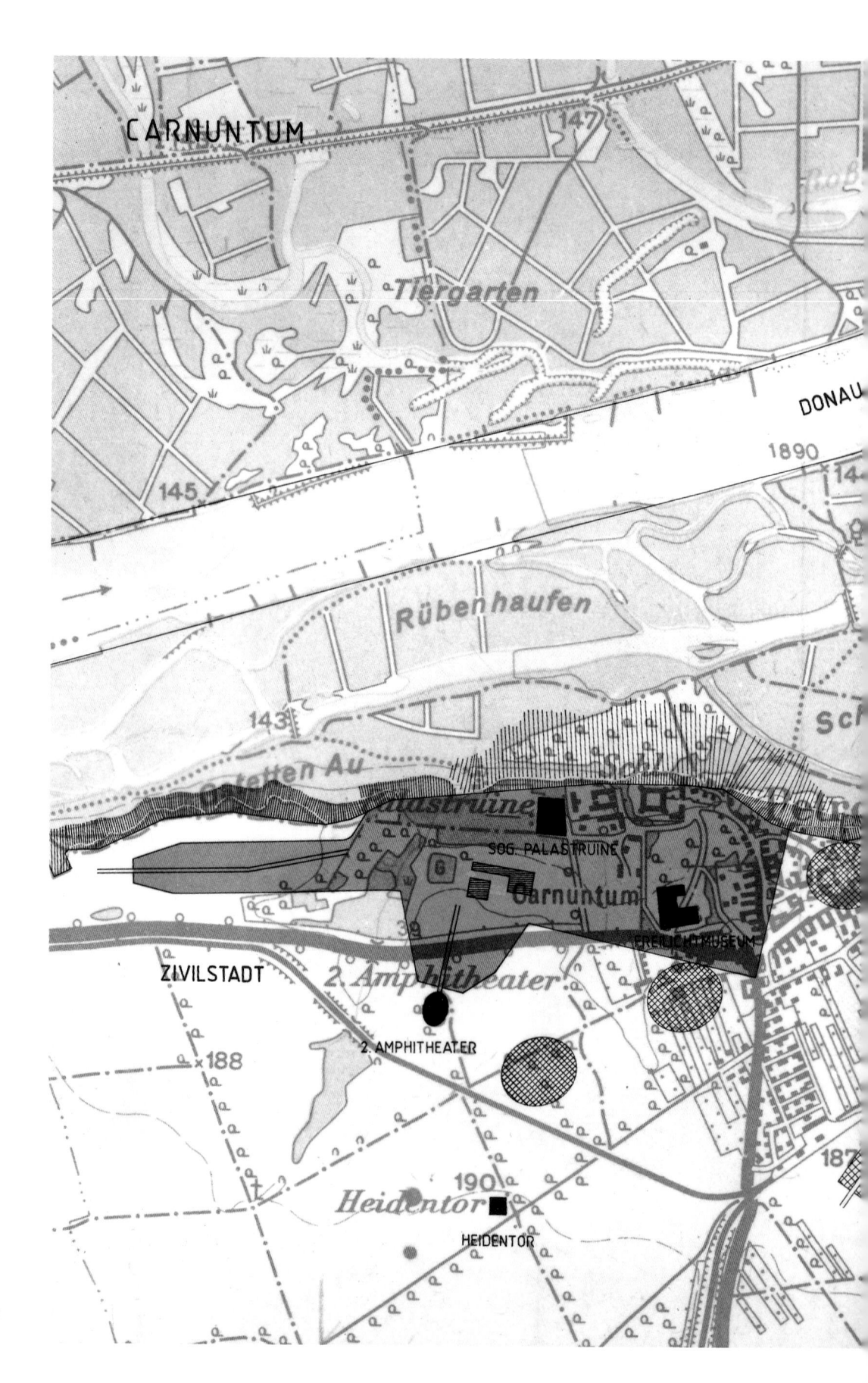

Grabungsgelände Carnuntum. Karte nach einem Entwurf von Manfred Kandler.

BEBAUTES GEBIET

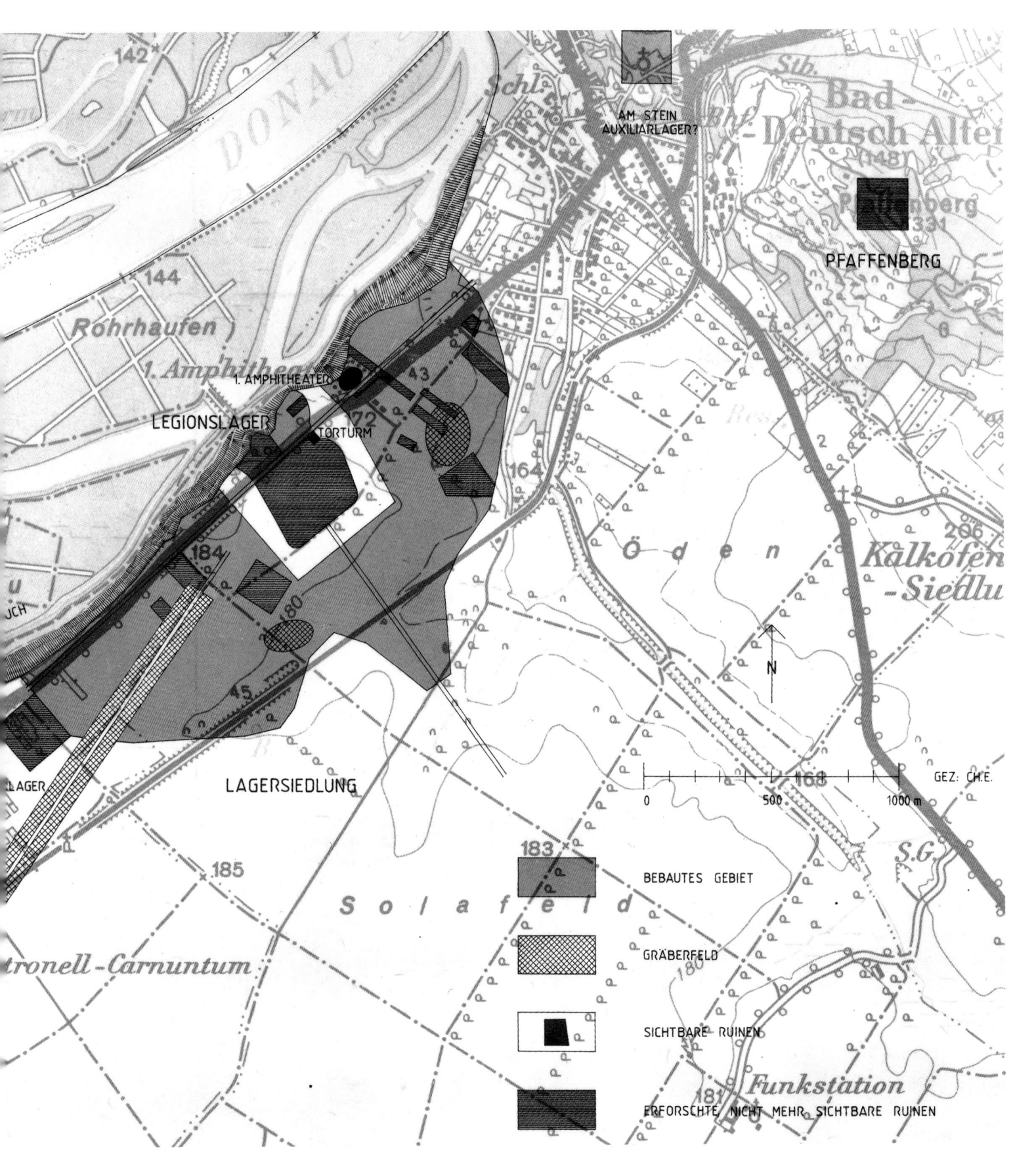

GRÄBERFELD

SICHTBARE RUINEN

ERFORSCHTE, NICHT MEHR SICHTBARE RUINEN

Die Grabung Max Grollers 1898 auf dem Pfaffenberg. Das Foto zeigt die Fundamente des Gebäudes C, das 1991 von Ioan Piso als Tempel für den vergöttlichten Antinoos identifiziert wurde.

Donauufer (das *Öde Schloß*) untersuchte. 1898 wurde die dritte der in Carnuntum bis heute aktiven archäologischen Institutionen, das Österreichische Archäologische Institut, gegründet. Otto Benndorf, dessen erster Direktor sowie Mitglied der Limeskommission, war schon an der Gründung des Vereins Carnuntum beteiligt gewesen.

Verein und Institut waren in jener Zeit nicht nur durch ihre Carnuntiner Agenden, sondern auch räumlich eng miteinander verknüpft: Erste große gemeinsame Aufgabe war die Errichtung des Museums Carnuntinum in Deutsch Altenburg, mit der 1901 nach den Plänen der Architekten Friedrich Ohmann und August Kirstein begonnen wurde. Am 27. Mai 1904 konnte das Museum durch Kaiser Franz Joseph feierlich eröffnet werden.

Die Grabungen in Carnuntum blieben bis 1907 – Benndorfs Todesjahr – unter der Leitung von Groller, der in dieser Zeit Grabungen an der Straße Carnuntum – Vindobona, im Statthalterpalast, auf dem Forum sowie in einem Gräberfeld der Lagerstadt durchführte. Während der Jahre 1908 – 1915 stand die Grabung unter der Leitung des Gymnasiallehrers Eduard Nowotny, der als Absolvent des archäologisch-epigraphischen Seminars der Universität Wien der erste fachmännisch ausgebildete Ausgräber war; seine Tätigkeit betraf in erster Linie das Legionslager. Nach der Unterbrechung durch den Ersten Weltkrieg wurde die Grabung 1923 wiederaufgenommen, nunmehr unter der Leitung von Rudolf Egger, dem späteren Co-Direktor (1935 – 1945) des Instituts; Egger deckte bis 1925 das zweite Amphitheater (jenes der Zivilstadt) südlich des Petroneller Tiergartens auf. Dies setzte ab 1926 sein bisheriger Assistent Franz Miltner fort, der auch Grabungen in der Zivilstadt durchführte. 1935 begann Erich Swoboda seine langjährige Carnuntiner Tätigkeit, in deren Rahmen er zunächst eine Nachuntersuchung des Tempelbezirks

Grabung des Jahres 1939 in der großen Therme („Palastruine") – hier der an der Südseite gelegene Raum 20 mit Hypokaust-Heizungssystem. Schon daß Farbfotos gemacht wurden, zeugt von der zunächst ehrgeizigen finanziellen Ausstattung der „Führergrabung".

Ausgrabung des größten der südlich vom Auxiliarkastell gelegenen Tumuli, 1992.

auf dem Pfaffenberg unternahm. Nach dem „Anschluß" Österreichs und der Eingliederung des Österreichischen Archäologischen Instituts in das Deutsche Archäologische Institut wurde er Leiter der „Führergrabung", eines ehrgeizigen Projekts der Nationalsozialisten, Carnuntum zur Gänze freizulegen: Swoboda begann mit Grabungen in der „Palastruine" und dem Gräberfeld der Zivilstadt. Durch den Ausbruch des Zweiten Weltkriegs kamen diese Aktivitäten jedoch mangels Grabungsarbeitern und Wissenschaftlern, die alle kriegsverpflichtet waren, bald zum Erliegen.

Nach dem Krieg beendeten zunächst Hermann Vetters und Leopold Klima gemeinsam die Ausgrabung des Lager-Amphitheaters und publizierten ihre Untersuchung in der Reihe *Der römische Limes in Österreich*. 1948 übertrug die nunmehr zuständige Niederösterreichische Landesregierung die Grabungsleitung erneut an Erich Swoboda, der sie bis 1967 innehatte; er setzte die Grabungen an der „Palastruine" fort und deckte einen Teil der Zivilstadt beim Schloß Petronell auf. Seit 1967 stehen die Grabungen wieder in der Obhut des Österreichischen Archäologischen Instituts und der Limeskommission der Österreichischen Akademie der Wissenschaften (die Limeskommission wurde 1995 in die an der Akademie der Wissenschaften neu geschaffene „Forschungsstelle Archäologie" integriert); unterstützt werden die Arbeiten von der Gesellschaft der Freunde Carnuntums und dem Land Niederösterreich.

Gegraben wurde seither gleichzeitig an verschiedenen Stellen von mehreren Wissenschaftlern, die sich jedoch zunehmend Rettungsgrabungen in zur Verbauung freigegebenen Gebieten widmen mußten. Herma Stiglitz, die zunächst die „Palastruine" weiter untersuchte, begann 1977 in einem neu entdeckten Auxiliarkastell (Hilfslager für Reitertruppen und Bogenschützen) in Petronell eine Notgrabung, die seit Stiglitz' Pensionierung 1989 von Manfred Kandler weitergeführt wird. Kandler, der von 1968 bis 1977 im nordöstlichen Viertel des Legionslagers gegraben hatte, leitete 1978–1991 eine Rettungsgrabung auf den Mühläckern am Ortsrand von Bad Deutsch-Altenburg, in deren Verlauf er ein größeres Heiligtum für orientalische Götter und einen kleinen Kultbezirk für das Götterpaar Liber und Libera freilegte. Herma Stiglitz, Manfred Kandler und Heinrich Zabehlicky haben 1989, parallel zum Bau der Ortsumfahrungen im Zuge der B 9, in Petronell und Bad Deutsch-Altenburg an mehreren Stellen Gräberfelder und von Gräbern gesäumte Ausfallstraßen ergraben. Hermann Vetters, von 1969 bis 1985 Direktor des Österreichischen Archäologischen Instituts, begann 1970 mit der dritten Grabung auf dem Pfaffenberg, die von Werner Jobst bis 1985 systematisch abgeschlossen wurde. Ende der achtziger Jahre beschloß das Land Niederösterreich, den *Archäologischen Park Carnuntum* zu errichten und dessen weit verstreut liegende Areale durch eine Betriebsgesellschaft zu verwalten. Mit der Sicherung und Sanierung der Ruinen, mit Teilrekonstruktionen wichtiger Bauten sowie mit der 1992 abgeschlossenen Renovierung des Museums Carnuntinum samt Neuaufstellung der Funde und zahlreichen museumspädagogischen Aktivitäten geht auch eine wissenschaftliche Aufarbeitung des Grabungsareals einher, die der Bedeutung der Ruinen Rechnung trägt. Immerhin bedeckte die römische Stadt Carnuntum eine Fläche von etwa 10 Quadratkilometern, ihre Einwohnerzahl wird auf 25 000 bis 50 000 geschätzt.

Die Gesichtsmaske, bei kultischen Reiterspielen verwendet, wurde im Auxiliarkastell von Petronell gefunden und stammt aus der ersten Hälfte des 3. Jh.

Das römische Areal gliedert sich in drei Bereiche:
1. das Militärlager zwischen den jetzigen Ortsgebieten von Bad Deutsch-Altenburg und Petronell – Standort wechselnder Legionen wie der *legio X*, der *legio XIV gemina martia victrix* oder der *legio XV apollinaris* –, umgeben von den *canabae legionis*, der Lagerstadt;
2. ein Kultbezirk im Nordosten der Stadt auf einem Ausläufer der Hundsheimer Berge, dem Pfaffenberg, von den Bewohnern der *canabae* eingerichtet und verwaltet, der – auf der höchsten bebauten Erhebung des Carnuntiner Gebiets gelegen – möglicherweise auch die Funktion eines Kapitols erfüllte;
3. die autonome Zivilstadt im Westen, im Ortsbereich von Petronell, die 124 n. Chr. von Kaiser Hadrian das Stadtrecht erhielt und danach den Namen *Municipium Aelium Carnuntum* führte. Septimius Severus erhob die Stadt, in der er im Jahr 193 zum Kaiser proklamiert worden war, in den Rang einer Kolonie, hierauf hieß sie *Colonia Septimia Aurelia Antoniniana Carnuntum*. Ihre Blüte fiel ins 3. und 4. nachchristliche Jahrhundert, als sie Zentrum an der mittleren Donau und Sitz des Statthalters der Provinz Oberpannonien war.

Die Carnuntiner Ausgrabungen waren, wie gesagt, in den letzten Jahrzehnten fast ausschließlich von Rettungsmaßnahmen diktiert. Ein übergeordnetes Forschungsprogramm zu zentralen Fragen wie z. B. den öffentlichen Anlagen und Bauten mußte hintangestellt werden. Dennoch ist es in

Der Bronzekopf des Kaisers Marcus Aurelius Severus Alexander (reg. 222–235), gefunden in einem Bad Deutsch-Altenburger Acker, stammt aus dem ersten Drittel des 3. Jh. Er befindet sich in der Archäologischen Sammlung der Universität Bochum.

jüngster Zeit gelungen, mit modernen naturwissenschaftlichen Methoden (hier einer Kombination verschiedener Techniken der Widerstandsmessungen) das Forum der Zivilstadt nahe der „Palastruine" *grabungsfrei* zu identifizieren. Die umstrittene Funktion dieses großen Baukomplexes ist – mittlerweile zweifelsfrei – als Thermenanlage identifiziert.

Viele Ruinen wurden ergraben und wieder zugeschüttet (nach moderner denkmalpflegerischer Ansicht ihr bester Schutz); viele Ruinen sind noch unbekannt, und viele Fragen zu Carnuntum harren der Antworten. Dennoch sind die Erkenntnisse und die in den Grabungen – oder auch durch landwirtschaftliche Arbeiten – aus dem Carnuntiner Boden zutage geförderten antiken Fundobjekte und Zeugnisse umfangreich und aussagekräftig: so sehr, daß sie in den wechselnden Ausstellungen (im Informationszentrum bzw. in dem kleinen Gemeindemuseum von Petronell, vor allem aber im neu geordneten Museum Carnuntinum von Bad Deutsch-Altenburg) Besuchern wie Kennern und Fachleuten ein umfassendes Bild des militärischen und zivilen Lebens der Provinzhauptstadt Carnuntum zur römischen Kaiserzeit vermitteln können. Die Ruinen – das Heidentor, die beiden Amphitheater, die große Therme („Palastruine") und das Wohnquartier der Zivilstadt mit dem rekonstruierten Dianatempel im „Spaziergarten" von Schloß Petronell – ergänzen dieses Bild, da sie, obgleich durchwegs schlecht erhalten, durch ihre Dimensionen eindrucksvoll römische Technik und Ingenieurbaukunst verkörpern. Carnuntums Monumente und Funde, Zeugen der bis an diese nördliche Grenze des Römischen Reiches gelangten Wohn-, Bade- und Lebenskultur, gewähren uns einen anschaulichen Einblick in die antike Geschichte.

Luftbild der Grabung 1982 auf den Mühläckern von Bad Deutsch-Altenburg: Manfred Kandler deckte hier ein Heiligtum der orientalischen Götter und einen Kultbezirk des Götterpaares Liber und Libera auf.

1983 wurde von Herma Stiglitz dieses kleine Heiligtum im Tiergarten von Schloß Petronell freigelegt. Sein Inventar – zahlreiche Weihaltäre für Juppiter Dolichenus und Mithras – gibt einen guten Einblick in die Ausstattung eines kleinen Provinzialtempels.

Oben und unten: Das Amphitheater der Zivilstadt, 1995.

101

Die Donau

GERTRUDE GENG-SESZTAK

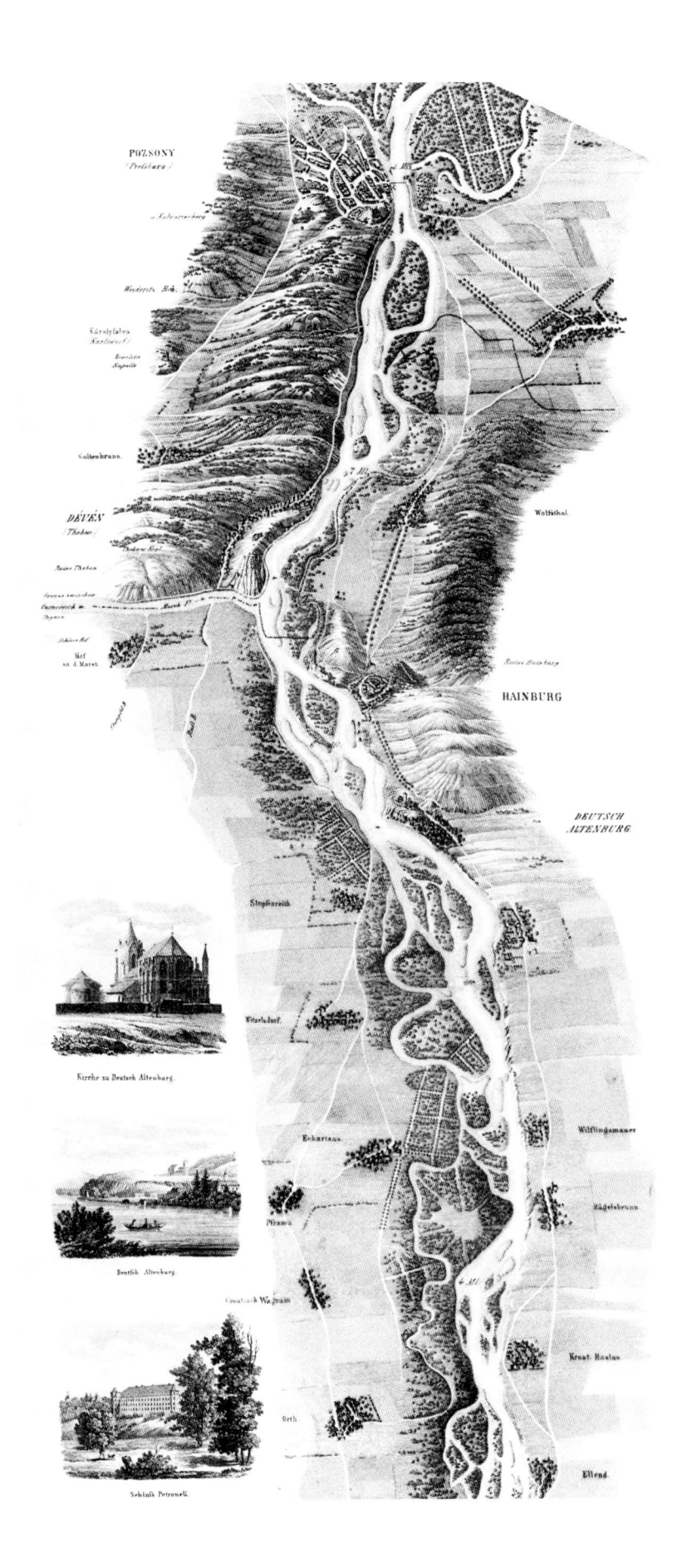

Brigach und Breg, die Quellflüsse der Donau, entspringen im östlichen Schwarzwald und vereinigen sich bei der baden-württembergischen Stadt Donaueschingen mit der hydrographisch wenig bedeutenden „Donauquelle" des dortigen Schloßbrunnens zur Donau. Nach der Wolga ist die Donau der zweitgrößte Strom Europas: ihre Länge beträgt 2 848 Kilometer, 2 580 davon sind schiffbar.

Nachdem sie bei Passau den mächtigen und längeren Inn aufnimmt, bleibt die Donau 345 Kilometer auf österreichischem Gebiet, bis sie es etwa 5 Kilometer östlich von Bad Deutsch-Altenburg wieder verläßt. Sie entwässert 90 Prozent des österreichischen Bundesgebiets in das Schwarze Meer, in das sie in einem 4 000 Quadratkilometer großen, für seinen Vogelreichtum bekannten Delta mit den Flußarmen Chilia, Sulina und St.-Georgs-Strom mündet.

Von alters her wirkte die Donau trennend und verbindend zugleich: Sie war der natürliche Verbindungsweg zwischen Mittel- und Südosteuropa, und sie markierte jahrhundertelang über weite Strecken die Nordgrenze des Römischen Reiches.

Ihre Bedeutung als Verkehrsweg im Mittelalter dokumentiert das Nibelungenlied. Infolge der Kreuzzüge wurde die Straße entlang der Donau zu einer Welthandelsstraße, auf der sich der Waren- und Personenverkehr mit Byzanz und dem Orient abspielte. Erst als die Verhältnisse in Ungarn und das Vordringen der Türken gegen Byzanz den Donauweg ins Heilige Land allzu unsicher machten, verlagerte sich der Handel auf den Seeweg, was im übrigen zu Aufstieg und Reichtum Venedigs führte.

„Panorama der Donau von Wien bis Pesth". Karte von H. Hummitzsch, 1842. (Angabe S. 347)

FRANCONIA.
PALATINATVS
BOHEMIA
SILESIA
MORAVIA
BAVARIA
DVCATVS
AVSTRIA
SALZBVRG
STIRIA
CARINTHIA
TIROLIS
HELVETIA
CROATIA
BOSSENA
ITALIÆ PARS
Marca Trevisiana
Maris Adriatici pars.
Scala milliarium
Germanicorum
Italicorum

„Die Donau. Europas größter Fluß von den Quellen bis zur Mündung. Mit allen Zuflüssen von beiden Seiten". Karte von Joannes Janssonius, 1636. (Angabe S. 347)

An die Donauüberquerungen des römischen Heeres unter Kaiser Marc Aurel im Kampf gegen germanische Stämme 172–174 und 178/79 erinnert ein Denkmal, das 1960 nach Plänen von Franz Déed vom Fremdenverkehrsverein Bad Deutsch-Altenburg am Stromufer errichtet wurde. Die Inschriften stammen aus Marc Aurels „Selbstbetrachtungen", die der „Philosoph auf dem Kaiserthron" in griechischer Sprache verfaßt und zum Teil in den Feldlagern von Carnuntum und Vindobona geschrieben hatte:

Die Dauer des menschlichen Lebens ist ein Augenblick – das Wesen ein beständiger Strom. (II.17)

Der Mensch steht in drei Beziehungen: zu der ihn umgebenden körperlichen Hülle – zum göttlichen Ursprung – zu seinen Zeitgenossen. (VIII.27)

Alles ist wie durch ein heilig Band miteinander verflochten. (VII.9)

Ehre – was in der Welt das Vollkommenste ist – dies ist aber das Wesen – das alles leitet. (V.21)

Die Menschen sind füreinander da. (VIII.59)

Bau des Marc-Aurel-Denkmals. Von links nach rechts: Bauleiter Adolf Trott, Vizebürgermeister Karl Danek, Franz Déed, Schuldirektor und Obmann des Fremdenverkehrsvereins Franz Müllner sowie Eduard Vorbeck, Direktor des Museums Carnuntinum, auf der Baustelle.

Enthüllung des Marc-Aurel-Denkmals, 1960.

„Der Árpád-Felsen mit Ruine Theben an der Mündung der March in die Donau". Ölgemälde von Heinrich Carl Schubert, 1850.

Donauübergang

Im Gebiet des heutigen Bad Deutsch-Altenburg befand sich seit alter Zeit ein wichtiger Straßenknotenpunkt. Hier traf die Bernsteinstraße, von der Ostsee entlang der March verlaufend, mit der Donaustraße zusammen, um dann über die Brucker Pforte die Verbindung nach Aquileia und damit Italien herzustellen. Hier überquerten wiederholt germanische Stämme aus dem Norden die Donau, um – unter Zerstörung Carnuntums – in das Römische Reich vorzudringen, und von Süden her setzten römische Heere zur Sicherung der Grenzen hier über den Strom.

Die Bedingungen für einen Übergang waren und sind an dieser Stelle günstig. Der Fluß trifft zum erstenmal unterhalb Wiens auf festen Fels, der Veränderungen des Ufers (z. B. durch Unterwaschung und Anschwemmung) besser widersteht. Überdies hatte die Donau hier möglicherweise nur einen Arm, war also leichter zu überqueren.

Auch in späterer Zeit blieb die Bedeutung dieses Donauübergangs bestehen. Hier überquerte Bischof Wolfger von Passau 1203 die Donau, um nach Theben (Devin) zu reisen, hier setzte 1278 König Rudolf I. von Habsburg mit seinem Heer ins Marchfeld über zur Entscheidungsschlacht gegen König Ottokar II. Přemysl von Böhmen. Im Zuge der Kuruzzeneinfälle wurde 1704 der Bau einer Schiffsbrücke erwogen.

Im Revolutionsjahr 1848 überquerten bei Deutsch Altenburg die Dragoner des nachmaligen Kaisers Franz Joseph die Donau, um gegen das aufständische Wien zu marschieren. Im Jahr darauf sah der Ort die kaiserlichen Truppen mehrmals wieder, diesmal im Kampf gegen die ungarische Unabhängigkeitsbewegung: Zu diesem Zweck errichteten die österreichischen Truppen im Mai 1849 in Deutsch Altenburg eine Pontonbrücke über den Strom, die jedoch nach zwei Monaten wieder demontiert wurde.

Bevor die heutige Donaubrücke erbaut wurde, ging der gesamte Verkehr von einem Donauufer zum anderen über Fähren. Der Besitz einer Überfuhr – des sogenannten *Urfahrs* – war ein einträgliches Geschäft, und eine Fähre durfte daher nicht von jedermann betrieben werden.

Donauüberfuhr in einer Zille, um 1910.

Anlegestelle der Rollfähre, 1930.

Das Recht, Menschen, Tiere und Waren über den Strom zu setzen, war dem Landesherrn vorbehalten. Man nannte es das *Urfahrrecht*. Der Landesherr verpachtete dieses Recht oder gab es als Lehen an Adelsgeschlechter weiter. So wurde etwa Wilhelm Dörr anno 1411 mit dem Urfahr zu Altenburg belehnt, und von 1443 bis 1469 hatte Rüdiger von Starhemberg das *Urfahr zu dem Stein oberhalb von Hainburg* zu Lehen. Das östlichste österreichische Donau-Urfahr gehörte übrigens zu Rottenstein (Röthelstein) und war häufig von Hainburg beansprucht. Die Überfuhr tätigten Fährmänner, kräftige, oft rauhe Gesellen, die den damals noch geringen Verkehr mittels Ruderbooten und Plätten (größeren flachen Booten, die auch Fuhrwerke aufnehmen konnten) bewältigten. Ein solcher Fährmann zu Deutsch Altenburg war Ägidy Erhard, von dem wir wissen, daß er 1689 sein *Urfahrhaus samt dazugehöriger Plätten und Geschirr* an Andre Maßenberger verkaufte (zit. aus Müllner, S. 196). Zu den Überfuhrkosten gibt es eine Nachricht aus dem Jahr 1749: Die Herrschaft Deutsch Altenburg zahlte für vier Wagen mit Weinreben, die nach Guntersdorf transportiert wurden, 1 Gulden und 36 Kreuzer.

1921 wurde eine Seilfähre von Deutsch Altenburg nach Stopfenreuth gebaut, die in den Besitz der Stadt Hainburg überging und 1951 durch eine Fähre mit größerer Tragfähigkeit ersetzt wurde. Die „Rollfähre" unternahm am 30. Dezember 1972 ihre letzte Fahrt. Im Bild: Die Fähre beim Übersetzen von Stopfenreuth nach Bad Deutsch-Altenburg, 1928.

Anlegestelle der Rollfähre in Bad Deutsch-Altenburg, 1940.

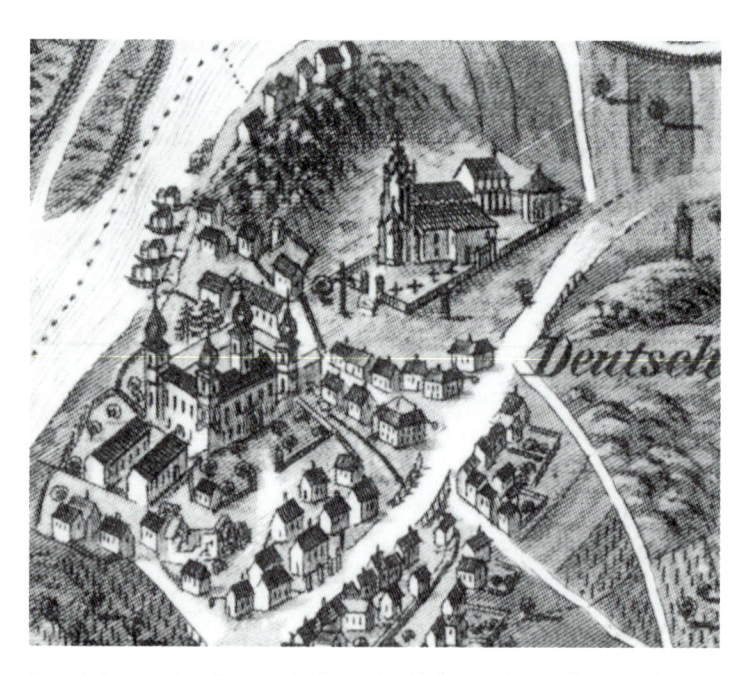

Ausschnitt aus der „Perspectiv-Karte des Erzherzogthums Oesterreich unter der Ens, Wien 1831" von F. X. Schweickhardt v. Sickingen, der die damalige Lage der Deutsch Altenburger Schiffsmühlen zeigt. (Angabe S. 347)

Modell einer zweischiffigen Flußmühle, wie sie in Deutsch Altenburg und vielen anderen Orten an der Donau üblich war. Im ufernäheren „Hausschiff" (links) befand sich das Mahlwerk, rechts das „Woad-Schiff". Modell im Schiffahrtsmuseum Spitz an der Donau.

SCHIFFSMÜHLEN

Im Gebiet von Bad Deutsch-Altenburg gab es mehrere Mühlen, die das Getreide der Bauern zu Mehl verarbeiteten. Manche nutzten den Wind, andere die Kraft des Wassers. Zu letzteren gehörten die Schiffsmühlen. An strömungsgünstigen Plätzen mit Ketten am Donauufer befestigt, bestanden sie meist aus zwei Booten, dem *Haus-* und dem *Woad-Schiff*, zwischen denen das Mühlrad lief. Vor dem Woad-Schiff gab es noch ein *Vorbrett*, das den Wasserzufluß zum Mühlrad regulierte. Das Hausschiff konnte über einen Steg vom Ufer erreicht werden.

In Deutsch Altenburg kaufte nachweislich 1790 ein gewisser Lorenz Weber, geboren in Wilfersdorf bei Mistelbach, eine Schiffsmühle vom Müller Leopold Rank und wurde Mitmeister der Hainburger Müllerinnung. Auch Karl Riemer, ein weiterer Schiffsmüllermeister aus Deutsch Altenburg, gehörte dieser Innung an.

Noch über 100 Jahre gab es Schiffsmühlen in Deutsch Altenburg. Erst im Zuge der Donauregulierung um 1900 stellte die letzte den Betrieb ein.

DONAUSCHIFFAHRT

Bei den Transportmitteln, die auf der Donau zum Einsatz kamen, handelte es sich hauptsächlich um Zillen und Plätten. Bei der Fahrt mit der Strömung war es die Aufgabe ortskundiger Schiffsführer, das Boot im Bereich größerer Wassertiefe zu halten und Untiefen wegen der Gefahr des „Aufsitzens" zu vermeiden. Für die Gegenstromfahrt war der Tierzug üblich: Die Schiffe wurden vom Ufer aus von Tieren gezogen; Pferden gab man den Vorzug vor Ochsen, da sie schneller und gewandter waren. Die längs der Stromufer angelegten „Treppelwege" dienten diesem Zweck.

Die Schiffahrtstechnik änderte sich infolge der Erfindung des Dampfschiffs. 1818 verkehrte auf der Donau der erste Dampfer, die *Carolina*, die mit 350 Zentnern Ladung eine Geschwindigkeit von 2,5 Metern pro Sekunde (= 9 Kilometer pro Stunde) gegen den Strom erreichte. 1829 wurde die „Erste österreichische k. k. privilegierte Donau Dampfschiffahrts-Gesellschaft" (DDSG) gegründet; sie war Ende des 19. Jahrhunderts die größte Binnenreederei Europas, verlor ihre Bedeutung jedoch mit dem Zerfall der Donaumonarchie.

1948 verpflichteten sich die acht Anrainerstaaten der Donau, den Strom schiffbar zu halten und insbesondere auf den freien

Schiffssteg mit dem DDSG-Dampfschiff „Leda", um 1910.

Fließstrecken eine Mindestwassertiefe von 2,0 bis 2,5 Metern zu garantieren. Deshalb wurde mit dem Bau der Kraftwerks- und Schleusenstufen begonnen (siehe S. 118). Die vermehrte Nutzung der Donau als Wasserstraße für das stark steigende Güteraufkommen im Ost-West-Transit war eine verkehrspolitische Notwendigkeit. Die Donauschiffahrt nahm allein in den letzten zwei Jahrzehnten um 75 Prozent zu; 1990 wurden in 10 700 Fahrten 8,2 Millionen Tonnen Güter befördert, davon 6,3 Millionen Tonnen auf dem Abschnitt von Wien stromabwärts. Erst die Kriege in Jugoslawien führten zu einer zeitweisen Unterbrechung des Schiffverkehrs zum Schwarzen Meer.

Dampfschiff „Hercules", vom linken Donauufer aus gesehen, um 1928.

Donauregulierungsarbeiten bei Deutsch Altenburg in der Gegend der Häuser „Am Stein". Um 1890.

Die grosse Donauregulierung

1882–1911 erfolgte die Donauregulierung, deren Ziel es war, die Ortschaften und die landwirtschaftlich genutzten Flächen längs des Stromes vor Hochwässern zu schützen und eine ungehinderte Schiffbarkeit der Donau sicherzustellen. Im Bereich von Wien waren die Arbeiten 1875 abgeschlossen. 1882 wurde der Donauregulierungskommission der Bauabschnitt von Fischamend bis zur damaligen Landesgrenze übertragen; er sollte 1901 fertig sein, doch wurden noch bis 1911 Ergänzungsarbeiten durchgeführt.

Der Strom, der in mehreren Armen dahinfloß, wurde in ein einziges Bett gezwungen, die Ufer mit schweren Steinblöcken abgesichert, ein Hochwasserschutzdamm quer durch die Au gelegt. Diese Maßnahmen führten zu einer Austrocknung der Au: Die von der Wasserzufuhr abgetrennten Altarme verlandeten, und fast zwei Drittel der ehemaligen Wasserfläche in der Au sind seither verschwunden.

Einer der noch vorhandenen Altarme der Donau reicht von Petronell nach Bad Deutsch-Altenburg. Durch einen künstlichen Damm vom Strom getrennt, bekommt er Wasserzufuhr nur bei hohem Wasserstand. Ab 1931 lagen an seinem Ufer ein Strandbad mit Bootsverleih, dahinter ein Tennis- und später ein Campingplatz. Im Winter war das Eislaufen beliebt. Seit Ende der siebziger Jahre wird das Areal des ehemaligen Strandbads privat genutzt.

Steinbruch am Kirchenberg und Häuser „Am Stein", errichtet von Carl Hollitzer (später im Besitz von Bundesstrombauamt bzw. Wasserstraßendirektion); im Hintergrund links der Hexenberg, rechts der Pfaffenberg. Gegen 1900.

Schwimmschule „Am Nagelstein", Richtung Petronell gelegen, 1910.

Das Strandbad auf einer kolorierten Ansichtskarte aus Bad Deutsch-Altenburg, um 1960.

Bootsverleih im Strandbad, 1932.

Strandbad am Donauarm, 1932.

Die Sohleintiefung der Donau und das Kraftwerk Hainburg

Auf Dauer konnte auch die Donauregulierung, dieser große Eingriff in die Natur, die Schiffbarkeit der Donau nicht gewährleisten. Die durch höhere Fließgeschwindigkeit hervorgerufene Sohleintiefung, die jährlich bereits an die 2 Zentimeter beträgt, stellt heute ein großes Problem für die Schiffahrt dar, weshalb die Fortsetzung der Staustufenkette, zugleich geeignet zur Stromerzeugung, als wirksamstes Mittel zur Verbesserung der Schiffahrtsbedingungen angesehen wurde.

Nach Fertigstellung des Kraftwerks Greifenstein sollte 1985 mit dem Bau der Staustufe Hainburg begonnen werden. Bei den

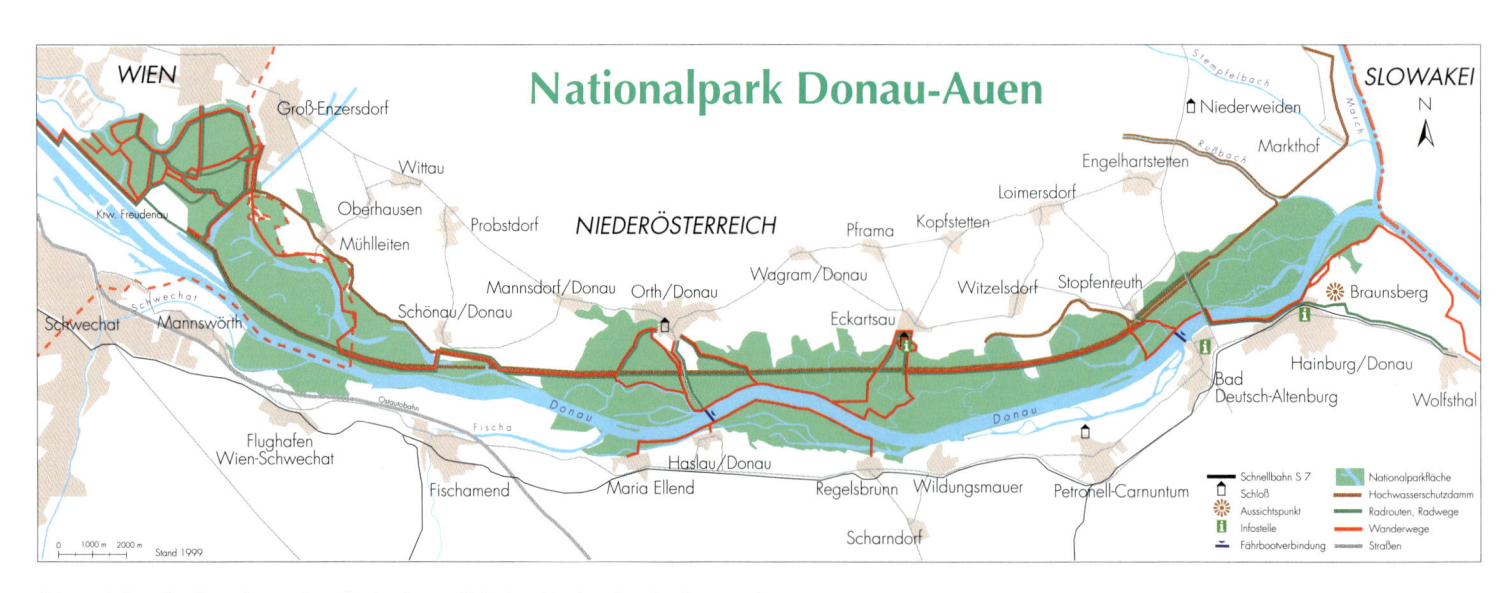

Die umkämpfte Stopfenreuther Au ist heute Teil des Nationalparks Donau-Auen.

Stopfenreuther Au, 1995.

Informationsveranstaltungen über das Kraftwerk, die teilweise auch im Kurhaus von Bad Deutsch-Altenburg abgehalten wurden, zeigten sich massive Widerstände der Umweltschützer und, insbesondere am linken Donauufer, auch der Bevölkerung. Neben der Angst um die Altenburger Heilquelle erhitzten sich die Gemüter vor allem an der „Trockenbauweise" als geplanter kostengünstigerer Variante des Kraftwerksbaus. Diese hätte große Teile des Auwalds, der 1979 zum Landschaftsschutzgebiet erklärt worden war, zerstört. Höhepunkt der Auseinandersetzungen war die Besetzung der Stopfenreuther Au durch engagierte Naturschützer im Dezember 1984, wodurch die plötzlich begonnene Schlägerung des Auwalds (seine Bäume sind bis zu 150 Jahre alt) für den Kraftwerksbau verhindert werden sollte. Es kam zu dramatischen Konfrontationen mit der Exekutive. Schließlich wurde das Bauvorhaben des Kraftwerks aufgegeben. Der damalige Bundeskanzler Fred Sinowatz verordnete eine „Nachdenkpause" und das Vorziehen des Baus der Staustufe Wien-Freudenau. 1986 hob der Verwaltungsgerichtshof die wasserrechtliche Bewilligung für das Kraftwerksprojekt Hainburg als rechtswidrig auf. Doch das Problem der Sohleintiefung der Donau blieb bestehen. Allein im Zeitraum 1893–1956 betrug die Eintiefung im Raum Fischamend bis Hainburg zwischen 25 und 40 Zentimeter. Dies hat auch ökologische Folgen: Das Absinken des Grundwasserspiegels trägt zur Austrocknung der donaunahen Teile des landwirtschaftlich intensiv genutzten Marchfelds und des Auwalds bei – Probleme, die in diesem Gebiet aber nicht durch ein Kraftwerk gelöst werden können. Deshalb wurde ein „Flußbauliches Gesamtkonzept für den Abschnitt der Donau östlich von Wien" ausgearbeitet; es berücksichtigt die Verbesserung der Fahrwassertiefe für die Schiffahrt, die Erhöhung des niedrigen bis mittleren Donauwasserstands, die Gewährleistung des Hochwasserschutzes und des Trinkwassers, die Renaturierung der Ufer- und Flachwasserbereiche sowie die Altarmvernetzung, vor allem aber auch die Stabilisierung der Donausohle durch Zugabe von Schotter – nach dem neuen Konzept der „Granulometrischen Sohlverbesserung" soll durch Beigabe von „Grobkorn" (Steinmaterial im Durchmesser von 40 bis 70 mm) der jährliche Abtransport des Geschiebes auf ein Zehntel reduziert und so die Sohle stabiler werden. Nachdem ein erster Versuch zur Lösung des Problems 1994 erfolglos abgebrochen wurde, soll nun das neue flußbauliche Konzept für die Donau unterhalb von Wien eine langfristig optimale Situation schaffen. 1999 wurde dafür ein Vorprojekt (Machbarkeitsstudie) von Wien bis Wildungsmauer erstellt. Insgesamt

Oben und unten: Stopfenreuther Au, 1995.

NATIONALPARK DONAU-AUEN

wird mit einer Umsetzungszeit von zehn Jahren gerechnet; dafür zuständig sind Wirtschaftsministerium (Finanzierung), Wasserstraßendirektion (Detailplanung) und Nationalpark Donau-Auen GmbH (ökologische Zielsetzung).

Das Augebiet östlich von Wien ist die letzte längere freie Fließstrecke der Donau in Österreich und die letzte große, zusammenhängende Aulandschaft in Mitteleuropa. Um diese einzigartige Landschaft zu schützen und ihre artenreiche Tierwelt für die

Zukunft zu erhalten, wurde 1986 die „Nationalparkplanung Donau-Auen" gegründet. 1990 erhielt die „Betriebsgesellschaft Marchfeldkanal" vom Bund und von den Ländern Wien und Niederösterreich den Auftrag, die Voraussetzungen zur Schaffung eines solchen Nationalparks zu prüfen. Insbesondere sollte eine Akzeptanz durch die Bevölkerung erreicht werden. Im Jahr 1997 wurde der Nationalpark eröffnet. 5 000 Tierarten – manche von ihnen vom Aussterben bedroht – finden hier ein Rückzugsgebiet. Ungewöhnlich ist die hohe Dichte an Greifvogelarten und wassergebundenen Großvögeln, wie Graureihern, Störchen und Kormoranen. Zugleich soll der Nationalpark auch der Forschung sowie der Erholung zur Verfügung stehen – für Wandern, Radfahren, Schlauch- und Paddelbootfahren wurden Möglichkeiten geschaffen.

Die Donau. Blick von der Donaubrücke Richtung Wien; links die Gebäude der Wasserstraßendirektion und der Kurpark, rechts die Stopfenreuther Au.

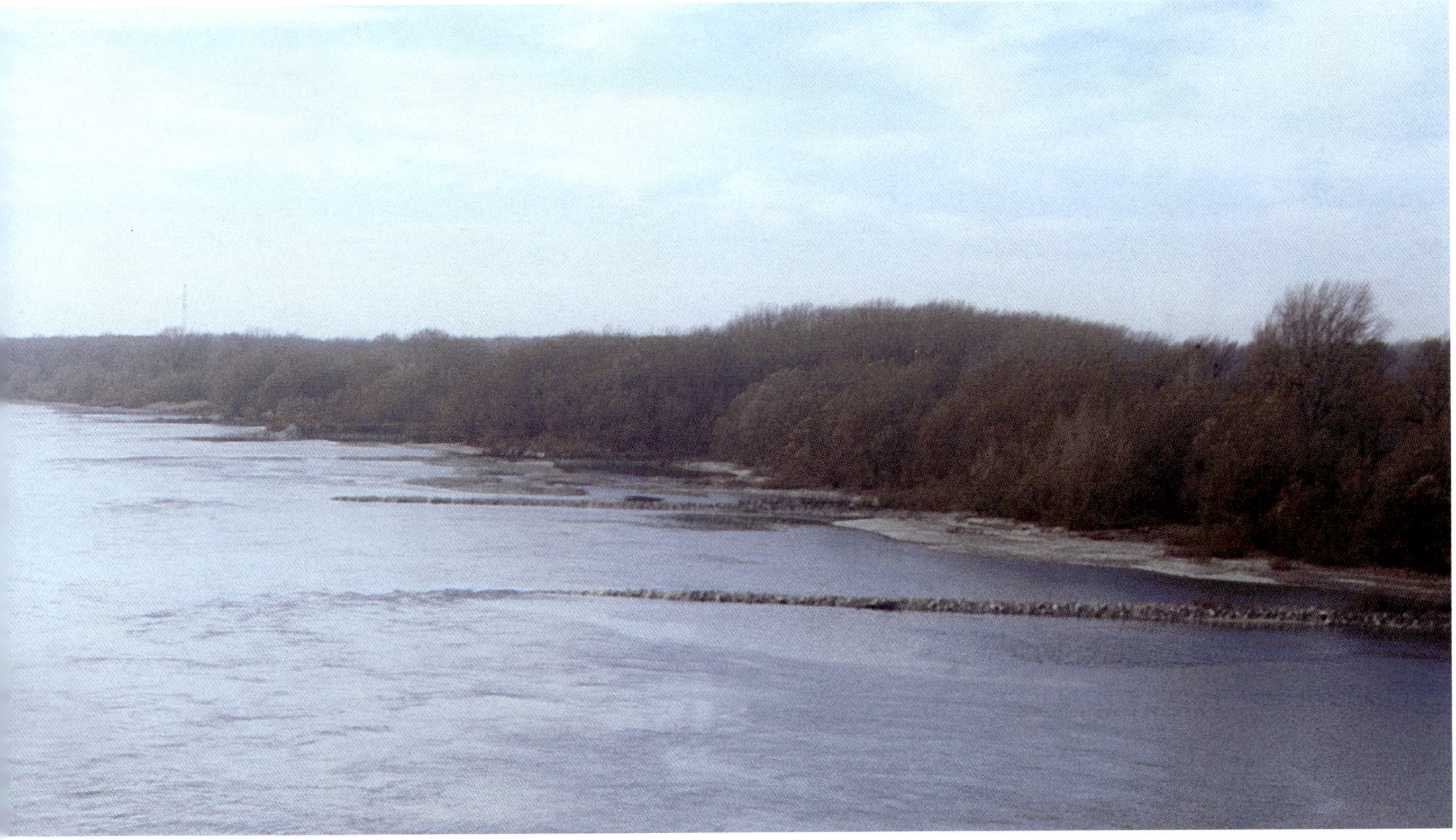

Das Kurbad

GERTRUDE GENG-SESZTAK

Vicus um das castrum Carnuntum.   *Bäder beim Mühlgarten.*

Vorläufer der Altenburger Bäder: die römische Thermenanlage beim Mühlgarten, 2./3. Jh. n. Chr. Postkarte aus der Zeit der Grabungen 1905/06.

In den Jahren 1843 und 1875 legten Archäologen nahe am Sulzbach beim Mühlgarten einen römischen Gebäudekomplex frei, der als Thermenanlage interpretiert wurde. Oftmalige Um- und Zubauten zeugen von deren Beliebtheit. 1905/06 wurden weitere Grabungen unter Max Groller von Mildensee durchgeführt. Es zeigte sich, daß die komplizierte und unregelmäßige Anordnung der Räume nicht dem Schema eines gewöhnlichen römischen Bades entsprach, sondern auf ein Thermalbad hinwies. Auch einige der dort gemachten Funde – Inschriften und Götterbilder – werden mit der Heilquelle in Verbindung gebracht, z. B. der Sandsteintorso einer Statue der Fortuna Balnearis, der Glücks- und Heilgöttin der Bäder, die oft in Thermen verehrt wurde; auch ein aus dem 3. Jahrhundert stammender, von Marcus Mucius und Lucius Valerius Cyrillus, Priestern des Kaiserkults, dem Gott Vulcanus geweihter Altar deutet darauf hin, daß es sich um heiße Quellen handelte. Heute gilt es als erwiesen, daß die Quellen von Bad Deutsch-Altenburg bereits den Römern bekannt waren. Die antike Badeanlage, südöstlich des Legionslagers gelegen, wurde u. a. vom später so genannten *Solabründl* gespeist.

Die erste schriftliche Nachricht über die Heilquelle zu Deutsch Altenburg stammt aus den Jahren 1548/49: Damals suchte der Herrschaftsinhaber Franz Dörr um Wiedererrichtung des von den Türken 1529 schwer verwüsteten Bades an; Dörr erwähnt, das Alaun und Schwefel enthaltende Wasser sei bereits seit 200 Jahren bekannt und helfe seit 100 Jahren den Leuten bei ihren Gebrechen. Da Heilquellen zu den Regalien des Landesfürsten zählten, war zum Wiederaufbau des Bades dessen

Der aus dem 3. Jh. stammende Altar für den Gott Vulcanus ist ein Hinweis darauf, daß hier schon in der Antike heiße Quellen bekannt waren. Die Priester, die ihn weihten, waren zugleich die Verwalter der Thermen. Der Steinaltar ist unter dem Namen „Thermenstein" bekannt.

Genehmigung erforderlich. Diese wurde Dörr zwar erteilt, aber sein Ersuchen, 20 Dreyling Wein ungeltsfrei ausschenken zu dürfen, nur für 6 Dreyling gewährt, da ansonsten – so hieß es – der Stadt Hainburg zu großer Schaden zugefügt würde. Franz Dörr veranlaßte im selben Jahr 1548 auch die erste wissenschaftliche Untersuchung der Quelle durch die medizinische Fakultät der Universität Wien: Der Dekan Franz Emmerich sowie die Doktoren Johann Enzianer und Andre Perlacher reisten nach Deutsch Altenburg, bescheinigten der Heilquelle einen Inhalt an Schwefel, Alaun und Saliter und stellten fest, das Wasser könne heilend wirken.

1634 hält Johann Wilhelm Mannagetta, Dekan der Wiener medizinischen Fakultät und Leibarzt dreier Kaiser, im *Pollhaimerisch Badbuch* Veränderungen der Badeanlage fest: diese sei nun besser geschützt, da der Brunnen und die Wohnungen nicht mehr auf dem freien Hügel lägen, sondern unten im Tal. Franz Dörr dürfte anläßlich der Neuerrichtung seiner Badeanlage also einen Ortswechsel vorgenommen haben.

1683 wurde das Dörrsche Bad im Zuge der Türkenkriege vollkommen zerstört und erst 1710, nach dem Kauf der Herrschaft durch Johann Rudolf Katzy Edlen von Ludwigstorff, in geringerem Umfang wieder aufgebaut. Unter dem Titel *Ludwigstorffisch Baad-Buch* erlebte Doktor Mannagettas Werk 1710 und 1758 zwei Neuauflagen. Das Bad konnte aber seine frühere Bedeutung als „Hofbad", in dem der Adel Linderung von seinen Leiden suchte, nicht mehr erreichen. 1826 zerstörte ein Brand große Teile der Anlage, die erst zwei Jahrzehnte später, im Jahr 1846, wieder aufgebaut wurde.

Den Anstoß dazu gab Anton Dominik Bastler, Doktor der Medizin und Chirurgie sowie außerordentlicher Professor an der Universität Wien. Er propagierte die Heilwirkung des fast vergessenen Bades und kaufte das Haus Nr. 44 (an dessen Stelle in der Badgasse heute der Florianihof steht). 1844 ließ Bastler durch den Apotheker Meißl und den Doktor der

Um die Mitte des 19. Jh. erfuhr der Badebetrieb von Deutsch Altenburg eine Neubelebung durch den Arzt Anton Dominik Bastler. Die Kurgäste brachte er in seinem Haus, dem „Bastlerhaus" (im Bild links), unter.

Pollhaimerisch Badbuch

oder Beschreibung.

Von der sonderbahren Tugent/ Krafft vnd Würckung des Haylsamben Badbrunnens gelegen.

Bey der Herrschafft vnd Schloß Teutschen Altenburg/ an der Thonaw in Oesterreich vnder der Ennß/ 8. Meil vnder Wienn.

Auff Begehrn

Des Hoch= vnd Wolgebohrnen Herrn/ Herrn

GVNDACKERS

Der IV. diß Nahmens Herrn zu Polhaimb / Freyherrn auff Liechtenegk / Partz / Teutschen Altenburg / Ottenschlag / vnd Gobelspurg/ der Röm: Kays. Mayest. Rudolphi II. Rath vnd Matthix vnd Ferdinandi II. Reichshoff : vnd Vice Cammer Præsident/ vnd beeder Röm: Kayser/ Maximiliani vnd Caroli Ertzhertzogen zu Oesterreich Cammerer.

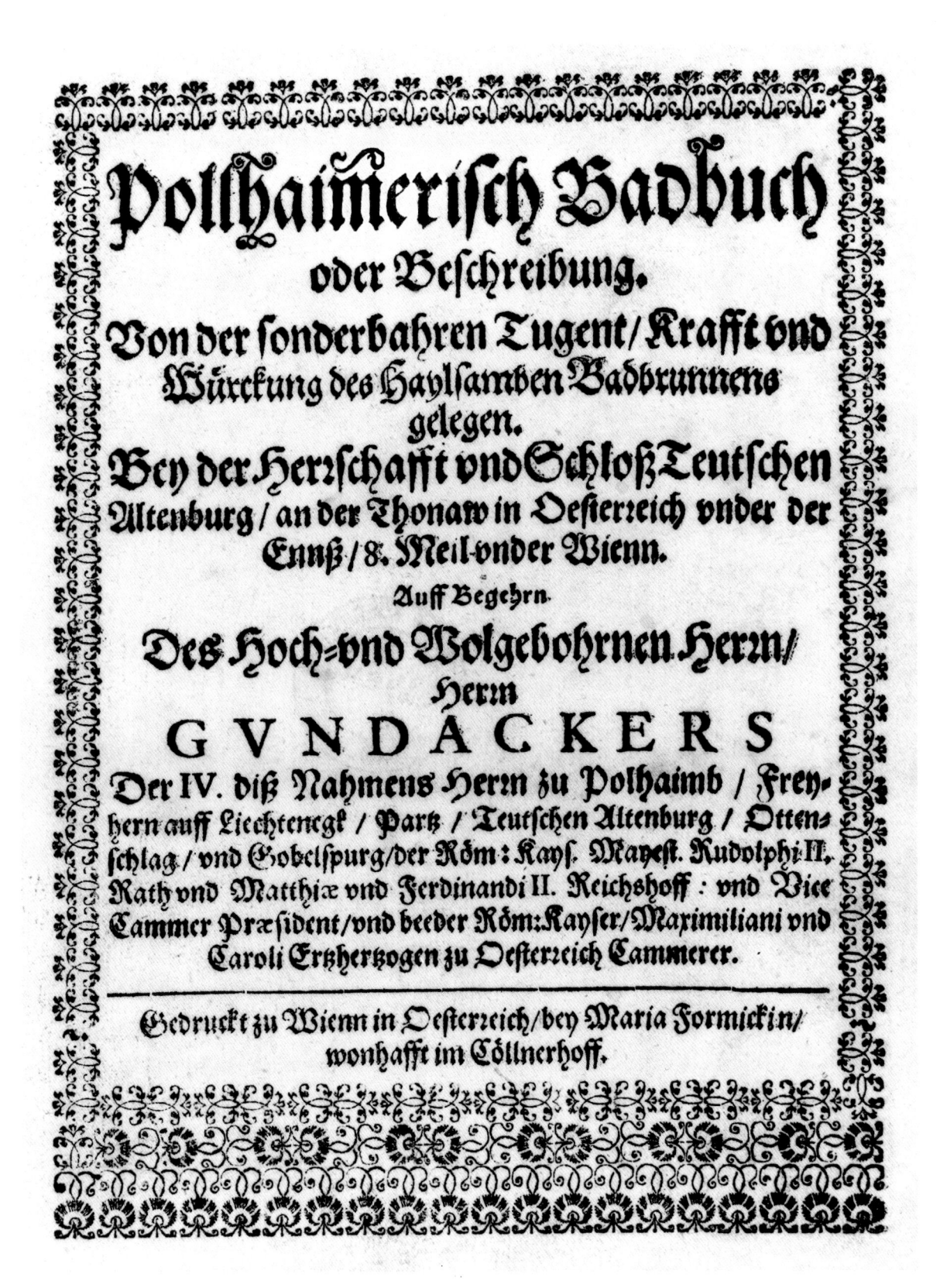

Gedruckt zu Wienn in Oesterreich/ bey Maria Formickin/ wonhafft im Cöllnerhoff.

Das „Pollhaimerisch Badbuch" des Johann Wilhelm Mannagetta ist 1634 erstmals erschienen. Es enthält neben einem Gutachten über die Altenburger Heilquelle und einer Abschrift der Privilegiumsurkunde an Franz Dörr auch eine Badetherapie, eine Badediätetik und eine Beschreibung des „Badhauses".

Historische Ansichtskarte aus Bad Deutsch-Altenburg (mit Blick in die Badgasse). An der Stelle des Hauses im Vordergrund befindet sich heute die Kurkonditorei Riedmüller.

Chemie Schweinsberger sowie 1846 durch Professor Schrötter aus Wien eine Analyse des Heilwassers erstellen, während er selbst an Wiener Patienten die Heilwirkung der Quelle mit zufriedenstellendem Ergebnis erprobte. Bis zur Jahrhundertwende florierte der Altenburger Kurbetrieb wieder; die Gäste logierten vorwiegend in Privatzimmern.

Schon am 24. Dezember 1858 hatte ein Erlaß des Innenministeriums eine Kurtaxe für den Ort festgesetzt: einen Gulden für Einzelpersonen, die sich länger als fünf Tage hier aufhielten, zwei Gulden für Parteien bis zu drei Personen und bei mehr als drei Personen drei Gulden.

Mindestens seit damals ist Bad Deutsch-Altenburg also ein „Kurort". Die Gemeinde hatte als eine der ersten in Niederösterreich diese Bezeichnung erhalten, doch wie bei Baden ist der genaue Zeitpunkt unbekannt. Nach dem niederösterreichischen Kurortegesetz vom 8. September 1902 ist Bad Deutsch-Altenburg jedenfalls ein Ort, *innerhalb dessen das Vorhandensein von Heilbädern, Heilquellen und sonstigen, der Krankenpflege im weitesten Sinne des Wortes dienenden Wohlfahrtseinrichtungen sanitärer Natur einen derartigen Zustrom von Fremden zur Folge hat, daß für die hiedurch eintretende Steigerung der Bedürfnisse nach Wohlfahrtseinrichtungen anderer Art, wie Ortsbeleuchtung, Promenaden, Konzerten usw. nicht mehr die lokalen Mittel allein genügen, sondern die diesbezüglichen Erfordernisse durch unmittelbare Heranziehung der dieser Vorteile hauptsächlich teilhaftig werdenden Fremden gedeckt werden müssen.*

1979 wurde von der Niederösterreichischen Landesregierung eine „Kurordnung für den Kurort Bad Deutsch-Altenburg" erlassen. Es folgte eine „Kundmachung der NÖ. Landesregierung vom 22. Juni 1983 über die Anerkennung von Kurorten", die auch Bad Deutsch-Altenburg als Jod-Schwefel-Thermalbad einschloß.

Im Jahr 1928, als der jungen Marktgemeinde der Titel *Bad* verliehen wurde, begann man, das Ludwigstorffsche Kurhaus zu renovieren, die Badeanlagen zu vergrößern und Zimmer dazuzubauen, was für die steigende Beliebtheit des Bades spricht. Vor dem Zweiten Weltkrieg gab es jährlich zwischen 36 000 und 47 000 Nächtigungen bei rund 500 Fremdenbetten (davon 360 in Privathäusern).

Während des Zweiten Weltkriegs als Lazarett verwendet und danach drei Jahre geschlossen, nahm das Kurhaus 1948 den Betrieb wieder auf. 1956 folgte ein Zubau mit 280 Betten (225 Zimmern), 1983 ein weiterer, das *Parkhotel* (76 Zimmer). 1974 begann die Jod-Schwefel-Heilbad Betriebs GmbH mit dem Bau des Kurzentrums *Kaiserbad*, eines neuen Hauses für gehobene Ansprüche. Die Pläne stammten von Architekt Hans Krebitz. Nach der Einweihung durch Weihbischof Moser, Pfarrer Winter aus Hainburg und Dechant Schrammel ging das Hotel (110 Betten in 80 Zimmern) am 1. Juli 1978 mit Kurabteilung und Hallenbad in Betrieb. Es wurde 1985 vom Kurhaus Ludwigstorff übernommen, wobei das Hallenbad aus Kostengründen geschlossen wurde und seither als Veranstaltungssaal dient.

Statue des heiligen Nepomuk, 18. Jh. Die Plastik stand mit hoher Wahrscheinlichkeit nahe der Wiener Straße, unweit des Hauptplatzes, an jener schlichten Brücke über den Sulzbach, über die am 11. Dezember 1762 der sechsjährige W. A. Mozart mit seiner Familie nach Preßburg gefahren sein muß, als er in der Poststation von Deutsch Altenburg Rast gemacht hatte. Später fand die Statue – wohl im Zuge der Erneuerung oder Verbreiterung der Brücke – in der Marienkirche Aufstellung. Anläßlich der großen Kirchenrenovierung Ende des 19. Jh. soll sie auch von hier verbannt worden sein. Bürgermeister Franz Koch (1884–1900) ließ für die Statue eine Kapelle rechts vom kleinen westlichen Friedhofseingang an der Friedhofsmauer errichten. 1978 fand die Plastik in der Eingangshalle des Kaiserbads einen neuen Platz; die Kapelle vor der Friedhofsmauer wurde abgebrochen.

Das „Ludwigstorffisch Baad-Buch", eine Neuauflage des „Pollhaimerisch Badbuch" von J. W. Mannagetta aus dem Jahr 1710.

Als die Donau, die unmittelbar neben der Badeanstalt vorbeifloß, ab 1882 reguliert wurde, entstand auf dem Terrain, das durch die Verlegung des Flußbetts gewonnen werden konnte, der Kurpark. Zur Aufschüttung des Geländes wurde Material des unweit gelegenen Steinbruchs am Kirchenberg verwendet. Die Bepflanzung erfolgte durch den Herrschaftsgärtner Johann Adam. Im Bild: Der Kurpark während der Bauarbeiten, nach 1900.

In den Häusern „Am Stein" war bis in die 1960er Jahre ein Restaurationsbetrieb untergebracht. Die Familie Durkowitsch setzt diese Tradition im eigenen Gasthaus in der Wiener Straße fort.

Das „Badhaus" mit Restaurant, um 1910.

Das Kurhaus auf einer Postkarte, um 1920.

Das Kurhaus, 1928.

ANALYSE DER THERME

Die Heilquelle von Bad Deutsch-Altenburg besitzt die höchste Jod-Schwefel-Konzentration der bekannten mitteleuropäischen Heilquellen.

Eine Analyse der Heilquelle, durchgeführt von dem Geburtshelfer Heinrich Johann Crantz und von ihm 1777 in „Gesundbrunnen der österreichischen Monarchie" veröffentlicht, ergab als „Gesundteile" des Wassers:

1. Ein schwefelhafter Warmbädergeist
2. Absorbierende Erde
3. Eisenartige Erde
4. Weniges Selenitsalz
5. Weniges Bittersalz
6. Eine große Menge Kochsalz

Laut der großen Heilwasseranalyse des Direktionsbrunnens vom 6. Februar 1995, erstellt von Universitätsprofessor Dr. Wolfgang Marktl, hat die Quelle eine Förderstärke von 8,30 l/sec und tritt mit einer Temperatur von 25,05° Celsius zutage. Die Summe der gelösten Stoffe beträgt 3473,00 mg/l.
Davon sind:

Jodid (J)	1,17 mg/l
titrierbarer 2wertiger Schwefel	83,10 mg/l
Schwefelwasserstoff (H_2S)	65,40 mg/l
Sulfat (SO_4^{2-})	559,80 mg/l
Natrium (Na^+)	28,55 mg/l
Kalium (K^+)	1,27 mg/l
Calcium (Ca^{2+})	305,60 mg/l
Magnesium (Mg^{2+})	76,80 mg/l
Chlorid (Cl^-)	985,90 mg/l
Bromid (Br^-)	2,98 mg/l
Hydrogencarbonat (HCO_3^-)	754,70 mg/l
m-Kieselsäure (H_2SiO_3)	44,43 mg/l
Kohlenstoffdioxid (CO_2)	299,80 mg/l

Die Heilquelle von Bad Deutsch-Altenburg wird vor allem wegen ihrer guten Wirkung bei rheumatischen Erkrankungen besucht. Die Kur verspricht Linderung bei Schmerzen infolge chronischer Abnützungen der Wirbelsäule und Gelenke sowie bei Neurodermitis, Psoriasis und Osteoporose.

Die Kurkapelle spielte im Sommer täglich um 5 Uhr nachmittags auf der Kurhausterrasse. Im Bild: Kurkapelle Kuzelka, 1955.

Taxifahrer Franz Pohl vor dem Kurhaus, 1932.

Das Kaiserbad, 1994.

Kurhaus Ludwigstorff. Eingang in die Kurmittelabteilung, 1994.

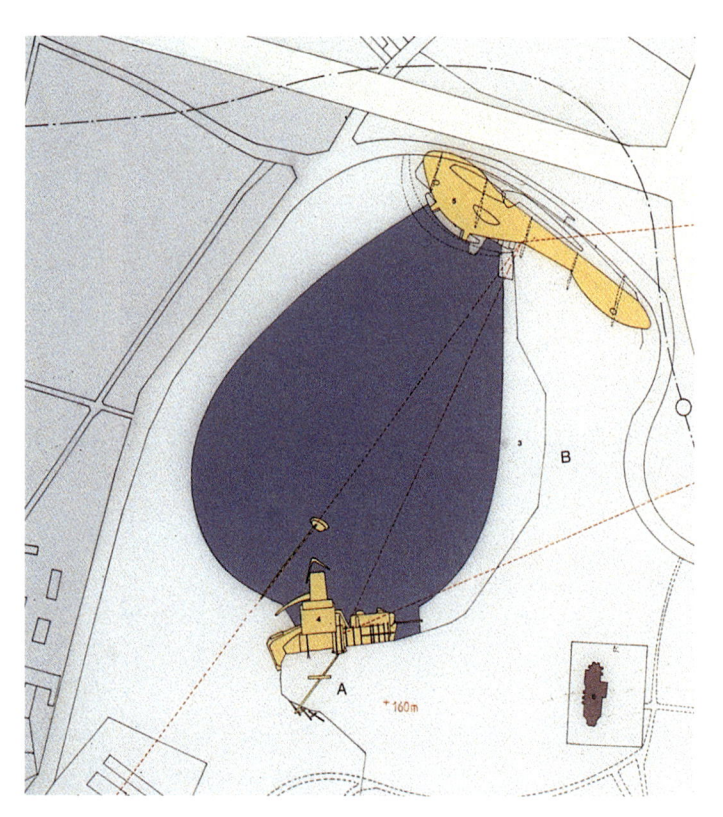

Baukünstlerische Bade-Visionen für Bad Deutsch-Altenburg, die 1994 im Rahmen einer Parallelaktion zum Wettbewerb HIC SAXA LOQVVNTVR entstanden: z. B. Abigail Ashton, „Schwimmbad und Kletterschule", an der Steinbruchkante des Kirchenbergs hängend (unten). Tony Smart hat ein Eis- und Wassersportzentrum mit Windenergieversorgung projektiert (oben). Die Sohle des Steinbruchs sollte als Badesee dienen.

Tim Sloan, „Baden und Reinigen". Entwurf für ein öffentliches Bad auf dem Pfaffenberg mit Blick auf Wien und Bratislava.

Der Kurpark mit dem Kaiser-Franz-Joseph-Denkmal (errichtet 1906).

Verkehr und Erschliessung

GERTRUDE GENG-SESZTAK

Die Donaustraße, zu Wasser und zu Land. Ausschnitt aus der Karte „Panorama der Donau von Wien bis Pesth" von H. Hummitzsch, 1842. (Angabe S. 347)

DONAUSTRASSE

Schon von alters her lag im Raum Deutsch Altenburg ein Kreuzungspunkt zwischen Nord-Süd- und Ost-West-Verkehr. Die Bernsteinstraße traf hier auf die Donaustraße, die bereits im 4. Jahrhundert v. Chr. ein stark benützter Handelsweg war. Aber nicht nur Händler folgten diesen Straßen, sie waren auch vorgezeichnete Bahnen für große Völkerbewegungen: Die Knotenpunkte solcher Straßen hatten deshalb hohe militärische Bedeutung, besonders in der Römerzeit.

Mit dem Abzug der Römer aus dem Donaugebiet verödeten die Straßen für Handel und Verkehr; über sie erfolgten die Völkerwanderungen gegen Westen und Süden. 791 soll der Frankenkönig Karl der Große auf der Donaustraße stromabwärts bis zur Raabmündung gezogen sein. Längs dieser Straße erfolgte auch die bayerische Kolonisation, bis ihr die ungarischen Reiterzüge nach der Niederlage der Bayern in der Schlacht bei Preßburg 907 vorübergehend ein Ende bereiteten.

Nach der Schlacht am Lechfeld 955 zog erneut ein Strom von Kolonisten über die Donaustraße in die Gebiete des früheren Oberpannonien. In Ungarn verlangte man nach Erzeugnissen aus dem Westen, wodurch die Donaustraße wieder zur Handelsstraße wurde, wenngleich zunächst von eher regionaler Bedeutung. Die Kreuzzugsheere, die auf ihr den Landweg nach Jerusalem einschlugen, machten schließlich aus dem Handelsweg zwischen Ungarn und Österreich eine Welthandelsstraße, über die der Orienthandel abgewickelt wurde.

Zahlreiche Heere mit vielen Tausenden Rittern und Reisenden zogen längs der Donau und auf ihr in das Heilige Land. Der Nachschub war riesig, ebenso der Bedarf an Ausrüstung und Lebensmitteln. Auch sonst nahm der Handel mit Gütern aller Art ständig zu. Zwei Zollrollen des Jahres 1177 aus dem Mautarchiv zu Stein geben Aufschluß, welche Waren damals auf dem Donauweg verfrachtet wurden: Der

Einfuhrtarif enthält Goldstoffe, Purpurmäntel, Kirchengewänder, Rohseide, Gold- und Silberwaren, Öle, Gewürze und „Parfümerien"; Ausfuhrartikel waren Pelze, Leder, Wolle, Holzwaren, metallische Rohstoffe, Waffen und sogar Leibeigene (nach Schedling und Steiner, S. 39).

Viele Donaustädte, besonders Regensburg und Wien, zogen große Gewinne aus diesen Geschäften. So war Wien 1221 – im Jahr, in dem es das Stadtrecht erhielt – das Stapelrecht verliehen worden (die Waren mußten ausgeladen und eine bestimmte Zeit *gestapelt*, d.h. gelagert und zum Verkauf angeboten werden); dies sicherte den Wienern das Monopol für den Weitertransport nach Ungarn. Auch die Orte weiter im Osten, an der Porta Hungarica, nahmen einen Aufschwung, wenngleich dieser durch die Nähe der privilegierten Residenzstadt Wien gebremst war: Immerhin hatte zuvor Hainburg das Stapelrecht innegehabt, ehe es nach Wien verlegt wurde. Doch Wohlstand und Reichtum erweckten auch Mißgunst und Neid. Zahlreiche rechtlich oder widerrechtlich eingehobene Zölle, Mauten und Steuern sowie Überfälle und Raubrittertum sorgten schließlich für so gewalttätige Verhältnisse, daß sich Schiffer und Kaufleute bewaffneten und Polizeischiffe für Ordnung sorgen mußten. Ende des 14. Jahrhunderts begann der Niedergang des Handels auf der Donau: Das mächtige Venedig hatte den Orienthandel an sich gezogen, und der Mittelmeerhafen Alexandrien löste Konstantinopel als Handelsdrehscheibe ab. Schließlich beendete das Vordringen der Türken in Kleinasien und auf dem Balkan den Warenaustausch auf und längs der Donau: Dieser Weg in den Orient war zu unsicher geworden und erhielt wieder vorrangig militärische Bedeutung. Erst Jahrhunderte später, nach der Zurückdrängung der Türken durch Prinz Eugen an der Wende zum 18. Jahrhundert, belebte sich die Donaustraße aufs neue. Ansiedler zogen nach Siebenbürgen und ins Banat, Kaufleute dehnten ihre Handelsbeziehungen bis zum Schwarzen Meer aus. Die Entwicklung der Schiffahrt förderte auch den Passagierverkehr. Die DDSG unterhielt bis in die fünfziger Jahre des 20. Jahrhunderts einen täglichen Linienverkehr zwischen Wien und Hainburg, der auch an der Anlegestelle Bad Deutsch-Altenburg Station machte – die touristische Wiederbelebung dieser Tradition wäre Ort und Archäologiepark heute durchaus zuträglich.

Polizeischiff der Burggrafen von Regensburg. Zeichnung von Ulf Seidl.

Abfahrt des Dampfschiffs „Kaiser Franz I." vom Wiener Prater nach Semlin, 19. April 1831. Es war das erste Dampfschiff der „k.k. privilegierten Donau Dampfschiffahrts-Gesellschaft" (DDSG), die 1829 gegründet worden war und 1831 den Linienverkehr auf der Donau aufnahm. Lithographie von F. Wolf.

Die alte Poststrasse

1583 hatte Kaiser Rudolf der Stadt Hainburg den Auftrag gegeben, die Hälfte des Weges *an unser Frawn-Perg zu Teutsch Altenburg* herrichten und ausbessern zu lassen; zwar läge der Weg auf Grund und Boden der Herrschaftsinhaberin von Deutsch Altenburg, der Witwe des Ehrenreich von Dörr, doch benützten ihn die Hainburger zur Lesezeit mehr als die Altenburger. Zu dieser Zeit war Deutsch Altenburg schon lange Poststation. Genauer gesagt: seit dem Türkenkrieg 1528/29, als Preßburg mit Wien durch eine „Postenkette" verbunden wurde.

Wo die erste Poststation im Ort untergebracht war, ist unbekannt. Vielleicht bestand sie schon damals an der Stelle des heutigen Pfarrhofs. Jedenfalls befand sie sich dort zu Beginn des 18. Jahrhunderts, ehe sie mit großer Wahrscheinlichkeit in die jetzige Wiener Straße 13 verlegt wurde, wo Johann Leopold Jonas, k. k. Postbeförderer, 1709 ein Haus kaufte und es vermutlich als Poststation einrichtete. Fest steht, daß der Postmeister Johann August Hirsch das ehemalige Posthaus im Jahr 1724 der Landesregierung verkaufte, die es als Pfarrhof zur Verfügung stellte. In der „neuen" Poststation an der Wiener Straße muß es auch gewesen sein, wo der junge Mozart abstieg, als er mit seiner Familie am 11. Dezember 1762 von Wien nach Preßburg reiste.

Aus dem Buch *Wiens gegenwärtiger Zustand unter Josephs Regierung* von Ignaz de Luca wissen wir, daß 1787 auf dieser Strecke täglich ein Postwagen verkehrte; er verließ die *Postwagens=Expedition* in der Wollzeile in Wien gewöhnlich um halb neun morgens, wobei die Fahrt über Fischamend und Deutsch Altenburg pro

Überlandverkehr mit der Postkutsche: k.k. Eilwagen. Zeichnung 1823.

Pferdegespann auf der alten Landstraße zwischen Deutsch Altenburg und Petronell beim nordöstlichen Tor des römischen Legionslagers; im Mittelgrund die Ruine des Amphitheaters I. Um 1900.

Das Höglerkreuz (auch: Tote-Pfarrer-Kreuz) am Dr.-Sommer-Weg wurde 1815 von Johann Sutter, dem Ortsrichter und Gastwirt zur Blauen Traube, errichtet, zum Gedenken an die Todesfälle auf diesem Straßenstück, insbesondere an den am 21. Mai 1815 verunglückten Pfarrer von Hainburg, Pius Högler. Dieser war mit dem Hainburger Syndikus Franz Lambrecht Wurz auf dem Weg nach Petronell, als die Pferde scheuten und der Wagen bergab raste. Högler wurde aus dem Wagen geschleudert und starb kurz darauf. Schon vorher, am 25. März 1792, war hier Georg Maydinger tödlich verunglückt.

Station 30 Kreuzer kostete, das *Postillionstrinkgeld* eingeschlossen.

Zum großen Nachteil für den Ort wurde die Poststation im Jahr 1798 aufgelassen und mit jener in Hainburg vereinigt. Die Entfernung Wiens von Deutsch Altenburg gab übrigens der Kurarzt Anton Dominik Bastler 1844 mit sieben bis acht Stunden Fahrzeit auf der Poststraße nach Preßburg an.

Die Poststraße verlief – vom Kreinerhügel kommend – im Ortsgebiet zuerst durch die Wollzeile (heute: Carnuntumgasse) und Schloßgasse (heute: Pfarrer-Maurer-Gasse) unmittelbar am Schloß vorbei, wo, wie gesagt, am Standort des heutigen Pfarrhofs die alte Poststation untergebracht war; hier gab es Möglichkeiten zum Wechseln der Pferde und zur Übernachtung. Danach ging es über die Schloßbrücke, die im 18. Jahrhundert neu gebaut und mit der schönen barocken Nepomuk-Statue versehen wurde, durch die Herrengasse (obere Badgasse) bis zur heutigen Standuhr auf dem Hauptplatz. Die Auffahrt auf den Kirchenberg führte – zweigeteilt – links und rechts am „Türkenhügel" vorbei (heute Haydn- bzw. Dr.-Sommer-Weg) und vereinigte sich wieder unweit der beiden Mariensäulen, in deren Nähe sich die alte Richtstätte befand. Das Högler- oder Tote-Pfarrer-Kreuz und die Breite des Dr.-Sommer-Weges weisen darauf hin, daß dieser Straßenast der benütztere war, zwar länger, aber sanfter ansteigend, obgleich als Graben durch Regenwasserabschwemmungen stark gefährdet; der Haydnweg ist kürzer und steiler, freilich auch geschützter, da er auf festem Felsgrund (dort befand sich einst ein kleiner Steinbruch) und in Kirchennähe verläuft.

1848 wurde vom Handelsministerium beschlossen, das Straßenstück auf den Kirchenberg, das so viele Unfälle verursacht hatte, zu verbessern. Nach öffentlicher Versteigerung wurde der Umbau der Straße dem Bürgermeister Anton Hollitzer von Deutsch Altenburg und seinem Schwiegersohn, dem Hainburger Baumeister Franz Zottmann, übertragen, die im August 1851 die Arbeiten in Angriff nahmen. Um dieses trotz Verbesserungen immer noch heikle Straßenstück endgültig zu entschärfen, wurde 1870 die Trasse durch den Ort geändert. Seither führt die Hainburger Straße in flacher Steigung – und in weitem Bogen dem alten Steilstück ausweichend – zum Türkenhügel. Ihre charakteristische Krümmung, die „Reith" oder „Mildner-Kurve", hat ihren Namen nach der dort vom Schuster Josef Mildner 1929 gegründeten Werkstätte mit Schuhgeschäft; das Haus steht heute noch.

Die Hainburger Landstraße auf dem Kirchenberg; rechts von der Kirche der Türkenhügel. Gemälde von Rudolf Ribarz, um 1900.

Der Bahnhof von Deutsch Altenburg; rechts eine Garnitur der Preßburger Bahn, um 1915.

DIE BAHN

Eröffnung des Museums Carnuntinum 1904: Der Kaiser trifft mit dem Hofzug aus Bruck an der Leitha ein und wird von Ministerpräsident Dr. Ernest von Koerber, Unterrichtsminister Dr. Wilhelm August von Hartel, Statthalter Erich Graf Kielmannsegg, Gutsherrn Anton Baron Ludwigstorff und anderen Honoratioren am Bahnhof von Deutsch Altenburg empfangen. Aus: Wiener Bilder, einem „Illustrirten Sonntagsblatt", August 1904.

Am 12. September 1846 wurde die Bahnlinie Wien – Bruck an der Leitha eröffnet. Von 1884 bis 1887 war die Strecke Bruck – Hainburg im Bau; sie wurde am 1. Oktober 1886 bis Deutsch Altenburg dem Verkehr übergeben und im folgenden Jahr bis Hainburg verlängert. Auf dieser Strecke fuhr am 27. Mai 1904 Kaiser Franz Joseph mit dem Hofzug zur Eröffnung des Museums Carnuntinum nach Deutsch Altenburg.

Der Bau der Preßburger Bahn, welche die Städte Wien und Preßburg miteinander verbinden sollte, war bereits 1899 auf der Tagungsordnung des niederösterreichischen Landtags gestanden. Das Projekt wurde aber nicht ausgeführt, weil man die Konkurrenz zu den bestehenden Verkehrsmitteln scheute. Da aber von militärischer Seite die Bedeutung der Bahn, vor allem einer mit elektrischem Betrieb, für die Generalmobilisierung der Streitkräfte erkannt wurde, nahm der niederösterreichische Landtag das Bahnprojekt 1904 wieder auf. Die Aktiengesellschaft „AG Elektrische Lokalbahn Wien – Landesgrenze nächst Hainburg" wurde gegründet; für das 7 Kilometer lange Teilstück auf ungarischem Boden war eine eigene ungarische Gesellschaft nötig. Der Spatenstich erfolgte schließlich am 4. Juni 1911 in Hainburg. Die bereits vorhandenen Streckenstücke wurden in die Preßburger Bahn eingegliedert. Sie zählt zu den ersten Eisenbahnen, die von vornherein für elektrischen Betrieb geplant waren. Am 1. Februar 1914 fuhr der Eröffnungszug von Wien/Großmarkthalle bis Preßburg. 1946 wurde die Endstation der Bahn nach Wolfsthal verlegt. Heute ist es die S 7, die mit ihren Schnellbahngarnituren im Stundenintervall vor allem Pendler in die Bundeshauptstadt an ihren Arbeitsplatz und wieder zurück bringt.

Die Donaubrücke

Von alters her gab es zwischen Deutsch Altenburg und Stopfenreuth eine Flußüberfuhr mit Ruderbooten, das *Urfahr*. Es war auf österreichischem Gebiet die bedeutendste Überfuhr unterhalb Wiens und blieb lange die einzige Möglichkeit, mit Großfuhrwerken den Strom zu überqueren. Später verband eine Seilfähre die beiden Donauufer, die als einziger Verbindungsweg ins Marchfeld stark beansprucht war. Sie bot gegenüber der Überfuhr per Ruderboot mehr Sicherheit, doch kam es immer wieder zu Unfällen; witterungsbedingt mußte der Fährbetrieb oft überhaupt eingestellt werden.

Die Bevölkerung begrüßte daher den Beschluß, eine feste Verbindung der beiden Ufer zu schaffen. Im Herbst 1969 wurde, etwa einen halben Kilometer donauabwärts der Seilfähre, mit dem Bau der Donaubrücke begonnen. Die Schrägseilbrücke aus Stahl, geplant für den zunehmenden Autoverkehr und für Fußgänger, hat eine Spannweite von 138 + 228 + 60 Metern; ihre Breite beträgt 13,90 Meter, die Gesamtlänge rund 1 900 Meter. Am 22. Dezember 1972 wurde Österreichs östlichste Donaubrücke dem Verkehr übergeben und am 13. Jänner 1973 feierlich eröffnet; die Rollfähre stellte ihren Betrieb ein – sie unternahm am 30. Dezember 1972 ihre letzte Fahrt.

Im Zuge des Baues der Donaubrücke von 1969 bis 1972 kam es auch zu einer neuen Trassenführung der Bundesstraße 9 Richtung Hainburg, wobei die alte Frauensäule versetzt wurde (siehe S. 166). 1989, kurz vor dem Fall des Eisernen Vorhangs, wurden die bereits in den siebziger Jahren projektierten Ortsumfahrungen von Petronell und Bad Deutsch-Altenburg fertiggestellt. Dies erspart den Orten den stetig zunehmenden Durchzugsverkehr.

Die Umfahrungsstraße durchschneidet auf dem Gebiet von Petronell die Gräberstraße Carnuntums, weshalb archäologische Rettungsgrabungen notwendig wurden (siehe S. 96).

Österreichs östlichste Donaubrücke, errichtet 1969–1972, verbindet Bad Deutsch-Altenburg mit dem Stopfenreuther Donauufer.

Das Dorf

GERTRUDE GENG-SESZTAK

Das Wappen von Bad Deutsch-Altenburg, 1967.

Das Wappen der Marktgemeinde Bad Deutsch-Altenburg zeigt jene historischen Traditionen, welche die Identität des Ortes seit je wesentlich mitbestimmen: die römische Geschichte, die Kirche, Steine und Wässer.

Das Erbe der Römer wird im Museum Carnuntinum – am Rand des Ortes, der Donau zu gelegen und noch in der Monarchie errichtet – dem Interesse einer breiten Öffentlichkeit zugänglich gemacht.

Die Nutzung der Heilquellen, die den Ruf Bad Deutsch-Altenburgs als Kurort begründen, reicht – wie die Nutzung der Steinvorkommen – gleichfalls in die Antike zurück; dies symbolisiert die ionische Brunnensäule im Wappen: der Stein, aus dem Wasser fließt.

Auf spätere historische Wurzeln verweist die romanisch-gotische Marienkirche. Auch sie hat zur Bedeutung des Ortes beigetragen – aus dem bäuerlichen Grenzdorf an der Donau ist durch sie ein besuchter Wallfahrtsort geworden.

Doch nicht nur die „Publikumsmagneten", auch Wirtschaft, Verkehr, Schule, Vereinswesen, Gastronomie und vieles andere mehr bestimmen das Leben der Marktgemeinde, wie der folgende Spaziergang durch den Ort zeigt. Unser Weg führt zu Häusern, Straßen, Plätzen und Baudenkmälern von einst und jetzt: nicht sosehr aus Nostalgie, sondern weil die Erinnerung an das *Gestern* das Bewußtsein für das *Heute* und ein lebenswertes *Morgen* schärfen kann.

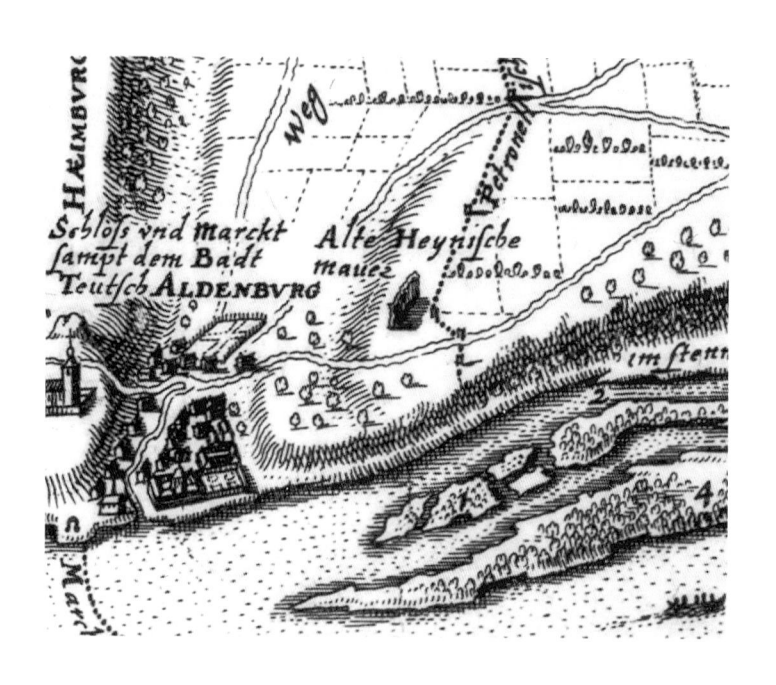

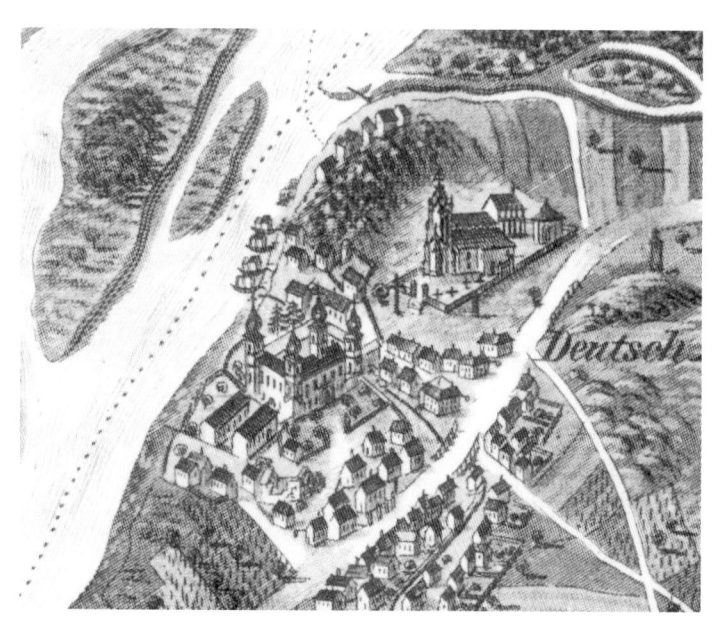

Deutsch Altenburg auf historischen Karten (Ausschnitte). Links oben: aus der „Topographia" von Matthäus Merian, 1649 (Angabe S. 347); rechts oben: aus „Alt- und Neues Oesterreich" von Mathias Fuhrmann, 1734–1737 (Angabe S. 346); links unten: aus der „Perspectiv-Karte des Erzherzogthums Oesterreich unter der Ens" von Franz Xaver Schweickhardt v. Sickingen, 1831–1841 (Angabe S. 347); rechts unten: aus „Panorama der Donau von Wien bis Pesth" von H. Hummitzsch, 1842 (Angabe S. 347).

„View of the town of Altenburg on the road to Presburg with a distant view of Vienna". Die kolorierte Zeichnung eines anonymen englischen Reisenden zeigt den Blick vom Kirchenberg auf Dorf und Schloß. Im Vordergrund die alte Straße, links im Mittelgrund Schloß Petronell, rechts im Hintergrund Wien mit dem Stephansturm. Aquarell, 18. Jh.

Blick vom Kirchenberg, um 1900. Im Vordergrund das „Bastlerhaus", in der Mitte des Bildes die Hollitzer-Villa, dahinter die mit Pappeln gesäumte Straße nach Petronell. Links im Bild der Ortsteil „Sulz", dahinter die Bienenfeldmühle (Pálffy-Villa).

Blick vom Kirchenberg, um 1900. Im Mittelgrund von links nach rechts der Pfarrhof, der Meierhof, der Schüttkasten und das Schloß.

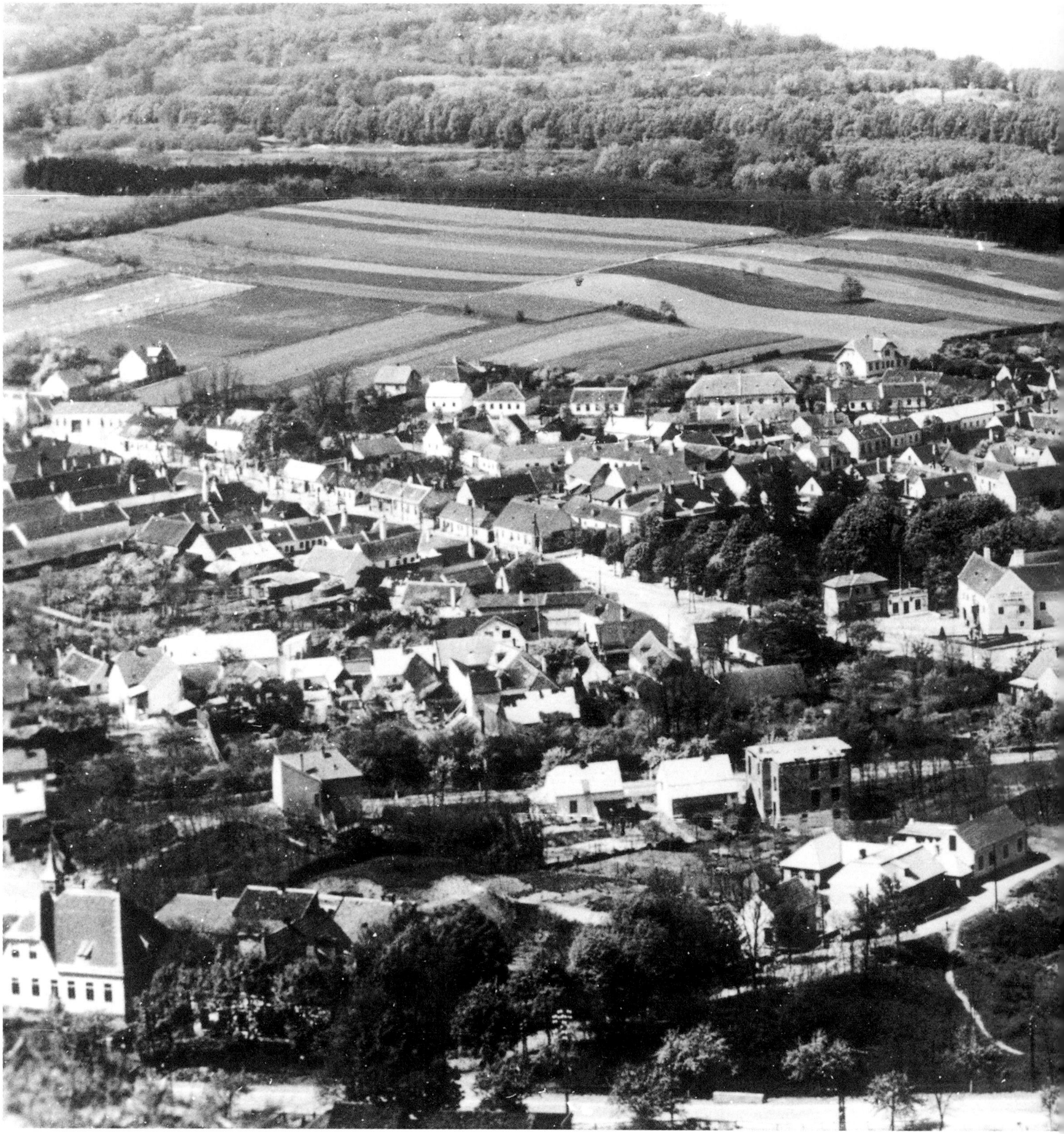

Bad Deutsch-Altenburg. Luftaufnahme, 1935.

Spaziergang durch den Ort

BADGASSE

Die Badgasse erschließt das „Kurviertel". Sie beginnt am *Hauptplatz* und verläuft bis zur Donau; ihr oberer Teil bis zur Pfarrer-Maurer-Gasse trug den Namen *Herrengasse*, den unteren Teil, zur Donau hin, nannte man *Badgasse*, da man durch ihn die Badeanstalt erreichte.

Die Gasse, 1977 als Allee neu gestaltet, führt zum nahe gelegenen Kurpark und zum Museum Carnuntinum, wo wir unseren Rundgang beginnen.

Blick vom Hauptplatz in die Badgasse, Richtung Marienbrunnen, 1999. Rechts der Florianihof.

Das „Köpf-Haus" in der Badgasse, 1950. Nach links zweigt der heutige Bischof-Durkowitsch-Weg ab, 1950 hatte die Gasse noch keinen Namen. Anstelle des Hauses befindet sich heute ein Parkplatz.

Der gleiche Blick in die Badgasse wie auf dem Foto links, 1934.

Das „Grill-Haus" Ecke Badgasse – Pfarrer-Maurer-Gasse, 1975; seit Ende der siebziger Jahre befindet sich hier ein Parkplatz.

Blick in die Badgasse, 1927. Links das alte Kurhaus, rechts die Konditorei Riedmüller.

Das „Rofingshoferhaus", in der Badgasse, um 1900. Hier befand sich einst eine Dependance des Kurhauses; heute ist es zum Seniorenwohnhaus umgebaut.

Das Museum Carnuntinum kurz vor Fertigstellung, 1903.

Die Eröffnung des Museums am 27. Mai 1904.

DAS MUSEUM CARNUNTINUM

Ab der Mitte des 19. Jahrhunderts war es zu archäologischen Grabungen auf dem Areal des ehemaligen römischen Militärlagers Carnuntum gekommen. 1884/85 wurde der Verein Carnuntum gegründet, dessen Ziel es war, ein Museum für die antiken Gegenstände zu errichten. Diese Objekte, die dem Verein, dem Bürgermeister Carl Hollitzer und dem Kaufmann Anton Nowatzi gehörten, waren zunächst provisorisch im „Bastlerhaus", das im Besitz des Bürgermeisters war, untergebracht. Baron Ludwigstorff verwahrte seine Funde im Schloß.

1903 konnte mit dem Bau begonnen werden; die Pläne stammten von den Architekten Friedrich Ohmann und August Kirstein, die das Museum im Stil eines

Das Franz-Joseph-Denkmal vor dem Museum Carnuntinum, enthüllt am 20. August 1906, erinnert an die Anwesenheit des Kaisers bei der Eröffnung.

Festlicher Empfang Kaiser Franz Josephs, der das Museum eröffnete und dabei unter Führung des Vereinspräsidenten Baron Ludwigstorff sowie des Ausgrabungsleiters Oberst von Groller die Sammlungen besichtigte. Der Kaiser begrüßte persönlich Mitglieder des Vereins Carnuntum, wobei er Carl Hollitzer, den Stifter des Baugrunds, mit den Worten würdigte: „Es ist sehr verdienstvoll von Ihnen. Das ganze Gebäude ist auch der Lage des Ortes angepaßt." (Zit. aus Müllner, S. 237)

Am 8. Mai 1952 unternahm Bundespräsident Theodor Körner über Einladung des Landes Niederösterreich eine Grenzlandfahrt, in deren Verlauf er auch in Bad Deutsch-Altenburg Station machte und das Museum besichtigte. Zum feierlichen Empfang versammelten sich die Honoratioren des Ortes beim Museumsaufgang (vor dem Mikrophon: Theodor Körner; rechts davon: Bürgermeister Johann Knobloch, der Wirt und Dichter Josef Promintzer, Pfarrer Anton Hornung; sitzend von links: Architekt Anton Christl, Kommerzialrat Hans Wertanek, Landeshauptmannstellvertreter Franz Popp).

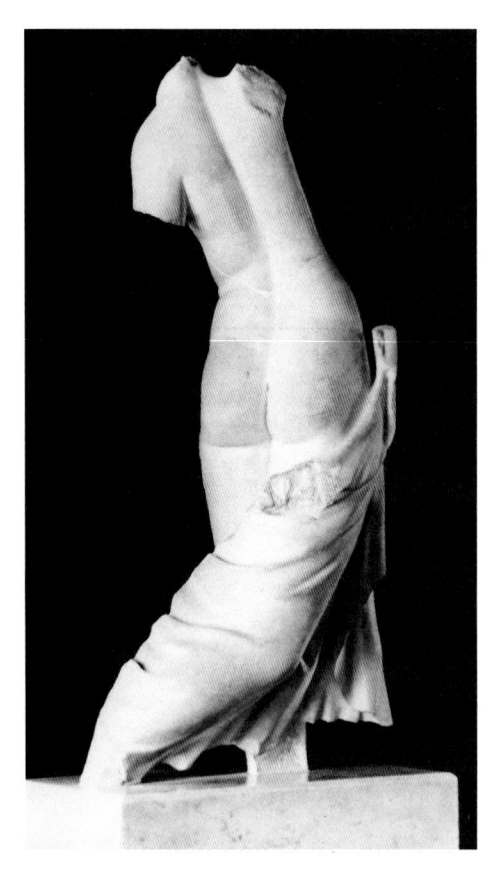

Die „Tanzende Mänade" war einer der ersten Funde, die durch wissenschaftliche Grabungen in Carnuntum geborgen wurden. Zunächst Teil der Sammlung Ludwigstorff, gelangte sie als Leihgabe und dann durch Ankauf in das Museum Carnuntinum, wo sie restauriert und mit dem später gefundenen unteren Teil ergänzt wurde. Die anmutige weiße Marmorstatue aus dem 2. Jh. n. Chr. gilt als das berühmteste Einzelstück des Museums.

römischen Landhauses errichteten. Carl Hollitzer hatte das Grundstück dafür gespendet. Die Baukosten brachte der Verein Carnuntum durch seine Mitglieder auf – mit Unterstützung des Staates, des Landes Niederösterreich und der Stadt Wien.
Am 27. Mai 1904 eröffnete Kaiser Franz Joseph, der im Hofzug über Bruck an der Leitha gekommen war, feierlich das Museum. Zur Erinnerung an diesen allerhöchsten Besuch wurde 1906 vor dem Museum ein Standbild des Kaisers errichtet. Als Bundespräsident Miklas 1936 das Museum Carnuntinum besuchte, gehörte es nach wie vor dem Verein. 1938 jedoch ging es in staatliche Verwaltung und nach Ende des Zweiten Weltkriegs 1945 in das Eigentum des Landes Niederösterreich über. Nach Behebung der Kriegsschäden wurden die Funde entsprechend den Plänen von Franz Déed in den Jahren 1949/50 neu aufgestellt und das Museum am 16. Juni 1950 durch Landeshauptmannstellvertreter Franz Popp wiedereröffnet.
1988–1992 kam es zur Generalsanierung und Renovierung des Gebäudes unter Leitung von Architekt Hans Puchhammer, der versuchte, den Vorgaben der Erbauer Ohmann und Kirstein weitestgehend zu folgen: Die Neugestaltung sollte also den Jugendstilbau unverfälscht erhalten, doch zugleich heutigen Anforderungen genügen. Am 15. Mai 1992 eröffnete Landeshauptmann Siegfried Ludwig das sanierte Museum. Es ist mit seinen rund 3 300 Exponaten (dies sind weniger als 5 Prozent des Gesamtbestands) das bedeutendste Römermuseum Österreichs und Herzstück des im Aufbau befindlichen Archäologischen Parks Carnuntum.
1988 hatte die niederösterreichische Landesregierung im Zuge ihres Programms zur regionalen Förderung den Beschluß gefaßt, im Bereich von Carnuntum einen Archäologischen Park einzurichten. Ziel war es, das antike Erbe einerseits nach den Grundsätzen der modernen archäologischen Denkmalpflege zu bewahren, zu erforschen und zu restaurieren, aber es andererseits auch touristisch und damit wirtschaftlich zu nutzen.
1996 wurde der Archäologische Park Carnuntum eröffnet. Er erstreckt sich über die Gemeinden Bad Deutsch-Altenburg und Petronell–Carnuntum und präsentiert auf einer Fläche von rund 10 Quadratkilometern drei Schwerpunkte:
Kernzone I – *Museumsbezirk:* das neugestaltete Museum Carnuntinum und römische Grabsteine längs der Hauptallee des Kurparks von Bad Deutsch-Altenburg.
Kernzone II – *Legionslager und Lagerstadt:* an der Landesstraße (der alten B9) zwischen Bad Deutsch-Altenburg und Petronell. Hier liegt das Amphitheater I, dessen Tribünen bis zu 8 000 Zuschauer fassen konnten; die Arena diente dem römischen Heer als Exerzierplatz und der Bevölkerung zur Unterhaltung bei Gladiatorenkämpfen und Tierhetzen. Unweit davon sind ein Fundament des rechten (traditionell östlichen) Lagertors (porta principalis dextra) sowie Reste der umgestürzten Lagermauer zu sehen. Das Legionslager – erbaut von der Legio XV Apollinaris zur Zeit des Kaisers Claudius (reg. 46–54 n. Chr.) für die Unterbringung von 5 000 bis 6 000 Soldaten – wurde nach Abschluß der Grabungen wieder zugeschüttet.
Kernzone III – *Antike Zivilstadt:* im Freilichtmuseum von Petronell–Carnuntum sind Ausgrabungen römischer Straßen, Wohnhäuser und der großen Therme („Palastruine") sowie die für Österreich einzigartige Rekonstruktion eines Tempels der Göttin Diana mit vorgelagerter Straßenhalle zu sehen; auch das weithin sichtbare Heidentor gehört dazu sowie das Amphitheater II.
Seit November 1999 gibt es die Möglichkeit eines virtuellen Rundgangs durch die Zivilstadt, wofür ein Stadtteil bis ins Detail rekonstruiert wurde. Das archäologische Multimediaprojekt kam nach einer ersten Aufstellung im Museum Carnuntinum im Frühjahr 2000 ins Freilichtmuseum Carnuntum.

Villa Zottmann, 1905.

VILLA ZOTTMANN

1846 baute Baron Walterskirchen von Wolfsthal ein „Schweizerhaus", das er unter Beistellung von Personal an Kurgäste vermietete. Baumeister Franz Zottmann aus Hainburg, ein Schwiegersohn Anton Hollitzers, erwarb den Bau und baute ihn zur Villa um. 1954 wurde die „Zottmann-Villa" erneut umgebaut und als „Parkpension" Kurgästen zur Verfügung gestellt. Seit 1986 dient sie dem Museum Carnuntinum als Depot. 1993/94 gab es einen Architekturwettbewerb des Landes Niederösterreich, um das Bauwerk musealen Zwecken zuzuführen. Der baukünstlerische Ideenwettbewerb unter dem Titel HIC SAXA LOQVVNTVR (Hier sprechen die Steine), der auch Entwürfe für ein Pfaffenberg-Museum, ein Freilufttheater und ein Belvedere auf dem Kirchenberg vorsah, wurde von Herbert Lachmayer organisiert.

Teilnehmende Architekten waren Peter Cook/Christine Hawley (1. Preis), Zaha Hadid/Patrick Schumacher (2. Preis), Odile Decq/Benoît Cornette, Massimiliano Fuksas, Hans Kollhoff, Elsa Prochazka, Hans Puchhammer und Ian Ritchie.

Entwürfe und Modelle wurden im Sommer 1995 in der Berliner Galerie Aedes, im Winter 1995/96 im Architekturzentrum Wien gezeigt. Vom 14. September bis 17. November 1996 waren sie auf Einladung von Hans Hollein als offizieller Beitrag der 6. Internationalen Architektur-Biennale in Venedig ausgestellt (Kloster Le Zitelle, Giudecca).

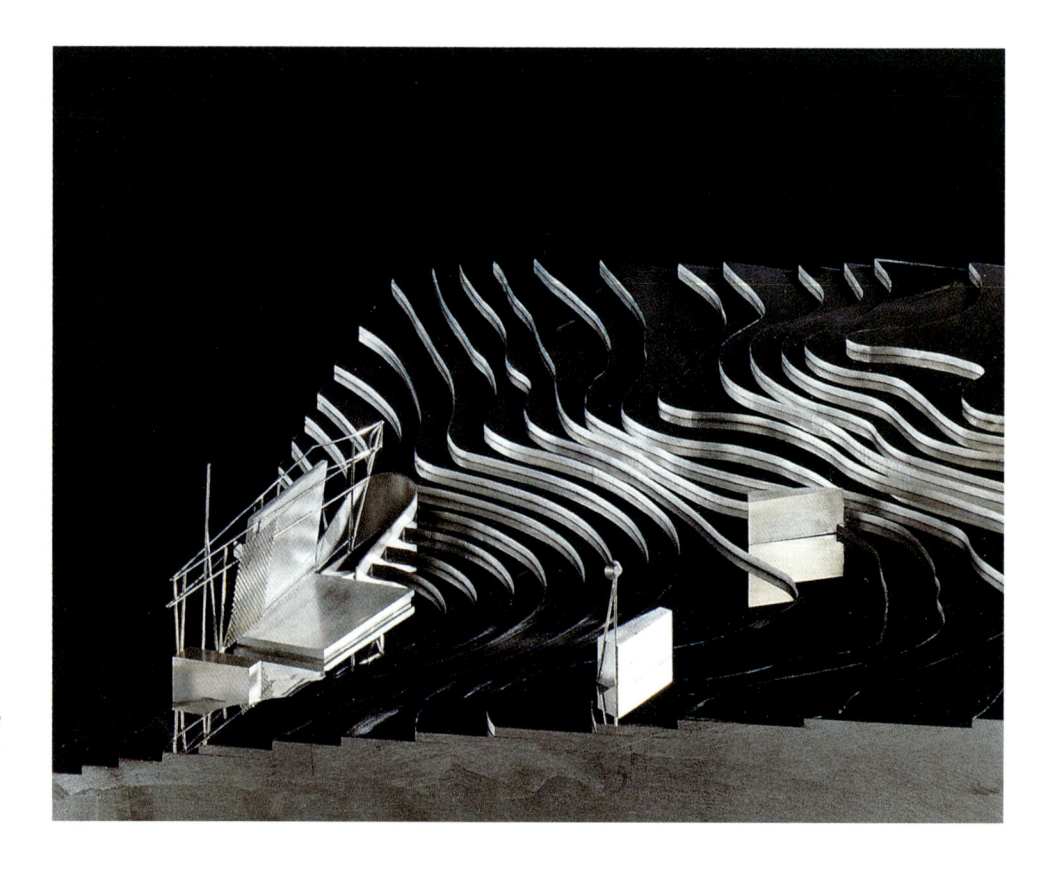

Der Siegerentwurf von Peter Cook und Christine Hawley für das Freilufttheater auf dem Kirchenberg im Rahmen des baukünstlerischen Ideenwettbewerbs HIC SAXA LOQVVNTVR.

Der Entwurf für ein Freilufttheater auf dem Kirchenberg von Zaha Hadid und Patrick Schumacher erhielt im Wettbewerb HIC SAXA LOQVVNTVR den 2. Preis.

DAS „ILLEK-HAUS"

Das Haus, am Fuß eines alten Steinbruchs gelegen, war eine zweiflügelige Anlage um einen großen Innenhof. Es stammte vorwiegend aus dem 18. Jahrhundert; manche Teile waren vermutlich noch um einiges älter. Über die ursprüngliche Bestimmung dieses Gebäudes ist nichts bekannt. Im 19. Jahrhundert gehörte es Josef Illek, einem Hainburger Baumeister; nach ihm blieb es benannt, als es 1860 in den Besitz von Anton Hollitzer überging, der es noch im selben Jahr an seinen Sohn Carl als Geschenk für dessen langjährige Tätigkeit in der väterlichen Firma weitergab. In den letzten Monaten des Zweiten Weltkriegs dienten Teile als Lazarett. Das alte Gebäude wurde 1974 für den Bau des Kurzentrums „Kaiserbad" (siehe S. 131) demoliert. Die weitläufigen Keller blieben erhalten und wurden in den neuen Bau einbezogen.

Das „Illek-Haus", um 1900.

Das „Illek-Haus" kurz vor der Demolierung, 1974.

Die Frauensäule, an ihrem ursprünglichen Standort auf dem Kirchenberg, um 1960.

DIE FRAUENSÄULE

Die Marienstatue soll um 1700 auf Veranlassung eines weiblichen Kurgasts aufgestellt worden sein als Dank für die Rettung vor einem grassierenden Fieber. Sie wurde daher im Volksmund auch *Fiebersäule* genannt und während der Cholerajahre sehr verehrt. Die Säule stand am Ostabhang des Kirchenbergs Richtung Hainburg in einem kleinen Wäldchen auf einem Erdhügel, wo sie – über Stufen erreichbar – hoch über den zu ihr Betenden thronte (siehe auch S. 224). Bei den Kampfhandlungen im Zweiten Weltkrieg wurde der Kopf der Plastik abgebrochen und konnte erst 1948 durch eine Kopie aus Ton ersetzt werden.

Als man 1969 mit dem Bau der Donaubrücke begann, mußte die Säule den Zubringerstraßen weichen. Restauriert und mit einem neuen steinernen Kopf versehen, harrte sie lange einer Neuaufstellung; schließlich fand sie nach dem Umbau der Badgasse im Jahr 1977 einen neuen Standort anstelle des Wetterhäuschens an der Kreuzung Badgasse / Pfarrer-Maurer-Gasse – auf halbem Weg von der Marienkirche zur Elisabethkapelle.

1999 erfolgte anläßlich des Jubiläums „150 Jahre Unternehmung Hollitzer" eine Neugestaltung nach Plänen von Stefan Riedl: Geweiht am 2. Juli 1999, dem Fest Mariä Heimsuchung, bildet die Frauensäule seither den Mittelpunkt des *Frauen-* oder *Heimsuchungsbrunnens*.

Der „Frauenbrunnen" mit der Frauensäule, errichtet 1999.

DAS „BASTLERHAUS"

Der Bauernhof am Anfang der Badgasse, ein stattliches Gebäude wohl aus dem 18. Jahrhundert, wurde 1842 von Dr. Anton Dominik Bastler erworben, um Zimmer für Kurgäste einzurichten. Der Mediziner und Professor an der Wiener Universität sorgte für eine Neubelebung des fast vergessenen Kurbetriebs in Deutsch Altenburg. Das Haus wurde danach von Bürgermeister Anton Hollitzer erworben; Frau Vera Erhard, eine seiner Enkelinnen, verkaufte das Gebäude 1939 an die Gemeinde. 1956 wurde es abgerissen und 1958–1960 auf dem Areal ein Gemeindehaus mit 32 Wohnungen errichtet. Die sich bereits im „Bastlerhaus" befindende Statue des heiligen Florian aus dem Jahr 1726 gab dieser Wohnanlage den Namen *Florianihof*.

Das „Bastlerhaus" in der Badgasse, 1925.

Abbruch des „Bastlerhauses", 1956. An der Straßenfront des Gebäudes noch die stuckumrahmte Nische mit der Statue des heiligen Florian.

Der Innenhof des „Bastlerhauses", 1956; die Hofmauer ist bereits abgetragen.

Die barocke Statue des heiligen Florian über dem Eingang des Florianihofs ist die letzte Erinnerung an das „Bastlerhaus", das einst an dieser Stelle stand.

PFARRER-MAURER-GASSE

Vom Frauenbrunnen (Badgasse) verläuft die *Pfarrer-Maurer-Gasse* über den Sulzbach leicht ansteigend bis zur alten Schule. Ihr ursprünglicher Name lautete *Schloßgasse*, weil ihr Weg am Schloß vorbeiführte. Im 18. Jahrhundert, als die alte Poststation zum Pfarrhof adaptiert wurde, erhielt ihr oberer Teil den Namen Pfarrgasse. Heute heißt die Gasse nach Dr. Joseph Maurer (1853–1894), einem der bedeutendsten Pfarrer von Deutsch Altenburg, der sich auch als Historiker (er war korrespondierendes Mitglied der Österreichischen Akademie der Wissenschaften) und Literat Verdienste erwarb. Er hatte 1890 die Pfarre Deutsch Altenburg übernommen und verfaßte hier sein Hauptwerk, „Die Geschichte der Landesfürstlichen Stadt Hainburg".

Hochwasser in der Pfarrer-Maurer-Gasse, 1954. In der Zille: links Gemeinderat Dr. Gottfried Swoboda, rechts der spätere Feuerwehrkommandant Josef Höferl.

Pfarrer-Maurer-Gasse, 1966. Links im Vordergrund steht noch das Wetterhäuschen, im Hintergrund sieht man die Schloßbrücke. Das Wetterhäuschen wurde 1938 vom Verschönerungsverein errichtet. 1977 im Zuge der Neugestaltung der Badgasse entfernt, steht es heute im Kurpark. An seiner Stelle befindet sich seit 1999 der „Frauenbrunnen". Die Häuser von rechts nach links: Aberham/Kmenta, das Gasthaus Schlanitz, die „Schanda-Häuser".

Pfarrer-Maurer-Gasse, 1955. Blick Richtung Badgasse und Kirchenberg. Die Häuser von links nach rechts: „Schanda-Häuser", Gasthaus Schlanitz, Gasthaus Johler (am Beginn des heutigen Dechant-Schrammel-Weges).

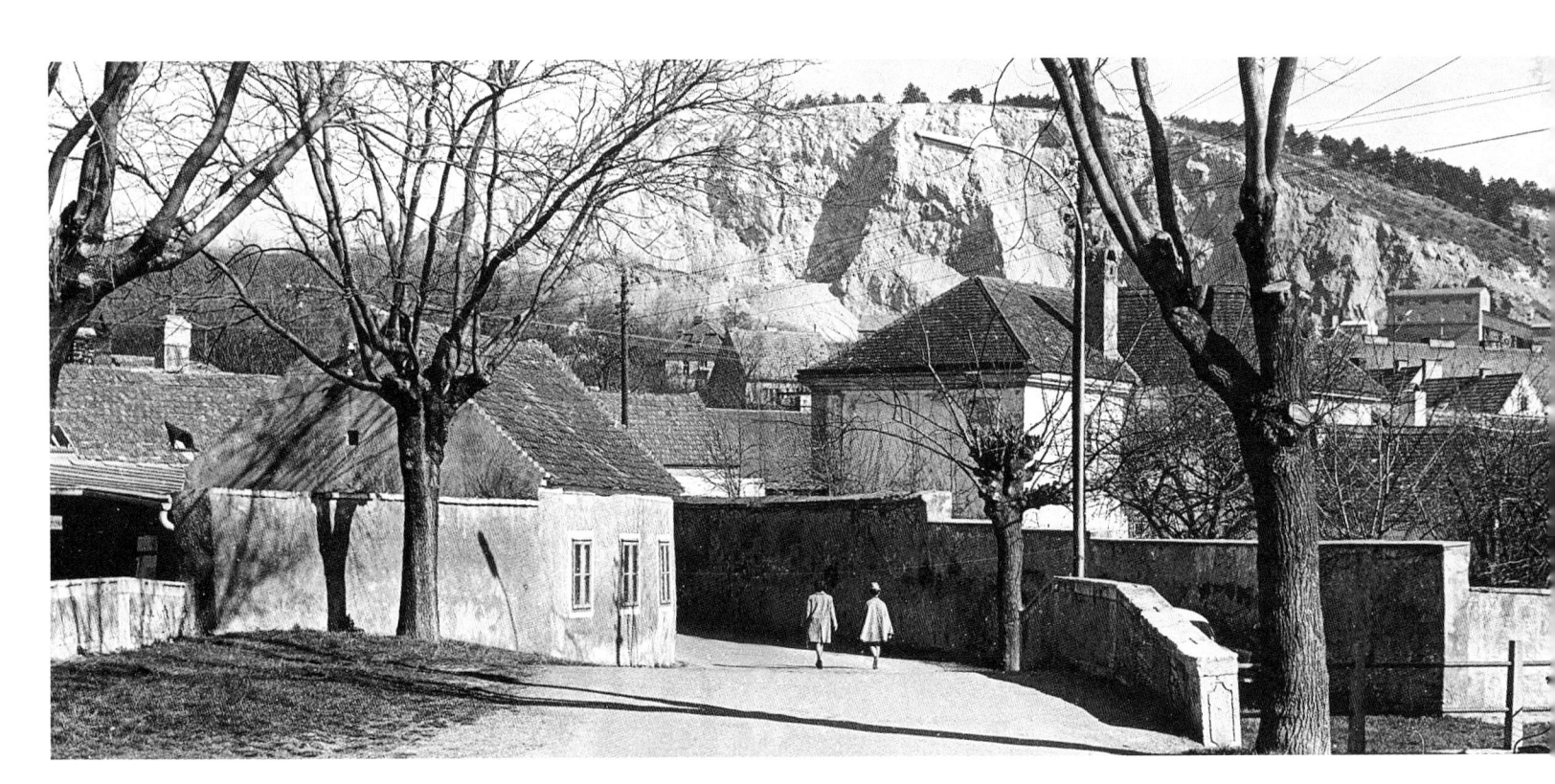

Pfarrer-Maurer-Gasse und Schloßbrücke, rechts die Mauer des „Kmenta-Gartens". 1966.

*Joseph Maurer (1853–1894), Pfarrer
von Deutsch Altenburg 1890–1894.*

Die hochbarocke Nepomukstatue an der Schloß-brücke (Pfarrer-Maurer-Gasse) soll aus der Werkstatt des Heiligenkreuzer Stiftsbildhauers Giovanni Giuliani stammen und die Stiftung einer Gräfin Esterházy sein. Der Heilige ist als Priester dargestellt, in der linken Hand das Kreuz haltend, das von einem kleinen Engel, einem Putto, umschlungen wird. Zu seinen Füßen sitzt ein zweiter Putto, in der Linken das Birett, einen Finger der rechten Hand an den Mund gelegt, als Symbol der Wahrung des Beichtgeheimnisses. Über dem Haupt des Heiligen schwebt ein Kranz mit fünf Sternen: Nach der Legende haben sie jene Stelle an der Moldau angezeigt, wo man den Leichnam des ertränkten Märtyrers fand.

Die Statue (Foto 1963) stand bis 1960 hart am Rande des Sulzbachufers in einer kleinen hölzernen Kapelle an der Nordostecke des Hauses Pfarrer-Maurer-Gasse 3. Auf Initiative von Dechant Dr. Schrammel wurde sie 1961 um einige Meter an einen leichter zugänglichen Platz bei der Brücke versetzt und durch den Steinmetz Friedrich Opferkuh aus Mannersdorf und den Bildhauer Reiter aus Wien renoviert. Die Neuweihe fand noch im selben Jahr am 16. Mai, dem Namenstag des Heiligen, statt, mit dem Vorhaben, alljährlich an diesem Tag eine Prozession zu halten. In den letzten Jahren ist dies in Vergessenheit geraten; nur 1993, zum 600. Todestag des Heiligen, wurde mit den Volksschulkindern eine kleine Feier gestaltet.

Die Schloßbrücke, erbaut in barockem Stil, 18. Jh.

Abendlicher Blick über die Schloßgasse (untere Pfarrgasse) zum Kirchenberg (darüber zwei Monde). Rechts das Haus der Familie Wertanek mit dem achtjährigen Hans Wertanek und seiner Mutter. Gemälde von Hugo Darnaut, um 1894/95.

Schloß zu Deutsch Altenburg. Aus der „Topographia" von Georg Matthäus Vischer, 1672. (Angabe S.)

DAS SCHLOSS

Der Herrschaftssitz von Altenburg, unweit der heutigen Pfarrer-Maurer-Gasse, lag seit jeher dem Kirchenberg mit der Kirche gegenüber. Die erste namentlich bekannte Herrschaft von Altenburg, die Familie Dörr, stammte vermutlich aus Franken. In der Altenburger Gegend wird erstmals 1162 ein Albero de Dörr in Zusammenhang mit der Dotierung der Kirche zu Petronell in einer Urkunde Bischof Konrads von Passau genannt. Eine Erwähnung findet sich auch 1396 im Lehensbuch Albrecht IV., wonach ein Wilhelm Dörr den Hof zu Altenburg bei Hainburg und den Baumgarten *vor dem tor mit all seiner zugehör, sieben phund phennig gelts und die stetten auf der Tunaw vom Hainburger gemerk unz an Peterneller gemerk* innehatte (zit. aus Sesztak, S. 56). Besitzungen in Altenburg hatten zu dieser Zeit auch Jakob der Pretrer, Jakob Grasser, Philipp Huntzhaimer, Friedrich von Kranichberg, Anna, Gattin des Moyker von Hundsheim, Jorg der Derr aus der Hundsheimer Linie und die Familie Moffel, die sich in Urkunden auch *von Altenburg* nennt, nebst dem Kloster Göttweig. Nach und nach erwarb die Altenburger Linie der Familie Dörr den größten Teil dieser Güter.

1580, im Streit um die Religionsfreiheit mit dem Hainburger Pfarrer, beharrte – wie schon erwähnt – Ehrenreich Dörr mit aller Schärfe darauf, daß Altenburg kein Markt, sondern sein Dorf und befreiter Edelmannsitz sei, ... *und obwohl Herr Leonhard von Harrach fünf* [dies ist der ehemalige Göttweiger Besitz] *und der Pfarrer von Hainburg vierzehn Untertanen allda hat, so gehört doch die Obrigkeit außerhalb des Dachtropfens mir zu, wie Brief und Siegel ausweisen* (zit. aus Sesztak, S. 105).

1615 starb der letzte männliche Angehörige der Familie Dörr; für seine Töchter wurde sein Schwiegersohn Ulrich von Concin Lehensträger. Die Herrschaft Deutsch Altenburg wurde 1621 an Gundakar von Polheim, Herrn auf Lichtenegg, Parz, Steinhauß und Schneeberg, verkauft. Dessen Enkel veräußerten die Besitzungen zu Deutsch Altenburg, Hundsheim, Haslau und Wank 1670 an Franz Christoph Geyer von Edelbach, Herrn auf

Das Schloß. Gartenfront zum Donauarm, um 1915.

Triesch und Porschenbrunn. Nachdem seine Witwe tatkräftig die Wiederbesiedlung des 1683 von den Türken verwüsteten Ortes betrieben hatte, verkaufte sie 1693 den Großteil des Besitzes mit Vollmacht ihres Sohnes, der im Feld stand, an Antonio Francesco Reichsgrafen von Collalto und San Salvadore. Nachdem dessen Sohn Leopold Rombald, seit 1703 Herr zu Deutsch Altenburg, 1706 in einem Duell gefallen war, erwarb drei Jahre später Johann Rudolf Katzy, Edler Herr von Ludwigstorff, Freiherr von Goldlamb, die Herrschaften Deutsch Altenburg und Prellenkirchen von den Gläubigern des Grafen Leopold Rombald.
Die Familie Ludwigstorff hatte die Grundherrschaft bis zu deren Aufhebung 1848 inne. Im Jahr 1910 wurde Anton Ludwigstorff, der sich um Deutsch Altenburg große Verdienste erworben hatte, in den österreichischen Grafenstand erhoben. Nachkommen seines Sohnes Rudolf bewohnen das Schloß bis heute.

Das Altenburger Schloß lag ursprünglich an der Donau. Es wurde durch die Türkenkriege 1529 und 1683 stark beschädigt. An der Wiederherstellung des Schlosses hat möglicherweise Carlo Antonio Carlone, Architekt der Stifte Garsten und St. Florian, mitgewirkt.
1838 wurde das Schloß dem Zeitgeschmack angepaßt und der Schloßgarten im englischen Stil neu angelegt.

Nach der Renovierung 1967 fand in einem Teil des Schlosses das Afrika-Museum (Sammlung Ernst Alexander Zwilling), eine Außenstelle des Niederösterreichischen Landesmuseums, Aufnahme; die Ausstellung übersiedelte jedoch Ende 1994 in das Schloß Marchegg. Seither wird das Deutsch Altenburger Schloß durch die Familie Rhomberg (Frau Lilo Rhomberg ist Enkelin Rudolfs, des letzten Grafen Ludwigstorff) ausschließlich privat genutzt.

Das Schloß, 1999.

Der Pfarrhof (Pfarrer-Maurer-Gasse 5). 1724 kaufte die Regierung das Haus des Postmeisters Johann August Hirsch um 600 Gulden und stellte es als Pfarrhof zur Verfügung. Auf dem Schlußstein über dem Tor erinnert die Jahreszahl 1796 an jenen Umbau, dem das Haus seine heutige Form verdankt. Die mächtigen Stützpfeiler an der Außenwand wurden um 1830 errichtet, um ein Rutschen des Gebäudes zu verhindern, wie im Grundbuch angemerkt ist. Die gründliche Renovierung der letzten Jahre wurde 1998 mit der Erneuerung der Fassade zum Abschluß gebracht. Der Bau selbst stammt im Kern aus dem 17. Jh. und steht unter Denkmalschutz.

DIE ELISABETHKAPELLE

Da die Wochentagsgottesdienste in der kleinen Schloßkapelle gehalten werden mußten und sonntags der Weg in die Pfarrkirche, besonders im Winter, beschwerlich war, bemühte sich Pfarrer Dr. Josef Schrammel gleich zu Beginn seiner Altenburger Tätigkeit um den Bau einer Kapelle im Ort. 1953 stellten Maria Christl und Anna Dyson, Töchter des letzten Altenburger Ludwigstorff, ein Stück Grund vor dem Schloß zur Verfügung. Eine Haussammlung brachte das Startkapital, das Bauamt der Erzdiözese Wien gewährte Zuschüsse, Traktorenbesitzer leisteten unentgeltlich Transportdienste, und die Hollitzer Baustoffwerke stellten Baumaterialien zur Verfügung. Die Pläne entwarf Architekt Josef Wenzel aus Wien. Das Kreuzmosaik an der Außenwand und das Elisabethfresko an der Altarwand, beide gestiftet von Hans Wertanek, stammen vom Maler Heribert Potuznik aus Fischamend.

1954 fand die feierliche Weihe durch Erzbischof-Koadjutor Dr. Franz Jachym statt. Die Glocke der Schloßkapelle, aus dem Jahr 1918 stammend, wurde in den neuen Turm übertragen, der freistehend als „Campanile" gestaltet ist – des südlichen Landschaftscharakters wegen, wie es hieß. 1961 kam eine zweite Glocke hinzu: die *Elisabethglocke*, gegossen von der Firma Pfundner in Wien. Ihre Weihe erfolgte am 25. Juni 1961. Vier Jahre später wurde der Altarraum nach den Regeln des II. Vatikanischen Konzils umgestaltet, und am 19. November 1965, dem Fest der heiligen Elisabeth, konnten der Volksaltar sowie die Orgel (gewidmet von Hans Wertanek, gebaut von der Firma Novak in Klagenfurt) von Weihbischof Dr. Jakob Weinbacher geweiht werden.

Die Elisabethkapelle. Rechts die Einfahrt zum Schloß.

Der Wertanekplatz vor der Elisabethkapelle mit dem Geburtshaus von Hans Wertanek, 1999. Das Haus gehörte seiner Mutter Elisabeth, geb. Grill, deren Familie seit dem 17. Jh. in Deutsch Altenburg lebte; die Familie Wertanek zog Ende des 18. Jh. aus dem Marchfeld zu. Hans Wertanek (1886–1967) hat nicht nur einen wesentlichen Beitrag zur technologischen Weiterentwicklung der Steinbruchindustrie geleistet, sondern erwarb sich auch große kommunale Verdienste. So ging u. a. der Bau der Straße vom Kirchenberg zur Rollfähre auf ihn zurück, womit die Steintransporte nicht mehr durch den Kurort fahren mußten. Auch initiierte er die Bepflanzung des Kirchenbergs und weiter Areale im Bereich der Steinbrüche am Pfaffenberg, um die Staubverbreitung einzudämmen. Im Gedenken an seine Mutter hat er das Elisabethfresko für die gleichnamige Kapelle gestiftet.

Entwurf für das Elisabethfresko, Öl auf Leinwand.

Der Maler Heribert Potuznik bei der Arbeit am Elisabethfresko, 1954.

Innenansicht der Elisabethkapelle mit dem Fresko von Heribert Potuznik.

Die frühgotische Madonna in der Elisabethkapelle stammt aus der abgerissenen Peter-und-Pauls-Kirche. Sie war lange im Karner aufbewahrt worden, ehe sie in die neue Kapelle übersiedelte.

Die gotische Lindenholzplastik der Mutter Anna und der Gottesmutter Maria mit dem Jesukind („Anna Selbdritt"), vermutlich eine Augsburger Arbeit aus dem 15. Jh. (ob Original oder Kopie ist nicht entschieden), wurde 1954 von der Pfarre aus dem Privatbesitz des Buchhändlers Ögg aus Kufstein erworben. Um den für damals hohen Kaufpreis von 10 000 Schilling aufzubringen, rief der Pfarrer alle Deutsch-Altenburgerinnen mit dem seinerzeit verbreiteten Namen Anna zum Spenden auf.

Barocke Apostelfiguren in der Elisabethkapelle.
Links: St. Petrus; rechts: St. Paulus.

Die Herkunft der beiden Statuen ist ungeklärt; noch in den 1950er Jahren befanden sie sich in der Marienkirche, sie könnten das Marienbild auf dem Hochaltar flankiert haben.

Am 20. Juni 1954 fand die feierliche Weihe der Elisabethkapelle statt. Im Bild: Aufmarsch der Feuerwehr.

DIE PETER-UND-PAULS-KIRCHE

Das spätgotische Kirchlein, das schon seit langem nicht mehr besteht, schloß einst mit der Apsis vor dem Haus Pfarrer-Maurer-Gasse 10 ab. Es wurde vermutlich bald, nachdem die Kirche am Berg von den Türken 1529 stark beschädigt worden war, von Franz Dörr und seiner Gattin Sabina unweit ihres Edelmannssitzes erbaut. In der Reformationszeit stand das Gotteshaus den Protestanten zur Religionsausübung zur Verfügung. Der damalige Gutsbesitzer Gundakar von Polheim – wie zuvor die Dörr Anhänger der neuen Lehre – ließ die Kirche um 1627 renovieren. Die Behauptung des Hainburger Dechants, es wäre eine Filialkirche von Hainburg und somit den Katholiken vorbehalten, konnte er – energisch wie schon Ehrenreich Dörr anno 1580 im Streit um die Marienkirche (siehe S. 49) – widerlegen. Wahrscheinlich wurde die kleine Kirche von den Türken 1683 in Brand gesteckt. Wohl infolge der Rekatholisierung des Ortes nicht wieder hergestellt, verfiel sie. Ihre Überreste wurden 1838 für den damaligen Neubau der Schule geschleift. Nur der Peter-und-Pauls-Kirtag, der traditionell am 29. Juni bis in die 1960er Jahre begangen wurde, erinnerte noch an sie.

Die Ruine der Peter-und-Pauls-Kirche. Anonymer Stich, o. J.

Die Peter-und-Pauls-Kirche. „Ansicht der Ruine", Federzeichnung von Josef Scheiger, Deutsch Altenburg 1825.

Die Ruine der Peter-und-Pauls-Kirche. Bleistiftzeichnung von Joseph Thoma, wahrscheinlich 1843, fünf Jahre nach der Schleifung, angefertigt. 1972 wurden bei den Arbeiten zur Sanierung der Emil-Hofmann-Gasse auf dem Platz vor dem alten Schulgebäude Reste des ehemaligen Dorffriedhofs freigelegt.

Ratschenbuben vor dem Haus des Meierhof-Verwalters und Schloßgärtners Adam in der Pfarrer-Maurer-Gasse, 1941.

Pfarrer-Maurer-Gasse, 1941. Links der Zaun des Schulgartens und das „Adam-Haus"; rechts der „Krems-Schwarze" und, vorne, der Mang-Stadel.

Die alte Volksschule in der Schulgasse (heute: Emil-Hofmann-Gasse). Gut erkennbar ist der Bau von 1838; die rechten beiden Fensterachsen gehören zur Erweiterung um 1885); links das ehemalige Feuerwehrdepot, 1960.

Blick durch die Emil-Hofmann-Gasse zur Au, 1999. Links das Haus Büller-Kammlander, rechts die Mauer des Meierhofs.

EMIL-HOFMANN-GASSE

Vor dem ehemaligen Schulgebäude (zur Geschichte der Schule siehe S. 221/222) erstreckt sich ein weitläufiger Platz, an dem sich fünf Wege treffen bzw. verzweigen: die *Pfarrer-Maurer-Gasse*, die *Erhardgasse*, die *Berggasse* (ein schmales, verwinkeltes Gäßchen, in dem sich 1935–1964 das Gemeindeamt befand), die *Carnuntumgasse* und die *Emil-Hofmann-Gasse*; letztere hieß früher *Donaugasse*, denn durch sie führte der Weg zur Donau hinab, zum Strandbad und in die Au.

Ihren heutigen Namen erhielt die Gasse nach Emil Hofmann, geboren 1864 in Preßburg, der sich als Lehrer und ab 1914 als Bezirksschulinspektor des Bezirks Bruck an der Leitha, als Schriftsteller und von 1924 bis zu seinem Tod 1927 als ehrenamtlicher Kustos des Museums Carnuntinum Verdienste erwarb. Emil Hofmann verfaßte unter anderem einen Führer durch Carnuntum, das unveröffentlichte Festspiel *König Gabins Tod* sowie *Legenden und Sagen vom Stephansdom*, ferner *Der Pfaff vom Kahlenberg* und *Mären vom Donaustrand*; Hofmanns Lieblingswerk *Florian Werner* spielt zur Zeit des zweiten Türkensturms in Hainburg. *Österreichs Völkertor* (1918) ist ein Gedichtband über Hainburgs Vergangenheit.

1952, anläßlich des 25. Todestags des Heimatdichters, wurde an dessen ehemaligem Wohnhaus in Wien-Hernals (17. Wiener Gemeindebezirk), Jörgerstraße 39, eine Gedenktafel enthüllt, und die Gemeinde Bad Deutsch-Altenburg benannte die Donaugasse, in der sich sein Wohnhaus befunden hatte, nach ihm.

Schulgasse (heute Erhardgasse) Ecke Pfarrer-Maurer-Gasse. „Mang-Haus", 1941.

ERHARDGASSE

Diese Gasse, die vom „alten Schulplatz" links abzweigt und zur Wiener Straße führt, hieß früher *Judengasse:* Hier stand das „Judenhaus", ein umfangreicher Gebäudekomplex im Eigentum der Herrschaft, der *Inleuthen gegen Reichung für Jährlich Zünnß* als Wohnstatt zur Verfügung gestellt wurde. Ob hier einst ein Judenviertel war, muß unbelegt bleiben. Wir wissen aber, daß in Hainburg wie in Bruck an der Leitha bis zur grausamen Vertreibung im Jahr 1420 relativ starke Judengemeinden bestanden; so gab es in Hainburg neben einer heute noch erhaltenen Synagoge auch mehrere rituelle Badeanstalten. Es ist also wahrscheinlich, daß auch in Deutsch Altenburg jüdische Familien lebten, worauf eben der Name der Gasse hindeutet. Im 16. und 17. Jahrhundert kam es noch mehrmals zu Ausweisungen der Juden aus Niederösterreich, doch nicht immer wurden die Anordnungen lückenlos ausgeführt. Fest steht, daß es bei der Volkszählung 1934 in Bad Deutsch-Altenburg vier Personen jüdischen Glaubens gegeben hat – bei der Volkszählung 1951, der ersten nach dem Holocaust, keine.

Das „Judenhaus" ging ab 1792 nach und nach in Privatbesitz über. Daß auf dem Areal die heutigen Häuser Berggasse 10 und Erhardgasse 5, 7 und 9 entstanden, zeigt, wie groß der Komplex einst gewesen sein muß. Das letzte „Judenhaus" soll es in der Wiener Straße 17 gegeben haben; der Bau wurde 1963 demoliert und an seiner Stelle das neue Amtshaus errichtet.

Die Gasse wechselte mehrmals den Namen: aus der Judengasse wurde zunächst die *Schulgasse:* auf ihrer Höhe stand ja ab 1786 das erste *Gmainschulhaus*, gefolgt von einem Neubau 1838. Im Jahr 1953, nach Verlegung der Schule in die Neustiftgasse, erhielt sie den Namen *Erhardgasse*, nach Franziska Xavera Erhard (1875–1955), der Schwester des Malers Carl Leopold Hollitzer, die lange die 1879 errichtete Familienvilla in dieser Gasse bewohnte. Die Villa (Erhardgasse 2; siehe auch S. 305–309) war bis in die jüngste Zeit Treffpunkt zahlreicher Künstler; hier lebte 1987–1996 der Maler Eduard Angeli und schuf zahlreiche Werke. Heute ist in dem Bau das neue Gemeindezentrum untergebracht.

Schulgasse (heute Erhardgasse), 1941. Eingang zum „Mang-Haus".

Schulgasse (heute Erhardgasse), 1941. Links das „Hofmeister-Haus" (vormals Dentist Löwinger), rechts der „Krems Weiße" (der „Krems Schwarze" befindet sich in der Pfarrer-Maurer-Gasse).

Die Hollitzer-Villa, Erhardgasse 2, erbaut 1879. Ab 1999 im Eigentum der Marktgemeinde Bad Deutsch-Altenburg, beherbergt das Gebäude seit März 2000 das Gemeindeamt. Im nunmehr öffentlichen Park entsteht das jüngste Heckentheater Österreichs.

Das Glashaus im Garten, das früher zur Überwinterung der exotischen Gartenpflanzen diente. Von 1987–1996 von dem Wiener Maler Eduard Angeli als Atelier benutzt.

In der Villa: Aufgang zum ersten Stock.

Hollitzer-Villa, „Spiegelzimmer" (früher „Gartensalon", heute Festsaal des Gemeindezentrums).

Das „Herrenzimmer" (heute Besprechungszimmer).

Das „Angelizimmer" (früher „Damenzimmer", heute Sitz der Kurverwaltung) mit dem Bilderzyklus „Der Strom" von Eduard Angeli.

Carnuntumgasse, 1940. Rechts Blick auf das alte Gemeindehaus in der Berggasse.

Carnuntumgasse, 1940.

Kreuzung Carnuntumgasse (vorne) – Wiener Straße – Steinabrunngasse; im Vordergrund links das Gasthaus „Zur blauen Traube", im Hintergrund „Anton Mayerls Gemischtwarenhandlung", 1940.

CARNUNTUMGASSE

Die Gasse – eine kleine Allee, die in Verlängerung der Pfarrer-Maurer-Gasse vom „alten Schulplatz" abzweigt – trug früher die Bezeichnung *Wollzeile:* Durch sie wurden einst die Schafherden des Meierhofs (d. i. der Gutshof des Schlosses) auf die Weide getrieben; der Flurname *Viehtrift* erinnert daran. Durch sie verlief lange Zeit auch die Postroute. An der Mündung der Wollzeile in die Wiener Straße befand sich das alte *Herrschaftlich Bierhäusl*, später Wirtshaus „Zur blauen Traube". 1793 heiratete Franz Hollitzer, der erste der Hollitzer in Deutsch Altenburg, Anna Kalteneckerin, die Wirtin des Gasthauses. Das traditionsreiche Lokal bestand bis in die 1970er Jahre. Von 1981 bis 1999 diente der Bau als Depot der römischen

Gasthaus „Zur blauen Traube", 1943. In der Gasthausküche. Von links nach rechts: ein Kurgast, die Wirtstochter Josefine (Jolly) Wimmer-Hinke, die Wirtin Peppi Steinhauser-Wimmer, Wirtstochter Marie Wimmer-Geng, eine Helferin und der Wirt Johann Wimmer.

Im Hof der „Blauen Traube", 1943.

Ein Weinkeller in der Carnuntumgasse aus dem Jahr 1767.

Das Gasthaus „Zur blauen Traube" (links) an der Ecke Carnuntumgasse – Wiener Straße, 1902. Rechts die Brenner-Schmiede (2. Haus, derzeit eine Metallwerkstätte) und die „Grill-Häuser".

Funde vom Pfaffenberg (diese sind mittlerweile in Räumen der aufgelassenen Tabakfabrik Hainburg untergebracht). In der Carnuntumgasse selbst wurden in den 1970er Jahren Tonrohre einer römischen Wasserleitung ausgegraben, die sich heute im Museum Carnuntinum befinden.

Daß der Weinbau in der Gegend von Bad Deutsch-Altenburg eine lange Tradition hat, deutet nicht nur der Gasthausname an: Die zahlreichen alten Weinkeller des Ortes, einige davon in der Carnuntumgasse, wie auch der Flurname *Weingartenfeld* – das Feld erstreckt sich vom Steinabrunner Weg bis zur Hundsheimer Straße – zeugen vom langen Bestehen des Weinbaus im Ort. Nach dem Zweiten Weltkrieg rückläufig, belebte sich dieser Wirtschaftszweig in der Folge wieder, nicht zuletzt durch die Förderung des Weinbauvereins, den die Bad Deutsch-Altenburger Winzer 1959 zu diesem Zweck gründeten. Die Heurigen sind jedenfalls bei den Bad Deutsch-Altenburgern ebenso beliebt wie bei den Kurgästen.

Aus der Carnuntumgasse kommend, kreuzt unser Weg die Wiener Straße und erreicht durch die Steinabrunngasse den Sulzbach, den er entlang führt. Hier, an dem kleinen Platz, den die Kreuzung *Carnuntumgasse – Wiener Straße – Steinabrunngasse* beim Gasthaus „Zur blauen Traube" bildet, stand früher zum Peter-und-Pauls-Kirtag (siehe S. 265) das Ringelspiel; ganz rechts geht ein schmaler Weg ins „Mühläugl"; halbrechts führt die Wiener Straße zum *Kreinerhügel* (der Name könnte auf den Begriff „krain" zurückgehen und damit auf eine Grenze verweisen): An dessen Fuß, an der Abzweigung der heutigen *Roseggergasse*, befand sich – früher ein gutes Stück außerhalb des Ortes – der ehemalige Pestfriedhof (siehe S. 56). Auf der Hügelkuppe liegt das „Rote Kreuz" (siehe S. 201); der Donau zu, zwischen Wiener Straße und dem „Mühläugl", stand einst weithin sichtbar eine stattliche Windmühle.

Die Windmühlen waren in Deutsch Altenburg aufgekommen, als die Schiffsmühlen an der Donau ihren Betrieb einstellten. Der letzte „Windmüller" des Ortes war Leopold Zeitelberger. Seine Mühle, zum Schluß schon mit einem Benzinmotor betrieben, verfiel nach dem Zweiten Weltkrieg und wurde schließlich abgetragen; auf ihrem Areal entstand ab 1973 die heutige *Windmühlsiedlung*.

Der Kreinerhügel, im Hintergrund der Pfaffenberg, 1927.

Die Windmühle auf dem Kreinerhügel, um 1905.

Die Windmühle, 1944; rechts ein Taubenkobel, wie er früher häufig bei Bauernhäusern anzutreffen war.

Die Windmühle, um 1930.

Blick vom Lageramphitheater nach Osten. In der Bildmitte die Windmühle, im Hintergrund der Pfaffenberg, 1940.

Das „Rote Kreuz" mit der Altenburger Madonna in ihrer barocken Gestalt, von Stefan Riedl „al secco" gemalt. Die Inschrift an der Vorderseite des Marterls stammt aus der Lauretanischen Litanei und lautet: MATER BONI CONSILII ORA PRO NOBIS (Mutter vom guten Rat, bitte für uns). Auf der Rückseite steht die Anrufung des ursprünglichen Titelheiligen: SANCTE DONATE ORA PRO NOBIS (Heiliger Donatus, bitte für uns).

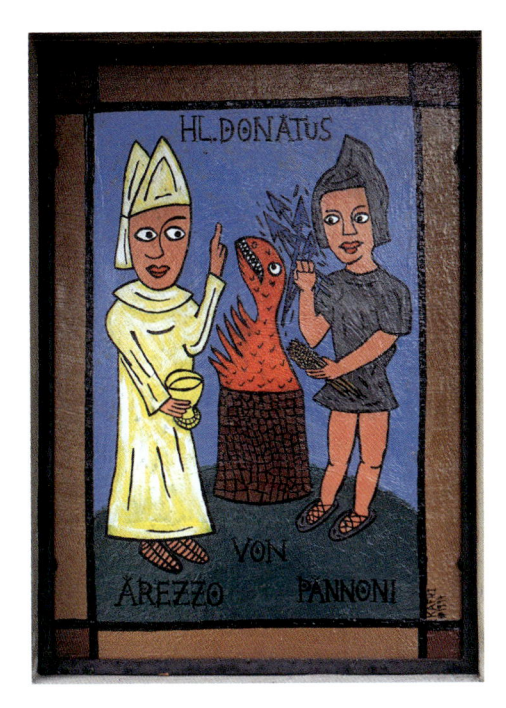

Das „doppelte" Heiligenbild von K.A.F.R.I. an der Rückseite des Bildstocks: links Donatus von Arezzo, rechts Donatus von Münstereiffel, den der Künstler „von Pannonien" nennt.

DAS „ROTE KREUZ"

Auf der Höhe des Kreinerhügels, unweit der verschwundenen Windmühle, steht in einem kleinen Hain an der alten Straße nach Petronell das sogenannte „Rote Kreuz". Den ursprünglichen Bildstock, dem heiligen Donatus geweiht, stiftete anno 1700 der Fleischhauer Georg Alberer. Nach einem Entwurf von Otto Rau wurde das Marterl 1976 als Kapelle neu gebaut; die Darstellung der Altenburger Madonna in der Kapellennische wurde 1988 von Stefan Riedl gemalt und im Juli desselben Jahres geweiht. 1994 gestaltete Riedl auch die Außenmauern der Kapelle.

Das Heiligenbild selbst – vom Wiener Künstler Karl Friedrich, genannt K.A.F.R.I., auf Kupfer gemalt – befindet sich auf der hinteren, früher den Feldern zugewandten Seite der Kapelle. Es zeigt den „doppelten" Heiligen: links Donatus, Bischof von Arezzo, im vollen Ornat, in der rechten Hand den Kelch, neben ihm der Drache. Viele Wundertaten werden von ihm berichtet, etwa daß er einen brunnenvergiftenden Drachen überwunden oder einen zerbrochenen Kelch auf wunderbare Weise zusammengefügt habe. Der Bischof soll der Überlieferung nach am 7. August 362 von den Christenverfolgern des Kaisers Julianus Apostata enthauptet worden sein. Auf der rechten Seite des Bildes steht Donatus von Münstereiffel, ein „Katakombenheiliger", der nach der Legende als römischer Soldat eine Zeitlang in der Provinz Pannonien stationiert gewesen sein soll. Als seine Reliquien 1652 nach Münstereiffel gebracht wurden, wandelte sich der strömende Regen in strahlendes Wetter; er gilt seither als Wetterpatron und Heiliger der Feldfrüchte. Er ist als römischer Soldat dargestellt, in der rechten Hand die Getreidegarben haltend. Tatsächlich wandelten sich auch am 7. August 1994 die dunklen Wolken, die am Himmel standen, während der Weihe überraschend in einen leuchtenden Sommerhimmel.

STEINABRUNNGASSE

Der Name erinnert an das Dorf Steinabrunn, das sich in zirka 1,5 Kilometern Entfernung auf der Steinabrunner Heide befand und nach seiner Zerstörung im Türkenkrieg 1529 verödete. Die Gasse ist auch der Beginn des alten Weges nach Steinabrunn. Der letzte Rest dieses abgekommenen Ortes – der „Hundsheimer Turm" auf der Deutsch Altenburger Viehweide – wurde gegen Ende des 19. Jahrhunderts aus Sicherheitsgründen abgetragen.

In der *Steinabrunngasse* liegt das 1937 errichtete und seither mehrmals umgebaute „neue" Feuerwehrhaus sowie das Areal der ehemaligen „Bienenfeldmühle"; an ihrer Stelle stehen heute Wohnhäuser.

Der Sulzbach in der Steinabrunngasse, 1895.

In der Steinabrunngasse lag die Pferdeschwemme des Ortes. Der Waschplatz war für Pferde und Wagen von beiden Seiten begeh- bzw. durchfahrbar. Im Bild: Die Schwemme im Winter, um 1958. Im Zuge der Neugestaltung der Gasse 1974 wurde der Platz zur Wasserentnahmestelle für die Landwirte bzw. zu einem Waschplatz für Traktoren und landwirtschaftliche Maschinen. Heute ist hier ein Abstellplatz.

Holzsteg über den Sulzbach in der Sulzgasse, 1912.

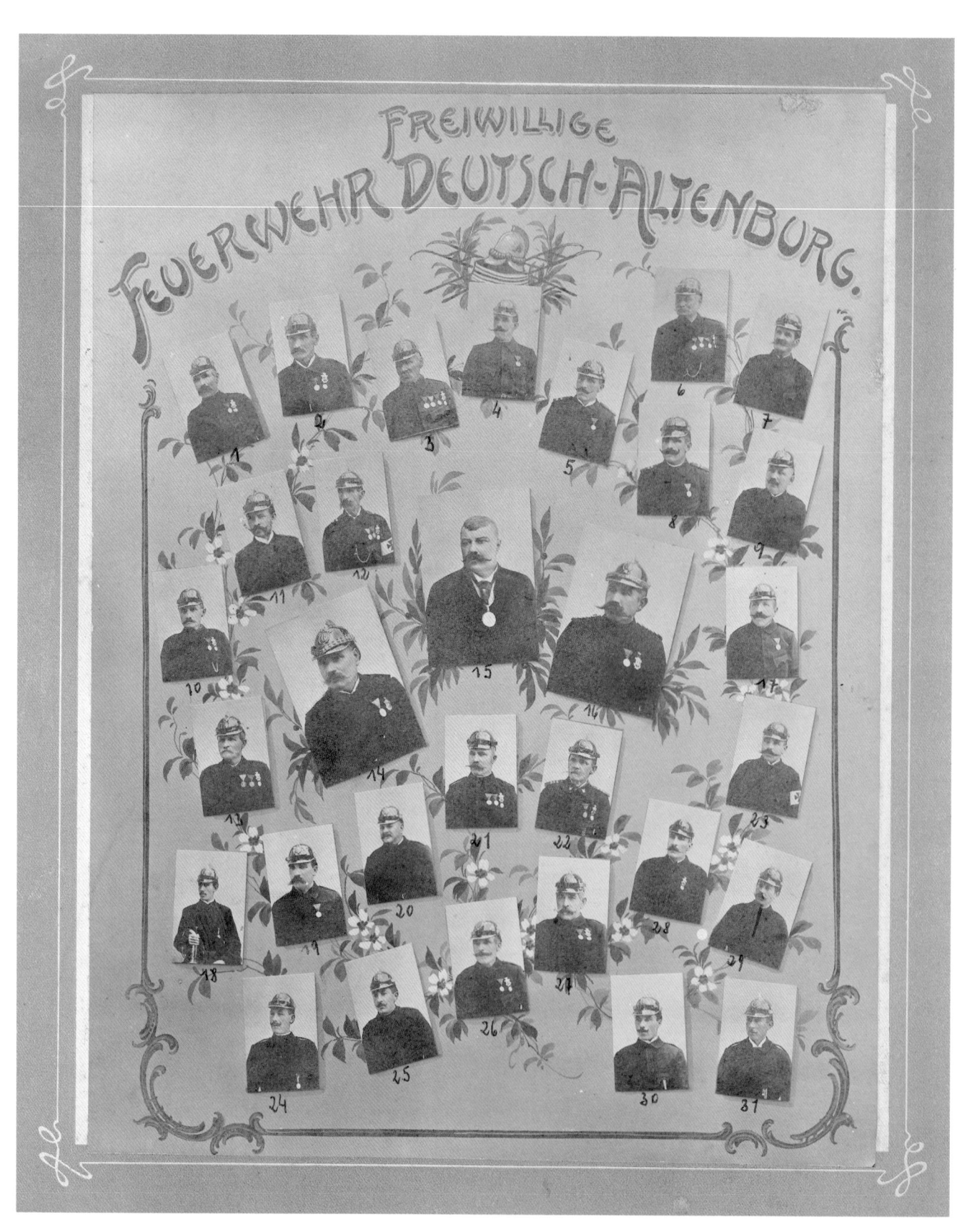

Die Mitglieder der Freiwilligen Feuerwehr Deutsch Altenburg, 1900.

DAS GEBÄUDE DER FREIWILLIGEN FEUERWEHR

Die Freiwillige Feuerwehr Deutsch Altenburg wurde am 5. August 1875 gegründet. Ihr erstes Gerätehaus befand sich neben der alten Schule in der heutigen Emil-Hofmann-Gasse.

1911, mit dem Bau der Wasserleitung, wurden 19 Hydranten zum Zweck des Feuerschutzes und der öffentlichen Versorgung im Ortsgebiet versetzt (heute gibt es in Bad Deutsch-Altenburg 63 Überflurhydranten, vier Unterflurhydranten und zwei Nutzwasserhydranten, die alle einsatzfähig sind).

Am 27. Oktober 1937 erfolgte die Grundsteinlegung für das neue Feuerwehrhaus in der Steinabrunngasse. 1939, zur Zeit des Nationalsozialismus, wurde die Freiwillige Feuerwehr Bad Deutsch-Altenburg der Deutschen Feuerpolizei angegliedert und konnte erst 1948 ihre selbständige Tätigkeit wiederaufnehmen.

Die 12 Gründer der Freiwilligen Feuerwehr. Von links nach rechts: Zeitelberger, Helly, Durkowitsch, Strasser, Helly, Hofmeister, Seleskowitsch, Pohl, Latscher, Miltschuh, Latscher, Miltschuh, 1875.

25jähriges Jubiläum der Freiwilligen Feuerwehr (vor dem alten Feuerwehrdepot), 1900. Rechts das alte Schulgebäude, damals noch mit Vorgarten.

An

die freiwillige Feuerwehr

in

Deutsch-Altenburg

Seine K. und K. Apostolische Majestät war durch die Allerhöchst seiner Anwesenheit in Deutsch-Altenburg am 27. Mai 1904 veranstalteten Empfangsfeierlichkeiten und Huldigungen der Bevölkerung auf das Freudigste berührt und geruhten unter Anerkennung der hiedurch bekundeten kaisertreuen Gesinnung, Allerhöchst seinen Dank Allergnädigst auszusprechen.

Es gereicht mir zur größten Freude, Allen, welche an diesen patriotischen Veranstaltungen sich betheiligt haben, hievon Kenntnis zu geben, und benütze ich diesen Anlaß, um den Gemeindevertretungen, Ortsschulräten, Schulleitungen, Korporationen und Vereinen, welche durch ihre Mitwirkung und Haltung einer mutterhaften Ordnung die Feier zu einer so erhebenden gestaltet haben, wärmstens zu danken.

Bruck a/d L., am 29. Mai 1904

Der K. K. Bezirkshauptmann:

"An die Freiwillige Feuerwehr in Deutsch-Altenburg": Dankschreiben im Auftrag des Kaisers für die Mitwirkung der Feuerwehr an der Eröffnung des Museums Carnuntinum 1904. Insgesamt waren 432 Mann aus dem Brucker Bezirk ausgerückt.

Aufgrund steigender Anforderungen mußte das Gerätehaus mehrmals umgebaut und vergrößert werden, so in den Jahren 1971 bis 1973, 1984 und zuletzt 1994.

Ging es bei den Einsätzen der Feuerwehr früher vorwiegend um Löscheinsätze zur Brandbekämpfung, so trat in den letzten Jahrzehnten die Hilfeleistung bei Naturkatastrophen und Unfällen in den Vordergrund. Besonders gefährlich und arbeitsintensiv waren die Hochwassereinsätze bei Überschwemmungen durch die Donau. 1999 zählte die Freiwillige Feuerwehr von Bad Deutsch-Altenburg 70 Mitglieder, darunter acht Frauen, denn seit 1996 nimmt die Feuerwehr beide Geschlechter in ihre Reihen auf.

Das Feuerwehrhaus in der Steinabrunngasse, 1999.

Feuerwehreinsatz in der Donaugasse (heute: Emil-Hofmann-Gasse), 1941.

Das überflutete Schweizergassel mit Blick zum Pfarrhof, 1954.

Hochwasser an der Kreuzung Badgasse/Pfarrer-Maurer-Gasse, 1954.

Hochwasser auf dem heutigen Wertanekplatz, 1954.

Eisstoß auf der Donau, 1954.

„Übers Wasser gegangen".

Am 21. Jänner 1964 um 22 Uhr brach im Speisesaal des Kurhauses ein Brand aus. Die Löscharbeiten gestalteten sich überaus schwierig, da wegen der großen Kälte immer wieder das Wasser gefror.

Die „Bienenfeldmühle" mit Blick durch die heutige Steinabrunngasse auf Deutsch Altenburg (in der Mitte das Schloß, rechts im Hintergrund Kirche und Karner); im Vordergrund rechts das zierliche Gebäude der „Brunnstube". Radierung nach Franz Jaschke, um 1810. (Angabe S. 346)

DIE BIENENFELDMÜHLE

Auf dem Areal Steinabrunngasse 26 stand einst die „Bienenfeldmühle", die – gespeist von Bach und Brunnen – noch 1839 mit zwei Mahlgängen in Betrieb war; es handelte sich dabei um eine Land- oder Bachmühle im Unterschied zu den Windmühlen oder den Schiffsmühlen auf der Donau. Schon 1396 besaß Jakob Grasser in einem *paumgarten* eine Mühle. Das *Bereitungsbuch* 1590/91 nennt für Deutsch Altenburg keine Mühle, da sie vermutlich ein herrschaftlicher Betrieb war und nur den Eigenbedarf deckte. Um 1660 scheint Gundakar von Polheim als Besitzer einer Mühle mit sechs Gängen auf, die zur *Pruckerzäche* gehörte. Ein Jahrhundert später, anno 1762, bauten Joseph Bindauer und seine Frau Regina neben der alten Mühle eine neue. Diese *der freiherrlich Ludwigstorffschen Herrschaft mit aller Jurisdiktion unterworfene Behausung mit dem zur Mühle gehörigen Hausgrund einerseits nächst dem Viehtrieb und Graben, wo der alte Bach durchläuft, anderseits nächst dem alten Wasserlauf bis zu den Gräben nächst dem Bründl liegend* (zit. aus Sesztak, S. 92), verkaufte Bindauer 1772 an Johann Nepomuk von Bienenfeld, Direktor der Tabakfabrik in Hainburg. Die „Bienenfeldmühle", wie sie von nun an hieß, kam 1816 durch Erbschaft an den Wiener Großhändler Wolfgang Schram. 1838 erwarb sie Anton Huber aus Preßburg. 1849 ging sie an die

Die Pálffy-Villa (ehem. Bienenfeldmühle), Front zur Steinabrunngasse, 1921. Im Hintergrund halbrechts die Windmühle. Im Vordergrund das „Brunnstubenhaus", das in umgebauter Form noch heute besteht. 1909 hatte das Haus offiziellen Besuch aus Wien, wie das Pfarrgedenkbuch jenes Jahres auf Seite 137 berichtet: „Am 25. April (...), Sonntag, besichtigte Bürgermeister Lueger die im vorigen Jahr von der Gemeinde Wien angekaufte Villa Hollitzer (gemeint ist das Pálffy-Schlößl) samt Park. Bürgermeister Leopold Eder und Pfarrer Ignaz Braith waren zur Begrüßung in der Villa erschienen und wurden auf das freundlichste empfangen. Dr. Lueger machte auch einen Besuch im Schlosse. Die Fahrt war mittels Automobil erfolgt."

Grafen Pálffy, die 1872 das Gebäude, die „Pálffy-Villa", erneuern ließen; der „Pálffy-Garten" wurde als englische Parkanlage mit Kastanienalleen, Rasenplätzen, Blumenbeeten, Springbrunnen und einem schiffbaren Teich (das alte Mühlbecken) gestaltet. 1891–1906 war die Villa im Besitz von Emil (genannt Emilian) Hollitzer, der sie seinen Söhnen Franz und Emil vermachte. Diese verkauften sie 1908 an die Gemeinde Wien, die hier bis 1922 ein Erholungsheim der Wiener Straßenbahner führte. Danach wechselten die Besitzer der Liegenschaft mehrmals, bis 1963 ein Teil des Mühlgartens durch die Gemeinde Bad Deutsch-Altenburg, der andere Teil durch die Gemeinnützige Bau- und Siedlungsgenossenschaft für Arbeiter und Angestellte angekauft wurde. 1968 entstanden auf dem Areal 16 Eigentumswohnungen in der Roseggergasse, 1971/72 folgten 21 Genossenschaftsreihenhäuser in der Steinabrunngasse. Das alte Gebäude, im Zweiten Weltkrieg von einer Bombe getroffen, war abgerissen worden. 1986 wurde schließlich auch das noch auf dem ehemaligen Mühlengelände bestehende klassizistische Gartenhaus abgetragen. Nur Reste der alten Umfriedungsmauern sind noch längs der Steinabrunn- und der Roseggergasse erhalten.

Teile des Mühlgartens wurden 1989 zum Naturdenkmal erklärt.

Die Gartenfront der Pálffy-Villa, 1926.

Das Gartenhaus der Pálffy-Villa, 1926. Der Bau wurde 1986 abgetragen.

Die Hubertuskapelle, 1999.

DIE HUBERTUSKAPELLE

Unser Weg führt nun unter der Preßburger Bahn und der neuen B9 hindurch, bis er sich zwischen den Feldern verzweigt: Geradeaus führt er längs des Bachlaufs zur Steinabrunner Heide, zur ehemaligen Radiostation und weiter nach Schönabrunn bzw. Prellenkirchen. Nach rechts geht es über das *Sala*- oder *Sola*-Feld (das *Solabründl* war in die hier verlaufende römische Wasserleitung einbezogen) nach Petronell; an diesem Weg wurde von der Jägerschaft des Ortes mit Unterstützung der Eigenjagdbesitzer, der Gemeinde und der Bauernschaft im Jahr 1966 in einem Wäldchen die Hubertuskapelle („Jägerruhe") erbaut. Alljährlich wird hier bei Schönwetter am 1. Mai eine Jägermesse abgehalten.

Der Sulzbach im ehemaligen „Mühlgarten", unweit des Spielplatzes.

SULZGASSE

Beim Feuerwehrgebäude zweigt die Sulzgasse ab und führt zurück in den Ort. Benannt nach dem Ortsteil *In der Sulz*, ist sie die älteste namentlich nachgewiesene Gasse in Bad Deutsch-Altenburg. Der Name deutet, wie auch die Benennung des Altenburger Baches als *Sulzbach*, wahrscheinlich auf die Grafen von Sulzbach hin, die aus der Gegend am Inn in Bayern stammten und als Vögte des Bistums Bamberg bis zu ihrem Aussterben 1188 den Mittelpunkt ihrer österreichischen Besitzungen im Gebiet des heutigen Bad Deutsch-Altenburg hatten.

1396 besaß Peter Grasser *ain hof ze Altenburg in der Sulz*, wie wir aus dem Lehensbuch Albrecht III. erfahren. 1411 hatte Anna, Tochter von Mertten von Gotesprunn (Göttlesbrunn) und Gattin des Moyker von Hundsheim, hier einen Hof. 1423 kaufte Dorothea, die Gattin von Wilhelm Dörr, den Hof *dacz unser frawen ze Altenburg in der Sulcz* von Dorothea der Neuhauserin, wie das Lehensbuch Albrechts V. vermerkt.

Bis heute ist die Gasse vorwiegend von Bauern bewohnt und erinnert somit daran, daß die Landwirtschaft einst die wirtschaftliche Grundlage des Ortes war. Wein, Getreide, Gemüse und Futterpflanzen wuchsen auf den Feldern, und auch der Hanfanbau wurde früher im Ort betrieben; so manches *Hanfgarthl* findet sich in den alten Grundbüchern, und hinter dem Haus Sulzgasse 9 stand – wegen der Feuersgefahr auf freiem Feld – der *Hanef-Hof*, in dem die Hanfplanzen zu Gespinsten verarbeitet wurden. Daneben war der Hopfenanbau stark vertreten. Das Vieh graste auf der gemeinschaftlich genutzten *Gmain Waid* (der Gemeindewiese) und auf dem Kirchenberg.

Eine Ausnahme im nach wie vor bäuerlichen Charakter der Gasse bildet die neu erbaute Wohnhausanlage der Genossenschaft Schönere Zukunft, die mit 49 Eigentumswohnungen und sieben Reihenhäusern ab 1984 in der Sulzgasse 2, auf dem Grund des alten Posthofs, erbaut wurde. An dieser Stelle erreicht die stille Sulzgasse die verkehrsreiche Wiener Straße.

Sulzgasse um 1912; rechts das Tor des „Hanef-Hofs". In das Haus links war 1818 das frischvermählte Paar Anton und Eva Hollitzer eingezogen.

Sulzgasse, Blick bachaufwärts, 1915.

Brücke über den Sulzbach, um 1880. Blick in die Hauptstraße (heute Wiener Straße) Richtung Wien. Links die Greißlerei Nowatzi.

WIENER STRASSE

Die heutige Hauptverkehrsader des Ortes ist, vom Hauptplatz aus gesehen, je nach Richtung die *Wiener* bzw. die *Hainburger Straße*. Früher *Landstraße* genannt, lag hier wohl ab dem Jahr 1709 die Poststation (siehe S. 143/144), ehe sie 1798 mit der Hainburger Station vereinigt wurde. Der Straßenzug bildet bis heute die Hauptstraße von Bad Deutsch-Altenburg.

Alter Eiskeller des Wirtshauses „Zur blauen Traube" in der Wiener Straße.

Das Tonkino Carnuntum in der Wiener Straße, untergebracht im ehemaligen Stadel des Gasthauses „Zur blauen Traube", wo es bis 1965 in Betrieb war; der Zugang erfolgte durch das abgebildete Hoftor. Betreiber waren über Jahrzehnte Richard und Josefine Martis. Das Gebäude beherbergte 1982–1999 die Funde vom Pfaffenberg und wurde 1999 wegen Baufälligkeit abgerissen.

Kaufmann Josef Helly, Wiener Straße, Ecke Berggasse, 1905. Noch bis in die 1990er Jahre befand sich an dieser Stelle ein Kaufhaus.

Kavallerie bei einer Rast in der Wiener Straße, 1912. Die „Streckhöfe" auf dem Bild sind ein schönes Beispiel für die in der Bad Deutsch-Altenburger Gegend üblichen Hofformen.

Der Hauptplatz, noch ohne Standuhr, um 1905.

Mitglieder des Verschönerungsvereins vor der von ihnen gespendeten Standuhr, 1909.

HAUPTPLATZ

Als Kreuzungspunkt der wichtigsten Straßenzüge – *Wiener Straße*, *Hainburger Straße*, *Badgasse* und *Neustiftgasse* – war der Hauptplatz schon Mittelpunkt des Ortes, als dieser noch überwiegend dörfliche Struktur besaß. Heute wird der verkehrsreiche Platz neu belebt: Durch die Übersiedlung des Gemeindeamts in die nahe gelegene Hollitzer-Villa soll er seinem Namen wieder gerecht und verstärkt zu einem Zentrum von Bad Deutsch-Altenburg werden.

Am *Hauptplatz* liegt u. a. das ehemalige herrschaftliche Wirtshaus „Zum goldenen Lamm" (zuletzt: Gasthaus Krautsieder, heute: Stöckl), dessen Name an einen Titel – „Freiherr von Goldlamb" – der Herren von Ludwigstorff erinnert; hier war während des Ersten Weltkriegs ein Lazarett untergebracht (siehe S. 76). Dominiert wird der Platz von einer Standuhr aus dem Jahr 1909, deren Entwurf vom Bildhauer Adolf Pohl stammt. Die Uhr wurde, wie das seinerzeitige *Pfarrgedenkbuch* auf Seite 137 vermerkt, „am 17. Okt. 1909 feierlich eingeweiht".

Pohl, 1872 in Wien geboren, besuchte dort die Kunstgewerbeschule des Museums für Kunst und Industrie; danach studierte er Bildhauerei an der Akademie der bildenden Künste und absolvierte 1899–1901 die Meisterklasse von Caspar von Zumbusch, dem Schöpfer des monumentalen Maria-Theresien-Denkmals in Wien. Pohls Werke *Stier* und *Am Grabe des Kameraden* erwarb Kaiser Franz Joseph; das 1909 mit der Goldenen Medaille ausgezeichnete Werk *Für Österreichs Ehr* kaufte die Gemeinde Wien. Der Künstler, der seinen Wohnsitz nach Deutsch Altenburg verlegt hatte, schuf hier 1908 den segnenden Christus für den Südeingang des Presbyteriums der Pfarrkirche, 1909 die Uhr auf dem Hauptplatz und 1921 das Kriegerdenkmal beim Friedhof; dort ist auch das Grab von Adolf Pohl, der 1930 starb, zu finden.

Unweit der Uhr lädt, umgeben von Bänken, ein Brunnen zur Rast ein; er wurde 1954 nach Entwürfen des Hainburger Architekten Josef Prix, dem Vater des bekannten Architekten der Gruppe Coop Himmelb(l)au, Wolf D. Prix, errichtet.

Hauptplatz, 1925; rechts das Gasthaus „Zum goldenen Lamm".

Hauptplatz, 1936. Von links nach rechts: Friseur Bayer, „Lesch-Greißler" (heute: Apotheke), Gasthaus „Zum goldenen Lamm".

Gasthausgäste vor dem „Goldenen Lamm", 1905.

Der Hauptplatz Ecke Badgasse, um 1912; links das „Goldene Lamm".

Platzmusik zum 1. Mai auf dem Hauptplatz, 1949.

„Hutschenschleuderer" auf dem Hauptplatz. Peter-und-Pauls-Kirtag, 1951.

NEUSTIFTGASSE

Vermutlich fanden hier, *In der Neustift*, die Bewohner Steinabrunns nach 1529 eine neue Heimat, nachdem ihr Dorf von den Türken zerstört worden war. Seit 1953 befindet sich in der gleichnamigen Gasse die Volksschule des Ortes, die auch von den Kindern aus der Nachbargemeinde Hundsheim besucht wird.

Durch die *Neustiftgasse* führte einst auch der Weg zu den Steinbrüchen am Pfaffenbergsattel. Den Kreuzungspunkt dieses Lastenwegs mit der Straße Hainburg–Prellenkirchen bezeichnet seit alten Zeiten das „Weiße Kreuz" (siehe S. 223).

Blick vom Hauptplatz in die Neustiftgasse, um 1900.

DIE SCHULE

1581 finden wir die erste Nachricht über einen Schulmeister in Deutsch Altenburg. Es war die Zeit der Reformation (siehe S. 48), und da der Herrschaftsinhaber Ehrenreich von Dörr der neuen protestantischen Lehre anhing, war auch der von ihm bestellte Schulmeister Protestant. Vier Jahre später – Ehrenreich Dörr war mittlerweile verstorben – wurde der Schulmeister vor den katholischen Klosterrat geladen; Friedrich von Prankh, Vormund für Ehrenreichs Sohn Hans Friedrich Dörr, mußte den Behörden jedoch mitteilen, daß der Lehrer nach Erhalt der Ladung entwichen sei.

Für die nächsten 130 Jahre gibt es keinen Nachweis über Schulunterricht in Deutsch

Gleichenfeier für die neue Schule in der Neustiftgasse, 1952.

Einweihung der neuen Volksschule in der Neustiftgasse am 23. November 1953.

Bürgermeister Johann Knobloch (links) übergibt bei der Schuleröffnung die Schlüssel der neuen Volksschule an den damaligen Direktor Franz Müllner (rechts).

Altenburg. Erst im Jahr 1717, bei den Verhandlungen über die Pfarrerrichtung, mußte sich der neue Herrschaftsinhaber, Johann Rudolf Katzy von Ludwigstorff, verpflichten, ein Schulhaus zu erbauen und zu erhalten. Das tat er zwar nicht, doch läßt sich im *Pfarrgedenkbuch* die Reihe der Schulmeister bis 1720 zurückverfolgen. Nun, nach der Gegenreformation, lag der Unterricht wieder in den Händen der katholischen Kirche. Wo er stattfand – ob im Pfarrhof, in der Wohnung des Schulmeisters, in einem Bauernhaus oder in einer Schenke – wissen wir nicht; wohl aber, daß der Schulbesuch freiwillig war und daher nur wenige Dorfkinder – höchstens ein Fünftel, im Winter mehr als im Sommer – in seinen Genuß kamen. Erst allmählich brach sich die Einsicht Bahn, daß „Schulgehen" keineswegs Luxus oder Zeitvergeudung sei, sondern dem einzelnen wie der Gesellschaft nütze. 1774 erließ daher Kaiserin Maria Theresia (reg. 1740–1780) die *Allgemeine Schulordnung*, die das bis dahin kirchliche Schulwesen zur Angelegenheit des Staates machte und die Schulpflicht für alle Kinder vom 6. bis zum 12. Lebensjahr einführte.

Obwohl nach dieser Schulordnung in allen Orten mit Pfarrkirche oder davon entfernten Filialkirchen *Trivialschulen* (Volksschulen) zu errichten waren, dauerte es noch über ein Jahrzehnt, bis es in Deutsch Altenburg ein eigenes Schulhaus gab. Weder Gemeinde noch Herrschaft waren zum Bau eines solchen zu bewegen, obwohl, wie etwa ein Pfarrbericht 1758 beklagte, *eine so große Zahl von Kindern da ist, die nicht einmal Heilig, heilig singen können, sondern heidl, heidl!* (Zit. aus Müllner, S. 113.)

Erst 1786 wurde eine Gemeindeschule oberhalb der „öden Kirche" (gemeint ist die Peter-und-Pauls-Kirche) errichtet, ein einfaches, schilfgedecktes Häuschen, das an der Ecke Pfarrgasse (heute: Pfarrer-Maurer-Gasse) und Judengasse (später: Schulgasse, heute: Emil-Hofmann-Gasse) stand, jedoch bald zu klein war für die nach der Einführung der Schulpflicht stetig steigende Schülerzahl. 1838 wurden die Reste der verfallenen Peter-und-Pauls-Kirche abgetragen und ein neues Schulgebäude errichtet (es steht noch heute). 1885 kam es zu einem Zubau an der Pfarrgasse.

1953 übersiedelte die Schule in die Neustiftgasse. In den Jahren 1951–1953 war hier ein neues Schulhaus erbaut und am 23. November 1953 feierlich eröffnet worden. Seit 1968 besuchen auch die Schüler der Nachbargemeinde Hundsheim die Volksschule in Bad Deutsch-Altenburg. Die Schule wurde danach vierklassig geführt; davor hatte sie meist nur drei Klassen besessen. Seit dem Schuljahr 1998/99 gibt es fünf Klassen für die rund 100 Volksschüler.

Der Segelfliegerverein „Carnuntum" mit seinem selbstgebauten Segelflugzeug, 1932.

NACH HUNDSHEIM

Die alte Hauptstraße von Bad Deutsch-Altenburg wird, wie gesagt, vom Hauptplatz Richtung Westen *Wiener Straße* genannt, Richtung Osten heißt sie *Hainburger Straße* (siehe S. 224). Von dieser zweigen der *Dörrweg*, der *Haydnweg* und der *Dr.-Sommer-Weg* sowie unweit des Bahnhofs die *Hundsheimer Straße* ab; diese führt Richtung Spitzerberg, der die Nachbarorte Hundsheim und Prellenkirchen sowie das burgenländische (früher ungarische) Edelstal voneinander trennt. Am Fuß des Spitzerbergs liegt das Gelände, wo einst der Segelfliegerverein „Carnuntum", gegründet 1929, seinen Hangar hatte; der Platz wird heute noch von Sportfliegern genutzt.

Schon in alter Zeit errichtet, bezeichnet der Bildstock „Weißes Kreuz" die Wegkreuzung der Prellenkirchner Straße Richtung Hundsheim mit dem Hohlweg, der zu den Steinbrüchen auf dem Pfaffenbergsattel führt.

NACH HAINBURG

Die *Hainburger Straße* führt am Bahnhof, am *Türkenhügel* und weiter am Nordfuß des Pfaffenbergs vorbei nach Hainburg. Schon auf Hainburger Gemeindegebiet steht, nahe der alten *Richtstätte* und der heute zugeschütteten „Bettlergrube", eine Säule mit der barocken Darstellung der Altenburger Madonna, einst kaum 100 Schritt von der Fiebersäule entfernt. Auf dem Sockel der Säule ist die Jahreszahl 1717 zu lesen, auf der Hinterseite die Initialen J. W. Letztere verweisen wohl auf den Stifter: Es könnte der Pfarrer von Hainburg sein, Johann Karl Rascher von Weyeregg, der die Mariensäule vielleicht anläßlich der Abtrennung Deutsch Altenburgs von der Pfarre Hainburg (9. September 1717) setzen ließ.

Die Hainburger Mariensäule, 1999.

Die Deutsch Altenburger Frauensäule („Fiebersäule") am Ostabhang des Kirchenbergs Richtung Hainburg; links der Säule ein kleiner Steinbruch. Stich von S. Lacey nach einer Zeichnung von Jakob Alt. (Angabe S. 346)

WEGE AUF DEN KIRCHENBERG
Dörrweg

Benannt nach dem ersten Adelsgeschlecht von Altenburg, zweigt der *Dörrweg* von der Hainburger Straße ab und führt, an der Turnhalle (errichtet 1938) vorbei, auf den Kirchenberg.

Fronleichnamsprozession auf dem Dörrweg, um 1910.

Panorama von Deutsch-Altenburg bis Carnuntum.

Im Vordergrund links der alte Bahnhof mit Bahntrasse; in der Mitte das damalige Promintzer-Wirtshaus Ecke Hainburger Straße – Dr.-Sommer-Weg. Postkarte um 1915.

Dr.-Sommer-Weg

Auch dieser Weg führt, von der Hainburger Straße abzweigend, nahe dem Türkenhügel auf den Kirchenberg. Er ist benannt nach Carl Sommer, der ab 1870 als Wundarzt in Deutsch Altenburg tätig war, sich aber auch außerhalb seiner medizinischen Tätigkeit Verdienste um Deutsch Altenburg erwarb, ehe er sich 1896 sein Unvermögen, einen Patienten zu retten, so sehr zu Herzen nahm, daß er Selbstmord beging.

Carl Sommer war der Schöpfer mehrerer Parkanlagen. Auf seine Anregung hin wurden im Ort zahlreiche Bäume gepflanzt; vor allem ging die Bepflanzung des kahlen Kirchenbergs auf ihn zurück, doch wurde seine Mühe nach dem Ende des Zweiten Weltkriegs zunichte gemacht, als die meisten Bäume infolge Brennstoffmangels wild abgeholzt wurden. Dem engagierten Arzt und Menschenfreund hat Carl Hollitzer in dieser Gasse auf eigene Kosten ein Denkmal errichten lassen; es wurde am 1. Oktober 1911 feierlich enthüllt.

Am unteren Ende des Dr.-Sommer-Weges steht das Höglerkreuz (siehe S. 144), am oberen Ende liegt zwischen schattenspendenden Kastanienbäumen auch das frühere Promintzer-Wirtshaus, gegründet von Josef Promintzer (1867–1956), der nicht nur Wirt, sondern auch Heimatdichter war; als Dichter nannte er sich nach seinem Geburtsort „Josef von Rohrau". Der Gasthausbetrieb (zuletzt: Knapp) wurde in den 1980er Jahren eingestellt. Heute wird das Gebäude als Wohnhaus genutzt.

Bischof-Durkowitsch-Weg

Ein weiterer Weg auf den Kirchenberg, diesmal von der Badgasse aus, ist der *Bischof-Durkowitsch-Weg*. Er führt in der Verlängerung des *Schweizergassels* zur Kirche und ist nach Anton Durkowitsch benannt, einem gebürtigen Deutsch Altenburger, der in Rumänien Bischof wurde. Anton Durkowitsch (1888–1951) übersiedelte nach dem Tod des Vaters mit Mutter und Bruder nach Rumänien: erst zu einer Tante nach Jassy und 1898 nach Bukarest, wo er ab 1901 das erzbischöfliche Knabenseminar besuchte. Danach studierte er Philosophie und Theologie in Rom und wurde dort 1910 zum Priester geweiht. Nach Bukarest zurückgekehrt, kam er als Österreicher 1916/17 in ein Internierungslager in Moldawien (damals eine russische Provinz). Später war er Religionslehrer bei den Schulbrüdern sowie ab 1924 Rektor des erzbischöflichen Priesterseminars in Bukarest. 1947 wurde er zum Bischof von Jassy ernannt und 1948 auch mit der interimistischen Leitung der Erzdiözese Bukarest betraut. 1949 vom rumänischen Geheimdienst Securitate verhaftet, starb der Bischof 1951 im Gefängnis von Sighet.

Anläßlich seines 100. Geburtstags wurde 1988 in Bad Deutsch-Altenburg unweit der Stelle seines Geburtshauses ein Gedenkstein (Entwurf: Hanns Eichelmüller) gesetzt und der bis dahin namenlose Weg, der dort zur Kirche abzweigt, nach ihm benannt. Seit 1991 gibt es jährlich vom 2. bis 10. Dezember eine Gebetsnovene für die Seligsprechung des Deutsch Altenburgers.

Dechant-Schrammel-Weg

Ein letzter Weg auf den Kirchenberg soll noch vorgestellt werden: der *Dechant-Schrammel-Weg*, der von der Badgasse abzweigt und als kürzeste Verbindung vom Pfarrhof zur Kirche führt. Seine Bezeichnung erhielt der bis dahin namenlose Steig 1989 nach Monsignore Dr. Josef Schrammel, der vom 1. September 1952 bis zu seiner Pensionierung im September 1989, also genau 37 Jahre lang, das Amt des Pfarrers von Bad Deutsch-Altenburg innehatte. Dr. Schrammel ist der längstdienende Pfarrer des Ortes; er war außerdem viele Jahre Dechant und nahm als Auditor am II. Vatikanischen Konzil teil. Er initiierte den Bau der Elisabethkapelle, aber auch den neuen Altar und die Restaurierungen des historischen Inventars der Marienkirche auf dem Kirchenberg.

Heutiger Bischof-Durkowitsch-Weg, Ecke Badgasse. „Köpf-Haus", 1950.

Überreichung des Straßenschilds für den nach Altpfarrer Msgr. Dr. Josef Schrammel benannten Weg durch Bürgermeister Ing. Hermann Terscinar (rechts) bei der Feier anläßlich von Msgr. Schrammels Goldenem Priesterjubiläum im Festsaal des Kaiserbads, 1989. Dr. Schrammel (Bildmitte) war zu dieser Zeit bereits Ehrenringträger und Ehrenbürger der Marktgemeinde Bad Deutsch-Altenburg, weshalb ihm die Ehre der Namensgebung schon zu Lebzeiten zuteil wurde. Links im Bild: Karl-Heinz Geng.

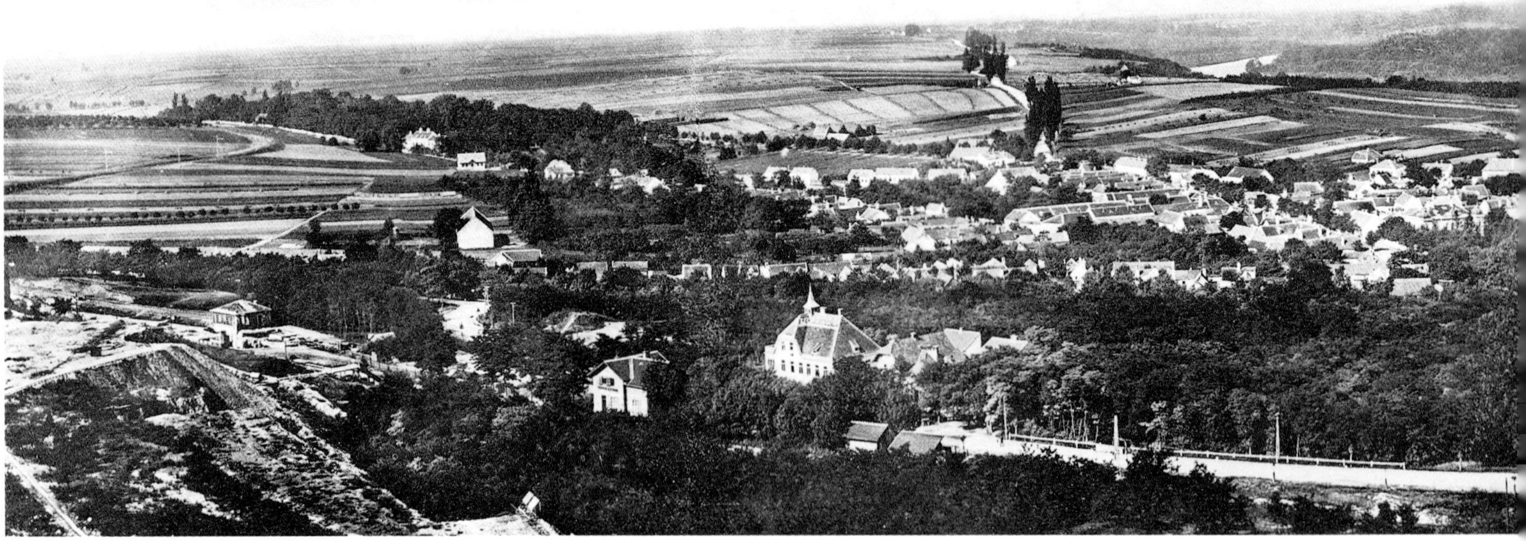

Bad Deutsch-Altenburg, Blick über den Ort Richtung Wien, um 1925. Rechts der „Türkenhügel" und die Marienkirche.

Bad Deutsch-Altenburg. Blick vom Pfaffenberg über den Ort Richtung Wien; rechts die Donaubrücke.

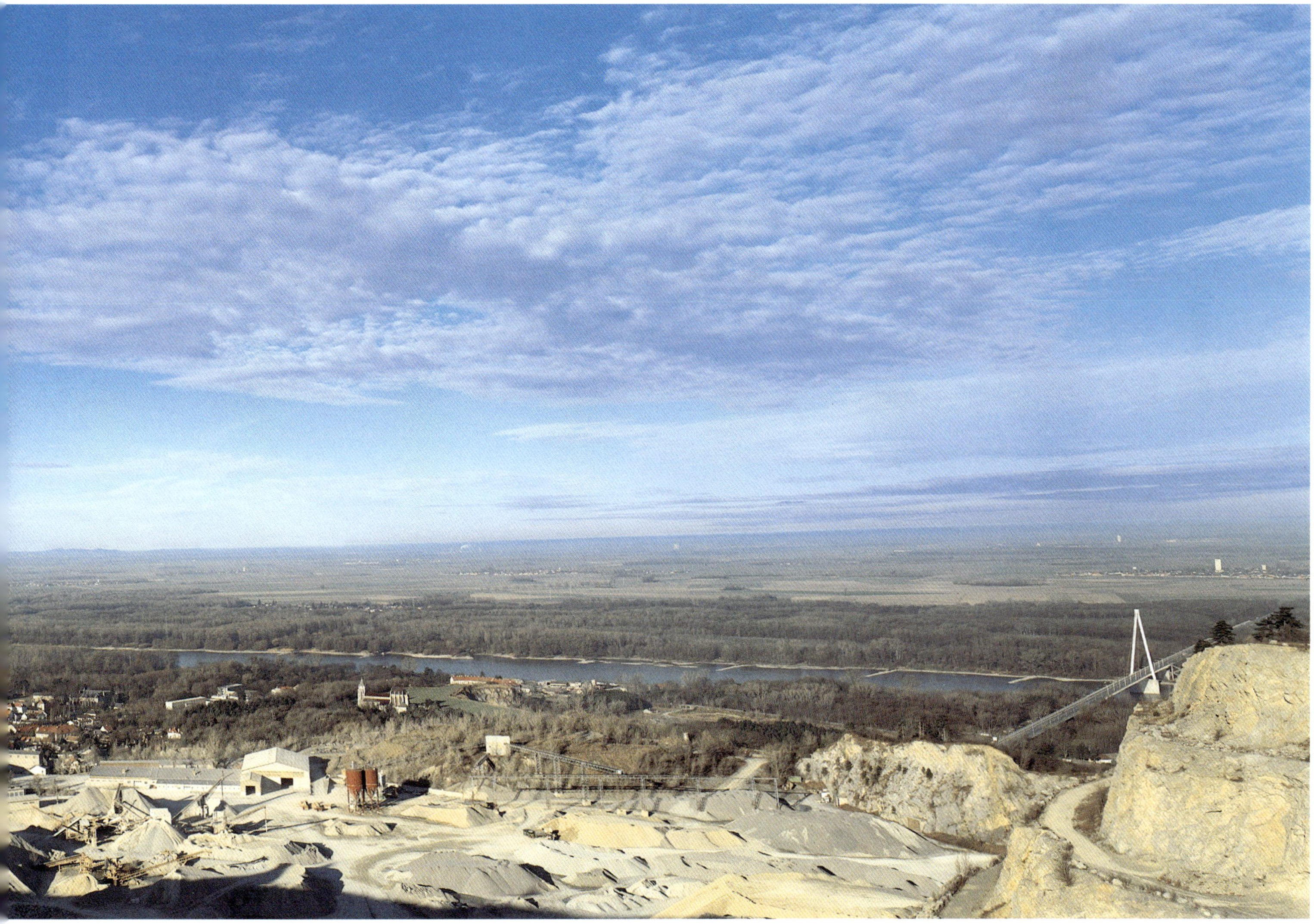

KIRCHENBERG UND KIRCHE

GERTRUDE GENG-SESZTAK

„Ansicht des Dorfes Deutsch-Altenburg". Stich von F. F. Runk, 1810. (Angabe S. 346)

Der Kirchenberg

Östlich des Ortes erhebt sich der Kirchenberg (178 m), auf dem die romanisch-gotische Pfarrkirche, der romanische Karner, der Friedhof, das Kriegerdenkmal und der Tumulus liegen; außerdem erstrecken sich hier Privatgründe zwischen der Lourdes-Grotte und dem Museum Carnuntinum sowie das Steinbruchgelände des ehemaligen Strombauamts. Den Abhang zum Sulzbach hin markiert eine Reihe aufgelassener Steinbrüche, heute zum Teil romantische Felsen – Hüter einer alten, rätselvollen Geschichte (siehe S. 37–43).

Der Kirchenberg besteht aus Kalkstein mit dünner Erdkrume, die großteils nur spärlichen Graswuchs zuläßt. Schon der Arzt Carl Sommer hat sich Ende des 19. Jahrhunderts um eine Bewaldung bemüht; die Bäume wurden jedoch nach dem Zweiten Weltkrieg von der Bevölkerung als Heizmaterial verwendet. Um 1960 führte Hans Wertanek, der den südlichen Teil des Kirchenbergs von Maria Christl-Ludwigstorff erworben hatte, einen neuerlichen Aufforstungsversuch mit Schwarzföhren durch.

1988 schenkte Erna Weidinger, die Tochter von Hans Wertanek, den Naturpark „Kirchenberg" im Gesamtausmaß von nahezu 6,5 Hektar der Gemeinde Bad Deutsch-Altenburg mit der Verpflichtung, das Gelände der Öffentlichkeit zugänglich zu halten, als Park zu pflegen und nicht zu verbauen; einen Teil des Kirchenbergs zwischen Dörr- und Haydnweg im Ausmaß von ca. 2 000 Quadratmetern schenkte sie dem Land Niederösterreich auf dessen Wunsch, da dieses dort ein Pfaffenbergmuseum zu errichten beabsichtigte.

„Deutsch Altenburg". Stich von Rudolf v. Alt, erstmals erschienen in Eduard Dullers „Die malerischen und romantischen Donauländer", 1838–1840 (Angabe S. 346), heute im Kupferstichkabinett der Akademie der bildenden Künste, Wien.

„Deutsch Altenburg". Stich von Adolf Schmidl, 1840. (Angabe S. 346)

„Kirche zu Deutsch Altenburg". Ausschnitt aus der Karte „Panorama der Donau von Wien bis Pesth" von H. Hummitzsch, 1842. (Angabe S. 346)

„Die Pfarrkirche und Rundkapelle in Deutsch Altenburg". Stich nach A. Nedelkovits, 1886. (Angabe S. 347)

Obergeschoß und Helm des Kirchturms. An den linken Strebepfeilern die Wappen der Familie Dörr (das rechte frontal).

Der Kirchenberg mit der Marienkirche. Rechts das Kreuz, das noch heute vor dem Friedhof steht. Ölgemälde von Theodor Glatz, 1859.

Die Kirche

Die Marienkirche wurde der Sage nach 1028 durch Stephan den Heiligen, den ersten christlichen König von Ungarn, gegründet. Wie damals üblich, war sie vermutlich zunächst eine Holzkirche; sie wurde 1042 beim Feldzug Kaiser Heinrichs III. gegen die Ungarn wahrscheinlich ebenso wie die nahe gelegene *Heimenburc* zerstört. Danach ließ der Kaiser das Gotteshaus wieder aufbauen; es wurde nun neben der heiligen Gottesgebärerin Maria auch den Märtyrern Mauritius und Laurentius, den Heiligen des salischen Kaiserhauses, geweiht (siehe S. 43). Die Kirche wurde damals kaiserliches Eigen, das etwa 100 Jahre später an die Babenberger überging. Erst lange nach Verlegung der *Heimenburc* an ihre heutige Stelle auf dem Hainburger Schloßberg ging die Pfarrgerechtsame (Pfarrechte) von der Marienkirche auf die um 1260 erbaute Martinskirche in Hainburg über.

Die heutige Kirche besteht aus drei Teilen. Der älteste, das dreischiffige romanische Langhaus, soll 1213 von den Brüdern Alban und Johann Dörr erbaut worden sein.*

Der Turm im Westen des Langhauses, wahrscheinlich Mitte des 14. Jahrhunderts in frühgotischem Stil erbaut, wird der Parler Schule zugeschrieben. Er ist wuchtig und von achteckigem Grundriß, wie die Anordnung der Strebepfeiler um die

---

* *Dies berichtet – nach Franz Karl Wissgrill („Schauplatz des landsässigen n.ö. Adels vom Herren- und Ritterstand von dem XI. Jh. bis auf die jetzige Zeiten. Wien 1795, Bd. 2, S. 270) – im 17. Jahrhundert Job Hartmann von Enenkel (ein Bekannter des damaligen Herrschaftsbesitzers Gundakar von Polheim und wie dieser Protestant) in seinen „Collectaneen"; leider ist dieser Hinweis Enenkels nicht (mehr) auffindbar, wie Carola Schreiner in ihrer Diplomarbeit „Studien über die Baugeschichte der Pfarrkirche Mariae Himmelfahrt in Bad Deutsch-Altenburg" (S. 51–55) ausführt. Schon Ehrenreich Dörr hatte in seiner Streitschrift an Erzherzog Ernst auf eine Stiftung seiner Vorfahren Bezug genommen (nach Sesztak, S. 104).*

Hündchen als Wasserspeier am Übergang vom Turm zum rechten (südlichen) Seitenschiff der Kirche.

Wappen mit zweileibigem Löwen an einem der Strebepfeiler des Turmes.

achteckige Halle im Erdgeschoß zeigt: eine ungewöhnliche Architektur, denn das übliche quadratische Grundgeschoß wird nur vorgetäuscht – durch weitere vier Strebepfeiler, die so zwischen die Achtelstützen eingestellt sind, daß sie ein Quadrat zu bilden scheinen; der baukünstlerische Trick enthüllt sich im Obergeschoß, in dem das Achteck deutlich hervortritt. Auf den kleinen Giebeln reiten musizierende Figuren, und Dämonen in Tiergestalt dienen als Wasserspeier. Das Wappen neben dem Eingang zeigt einen Löwen mit gekröntem Haupt und doppeltem Leib. Vielleicht hatte er die Funktion eines Portalwächters, wie die beiden schreitenden Löwen beim Riesentor des Wiener Stephansdoms. Die an den Strebepfeilern des Turmes angebrachten Wappen der Familie Dörr weisen diese als Bauherren des Kirchturms aus. Die Überlieferung erzählt, daß neben dem jetzigen Turm einst zwei seitliche, höhere Türme geplant waren.

Auch an den mittleren Strebepfeilern des hochgotischen einschiffigen Chores und der nordseitig an ihn gelehnten Doppelkapelle (heute: Sakristei und Oratorium), die gegen Ende des 14. Jahrhunderts errichtet wurde, finden wir die Wappen der Bauherren, abermals der Familie Dörr bzw. ihres Deutsch Altenburger und Hundsheimer Zweiges. Der Chorbau wird dem Baumeister der Herzöge, Michael Chnab (Knab) aus Klosterneuburg, zugeschrieben und zeigt tatsächlich Parallelen zu dessen Werken: Die Strebepfeiler samt Statuenbaldachinen entsprechen in Gliederung und Aufriß den Strebepfeilern am Langhaus des Wiener Stephansdomes; die Statuenbaldachine finden sich auch auf den Strebepfeilern an der Wiener Neustädter Spinnerin am Kreuz wieder, und die für gotische Bauwerke untypische Turmkuppel von Maria am Gestade in Wien wiederholt sich bescheidener am oberen der beiden Treppentürme zwischen Chor und Langhaus der Deutsch Altenburger Marienkirche. Wohl bald nach Errichtung des Chores wurden auch die romanischen Bauteile eingewölbt.

Mehrmals wurde die alte Kirche im Lauf der Jahrhunderte beschädigt. Zwar wissen wir nicht, welche Schäden sie in den Türkenkriegen erlitten haben mag, doch ist sie sicher nicht verschont geblieben, als 1529 der Ort von den Türken zerstört wurde. Zudem schlug 1570 der Blitz ein, worauf der Dachstuhl der Kirche abbrannte; möglicherweise wurde danach ein Teil des Mittelschiffs neu gewölbt. Nach dem Türkenjahr 1683, das auch die Kirche erneut in Mitleidenschaft zog, wurde eine neue Einrichtung im barocken Stil angefertigt. Doch am 15. August 1774, als vergessen wurde, eine von einem Wallfahrer entzündete Kerze zu löschen, brach ein Brand aus, dem nicht nur das Dach, sondern auch die Inneneinrichtung großteils zum Opfer fiel; die Kanzel, die der Stadtpfarrer von Hainburg, Johann Karl Rascher von Weyeregg, 1696 zu seinem Jubiläum gestiftet hatte, blieb von den Flammen verschont.

Auch die Orgel wurde beim Brand der Kirche 1774 vernichtet. Über ein halbes Jahrhundert blieb die Marienkirche ohne Orgel; daß sie wieder eine solche bekam, war das Verdienst von Pfarrer Franz Prack. Dieser – zuerst Pfarrer in Hohenberg, dann in Schwarzau im Gebirge und schließlich

„Die Kirche zu Deutsch-Altenburg". Spiegelverkehrter Farbdruck nach Conrad Grefe, 1861. (Angabe S. 347)

Eine Gedenktafel an der Friedhofsmauer hinter dem Grab von Pfarrer Joseph Maurer erinnert an Pfarrer Franz Prack. Sie wurde 1845 vom Musikverein Preßburg durch Anton Huber, den damaligen Besitzer der Bienenfeldmühle, gesetzt.
Die lateinische Inschrift der Marmortafel lautet übersetzt: „Dem geliebten Pfarrer dieses Ortes Franz Prack, der nach Erfüllung der geistlichen Pflichten seine freie Zeit gern den schönen Künsten widmete, haben seine Preßburger Musikfreunde in frommer Erinnerung dieses Denkmal gesetzt."
Großgeschriebene, bisweilen rot eingefärbte römische Buchstaben in abendländischen Inschriften sind auch als Zahlenzeichen („Chronogramm") zu verstehen: die Ziffern ergeben addiert die Jahreszahl der Widmung einer Inschrift, der Errichtung eines Gebäudes oder, wie in diesem Fall, das Todesjahr des Geehrten.

von 1825 bis zu seinem Tod 1844 in Deutsch Altenburg – sorgte zunächst für den Ankauf der Orgel aus dem aufgelassenen Hainburger Kapuzinerkloster; 1835 gelang es ihm, eine Subvention der Landesregierung zu erlangen. Die neue Orgel, gebaut von Christoph Ehrler aus Wien, wurde 1838 auf der Musikempore der Pfarrkirche aufgestellt.

In der Zeit des Historismus, als man sich mit den vergangenen Stilepochen künstlerisch und dokumentierend auseinandersetzte, fand auch die Marienkirche bauhistorisches Interesse. Friedrich Schmidt, der bekannte Ringstraßenarchitekt, Akademielehrer und Dombaumeister zu St. Stephan (1862–1891), hat im Jahr 1862 mit Schülern der k. k. Akademie der bildenden Künste in Wien 1862 eine Bauaufnahme der Deutsch Altenburger Pfarrkirche durchgeführt, die zahlreiche Zeichenblätter umfaßt; die Originale befinden sich im Kupferstichkabinett der Akademie und zeigen u. a. Ausschnitte aus dem „Weltgericht" (Jesus in der Mandorla) und der „Schutzmantelmadonna", heute verschwundenen Fresken an der Südwand der Kirche. Doch nicht nur Krieg und Feuer, auch das Alter machte der Marienkirche mit der Zeit zu schaffen, weshalb man sich zu einer Restaurierung entschloß. Richard Jordan, ein Schmidt-Schüler, leitete die große Kirchenrenovierung, die ab 1896 erfolgte. In ihrem Verlauf wurden die im Barock verkleinerten Fenster des Chores auf ihre ursprüngliche Größe gebracht und mit Maßwerk versehen, die gotischen Strebepfeiler – von denen nach dem Brand nur zwei unversehrt waren – erneuert und das Dach des Chores erhöht. Im Kircheninneren wurde der Verputz mit einem schnell arbeitenden Stockhammer entfernt, der ein Waffelmuster auf den Steinquadern hinterließ und eventuell vorhandene romanische Steinmetzzeichen zerstörte. Durch die Neugestaltung der Dächer der Seitenschiffe des Langhauses traten außen *Oculi* („Äuglein", siehe Abb. S. 244/45) zutage, kleine Rundfenster, die für mittelalterliche Wehrkirchen typisch waren.

Die Kirche vor der großen Renovierung, noch mit Schindeldach, um 1880–1890.

Die Kirche nach dem Brand vom 15. August 1774. Rötelzeichnung von Carl Conti. Das Bild zeigt auch Ruinen des 1529 zerstörten Pfarrhofs.

Der wuchtige frühgotische Kirchturm aus der Mitte des 14. Jh.

Der hochgotische Chor aus dem Ende des 14. Jh.

An der Nordseite der Marienkirche befinden sich bei der Apsis zwei Treppentürmchen, welche die Doppelkapelle und den Dachboden erschließen. Das obere ist von einer krabbenbesetzten, spitz zulaufenden Kuppel bekrönt. Die Wiener Dombauhütte hat diesen architektonischen Gedanken als erste im deutschsprachigen Raum aufgegriffen und an den Portalkuppeln und dem Turmhelm der Kirche Maria am Gestade in Wien verwirklicht.

Die Strebepfeiler samt Statuenbaldachinen entsprechen jenen des Langhauses des Stephansdoms in Wien. An den Strebepfeilern des Chorscheitels die Wappen der Stifterfamilie Dörr.

Das dreifach abgetreppte Nordportal war dem alten Pfarrhof zunächst gelegen.

Das einfach abgetreppte Portal der heutigen Taufkapelle (vielleicht der ursprünglichen Stifterkapelle der Familie Dörr). Die beiden sechsstrahligen Kreisblumen im Bogenfeld symbolisieren Maria und Johannes zu seiten des Kreuzes.

Südportal, doppelt abgetreppt. Eine winzige Farbspur rechts oberhalb des Bogenscheitels erinnert an das einstige „Weltgerichts"-Fresko.

Das Weltgericht (14. Jh.). Über dem Südportal war Jesus in der Mandorla dargestellt, auf dem Regenbogen thronend, beide Hände segnend erhoben, in seiner rechten, entblößten Seite das Wundmal. Links und rechts des Erlösers knien Maria und Johannes, darüber stehen zwei Engel. Der linke hält den Querbalken, an dem die Dornenkrone hängt. Auch der rechte Engel hielt zweifellos Marterwerkzeuge. Die Menschengruppe links stellt die Seligen dar, die Gruppe rechts, fast nicht mehr zu erkennen, die Verdammten.

DIE VERLORENGEGANGENEN FRESKEN AN DER SÜDWAND DER KIRCHE

Im Juni 1906 kamen bei der Entfernung des Holzvorbaus vor dem Südportal mittelalterliche Wandmalereien zum Vorschein, die überwiegend aus dem 14. Jahrhundert stammen, jener Zeit also, als im Zuge großer Bautätigkeit der Turm und der Chor (beide gotisch) errichtet wurden. So fand man beim Südportal Darstellungen des Weltgerichts (14. Jh.), des Marientodes (14. Jh.) und des heiligen Christophorus (vermutlich 13. Jh.); an der Steinwand der heutigen Taufkapelle war die Schutzmantelmadonna dargestellt (14. Jh.). Auch Inschriften in gotischen Lettern wurden freigelegt.

Der Tod Mariens (14. Jh.). Dieses Werk rechts über dem Eingang war am schlechtesten erhalten. Bei genauem Hinsehen erkennt man in der Bildmitte den Oberkörper einer liegenden Frau, deren Kopf von einem dunklen Tuch verhüllt ist. Um sie herum stehen die zwölf Apostel, in der Mitte nimmt Jesus die als Kind dargestellte Seele der Sterbenden auf.

34 Jahre vor dieser Freilegung waren die Fresken freilich noch unverdeckt und zu sehen gewesen, wie die erwähnten Zeichnungen aus dem Jahr 1862 beweisen. Der „Entdeckung" der Kunstwerke 1906 folgten jahrelange Verhandlungen über notwendige Rettungsmaßnahmen. Es wurde aber keine Einigung erzielt, so daß die Malereien in der Folge ungeschützt blieben und von der Witterung zerstört wurden.

Der heilige Christophorus (13. Jh.). Dieses älteste Fresko an der Südwand der Kirche, rechts neben dem Portal, war zum Teil von der Darstellung des Marientodes überdeckt. Der Heilige war mit einfachen Strichen auf die nur schwach verputzten Quadersteine gemalt, den Blick auf den Betrachter gerichtet. Er stützt sich mit der rechten Hand auf einen Baumstamm mit stilisierter Krone, was seine Größe verdeutlichen soll (als er der Legende nach das ihm erschienene Jesuskind auf dessen Verlangen durch einen tiefen, reißenden Fluß trug, wuchs er auf wunderbare Weise zu riesenhafter Größe empor); mit der linken trägt er das Jesuskind, das seinerseits in der linken Hand ein Buch hält und mit der rechten segnet. Nimmt man für die Erbauung des bestehenden Langhauses die Jahre ab 1213 an, könnte das Fresko schon bald danach, also noch in der ersten Hälfte des 13. Jh., entstanden sein, als auch der Karner erbaut und im Inneren mit Fresken geschmückt wurde; es wäre damit eine der frühesten Christophorusdarstellungen in Österreich.

Die Schutzmantelmadonna (14. Jh.). An der Westwand der heutigen Taufkapelle befand sich eine für jene Zeit seltene Darstellung dieser Madonna. Vom Kopf treten nur die hellen Haare hervor. Die Kleidung besteht aus einem Untergewand und einem Obergewand, das durch einen Gürtel zusammengehalten wird. Mit beiden Händen hält Maria den weiten dunklen Mantel über die Schutzflehenden. Die elfzeilige Inschrift neben der Madonna ist in der typisch gotischen Majuskel des 14. Jh. geschrieben, doch in deutscher Sprache verfaßt. Zu lesen sind: DAZ (erste Zeile) SAIT HIE (zweite Zeile) HERZIG (dritte Zeile).

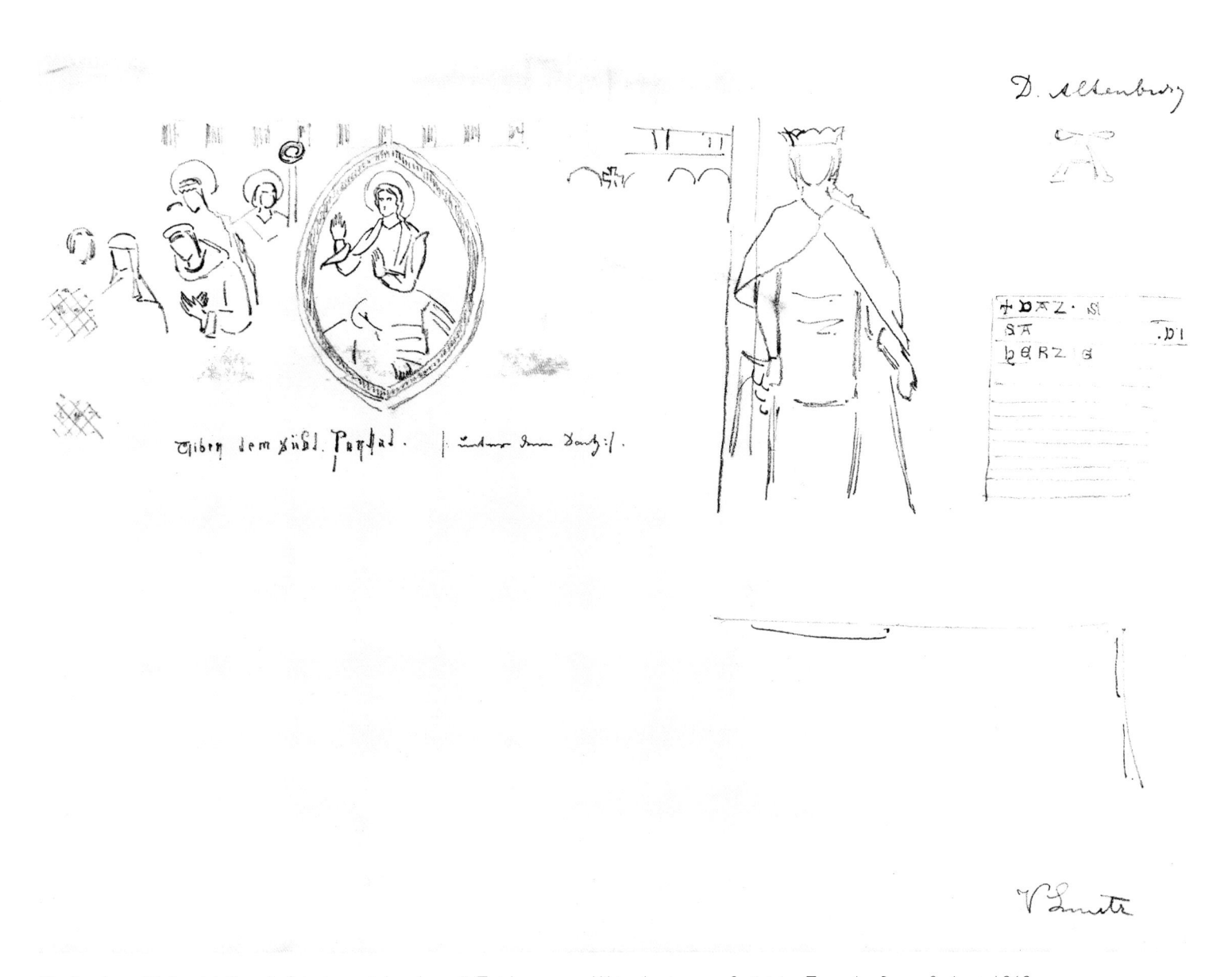

Die Fresken „Weltgericht" und „Schutzmantelmadonna". Zeichnung von Viktor Luntz, angefertigt im Zuge der Bauaufnahme 1862.

Blick vom rechten (südlichen) Seitenschiff in die Taufkapelle (Johanneskapelle). Taufbrunnen und Täufergruppe stammen aus der Zeit der Pfarrerhebung, mit der das Taufrecht verbunden war. Von architektonischem Interesse ist die Verbindung von Kirchenschiff und Kapelle, die möglicherweise der Zeit der Kirchenerweiterung durch Hochchor und Doppelkapelle angehört.

Pietà mit gekrönter Maria. Das halbkreisförmige Gemälde, früher unter der Orgelempore und Gegenstand besonderer Verehrung, befindet sich seit seiner Restaurierung über dem Nordportal. Es ist eine der seltenen gemalten Darstellungen Mariens mit dem abgenommenen Leichnam Christi.

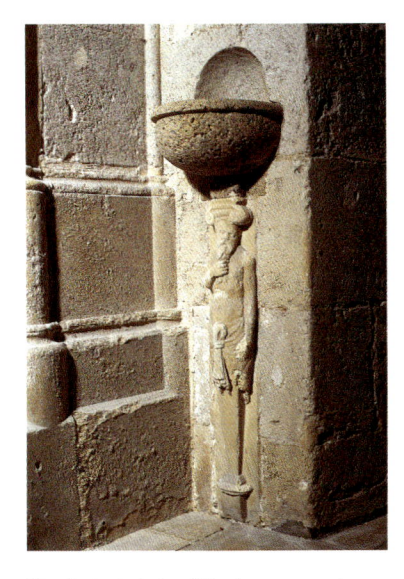

Ein Beispiel der Wiederverwendung antiker Figuren: römische Herme als Wasserhalter im Chor.

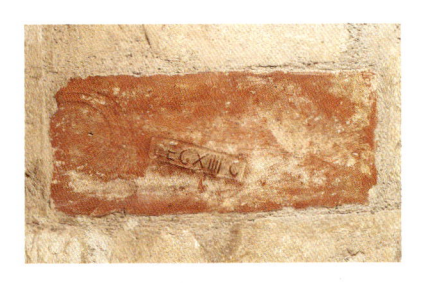

Römerziegel mit dem Stempel LEG XIIII G im Gewände des Westeingangs von der Turmhalle in die Kirche.

Frühbarocke Pietà gegenüber dem Haupteingang (Südportal) der Kirche.

Innenansicht der Marienkirche: das Hauptschiff mit dem Hochaltar, 1999.

Neugotischer hölzerner Hochaltar mit dem Marienbild von Franz Dobyaschofsky aus dem Jahr 1866; links und rechts des Bildes Figuren der Heiligen Peter und Paul. Foto 1958.

Als anläßlich der Neugestaltung des Altarraums 1965 der alte Hochaltar abgetragen wurde, erwarb Hans Wertanek das Altarbild von Franz Dobyaschofsky; seine Tochter Erna Weidinger ließ es restaurieren und 1982 in der Empfangshalle des Direktionsgebäudes (errichtet von Architekt Alois Kienesberger) der Hollitzer Baustoffwerke am Pfaffenberg aufstellen.

1965 wurde der Altarraum neu gestaltet. Der Hochaltar aus Adneter Marmor entstand nach Plänen von Architekt Hanns Petermair, Wien. Das Altarbild ist eine Kopie des ursprünglichen Marienbilds der Kirche und stammt aus dem 17. Jh.

DIE ALTENBURGER MADONNA

Der Überlieferung nach soll König Stephan der Heilige von Ungarn, der sagenhafte Gründer der Altenburger Marienkirche, dieser eine wundertätige Madonnenikone geschenkt haben, die Maria als Himmelskönigin zeigte und schon bald zum Ziel von Pilgern wurde. Eine der Entstehungssagen rund um die Altenburger Marienkirche wurde schon erwähnt (siehe S. 42). Eine weitere erzählt von der Rettung des Königs vor dem drohenden Absturz seines Wagens in den Abgrund (wohl eines Steinbruchs), die wieder auf die wundertätige Madonna zurückgeführt wurde. Vielleicht war es aber auch Friedrich Dörr, der das Marienbild 1217 bei seiner Heimkehr vom Kreuzzug für die kurz vorher erbaute Kirche mitbrachte.

Das alte Gnadenbild wurde jedenfalls 1529 vor den Türken versteckt und in das Augustinerkloster nach Bruck an der Leitha gebracht. Seither ist es verschollen. Eine 1586 angefertigte Kopie verbrannte mit dem Barockaltar in der Maria-Himmelfahrts-Nacht des Jahres 1774. Eine weitere erhaltene Kopie des Gemäldes war möglicherweise als Hochaltarbild bis 1866 in Verwendung. Der in diesem Jahr errichtete neugotische Holzaltar erhielt als Altarbild eine „neugotische" Fassung der Altenburger Madonna von Franz Dobyaschofsky (auch: Dobiaschofsky, 1818 bis 1867), eines damals hochangesehenen

Die beiden Krippen aus dem 18. Jh. gehörten zum Inventar der Altenburger Pfarrkirche; sie wurden 1945 beschädigt und befinden sich seit 1966 als Leihgabe im Erzbischöflichen Dom- und Diözesanmuseum in Wien, wo sie restauriert wurden und besichtigt werden können. Sie zeigen figurenreiche Darstellungen der Szenen in detailgetreuer Wiedergabe; besonders ausdrucksstark sind die Gesichter, hergestellt aus weißem, elfenbeinschimmerndem Wachs. Oben links: die Weihnachtskrippe mit Epiphanie.

Die Fastenkrippe (Kalvarienberg).

Weihnachtskrippe. Detail: ein König aus dem Morgenland.

„Abbildung des Uhralten und / Groß Wunderthätigen Gnadenbilds, in der Lands = / Fürst. Patronats = Pfahr-Kirchen zu Teutsch Altenburg, des / Ertz bistums Wienn, wie solches von dem Heiligen Stephan / ersten Christlichen König in dem Apostolischen Königreich / Ungarn vor Siben Huntert Jahren samt der Kirchen gestellt / worden." Die Darstellung des Gnadenbildes, gestochen von J. Adam Schmutzer 1734, fand sich in vielen Häusern Deutsch Altenburgs. Sechs Jahre zuvor, 1728, hatte man das 700jährige Jubiläum der Kirche begangen – die erste große Feier unter der Herrschaft Ludwigstorff; der Stich war wohl als eine Art Festschrift von Einheimischen und Wallfahrern zu erwerben. Die Engel auf dem Bild tragen Symbole, die sich auf die Lauretanische Litanei beziehen: rechts den Morgenstern, das goldene Haus und den elfenbeinernen Turm, links die geheimnisvolle Rose, den Spiegel der Gerechtigkeit und die Lade des Bundes. Oben im Rahmen ist der kaiserliche Doppeladler zu sehen. Der Text in der Vignette scheint dem Buch von Mathias Fuhrmann „Alt- und Neues Österreich" (erschienen 1734–1737) entlehnt.

Grundriß der Marienkirche: 1 Mittelschiff; 2 nördliches Seitenschiff; 3 südliches Seitenschiff; 4 Taufkapelle; 5 Chor (Presbyterium); 6 Sakristei; 7 Oratoriumaufgang; 8 Aufgang zum Musikchor; 9 Turm; 10 neuer Westeingang; 11 Südportal; 12 Nordportal; 13 südlicher Choreingang; 14 vermauertes romanisches Portal in die Taufkapelle; 15 Hochaltar. (Nach Müllner, S. 44, bzw. Geng-Sesztak/Reinisch, S. 33.)

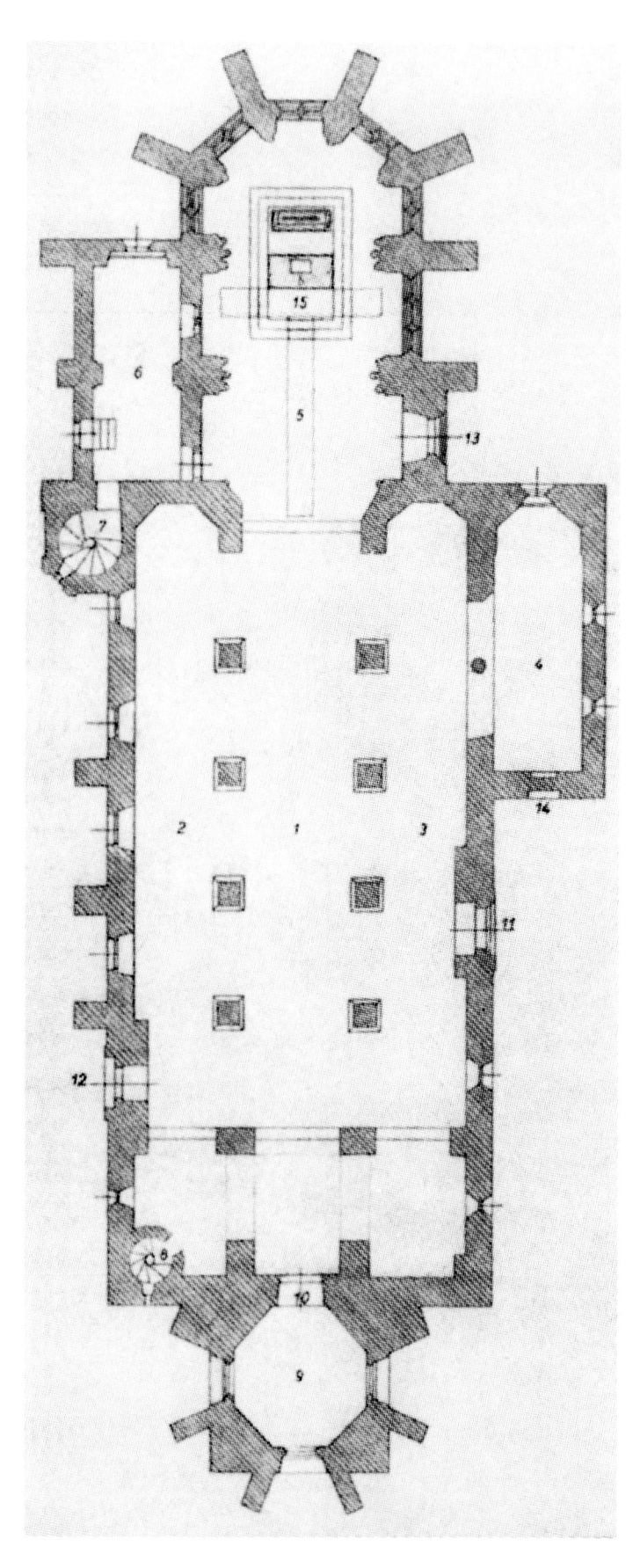

Akademieprofessors, der eben die malerische Ausstattung des Stiegenhauses der Hofoper vollendet hatte. Seit 1965 dient die erhaltene Kopie aus dem 17. Jahrhundert als Altarbild des neuen Hochaltars. Die Darstellung zeigt Maria als Himmelskönigin, gekrönt und auf Wolken thronend, mit dem Zepter in der rechten Hand, mit der linken das Jesuskind haltend, das auf ihrem Schoß steht, die Arme zum Kreuz ausgebreitet.

Nachbildungen dieser Altenburger Madonna finden wir am Hainburger Pfarrhof aus dem Jahr 1697, auf der Mariensäule an der Hainburger Straße (siehe S. 224) zwischen Altenburg und Hainburg mit der Jahreszahl 1717, an einem gotischen Marterl auf der Höfleinerstraße in Bruck an der Leitha aus dem Jahr 1720 und auf der Frauensäule in der Badgasse von Bad Deutsch-Altenburg, die zwar undatiert ist, aber wohl aus dem späten 17. Jahrhundert (etwa aus der Zeit der barocken Kirchenausstattung) stammt und damit die älteste bekannte Nachbildung wäre.

Eine Darstellung in Dobyaschofskys Variante befindet sich auch auf der großen Kirchenfahne aus dem Jahr 1895; die bisher jüngste, wieder in barocker Form, hat 1988 Stefan Riedl für das „Rote Kreuz" (Donatusmarterl) auf dem Kreinerhügel an der Straße Richtung Petronell ausgeführt (siehe S. 201).

Das Stephanus-Altarbild in der Apsis des linken Seitenschiffs, gestiftet 1726 von Stephan Graf Koháry, zeigt den heiligen König Stephan, der Maria die Altenburger Kirche darbringt; neben Stephan steht sein Sohn Emmerich (Imre) mit Krone, Zepter und Wappen Ungarns.

"Städte, Gnaden-Örter und ausser denen Städten gelegene Clöster Der Wienerisch-Passauisch- und Salzburgischen Dioeces in Unter Oesterreich". Landkarte von Mathias Fuhrmann, 1734. (Angabe S. 347)

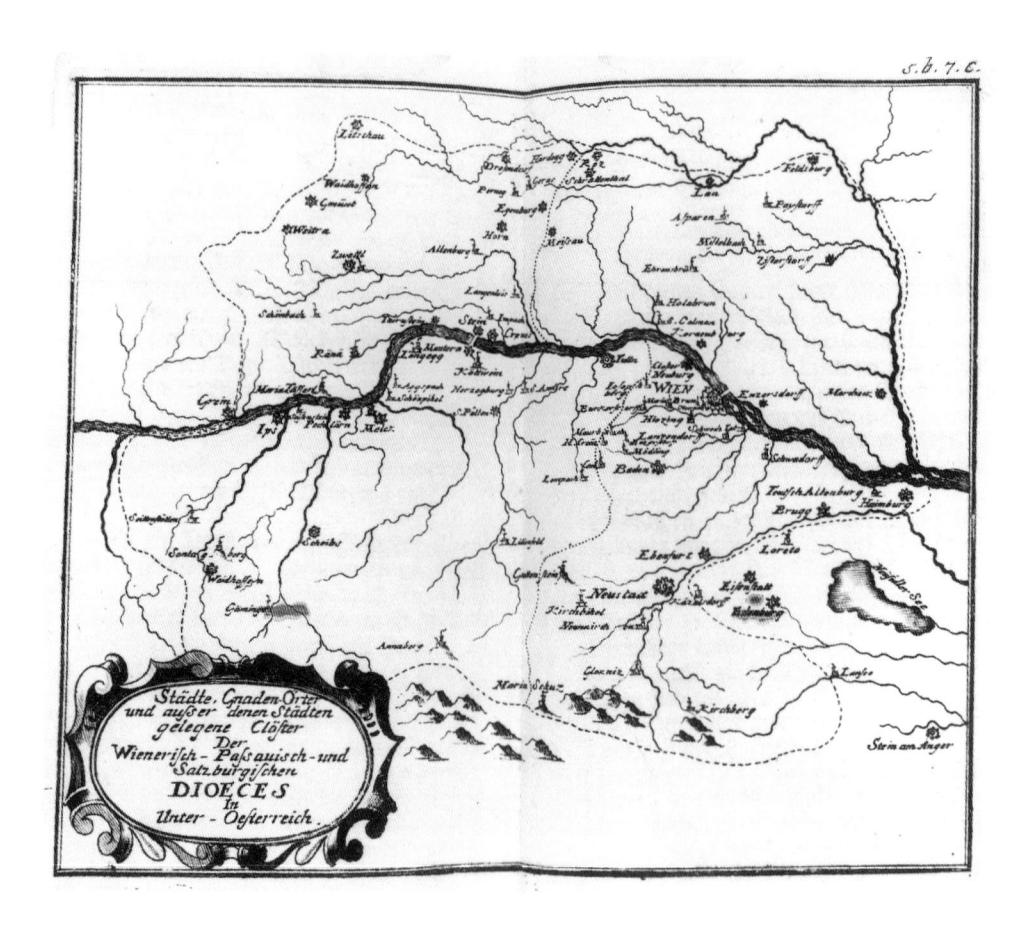

WALLFAHRTEN UND FESTE

Die Marienkirche von Bad Deutsch-Altenburg ist eine alte Wallfahrtskirche. Bereits 1585 berichtet der Hainburger Dechant Johann Merscheck, daß die früher *große Kirchfahrt* nach Altenburg abgenommen habe. Um der sinkenden Bedeutung der alten Kirche entgegenzuwirken, veranlaßte Christoph von Royas, ab 1675 Pfarrer von Hainburg, daß mit kaiserlichem Auftrag von der Wiener Burgkapelle aus und von den Dominikanern Wallfahrten nach Deutsch Altenburg unternommen wurden. Royas, ein niederländischer Franziskaner, Beichtvater der Gemahlin Kaiser Leopolds I. und später Bischof von Wiener Neustadt (1685–1695), der sich seit seiner Hainburger Zeit um eine Vereinigung der alten mit der neuen christlichen Lehre bemühte, setzte damit eine Initiative, die freilich durch den Ausbruch der Pest 1679 und den Türkenkrieg 1683 alsbald ein Ende fand. Dennoch, der Sieg der Gegenreformation mit der danach offen gezeigten Frömmigkeit und positiven Haltung gegenüber kirchlichen Einrichtungen hatte in der zweiten Hälfte des 17. Jahrhunderts allgemein zu einem Aufschwung des Wallfahrtswesens geführt. So wurde damals die Kirche von Mariazell, dem bedeutendsten Wallfahrtsort der Monarchie, prunkvoll umgebaut und erweitert (1647–1690). Und 1695 gewährte Papst Innozenz XII. jedem, der nach „Tedesco Altenburg" wallfahrtete, einen Ablaß für sieben Jahre.

Zu jener Zeit gab es übrigens bei der Kirche zu Deutsch Altenburg einen Einsiedler namens Georg Muggenfuß; von ihm wissen wir nur, daß er 1695 um Aufnahme in das Hainburger Bürgerspital bat, wofür er bereit war, 34 Reichstaler zu bezahlen; seine Bitte wurde jedoch abgeschlagen.

Von 1727 an gibt es Nachrichten über Wallfahrten der Kroaten nach Deutsch Altenburg. Sie fanden zu Mariä Verkündigung (25. März), Mariä Heimsuchung (2. Juli), Mariä Himmelfahrt (15. August) und Mariä Geburt (8. September) statt. 600 bis 800 Kroaten aus dem Marchfeld fuhren um 1850 alljährlich mit Plätten über die Donau; auch aus Preßburg (Bratislava) und Wieselburg (Moson) kamen Kroaten. Eine letzte Wallfahrt von Neudorfer Kroaten (Burgenland) fand 1901 statt. 1906 beklagte sich Ignaz Braith, der damalige

Der „Umurkenkirtag", der jährlich zu Mariä Himmelfahrt auf dem Kirchenberg stattfindet, ca. 1880.

Pfarrer von Deutsch Altenburg, über den Rückgang der Wallfahrten.
Am 15. August 1958 traf die erste vom Verein der Ungarn in Wien organisierte Wallfahrt zur Marienkirche von Bad Deutsch-Altenburg ein. Etwa 300 Menschen kamen mit einem Sonderzug, um hier die Messe zu feiern. Gleichzeitig wurde auch das Stephanusfenster an der Nordseite der Kirche eingeweiht, gestaltet und gespendet von Franz Déed, nach dessen Entwürfen auch die anderen damals in der Kirche anstelle der durchsichtigen Nachkriegsverglasung eingesetzten Fenster angefertigt wurden. Franz Déed war ungarischer Abstammung und in Preßburg geboren. Dies erklärt auch die ungarische Inschrift auf dem Fenster, das den Ungarnkönig Stephan den Heiligen, den legendären Gründer dieser Kirche, darstellt. Die Wallfahrten des Vereins der Ungarn in Wien fanden bis zum Jahr 1973 statt, als der ungarische Kardinal Mindszenty hier am 15. August die Messe zelebrierte. Da Friedrich Wenzel, der Initiator der Bewegung, knapp davor gestorben war, bedeutete diese Feier zugleich Höhepunkt und Ende der Ungarnwallfahrten. An diese Wallfahrten erinnert noch heute das Ungarnkreuz, das 1962 am ehemaligen „Heldenfriedhof" unweit des Karners (heute Teil des Ortsfriedhofs) errichtet wurde. Das grabähnliche Denkmal besteht aus am Boden aufgelegtem Kies in der Form des ungarischen Wappens, versehen mit einem eisernen Kreuz, und geht ebenfalls auf eine Initiative von Friedrich Wenzel zurück.

Alljährlich wird zum Patronatsfest Mariä Himmelfahrt am 15. August auf dem Kirchenberg rund um die Marienkirche der traditionsreiche *Umurkenkirtag* begangen, mit „Standeln", Musik und anderen Lustbarkeiten; natürlich dürfen die namengebenden „Umurken" (Salzgurken) nicht fehlen, die dabei nach altem Brauch gegessen werden.

Auch der Dorfkirtag zu Peter und Paul am 29. Juni blickt als alter Deutsch Altenburger Kirchtag auf eine lange Geschichte zurück. Er war den Titelheiligen der Dörrschen Eigenkirche St. Peter und Paul gewidmet und fand als traditionelles Fest noch bis in die sechziger Jahre des 20. Jahrhunderts statt.

ST. LEONHARDSCAPELLE ZU DEUTSCH-ALTENBURG. V.U.W.W.

„St. Leonhardscapelle zu Deutsch-Altenburg". Farbdruck nach Conrad Grefe, 1861. (Angabe S. 347)

Der Karner, 1994.

DER KARNER

Die kreisrunde, zweigeschoßige Totenkapelle, dem heiligen Leonhard geweiht, wurde wahrscheinlich bald nach der Errichtung des Langhauses der Kirche im zweiten Viertel des 13. Jahrhunderts in romanischem Stil erbaut. Der beeindruckendste Teil ist das an der Westseite gelegene Portal. Aus zwölf verschiedenen Gesteinsarten hergestellt, gleicht es Regensburger Portalen vom Ende des 12. Jahrhunderts. Den beiden auf lombardische Art vor den Bau gestellten Baldachinsäulen folgen abwechselnd Pfeiler und Säulen; diese sind durch ein Kapitellfries verbunden, dessen Ornamentik große Ähnlichkeit mit den Kapitellen des abgebrochenen Kreuzgangs des ehemaligen Schottenklosters von St. Jakob in Regensburg aufweist (dessen Architekturteile wurden in den Chorschranken der dortigen Kirche wiederverwendet). Die Apsis des Karners umzieht unter dem Kranzgesimse ein gerauteter Rundbogenfries, gekrönt von einem „Zahnschnitt" wie am Langhaus der Kirche. Die Rotunde selbst war ursprünglich höher: ihr oberer Abschluß, einst wohl auch mit einem Fries versehen, weist jetzt keinerlei Verzierung mehr auf, da der Bau 1809 von den Franzosen stark beschädigt wurde. Baron Ludwigstorff erwog damals den Abbruch des Karners, unterließ diesen jedoch aus Kostengründen. 1823 führte Martin Johann Wikosch, Geschichtsprofessor an der Universität Wien, eine Sammlung unter seinen Hörern durch und rettete das Beinhaus vor dem endgültigen Verfall, wie die lateinische Inschrift über dem Portal besagt: SACRARIVM . VETVSTATE . LABEFACTVM . AERE . AB . ORD . PHILOSOPH . VINDOBONENSI . COLLATO . RESTITVTVM . MDCCCXXIII.

Eine auf alten Stichen noch sichtbare Steinkanzel neben dem Tor diente bei Wallfahrten für Predigten, wurde aber in der zweiten Hälfte des 19. Jahrhunderts entfernt. Im Inneren des Karners wurden 1953 von Restaurator Weninger Reste romanischer Fresken aufgedeckt. Links der Apsis ist noch ein Schiff und darunter ein Krebs erkennbar, an der rechten Wand gekrönte Gestalten, darüber Engel – möglicherweise ist hier das Ordal* der heiligen Kunigunde, der Gattin Kaiser Heinrichs II., dargestellt. 1953 wurde der barocke Leonhardi-Altar nach Martinsdorf verkauft und der Steinaltar aus der Taufkapelle der Kirche im Karner aufgestellt. Der Karner kam 1928 aus Ludwigstorffschem Besitz an die Pfarre Bad Deutsch-Altenburg; seit 1995 gehört er der Gemeinde, die ihn schon zuvor als Aufbahrungshalle genutzt hatte.

---

* *Gottesurteil in Rechtsstreitigkeiten oder über Schuld und Unschuld, auf dem Glauben beruhend, daß der Unschuldige in einer Probe, die er zu bestehen hat (z. B. unverletzt über glühende Pflugscharen zu gehen), von Gott geschützt wird.*

Der Karner auf einem Stich von L. Rohbock und A. Fesca von 1871 (Angabe S. 347) zeigt noch die alte Steinkanzel; von ihr wurden an den marianischen Hochfesten den Wallfahrern in ihrer Muttersprache gepredigt. Die Aufsätze („Bienenkörbe") der beiden äußersten Portalsäulen sollen sich heute in einem Wiener Museum befinden.

Ansicht (Fig. 1), Längsschnitt (Fig. 2) und Grundriß (Fig. 3) des Karners. Aus „Archäologischer Wegweiser durch das Viertel unter dem Wienerwald" von Eduard Freiherrn von Sacken, 1866.

Gerauteter Rundbogenfries an der Apsis des Karners, gekrönt von einem „Zahnschnitt" wie am Langhaus der Kirche.

Rosette links vom Karnereingang: Steinrelief mit sieben sechsstrahligen Blüten, die ineinander übergehen.

Das Portal des Karners mit den beiden Baldachinsäulen, die auf lombardische Art vor den Bau gestellt wurden; ihnen folgen abwechselnd Pfeiler und Säulen, verbunden durch ein Kapitellfries, das in seiner Ornamentik an die Kapitelle des abgebrochenen Kreuzgangs des ehemaligen Schottenklosters von St. Jakob in Regensburg erinnert. Nach Abtragung der Steinkanzel 1893 wurde für die Wallfahrtspredigten eine praktikable Holzkanzel benützt, die mit Balken im Gewände des Portals verankert wurde. Eines dieser Löcher (linkes Bild) ist noch sichtbar.

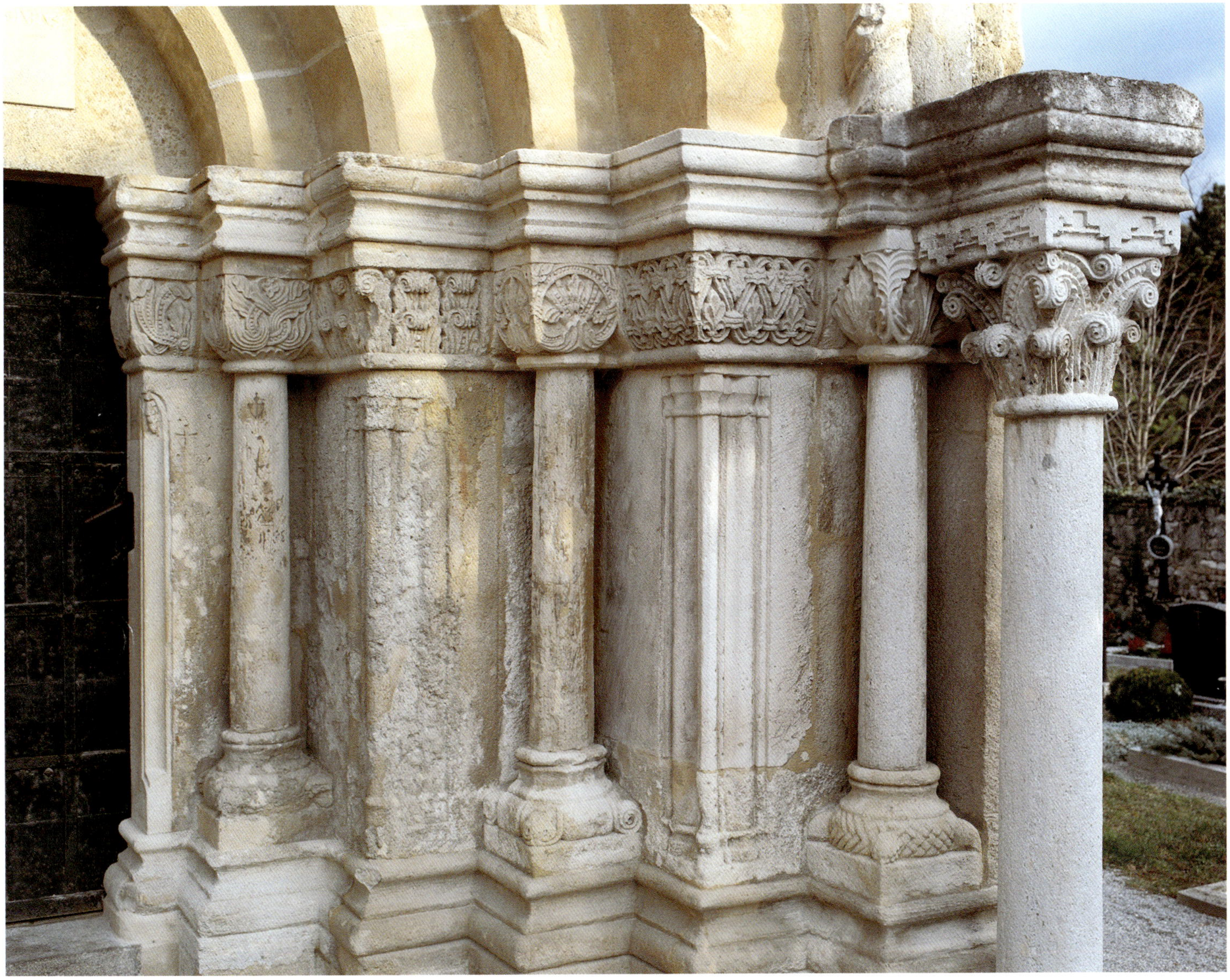

Reste romanischer Fresken im Inneren des Karners, die vielleicht das Ordal der heiligen Kunigunde darstellen – die Gattin Kaiser Heinrichs II. war des Ehebruchs beschuldigt worden.

Innenansicht des Karners.

273

274

Innenansicht.

Im Kellergeschoß des Karners lagern die aus den Gräbern des Friedhofs entfernten Gebeine. Zu Beginn der 1950er Jahre waren sie ins Freie geschafft worden, da der damalige Kustos des Museums Carnuntinum, Dr. Kutschera, hier Fundamente eines Römertempels zu ergraben hoffte. Zu dieser Grabung kam es jedoch nicht, und der wenig später neueingesetzte Pfarrer Dr. Schrammel ließ die Gebeine wieder in das Gruftgeschoß zurückbringen.

Die alten Kreuze der Gefallenen, an die das Kriegerdenkmal erinnert, lehnten nach der Erneuerung des Mahnmals 1999 eine Zeitlang außen an der Friedhofsmauer.

DER FRIEDHOF

Daß der Platz bei der Kirche ein uralter Bestattungsort ist, beweisen die Gräberfunde, die am Kirchenberg gemacht wurden; man hat sie als Bestattungen von Slawen aus den Jahren 950 bis 1050, also der Zeit der alten Wallburg, interpretiert (siehe S. 37/42). Doch nicht nur Zeugnisse slawischer Besiedlung, auch Funde aus der Bronze-, Hallstatt- und Römerzeit sowie dem Frühmittelalter dokumentieren eine lange Besiedlungskontinuität auf dem Kichenberg und verknüpfen das heute Unübersehbare – wie den Tumulus, die Kirche, den Friedhof – unlösbar mit den an diesem Ort noch im Dunkel der Geschichte liegenden Kulturen jahrtausendealter Völker.

Der älteste Pfarrhof befand sich ebenfalls

Blick durch das Friedhofstor. Die seitlichen Pfeiler mit Vasen stammen aus dem letzten Viertel des 18. Jh.

Der gotische Bildstock (um 1500), heute vor dem Friedhofseingang, stand – wie die Darstellung von F. F. Runk zeigt (siehe S. 235) – früher weiter von der Kirche entfernt, frei auf dem Plateau des Kirchenbergs.

im Kirchenbereich auf dem Berg, vielleicht als Umbau der Wohnstatt der 1051 erwähnten Propstei (siehe S. 42), und wurde 1529 im Zuge der Türkenkriege zerstört. Die Ruinen zeugten noch lange danach von dem Bau, der am Nordrand des heutigen Friedhofs stand.

Nach dem Zweiten Weltkrieg war hier, wo heute das Steinbrecherkreuz steht, der „Heldenfriedhof", der für die in dieser Region Gefallenen angelegt wurde. 1962 mit Subvention des Landes von der Gemeinde neu gestaltet, erfolgte am Allerheiligentag seine Einweihung. Zwei Jahrzehnte später, 1982, löste man ihn auf und bezog sein Gelände in den Friedhof des Ortes ein. Die Gebeine der Gefallenen wurden vom Schwarzen Kreuz, einer Organisation, die sich um Soldatenfriedhöfe kümmert, exhumiert, manche aufgrund noch vorhandener Erkennungsmarken identifiziert, und zum neu angelegten Soldatenfriedhof Blumau überführt. Die Mauer, welche die Anlage vom alten Friedhof getrennt hatte, wurde zur besseren Integration teilweise abgetragen und der gesamte Friedhof dadurch vergrößert.

Das Kreuz vor dem Friedhofseingang. Auf dem ursprünglichen Steinsockel stand A F V L 1805 – vielleicht die Initialen der Stifterin Anna Freiin von Ludwigstorff. Der Sockel wurde um 1960 entfernt; der bei Renovierung des Kreuzes 1999 neu gesetzte Sockel ist der wiederverwendete Rest eines unbekannten Grabsteins.

Das Cholerakreuz, am 2. Mai 1836 geweiht, stand ursprünglich auf dem „Cholerafriedhof". Als dieser wegen des Bahnbaus 1886 aufgelassen wurde, überführte man das Mahnmal in den Ortsfriedhof und widmete es den unbekannten Opfern der Donau.

Das Grab von Pfarrer Joseph Maurer, das zu dessen 100. Todestag 1994 neu gestaltet wurde. Das Kreuz entstand nach einem Entwurf von Hanns Eichelmüller aus Wolfsthal. Die Kosten deckten Spenden, die anläßlich des Goldenen Priesterjubiläums von Altpfarrer Dr. Josef Schrammel im Jahr 1989 eingegangen waren. Das originale Kreuz des Pfarrer-Maurer-Grabes wurde in das 1998 errichtete Steinbrecherkreuz auf dem neuen Friedhofsteil eingebunden.

An der Friedhofsmauer stand – unter Bürgermeister Franz Koch Ende des 19. Jh. errichtet – bis 1978 eine kleine Kapelle, darin war die Statue des heiligen Nepomuk, die sich heute im Kaiserbad befindet. Alte Postkarte aus Bad Deutsch-Altenburg, 1910.

Nach einem Entwurf von Stefan Riedl ließen die Hollitzer Baustoffwerke auf dem früheren „Heldenfriedhof" das Steinbrecherkreuz errichten. Das Denkmal, dessen oberer Teil das ehemalige Grabkreuz von Pfarrer Maurer trägt, erinnert an die vielen Generationen von Menschen, die seit 2000 Jahren in den Steinbrüchen der Gegend um Bad Deutsch-Altenburg gearbeitet haben und es auch gegenwärtig und künftig tun; es wurde am 11. Juni 1998, dem Fronleichnamstag, feierlich gesegnet. Die Inschrift lautet: IN NOMINE DEI VNIVS TRINIQVE LABOREM / EXEQVENTIBVS PETRARVM LATOMIIS SVIS / CVM VTRIVSQVE IVRIS AVCTORITATIBVS / SVIS POPVLVS DEVTSCH ALTENBVRGENSIS / IN DIE FESTO CORPORIS DOMINI NOSTRI / CRVCEM OLIM PII MVRATORI PAROCHI ET / LAPIDEM MEMORIÆ POSVIT. (Im Namen des Einen und Dreieinigen Gottes hat die Deutsch Altenburger Bevölkerung mit ihren Autoritäten beiderlei [= des weltlichen und geistlichen] Rechts allen jenen, die in den Steinbrüchen arbeiten, am Fronleichnamstage das Kreuz des seligen Pfarrers Maurer und diesen Inschriftstein zum Gedenken gesetzt.)

Der Türkenhügel auf dem Kirchenberg, von Südosten aus gesehen, um 1880.

Der Tumulus

Sein Name *Türkenhügel* (oder *Kreuzel*-, früher auch *Hütelberg*) könnte darauf hinweisen, daß der Hügel, südöstlich der Kirche gelegen, beim ersten Zug der Türken gegen Wien 1529 aufgeschüttet wurde, um – mit Fahnen besteckt – den Sammelplatz des türkischen Heeres auf dem Zug nach Wien zu markieren. Solche Fahnenhügel, *Sandschak-tepsi* genannt, finden sich vielfach längs der Donau, vor allem im südlichen Ungarn, wo sie türkische Heerstraßen und Lagerplätze bezeichneten.

Der früher kahle Hügel war ursprünglich 18 Meter hoch und maß an der Basis 72 Meter im Durchmesser; durch die neue Trassenführung der Bundesstraße 9 und der Zubringerstraßen zur Donaubrücke (1969–1972) wurde er um etwa ein Viertel verkleinert. An klaren Tagen kann man von ihm bis nach Wien und zum Neusiedler See sehen. Allerdings wird die Sicht in den letzten Jahren durch zunehmende Bewachsung beeinträchtigt.

1824 wurde der Tumulus erstmals erforscht: Auf Veranlassung des Wiener Universitätsprofessors Martin Johann Wikosch, der ein Jahr zuvor den Karner vor dem Verfall gerettet hatte, kam es zu einer Grabung; man fand nach damaligen Angaben in der Mitte des Hügels eine Steinplattenkiste und dahinter eine Menge Pfeilspitzen, Lanzenspitzen und verbrannte Knochen, die man am Fundort zurückließ.

Ein knappes Jahrhundert später, 1912/13, untersuchte im Auftrag des Budapester Nationalmuseums die Hainburger Kadettenschule den Hügel: Man vermutete darin das Grab Árpáds, des mythischen Königs von Ungarn und Großvaters Stephans des Heiligen.

Statt dessen gelangten die Forscher zu der Auffassung, daß das Zentrum des Hügels aus einem Steinhaufen von 1 Meter Höhe und 4 Metern Durchmesser bestand; bis zu 7 Meter innerhalb des Außenrands wurden *in regellos verstreuter Anordnung* Kalkbruchsteine verschiedener Größe angetroffen. Weiters fand man ca. 2 Meter über der alten Oberfläche Spuren eines Holzrosts, der den Mittelteil des Hügels in einer Ausdehnung von 20 Metern Breite und etwa 5 Metern Höhe verfestigen sollte. Die Hügelaufschüttung enthielt einige kleine Gefäßfragmente von *Freihandgefäßen* und den Fußteil einer kleinen, *anscheinend römischen Vase*. Etwa südlich der Mitte fand man unter der alten Oberfläche ein *Skelettgrab* mit Tongefäß und Bronzefragment (zit. aus Neugebauer-Maresch, S. 48). Nach Bestimmung des Grabungsleiters, J. Szombathy, handelte es sich um das endbronzezeitliche Grab eines sechs- bis achtjährigen Kindes; den Hügel selbst hielt er für ein rein frühmittelalterliches Bauwerk.

Nach Christine Neugebauer-Maresch scheint der Tumulus „in Zusammenhang mit der verschwundenen Wallburg zu stehen: entweder als (hallstattzeitlicher?, ausgeraubter?) Grabhügel und/oder als mittelalterlicher *Turmhügel*".

„Kirchenberg mit Kirche und Spaziergängerin". Gemälde von Rudolf Ribarz, um 1900.

Die Steinbrüche

GERTRUDE GENG-SESZTAK · KÄTHE SPRINGER

Bohranlage in der Steinbruchwand am Pfaffenberg in ca. 80 m Höhe, um 1925.

Stein ist mit der Geschichte von Bad Deutsch-Altenburg eng verbunden, wie schon das Wappen der Marktgemeinde zeigt, denn alle Darstellungen darauf – außer der fließenden Heilquelle – verweisen auf Stein.

Die Gewinnung dieses Rohstoffs war und ist für die Region als Wirtschaftszweig von großer Bedeutung. Bereits die frühesten keltischen Funde wurden in einem Steinbruch bei Wolfsthal gemacht, wie Eduard von Sacken, einer der Wegbereiter der Carnuntum-Forschung, in seinem Buch „Die römische Stadt Carnuntum" (S. 96/97) beschreibt. Die Steinbrüche der Gegend – wohl am meisten jene vom Kirchenberg und vom Pfaffenbergsattel – lieferten auch das Material für den Aufbau der römischen Stadt Carnuntum. Der Name *Carnuntum*, der aus dem Keltischen stammt und ins Lateinische übernommen wurde, bedeutet ja nichts anderes als *Stadt am Steinberg*, was zeigt, wie wichtig der Stein – und wohl auch seine Gewinnung – bereits vor 2 500 Jahren in dieser Region war.

Die dichte Reihe der Altenburger Steinbrüche ist heute noch gut zu erkennen – sie verläuft längs des gesamten Fußes des Kirchenbergs. Sie beginnt ganz in der Nähe des Hauptplatzes in den Gärten der Häuser zwischen Dörrweg, Dechant-Schrammel- bzw. Bischof-Durkowitsch-Weg und erstreckt sich über den Hinterhof des Kaiserbads (früher Garten des Illek-Hauses), die Lourdes-Grotte, die König-Stephan-Ruhe und die Gärten hinter der Zottmann-Villa bis zum ehemaligen Strombauamt. Es ist nicht bekannt, wie alt diese Steinbrüche sind, aber da sie leichter erreichbar waren als jene am hochgelegenen Pfaffenbergsattel, wurden sie wohl schon von den Römern und danach – allerdings in weit geringerem Ausmaß – von den Bauern der Gegend genutzt.

Nach dem Lehensbuch Herzog Albrechts III. besaßen um 1385 Jakob der Pretrer sowie Jakob Grasser das *Pergrecht* am Hainberg (wobei unklar ist, ob damit der Pfaffenberg oder der Kirchenberg gemeint ist). 1396 wird ... *ain Stainbruch an dem Hainberg*

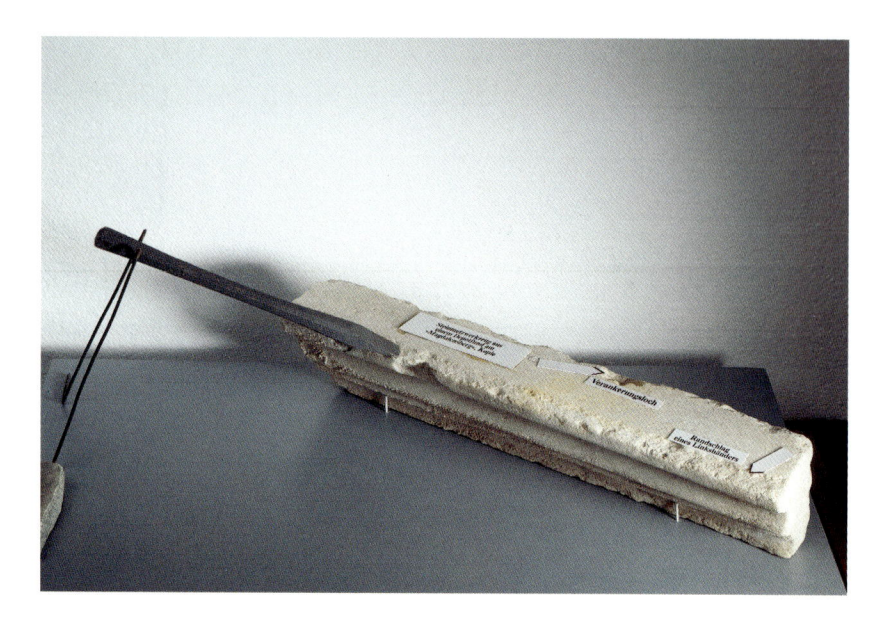

Bruchstück eines Gesimses aus der römischen „Palastruine" in Carnuntum samt einem „Breiteisen", wie es schon der antike Steinmetz zur Bearbeitung des Randschlags benützt hat – in diesem Fall ein Linkshänder, wie man sieht. Kopie, ausgestellt im Museum Mannersdorf und Umgebung, Steinmetztechnische Abteilung.

Manche Werkzeuge zur Steinbearbeitung haben sich bis heute kaum verändert. Im Bild: römisches Architekturstück aus Leithakalk (Fundort: Hof am Leithagebirge) mit Arbeitsspuren eines „Zahneisens". Ausgestellt im Museum Mannersdorf und Umgebung, Steinmetztechnische Abteilung.

Im Steinbruch der Hollitzer Baustoffwerke am Pfaffenberg. Bruchsohle, 1999.

Die Altenburger Steinbruchzone ist heute noch gut zu erkennen, wie die folgenden Beispiele zeigen.
Rechts: Am Stein. Im Vordergrund die 1974 angelegten Tennisplätze.

Im Garten der Zottmann-Villa.

Der stillgelegte Steinbruch des ehemaligen Strombauamts.

Die Lourdes-Grotte, ein aufgelassener Steinbruch am Westabhang des Kirchenbergs, wurde von Augustin Windhen (1924–1936 Pfarrer von Bad Deutsch-Altenburg) in Zusammenarbeit mit dem Steinmetzmeister Franz Seder gestaltet und zu Ehren der Immaculata geweiht. Im Juli 1981 wurde eine neue Statue der Bernadette von den Lourdes-Pilgern der Pfarre mitgebracht, da im Jahr davor die alte mutwillig zertrümmert worden war. Im Jänner 1982 wurden beide Statuen der Lourdes-Grotte von Unbekannten zerstört. Am 15. August desselben Jahres wurden die jetzigen Kunststein-Figuren (vom Bildhauer Erwin Burgstaller aus Gallspach, Oberösterreich) geweiht.

im Lehensbuch des Herzogs Albrecht IV. erwähnt, und zwar als Besitz des gleichnamigen Sohnes von Jakob Grasser, der den Grund von Jakob dem Pretrer gekauft haben dürfte.

Dasselbe Lehensbuch erwähnt auch Friedrich von Kranichberg als Besitzer von Äckern im Burgfeld mitsamt den *Stainbruch die dazugehörn, alles in Altemburger pharr* [Pfarre] *bei Hainburg gelegen* (zit. aus Sesztak, S. 53). Nach dem Aussterben der Nachkommen Kranichbergs im Jahr 1520 fiel der Besitz an die Herren von Eckartsau und 1544 an die Familie Polheim. 1567 erbte Hans von Polheim *ain hof genannt der Dürnhof mit aller seiner zugehörung mitsamt den weingarten die darin gehörn, davon man jährlich dient zu Purckhrecht 32 phenning* (zit. aus Sesztak, S. 54). 1625 wurden die Güter dem Geheimen Rat Carl von Harrach, Freiherrn von Rohrau, übergeben und verblieben bis 1793 im Besitz der Familie Harrach.

1411 erhielt Wilhelm der Dörr das Urfahr und den Steinbruch zu Altenburg zu Lehen. 1463 besaß die Familie Dörr laut den Akten des Hainburger Bezirksgerichts (1/1 fol. 199) einen Steinbruch am *Helstein* oder *Holstein* (möglicherweise der „Stein", in dessen *Höhlung* sich das 1853 erstaufgefundene Mithraeum Carnuntums befand) sowie alle Steinbrüche und Kalköfen bei Altenburg.

Im Jahr 1549 beklagte sich Franz Dörr, daß Baumeister Jakob Maurer seit vier Jahren zwar in seinen Steinbrüchen Kalk brenne, aber keinen Zins zahle. Die Steinbrüche gehörten mit dem Kirchenberg zu den herrschaftlichen Gütern.

1623 wurde Gundakar von Polheim mit Teilen der Dörrschen Güter belehnt, darunter das *Perkhrecht ... in Warttal gelegen* sowie der *stainbruch bey dem Helstein und all kalkofen und stainbruch bey Altemburg* (zit. aus Sesztak, S. 138).

Um 1720 waren die Steinbrüche am Helstein und am Kirchenberg an den Steinmetzen Thomas Hilger verpachtet. 1749 wurden, wie das herrschaftlich ludwigstorffische Rechnungsbuch ausweist, 44 Klafter Mauersteine gebrochen und dafür 22 Gulden *Steinbrecherlohn* bezahlt, um

Hinter dem Kaiserbad (früher: Illek-Haus).

Zwischen Dechant-Schrammel-Weg und Dörrweg.

zwei Gulden mehr als für Gratialien und Almosen. Für Steinmetzarbeiten wurden 2 Gulden 15 Kreuzer ausgegeben, dafür scheinen auf der Einnahmenseite unter dem Posten *Stainbruch Nuzung und Grundtrecht* 16 Gulden 12 Kreuzer auf, nur wenig mehr als der Herrschaft die Verordnung von *Civil straffen* einbrachte (nämlich 14 Gulden 56 Kreuzer; nach Sesztak, S. 144 – 147).

1850 wurde das Areal Am Stein von der Herrschaft an Dr. Anton Dominik Bastler veräußert, der es 1860 für 500 Gulden an Carl Hollitzer weiterverkaufte. Auf einem Teil dieses Geländes wurde in den Jahren 1901–1904 das Museum Carnuntinum errichtet, der größte Teil aber diente infolge der 1882 einsetzenden Donauregulierung als Steinbruch. Damit boten sich der Bevölkerung gute Arbeitsmöglichkeiten, und die Einwohnerzahl des Ortes stieg, was u. a. zum Bau der Häuser in der König-Stephan-Gasse führte (hier verlief wohl einst der Weg von den damals bereits aufgelassenen Steinbrüchen – der heutigen Lourdes-Grotte und des Illek-Hauses – zur Anlegestelle am Donauufer). Dieses Steinbruchareal an der Donauseite des Kirchenbergs ging schließlich in den Besitz des 1928 gegründeten Bundesstrombauamts (ab 1985: Wasserstraßendirektion) über und ist seit 1992 stillgelegt. Experimentelle Ideen zur Nachnutzung entstanden 1994 im Rahmen einer Parallelaktion zu dem baukünstlerischen Wettbewerb HIC SAXA LOQVVNTVR (siehe S. 303).

Das Mineurkreuz am Haydnweg wurde in einer aufgelassenen Steinabbaustelle auf dem Kirchenberg zur Erinnerung an den ersten geglückten Sprengversuch zur Schottergewinnung gestiftet.

Der ehemalige Steinbruch „Blauer Bruch".

STEINBRÜCHE AM PFAFFENBERG

Von den langgestreckten Höhenrücken und den schroffen Kegeln der Hainburger Berge ist der Hexenberg die höchste Erhebung und nimmt auch flächenmäßig den größten Anteil ein. Sein westlicher, zur Donau gerichteter Ausläufer ist der Pfaffenberg, der zwischen Hainburg und Bad Deutsch-Altenburg liegt und seit jeher zur Steingewinnung im Tagbau genutzt wird. Sein Name hat nichts mit dem römischen Heiligtum auf seiner Höhe zu tun, sondern rührt daher, daß er sich jahrhundertelang im Besitz der Hainburger „Pfaffen" befand. Der Berg besteht aus dolomitischem Kalk aus der Trias, der Zeit der „dunklen Kalke"

vor rund 220 Millionen Jahren, und entstand in der großen tertiären Gebirgsfaltung, die auch Alpen und Karpaten entstehen ließ. Es bildeten sich zunächst Kalke aus, die durch Zufuhr von Magnesium zum Teil in Dolomite umgewandelt wurden – zähe, feste Gesteine, welche die hier ansässigen Menschen seit je zu nutzen wußten.

Wie schon erwähnt, besaßen bereits um 1385 Jakob der Pretrer sowie Jakob Grasser das *Pergrecht* am *Hainberg*. Hier wird 1396 auch ein Steinbruch von Jakob Grasser jun. genannt (siehe S. 285/290).

Aus den Aufzeichnungen über die Einkünfte der Pfarre Hainburg, die anläßlich des Amtsantritts von Pfarrer Johann Schröter 1565 aufgelistet wurden, erfahren wir, daß die Pfarre Hainburg drei Steinbrüche am Pfaffenberg besaß. Einen davon hatten Antoni und Georg Baptista Cretiol gepachtet; die zwei gegen den Hundsheimer Weg – wohl den „Blauen" und den „Weißen Bruch" – hatte Andre Luttring, Steinmetz zu Deutsch Altenburg, inne. Luttring war ein bekannter Bildhauer; von ihm stammt u. a. der Brunnen, der 1572 auf dem Platz vor dem Preßburger Rathaus errichtet wurde, nachdem 1563

Der seit den 1940er Jahren aufgelassene „Weiße Bruch".

mit dem späteren Kaiser Maximilian II. erstmals ein ungarischer König in Preßburg gekrönt worden war. Die Brunnenfigur zeigt Maximilian II. als geharnischten Ritter, den man bald Ritter Roland nannte, weshalb der Brunnen bis heute als *Rolandbrunnen* bekannt ist. Der Stein, der für den Bau des Brunnens Verwendung fand, stammte mit Sicherheit aus Luttrings Bruch am Pfaffenberg.

Diese Steinbrüche auf dem Pfaffenbergsattel, über den der Weg von Hainburg nach Hundsheim führt, sind heute noch aus der Nähe erkennbar; die Brüche auf der Hundsheimer Seite – der „Weiße" oder „Miltschuh-Bruch" und der „Blaue" oder „Pechtrager-Bruch" – liegen verkehrstechnisch günstiger, was Luttring wohl zu schätzen wußte. Der Weg auf der Hainburger Seite des Pfaffenbergs, auf dem ganz oben der Steinbruch Cretiol lag, ist steil und bei Schlechtwetter in elendem Zustand. Der Weg auf der Hundsheimer Seite ist besser angelegt; er ist wahrscheinlich römischen Ursprungs und führt weiter vom Weißen Bruch hinauf bis zur Kuppe des Pfaffenbergs – und einst möglicherweise zum Eingang ins antike Heiligtum.

Der Stein des Weißen Bruches fand übrigens auch beim Bau der Stufen des berühmten *Neugebäudes* Verwendung, des ersten „Schlosses" nördlich der Alpen, das ab 1569 von Kaiser Maximilian II. bei Wien errichtet wurde. Unter Kaiserin Maria Theresia wurde es anderen Nutzungen zugeführt, und der Architekt Ferdinand Hetzendorf von Hohenberg ließ mit anderen „Architekturstücken" des Neugebäudes auch die Steintreppe zur Ausstattung des Gartens nach Schönbrunn überführen; dort dienen die Stufen aus dem Weißen Bruch seither als Stiegen zur Gloriette.

Hollitzer Baustoffwerke. Bruchsohle, 1933.

Die Hollitzer Baustoffwerke

Für Deutsch Altenburg wurde die Gesteinsgewinnung wirtschaftlich immer bedeutender und prägte lange Zeit auch die soziale Struktur der Bevölkerung. Vor allem während der großen Donauregulierung ab 1882 fanden viele Einheimische Arbeit als Steinbrecher, darunter zahlreiche Frauen als Steinschleglerinnen: Für die Regulierungsarbeiten hatte das Bauunternehmen Carl Hollitzer in Donaunähe den Steinbruch am Kirchenberg eröffnet, der in der Folge vom k.k. Wasserstraßenamt übernommen wurde.

1886 erwarb Carl Hollitzer von der Pfarre Hainburg um 40 000 Gulden den Pfaffenberg (eine Summe, von deren Zinsen der Pfarrer bis zur Inflation nach Ende des Ersten Weltkriegs leben konnte). Er übergab ihn später seinen Großneffen, den Brüdern Franz und Emil Hollitzer, die dort 1906 einen Steinbruch eröffneten – veranlaßt durch einen Wunsch der österreichischen Staatseisenbahnverwaltung, die nach Fertigstellung der Bahnverbindung Bruck–Hainburg für ihre noch zu bauenden Strecken, nämlich die Preßburger und die Raab-Ödenburg-Ebenfurther Bahn, Bedarf an besserem, genauer sortiertem Gleisbettungsschotter hatte. Da das Gestein des Pfaffenbergs dafür geeignet erschien, begannen die Brüder Hollitzer 1906 an der Nordwestseite mit dem Abbau und legten damit den Grundstein der *Hollitzer Baustoffwerke*, die heute zu den größten und modernsten Bergbauunternehmen Österreichs zählen.

Der dolomitische Kalk des Pfaffenbergs erwies sich aufgrund seiner Verwitterungsbeständigkeit und Zähigkeit als bestens geeignet für die Gleisbettung. Der Betrieb florierte. 1909 kamen die ersten Maschinen zum Einsatz und erhöhten die Leistungsfähigkeit des Unternehmens. Die günstige Lage direkt an der Trasse der Preßburger Bahn und die guten Eigenschaften des Gesteins ließen bereits vor dem Ersten Weltkrieg neben der spezialisierten Schotterproduktion für die Bahn auch vorübergehend eine Kalkbrennerei sowie ein Asphaltwerk entstehen.

Als nach dem Ersten Weltkrieg im Straßenbau neue Techniken entwickelt wurden, ergaben sich für den dolomitischen Kalk des Pfaffenbergs weitere Verwendungsmöglichkeiten. In neuen Betriebsanlagen begann man mit der Erzeugung von Spezialsanden, Edelsplitten und Korngemischen für die Asphalt- und Betonherstellung – heute ist die Erzeugung dieser Produkte für den Straßenbau der wichtigste Zweig des Werks. Anfang der zwanziger Jahre stellte man auch Asphalt her und gründete 1924 gemeinsam mit anderen Firmen die Allgemeine Straßenbau AG; in den dreißiger Jahren zogen sich die Hollitzer Baustoffwerke daraus zurück.

Kalkofen der Bauunternehmung Franz & Emil Hollitzer, um 1925.

Sandwaschanlage, um 1925.

Der Hollitzer-Steinbruch von Westen aus gesehen, vor dem Beginn des Etagenabbaus, 1956. Längs des Bergfußes Deponien von Sand 0/5 aus der alten Produktionsstätte „Rieselhaus".

Die Bruchwand, um 1912.

Steinverladung im Steinbruch, um 1925.

Steinzerkleinerung im Steinbruch, um 1925.

Reparatur eines Baggerlöffels, 1950.

Im Maschinenhaus, um 1925.

Inneres der Zentralwerkstätte, 1950.

Kommerzialrat Ing. Hans Wertanek (1886–1967). Seit 1912 in der Firma tätig, übernahm er 1945 deren Leitung. Porträtzeichnung von Josef Fuchs.

1939–1945 stand das Werk als „kriegswichtiger Betrieb" unter „kommissarischer Verwaltung". Nach den Kriegsjahren und der darauffolgenden Demontage der Werksmaschinen durch die Besatzungsmacht wurde der Steinbruchbetrieb unter Hans Wertanek wiederaufgebaut: Moderne Produktionsanlagen wurden errichtet, neuentwickelte Verfahrenstechnologien eingesetzt und zur allgemeinen Qualitätshebung der Steinbrecherzeugnisse der *Güteschutzverband der Österreichischen Splitt- und Schotterwerke* ins Leben gerufen.

Um seine führende Marktposition zu behaupten, mußte sich der Betrieb kontinuierlich weiterentwickeln. Unter anderem wurde die Abbautechnik auf Stufen- oder Etagenabbau umgestellt; dies brachte eine bedeutende Verbesserung der Betriebssicherheit und Wirtschaftlichkeit des Werkes mit sich. So präsentiert sich das Gesicht des Berges nach Westen heute in einer weithin sichtbaren, über 500 Meter langen und in sechs Stufen etwa 120 Meter hoch aufsteigenden Bruchwand. Die mehr als 50 verschiedenen Gesteinsprodukte werden nach wie vor hauptsächlich im Straßenbau eingesetzt, aber auch im Gleisbau, in der Betonindustrie, im Wasserbau und in der Landwirtschaft. Wasserbausteine vom Pfaffenberg fanden etwa beim Bau der Donauinsel in Wien ebenso Verwendung wie bei den Regulierungsarbeiten an March und Leitha, und ein speziell hergestelltes korngestuftes Gemisch mit Ausfallskörnung diente z. B. zum Bau des Verschubbahnhofs Wien-Kledering sowie der Landebahnen des Flughafens Wien-Schwechat.

So hat sich das Werk aus bescheidenen Anfängen zum führenden Steinbruch Mitteleuropas entwickelt.

Der Hollitzer-Steinbruch am Pfaffenberg, 1994.

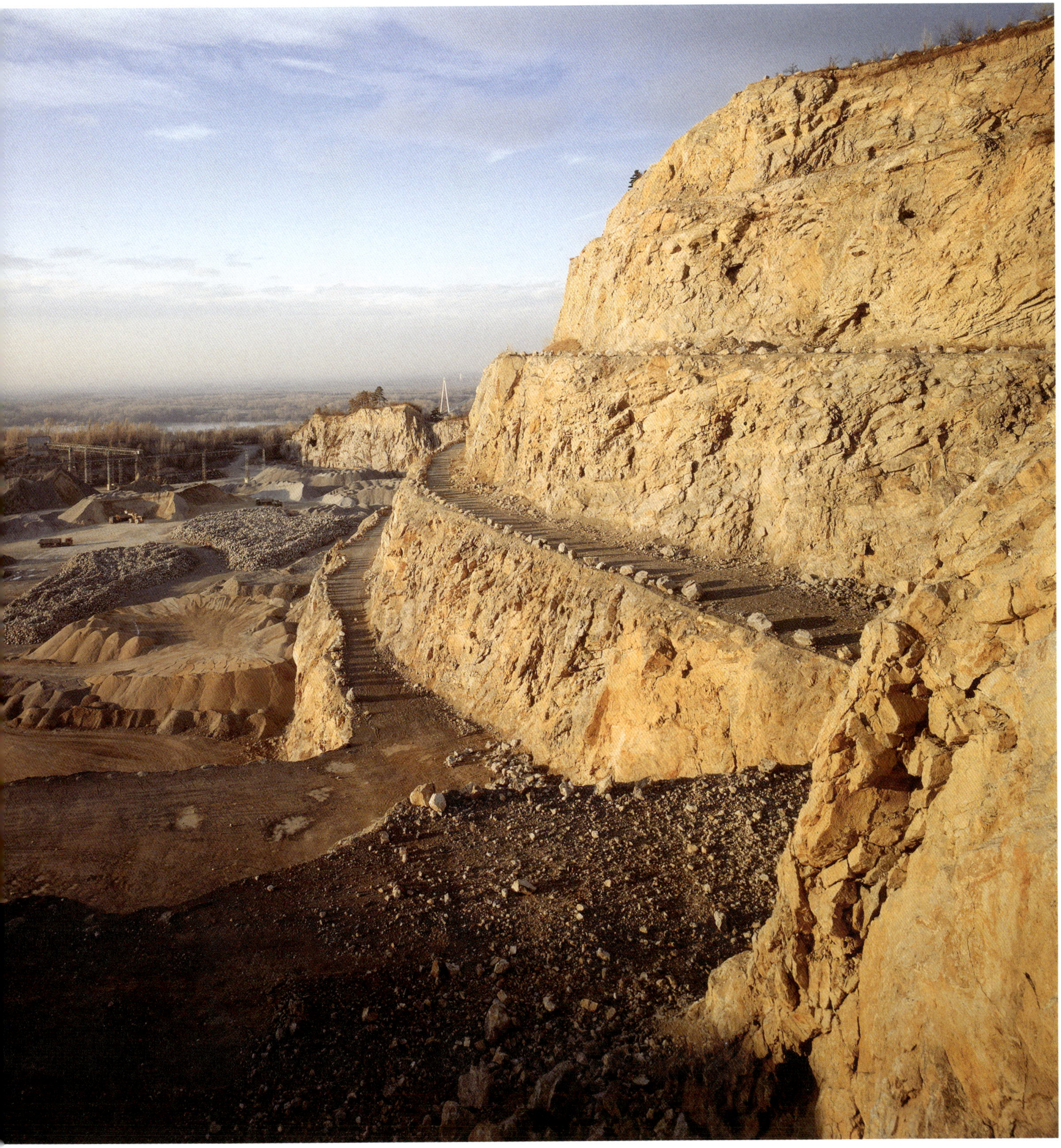

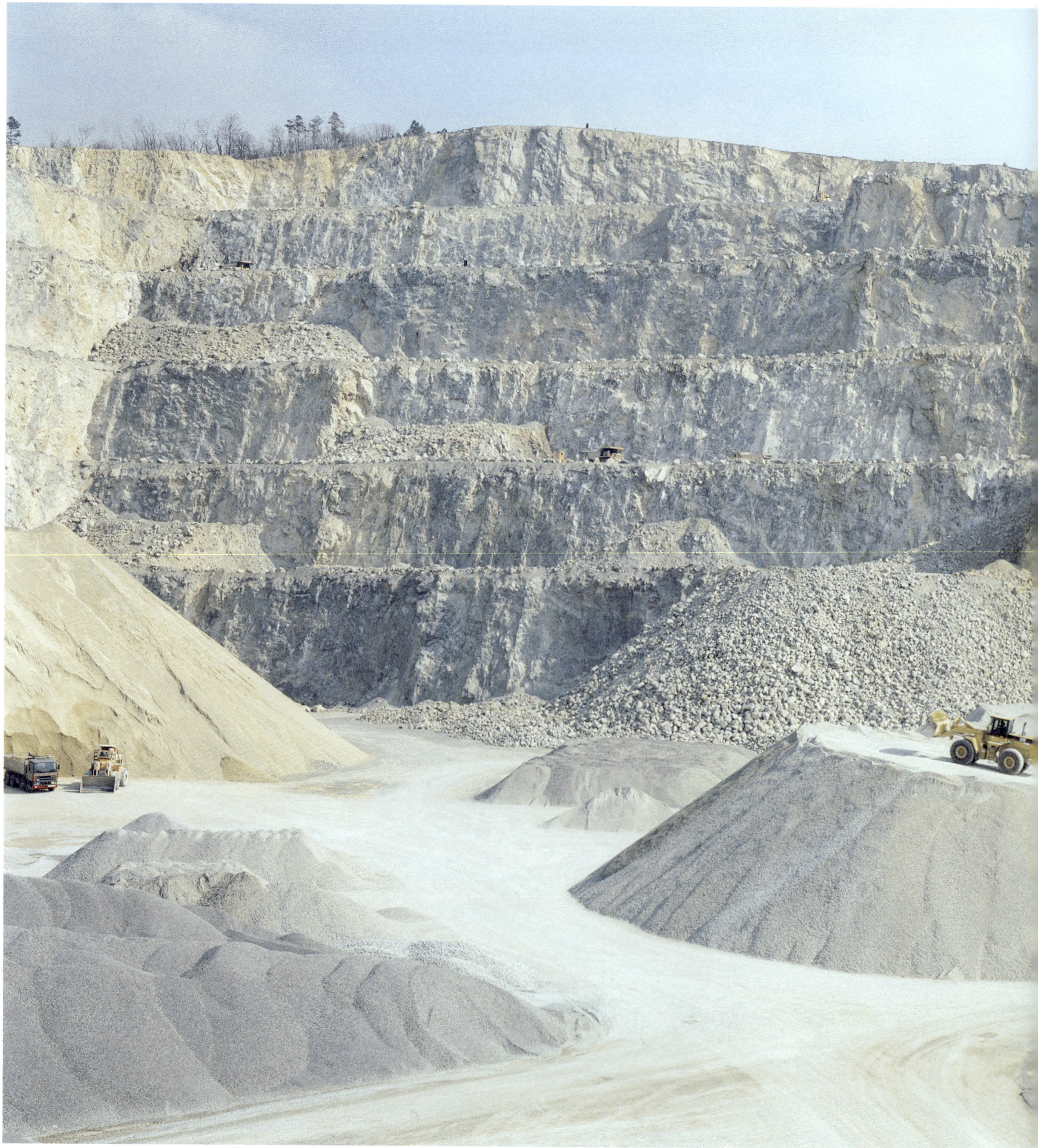

Der Etagenabbau der Hollitzer Baustoffwerke am Pfaffenberg, 1999.

Bruchsohle des Steinbruchs der Hollitzer Baustoffwerke am Pfaffenberg, 1995.

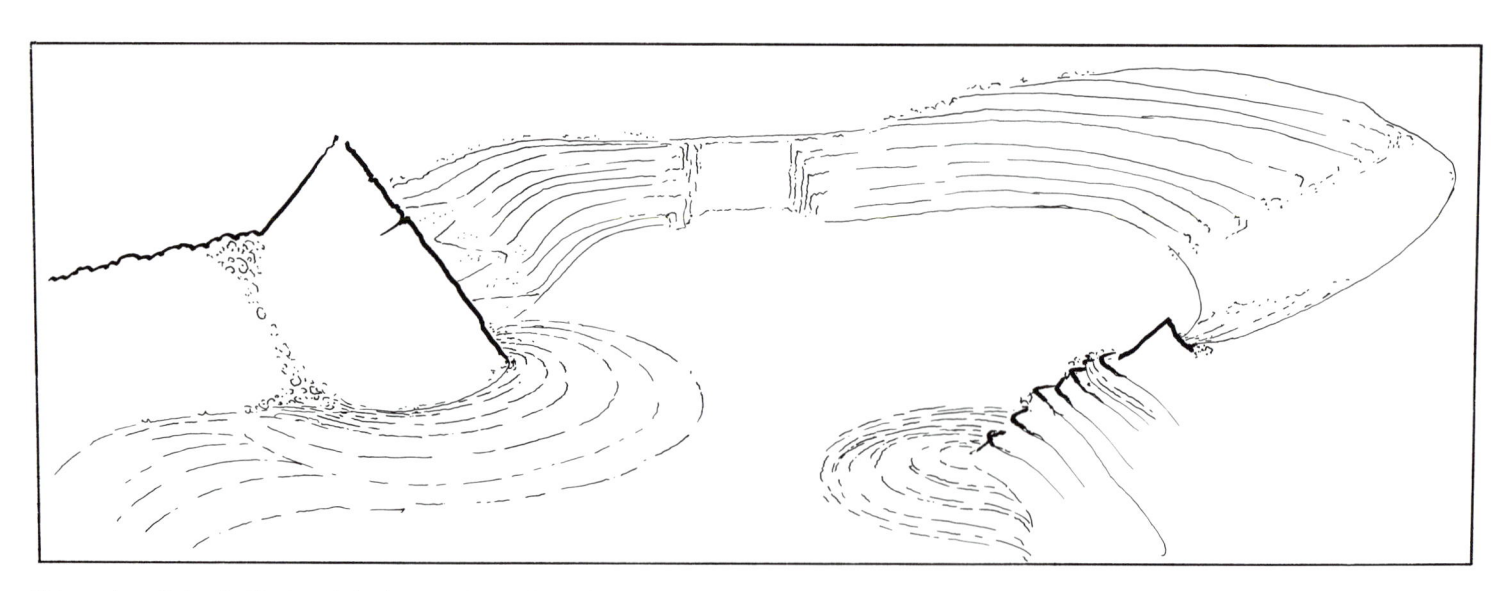

Skizze einer Zukunft: Die letztliche Ausgestaltung der äußeren Form definiert die Bedingungen für die Wiedereroberung des Steinbruchareals durch die Natur: In diesem Entwurf des Landschaftsplaners Georg Schumacher begrenzen zwei „landmarks" den ehemaligen Steinbruchkessel und bleiben als sichtbares Andenken an den Abbau erhalten. Abflachungen und Überschüttungen, aber auch steilstehende Felswände sollen eine Vielfalt an Standorten für tierische und pflanzliche Besiedler bieten.

Ungewöhnliche Nutzungs- und Gestaltungsvarianten des Steinbruchareals, die 1994 im Rahmen einer Parallelaktion junger Architekten zum Wettbewerb HIC SAXA LOQVVNTVR entstanden. Ming Wen Chung (Korea) schlägt als Nachnutzung ein „Museum tief im Berg" vor: eine Promenade mit einer Folge einzelner Stationen, die Einblick in verschiedene Aspekte des Steinbruchs geben. Am Bergkamm soll ein in das Gestein gegrabener Museumsraum Stücke präsentieren, die an die jahrhundertelange Nutzung des Geländes erinnern.

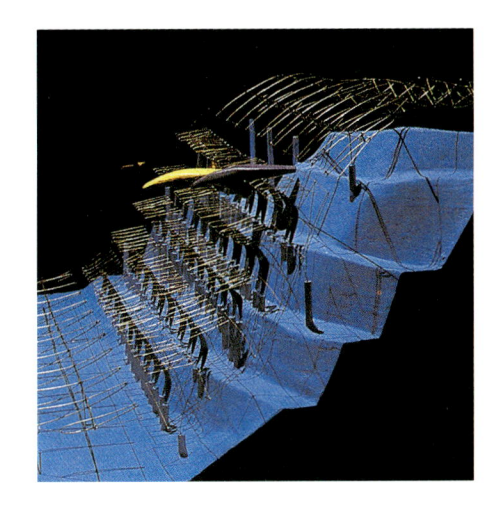

Das monumentale „Hang-Gliding Center Pfaffenberg" von Andrew Porter (London) nutzt die auch Vögeln und Segelfliegern bekannte „Thermik" der Felssteinwände.

Carl Hollitzer (1831–1917).

Carl Leopold Hollitzer (1874–1942).

Franz Hollitzer (1878–1941).

Emil Hollitzer (1880–1951).

Die Familie Hollitzer

Die Gründer des erfolgreichen Familienunternehmens stammen aus Böhmen. Der erste Deutsch Altenburger Hollitzer war Franz; er kam als Postknecht hierher und heiratete 1793 die Witwe Anna Maria Schwarzmaierin, Wirtin des Gasthauses „Zur blauen Traube" (des ehemaligen *Herrschaftlich Bierhäusels*). Er starb 1809 und hinterließ sechs Kinder, von denen jedoch nur ein Sohn, Anton, am Leben blieb. Dieser heiratete die Schiffsmüllerstochter Eva Riemer; die beiden hatten zwölf Kinder.

Anton Hollitzer genoß im Ort großes Ansehen: Er war 1838–1850 Ortsrichter, anschließend bis zu seinem Tod 1866 Deutsch Altenburgs erster Bürgermeister; er war Träger des Goldenen Verdienstkreuzes. Daneben betätigte er sich auch als Bauunternehmer. Gemeinsam mit seinem Schwiegersohn Franz Zottmann, einem Baumeister aus Hainburg, baute er 1851 die steile, unfallreiche Hangstraße am Ortsausgang gegen Hainburg aus.

Franz (1819–1890), Antons ältester Sohn, wurde Beamter in der Tabakfabrik Hainburg und übersiedelte später nach Wien. Sein Sohn Emil, genannt Emilian, besaß 1891–1906 die Bienenfeldmühle (siehe S. 210/211), die er seinen Söhnen Franz und Emil vererbte. Franz III. Hollitzer war übrigens mit Tiny Senders verheiratet, einer Lieblingsschauspielerin von Theaterregisseur Max Reinhardt.

Carl (1831–1917), ein weiterer Sohn von Anton Hollitzer, war wie sein Vater Bauunternehmer und – nach Eigendefinition – „Realitätenbesitzer". 1867 heiratete er Antonia Mazzes, eine Müllerstochter aus Fischamend. Der kurzen Ehe entsprangen drei Kinder, von denen nur ein Sohn, Anton jun., überlebte; er wurde akademischer Maler in Wien und starb 1911. Auch Carls zweite Frau, Franziska Schmied, war eine Müllerstochter, diesmal aus Schwechat; dieser Ehe entstammte Carl Leopold (1874–1942), der wie sein Halbbruder Anton als akademischer Maler nach Wien zog, doch weit bekannter wurde: nicht nur als wohl letzter Schlachten- und Historienmaler der Monarchie, sondern auch als Karikaturist und Chronist der Wiener Boheme des Fin de siècle sowie als größter Militaria-Sammler Europas; ihm und der Epoche, die ihn prägte, wird eine Ausstellung in Wien gewidmet sein.

Nach Carl Leopolds Schwester Franziska Xavera, verehelichter Erhard (gest. 1955), wurde die damalige Schulgasse in Erhardgasse umbenannt.

Carl Hollitzer war von 1876 bis zu seiner Übersiedlung nach Wien 1884 Bürgermeister von Deutsch Altenburg. Für seine Verdienste verlieh ihm der Kaiser das Ritterkreuz des Franz-Josephs-Ordens. Er starb 1917 in Wien und wurde im Familiengrab in Deutsch Altenburg beigesetzt. Den Pfaffenberg, 1886 von der Pfarre Hainburg erworben, hatte er schon zu Lebzeiten seinen Großneffen Franz und Emil übergeben, die 1906 mit dem Aufbau jenes erfolgreichen Steinbruchunternehmens begannen, das bis heute den Namen *Hollitzer Baustoffwerke* trägt.

Carl Hollitzer hatte im Jahr 1872 Häuser in der Schulgasse (Erhardgasse) erworben, ließ sie abreißen und 1879 eine Villa im Stil der Gründerzeit, umgeben von einer schönen Gartenanlage, erbauen. Als letzte Hollitzer bewohnte Carl Leopolds

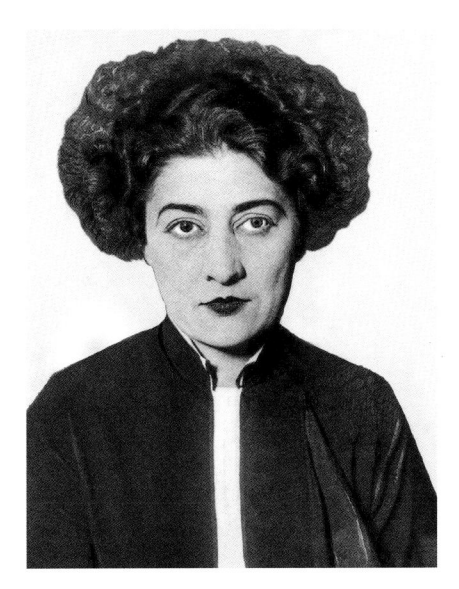

Lilly Hollitzer, um 1930. Die Malerin und Abenteurerin machte Anfang der dreißiger Jahre – nur wenige Jahre nach Lindberghs aufsehenerregendem Alleinflug über den Atlantik (1927) – mit einem Flug über die Azoren Furore; wie die Gazetten berichteten, wurde ihr gechartertes Flugzeug von einer Konkurrentin gekidnappt.
In zweiter Ehe mit dem Künstler Richard Dillenz verheiratet, gründete sie mit ihm die „Filmproduktion Wien", die in der legendären Wien-Film-Ära in den 1950er Jahren Streifen wie „Frühlingsstimmen" (mit Paul Hörbiger) produzierte.

Tochter Lilly (1895–1964) die Familienvilla. 1959 hatte sie darin das Carl-Leopold-Hollitzer-Museum eingerichtet, das mit ihrem Tod geschlossen wurde. Im Sommer 1987 gelangte im Garten der Villa als festliches Ereignis die Oper *La Serva Padrona* (Musik: Giovanni Battista Pergolesi) unter der Leitung von Stefan Fleischhacker mit großem Erfolg zur Aufführung. Villa und Garten gingen 1999 in das Eigentum der Marktgemeinde Bad Deutsch-Altenburg über. Im Frühjahr 2000 wurde das Gemeindeamt hierher verlegt.

Bad Deutsch-Altenburg; vorne rechts die Hollitzer-Villa, um 1920.

Der Garten in seiner ursprünglichen Anlage, um 1900.

Gartenfassade der Hollitzer-Villa, 1938.

Gartenansicht mit Brunnen, 1955. Die Figurengruppe aus Schloßhof wurde 1962 verkauft.

Die Hollitzer-Villa, Gartensalon, um 1930.

Mittlerer Salon im ersten Stock, um 1930.

Das „Damenzimmer", um 1930.

Das „Herrenzimmer" zur Zeit des Carl-Leopold-Hollitzer-Museums, 1960.

Das dolomitische Kalkgestein des Pfaffenbergs.

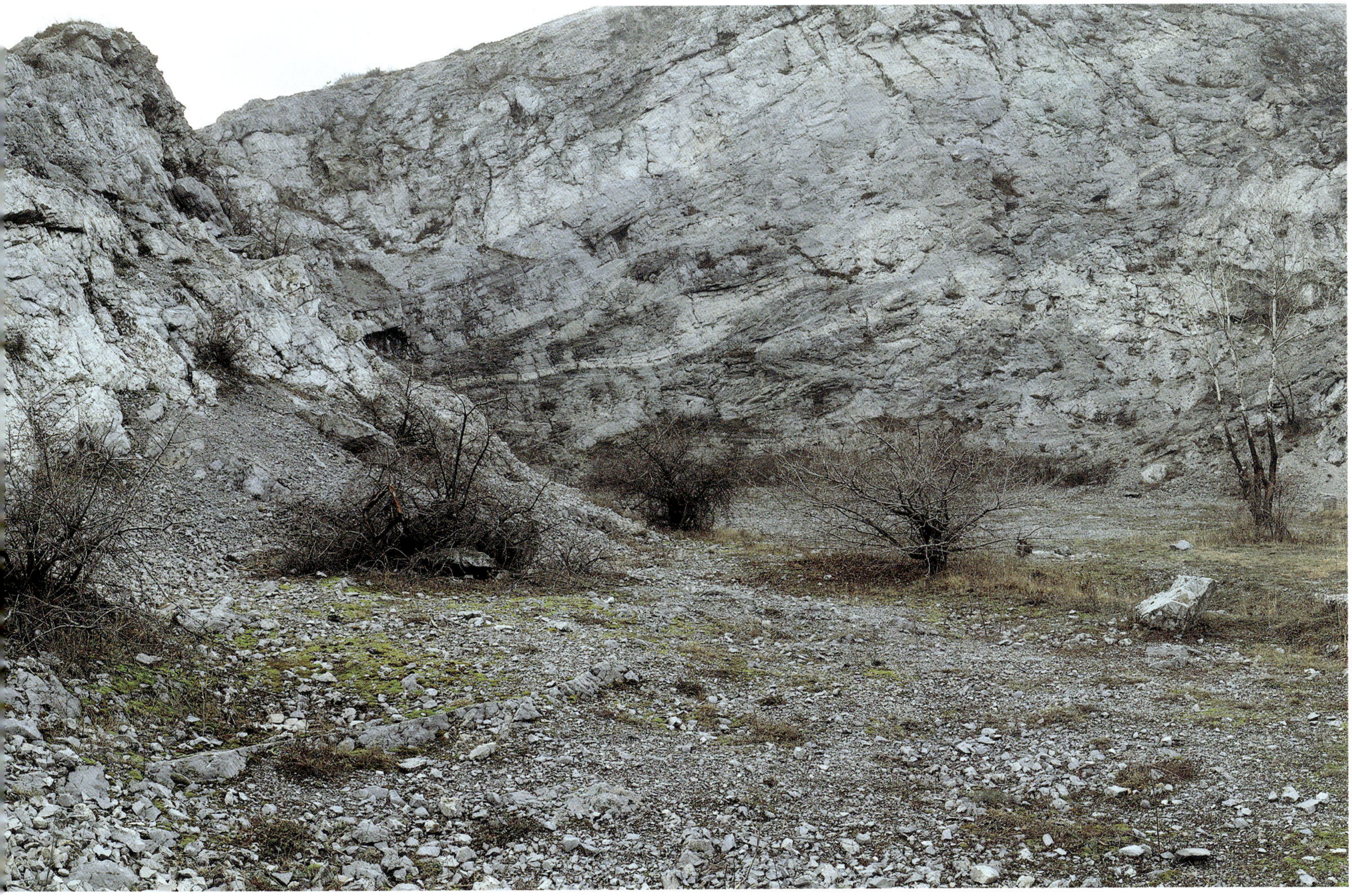

Der Tempelbezirk auf dem Pfaffenberg

HILKE THÜR

Blick vom nördlichen Donauufer auf die Hundsheimer (oder Hainburger) Berge; links der Hainburger Schloßberg, in der Mitte der Hexenberg, rechts der Pfaffenberg in seiner ursprünglichen Gestalt, noch ohne den Hollitzer-Steinbruch, 1896.

Der Reisende oder Besucher, der sich Bad Deutsch-Altenburg und der Carnuntiner Gegend von Westen, Norden oder Süden nähert, erblickt bereits aus weiter Ferne die Hundsheimer Berge und, als deren westlichen Ausläufer, den Pfaffenberg.
Diese topographische Auffälligkeit dürfte in den ersten Jahrhunderten unserer Zeitrechnung den Ausschlag für die Römer gegeben haben, ihrem höchsten Reichsgott Juppiter und den vergöttlichten Kaisern auf dem Pfaffenberg einen Tempelbezirk einzurichten. Die mit Säulenvorhallen geschmückten Tempel sowie die bis zu 15 Meter hohen Säulenmonumente, bekrönt von Juppiterstatuen und wahrscheinlich auch Kaiserbildnissen, müssen aufgrund ihrer leuchtend weißen Stuckierung weithin sichtbar gewesen sein. Die Kultanlage an dieser Stelle war aber nicht nur für all jene gedacht, die aus der Provinz Oberpannonien an den Limes kamen: Sie wurde ebenso unausweichlich von jedem Reisenden wahrgenommen, der, von Scarbantia (Sopron/Ödenburg) und Savaria (Szombáthely/Steinamanger) – also aus Unterpannonien – kommend, auf der Bernsteinstraße weiter nach Norden Richtung Ostsee unterwegs war und beim heutigen Bad Deutsch-Altenburg die Donau querte. Vor allem aber sollte die Anlage weit in das jenseits der Donau beginnende *barbaricum* hinüber als Zeichen und Symbol des Römischen Reiches wirken.

Obwohl noch in der Römerzeit der Tempelbezirk als „heidnisch" systematisch zerstört worden war, blieben seine Ruinen den späteren Bewohnern der Gegend bekannt; die steinernen Reste der überaus gründlich zerkleinerten Monumente dürften jahrhundertelang als wohlfeiles Baumaterial zum überwiegenden Teil abtransportiert worden sein. Besser erhaltene Bauteile – zugerichtete Wandquader etwa oder Säulentrommeln und -kapitele – sind vielleicht schon im Mittelalter zur Wiederverwen-

Gebäude der vier „Pfaffen"
oder „Weisen vom Berge".

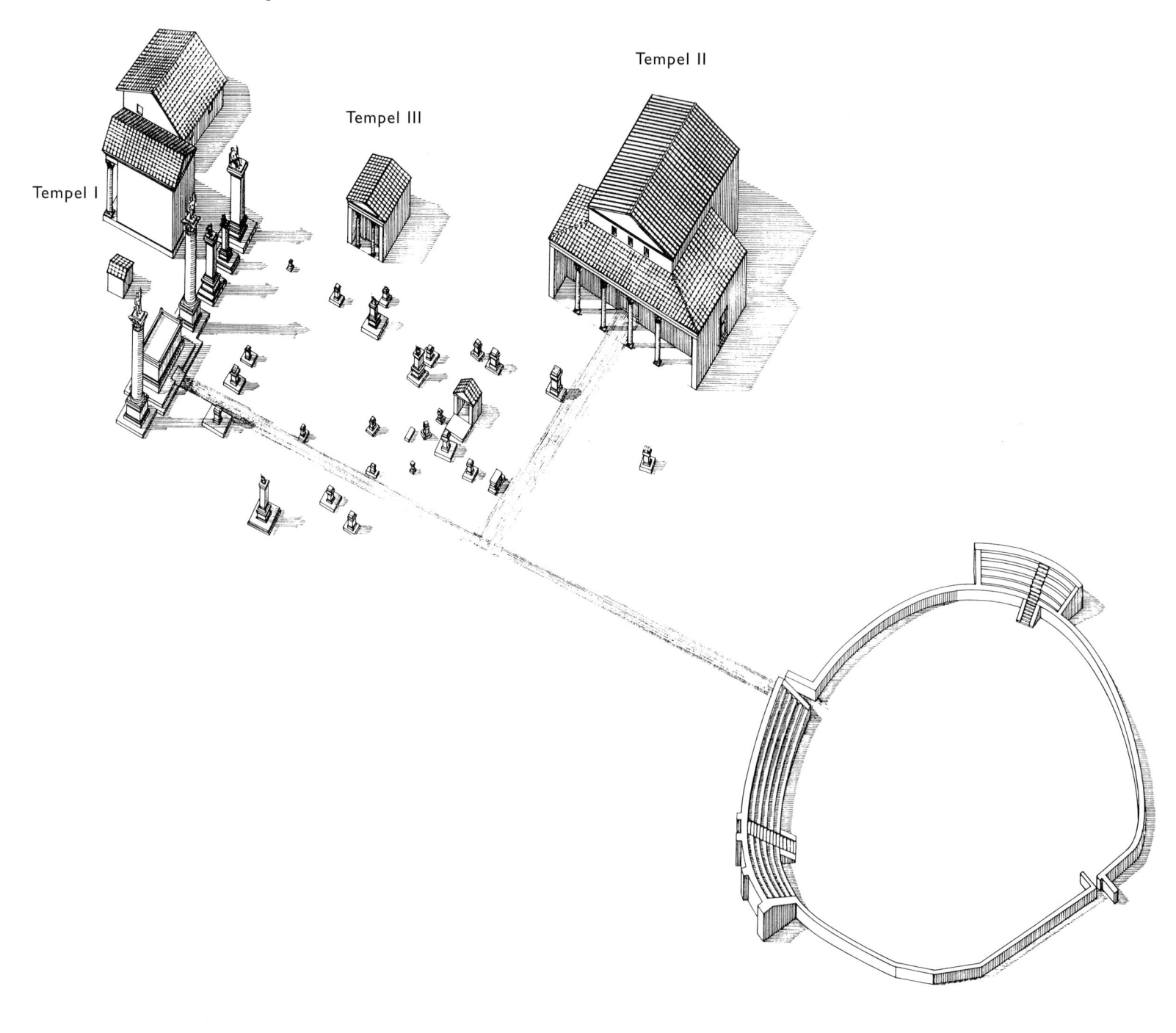

Tempel III

Tempel II

Tempel I

Axonometrie des Tempelbezirks auf dem Pfaffenberg. Rekonstruktion von Hilke Thür, gezeichnet von Anna Pyszkowski, 1999.

Die römische Tempelanlage auf dem Pfaffenberg, die mehr als 20 Bauwerke umfaßte, hart am Rand des Steinbruchs. Die umfangreichen Grabungen des Österreichischen Archäologischen Instituts 1970–1985 legten das große Heiligtum des römischen Staatskults frei. Aufnahme 1979.

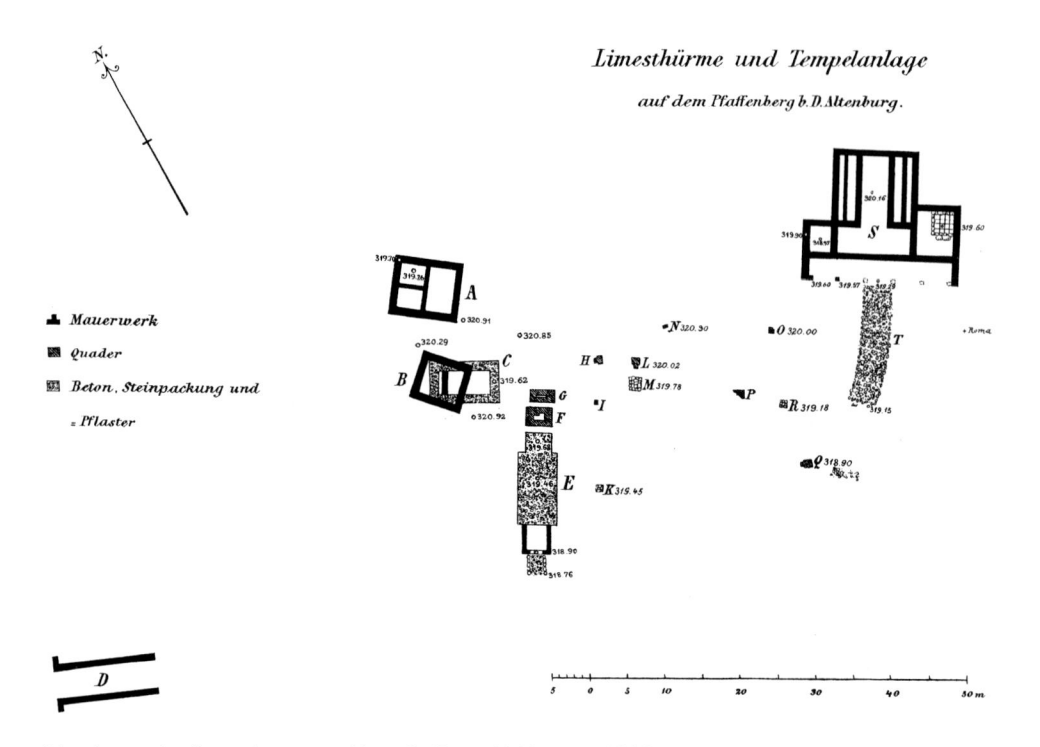

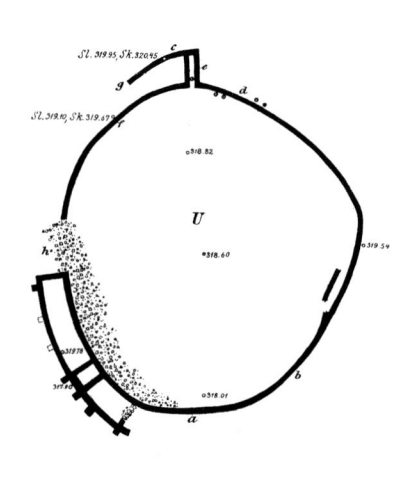

Planskizze der Ausgrabung von Max Groller v. Mildensee, 1898.

dung fortgeschafft worden (eine diesbezügliche Untersuchung der mittelalterlichen Gebäude in näherer und weiterer Umgebung steht noch aus).

Das im 19. Jahrhundert steigende Interesse an den einheimischen römischen Altertümern weckte auch das Interesse an den Ruinen auf dem Pfaffenberg. 1877 führte der Hainburger Franz Huber die erste uns bekannte „Grabung" durch, doch haben wir von deren Ergebnissen nur spärliche Kenntnis. Rund zwei Jahrzehnte später, im Jahr 1898, untersuchte Max Groller von Mildensee das Gelände in einer ersten systematischen, nach archäologischen Kriterien durchgeführten Grabung. Groller publizierte deren Ergebnisse bereits 1900 im ersten Band der Reihe „Der römische Limes in Österreich" und deutete die Ruinen auf dem Pfaffenberg als *Limesstation und Tempelanlage*. Die Stätte wurde 1935 von Erich Swoboda neuerlich einer Grabung unterzogen, die jedoch als „ergebnislos" beurteilt wurde. Dies bestimmte die weitere Geschichte der Ruinen: Sie wurden nicht unter Denkmalschutz gestellt, und der Pfaffenberg blieb der Steingewinnung vorbehalten.

Damals lagen die Ruinen noch weit entfernt vom Steinbruch. Als dieser in den 1960er Jahren infolge der bergtechnisch erforderlichen Anlage von Abbau-Etagen dem antiken Heiligtum merkbar näher rückte, faßte Hermann Vetters, der langjährige Direktor des Österreichischen Archäologischen Instituts, im Einvernehmen mit dem Steinbruchunternehmen eine letzte Kontrollgrabung ins Auge. Sie begann 1970 als „Lehrgrabung" für die Studenten der klassischen Archäologie und entwickelte sich im Lauf der nächsten 15 Jahre zur systematischen Neuausgrabung des gesamten Areals, deren Leitung Vetters in der Folge dem jungen Archäologen Werner Jobst übertrug. Die Untersuchungen erfuhren all die Jahre vielfältige Unterstützung durch das Steinbruchunternehmen, erfolgten aber doch im Wettlauf mit der Zeit und den weiter vorrückenden Abbauterrassen. Gleichwohl gelang es, das gesamte Gebiet des Tempelbezirks bis auf den gewachsenen Fels auszugraben und sämtliche aufgefundene Objekte zu bergen. Unzählige Fragmente, die von den Tempelbauten, zumeist jedoch von den Ehren- und Weihemonumenten stammen, harren seither großteils noch einer abschließenden wissenschaftlichen Bearbeitung. Schon vor Ende der Grabung wurde überlegt, wie der überregionalen kulturhistorischen Bedeutung der antiken Anlage entsprochen werden könnte. Zunächst war geplant, auf dem Bad Deutsch-Altenburger Kirchenberg ein eigenes Pfaffenbergmuseum zu errichten, worin die Denkmäler des heute vor Ort nicht mehr existierenden Tempelbezirks nach modernen musealen Maßgaben präsentiert werden sollten. 1993/94 fand dafür der Architekturwettbewerb HIC SAXA LOQVVNTVR (siehe S. 163) statt. Derzeit ist vorgesehen, die wesentlichen Funde im künftigen neuen Flügel des Museums Carnuntinum auszustellen. Trotz ihres schlechten Erhaltungszustands – die Bauten wurden als Zeugnisse heidnischer Kulte, insbesondere des Kaiserkults, in christlicher Zeit mit ungeheurem Aufwand zerstört, ja, regelrecht zerhackt – sind die *Steine* der Schlüssel zu Verständnis und Deutung des Kultbezirks vom Pfaffenberg: Sie lassen sich einer Reihe von Gebäuden und Monumenten zuordnen, die ein Bild der Anlage ergeben.

In dem etwa 6 000 Quadratmeter großen Bereich standen drei Tempel: zwei davon waren relativ kleine Gebäude (Tempel I und III), die aus einer *cella* (als Aufstellungsort der Kultstatue) und einem Säulenvorbau bestanden; der dritte, der Haupttempel (Tempel II), wohl der kapitolinischen Trias – Juppiter, Juno und Minerva – geweiht, bestand aus einem dreiteiligen Hauptraum für die Kultbildgruppe, zwei seitlich gelegenen kleineren Räumen sowie einer quergelagerten Vorhalle *(porticus)* mit Säulenschmuck. Ein Theater, dessen Mauer zwei kleine Tribünen sowie eine abgegrenzte, annähernd kreisrunde Fläche für Kult- und Reiterspiele umschloß, entspricht keinem kanonischen Bautyp, sondern zeigt eine mehr oder weniger einzigartige Form, abgestimmt auf seinen speziellen Zweck als Veranstaltungsort der für den Kaiserkult überlieferten Spiele. Am Nordrand des Kultbezirks, mit dem Thea-

Dieser Juppiterkopf vom Pfaffenberg, der Spuren von Stuck zeigt, gehört zu einer Kult- bzw. Weihestatue, wahrscheinlich zu einer stehenden Figur. Wie der in den Kopf eingelassene, aus Metall gefertigte Blitz deutlich anzeigt, war die Statue im Freien aufgestellt – das in eher unüblicher Weise beigefügte Attribut des höchsten Reichsgottes schützte sie vor Verunreinigung durch Vögel.

Korinthisches Kapitell vom Pfaffenberg, gefunden bald nach Grabungsbeginn. Das einzige vollständig erhaltene Kapitell des Tempelbezirks ist in korinthischer Ordnung als Vollblattkapitell gefertigt. Der lokale Kalksandstein erlaubte keine detaillierte Ausarbeitung der Akanthusblätter, sie wurden deshalb in der Rohform belassen und mit weißem Stuck überzogen, wodurch Marmor imitiert werden sollte. Als Mittelmotiv ist an allen vier Seiten über dem zweiten Blattkranz eine kleine Stützfigur gearbeitet, die möglicherweise einen Giganten darstellt.

Kapitell mit Basis und sitzender Juppiterstatue. Auf das Kapitell aus lokalem Kalksandstein (siehe Abbildung links) paßt ein einfach profilierter Sockel aus demselben Material, der seinerseits die Basis für eine Statue abgab. Die aus mehreren Fragmenten zusammengesetzte Statue ist durch Typ, Haltung und Kleidung als sitzender Juppiter gekennzeichnet. Durch das Zusammenpassen mit dem Kapitell erweist sich, daß Sockel und Statue auf einer Säule aufgestellt waren. Ähnliche Juppitersäulen, die häufig in Verbindung mit Gigantendarstellungen stehen, sind in großer Anzahl aus den römischen Provinzen am Rhein bekannt.

ter durch eine Nord-Süd verlaufende Hauptachse verbunden, fand sich ein mehrteiliges Fundament, auf dem einst monumentale statuentragende Säulen gestanden waren, möglicherweise als Flankierungen eines größeren Altarbaus: dieser wäre damit als *ara augusti*, als Kaiseraltar, zu interpretieren. Ein Gebäude mit vier engen Räumen war früher für einen Limesturm, in neuerer Zeit für ein Wächterhaus gehalten worden. Inschriften, in denen des öfteren von vier *magistri montis* (wörtlich: Bergmeistern) die Rede ist, legen eine Deutung als Amtssitz oder Kultlokal der vier „Pfaffen" oder „Weisen vom Berge" nahe. Ein stimmiges Bild und eine korrekte Erklärung des antiken Tempelbezirks läßt sich nur aus der *Gesamtheit* des Denkmäler- und Fundbestands gewinnen: aus den leider generell bis auf die Fundamente abgetragenen Bauten, aus den Sockeln für Ehrenmonumente, Ehrensäulen und Altäre, aus Architekturbauteilen und -fragmenten, aus Skulpturen, Keramik, Münzen und anderen Kleinfunden. Größte Bedeutung kommt dabei den epigraphischen Zeugnissen zu, also den bereits erwähnten, in Stein gemeißelten Inschriften. Zwar wurden die Ruinen des Pfaffenbergs seit Grollers Grabung und Publikation bekannter- und unumstrittenerweise als Tempelbezirk gedeutet, doch erst die kürzlich fertiggestellte abschließende Untersuchung der Inschriften durch Ioan Piso (Universität Cluj/Klausenburg) brachte eine genauere, teilweise sogar eine neue Interpretation: Wie wir aus mehreren Inschriften wissen, wurde der Kultbezirk auf dem Pfaffenberg von den *consistentes intra leugam* eingerichtet und durch die bereits erwähnten vier *magistri montis* verwaltet; die leuga ist ein keltisches Längenmaß (1,5 römische Meilen = 2,2 km), und die innerhalb einer „leuga" *(intra leugam)* lebenden Bewohner *(consistentes)* Carnuntums sind die zivilen Einwohner der *canabae* (der Lagerstadt), die sich aufgrund ihres römischen Bürgerrechts in einem „vormunizipalen" Verband zusammengeschlossen hatten. Die vier „Pfaffen" oder „Weisen vom Berge" dürften also sowohl als Priesterkollegium wie auch als zivile Verwalter der Gemeinschaft tätig gewesen sein.

Aus epigraphischen und anderen archäologischen Zeugnissen geht hervor, daß die frühesten Bauten der Zeit Kaiser Hadrians (reg. 117–138 n. Chr.) angehören. Das bereits 1898 von Groller freigelegte Gebäude C (heute: Tempel I) ist durch seine Architravinschrift wahrscheinlich als Heroon bzw. Heiligtum des Antinoos – den nach frühem Tod heroisierten und vergöttlichten Geliebten des Kaisers – ausgewiesen; den Bau errichtete Lucius Aelius Caesar, Hadrians zweiter Adoptivsohn, der zum Studium von Provinzialverwaltung und Heereswesen in die pannonischen Provinzen entsandt worden war und hier auch den Kaiserkult organisierte. Weitere Inschriften und Baumerkmale weisen darauf hin, daß etwa gleichzeitig (128–138 n. Chr.) das Kulttheater und vielleicht auch der erste Kaiseraltar errichtet wurden.

Zur Zeit der antoninischen Kaiser (138–191 n. Chr.) hat wohl die erste Blütezeit des Tempelbezirks begonnen; sie dauerte etwa ein Jahrhundert, bis zum Ende der Epoche der Kaiser aus dem Haus der Severer (235 n. Chr.). In dieser Zeit war Carnuntum einer der Brennpunkte politischen Geschehens: Kaiser Marc Aurel hielt sich zweimal hier auf (171/72–173/74 und 178 n. Chr.), und 192 n. Chr. wurde in Carnuntum der Statthalter Oberpannoniens, Lucius Septimius Severus, zum Kaiser ausgerufen. Mehrere Altarinschriften vom Pfaffenberg

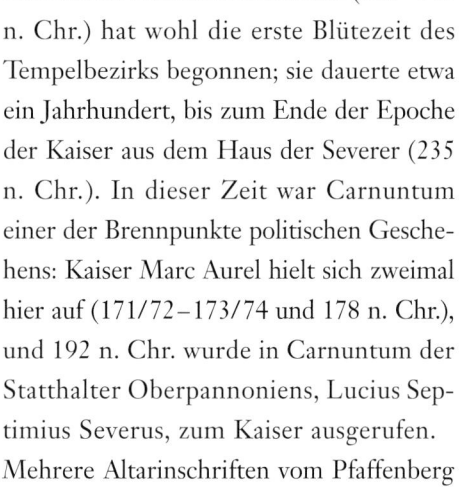

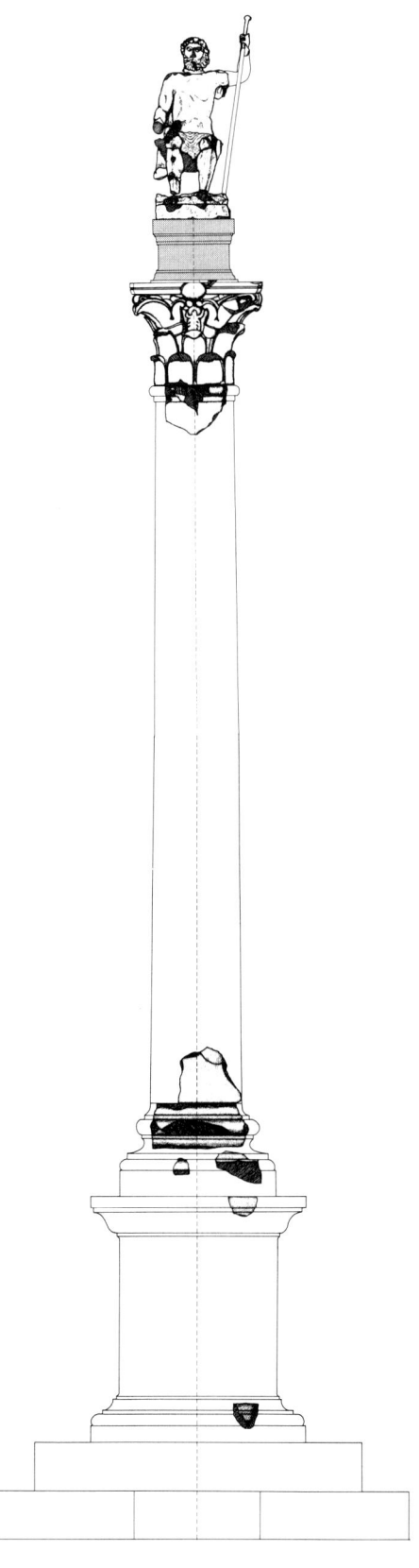

Rekonstruktion einer Juppitersäule vom Pfaffenberg.

Das Plateau des Pfaffenbergs 1985, im letzten Jahr der Ausgrabung. Blick von Südwesten. Im Vordergrund die Reste des Haupttempels der Anlage (Tempel II). Seine Mauern wurden schon in spätrömischer Zeit bis zum Fußbodenniveau abgetragen. Als höchste römisch verbaute Erhebung der Gegend könnte der Pfaffenberg für die Bewohner Carnuntums auch die Funktion und Bedeutung eines Kapitols gehabt haben.

nennen den 11. Juni *(III idus iunias)* als Gedenktag; dies dürfte sich wohl nicht auf den „Tag des Blitz- und Regenwunders" in den Markomannenkriegen, wie es auf der Marc-Aurel-Säule in Rom bildlich dargestellt ist, beziehen, sondern auf den alljährlich feierlich begangenen Fest- und Jubiläumstag der Einrichtung des Kaiserkults in Pannoniens Hauptstadt Savaria.

Mit dem Ende der Severerzeit kam die Bautätigkeit auf dem Pfaffenberg für gut ein halbes Jahrhundert zum Erliegen. Danach, zur Zeit der Tetrarchie („Vierherrschaft") und der Reichsteilung unter Diokletian, folgte 287–305 n. Chr. eine zweite Blütezeit. Mit dem zunehmenden Einfluß der orientalischen Kulte verlor das Bergheiligtum jedoch an Bedeutung, und

die Einführung des Christentums als Staatsreligion (391 n. Chr.) besiegelte sein Ende: Die Bauten wurden bis auf die Fundamente abgetragen und die Monumente mit größter Akribie vernichtet. Nicht zuletzt dieser außerordentliche Aufwand, mit dem Tempel, Theater, Kaiseraltar, Juppitersäulen und mehr als 350 Weihealtäre bis zur vollständigen Tilgung zerstört

Blick vom Pfaffenberg nach Nordwesten. Das Plateau des 327 m hohen Pfaffenbergs bot einen hervorragenden, weiten Ausblick; umgekehrt waren die Monumente des Tempelbezirks auch aus weiter Ferne zu erkennen.

worden sind, spiegelt die Bedeutung des Pfaffenbergs in der römischen Antike wider.

Gesellschaftliche und religiöse Intoleranz haben dazu geführt, daß die Kultstätte bereits in der Spätantike dem Erdboden gleichgemacht wurde; die archäologische Erforschung setzte später unter dem Deckmantel der Wissenschaft das „Zerstörungswerk" fort, indem sie die Ruinen skelettierte – auch Ausgraben ist eine Form des Zerstörens. Zuletzt mußte selbst der Ort des Denkmals überregionalen wirtschaftlichen Erfordernissen weichen. Dennoch führt im Fall des Pfaffenbergs gerade die moderne „Erledigung" zu einer zukunftsweisenden Rettung: Wissenschaftliche Bearbeitung und Publikation sowie die geplante Präsentation in einem künftigen neuen Flügel des Museums Carnuntinum werden den Tempelbezirk vom Pfaffenberg nicht nur vor dem Vergessen bewahren, sondern ihm – 16 Jahrhunderte nach seinem Ende – wieder ein seiner einstigen Bedeutung angemessenes öffentliches Interesse sichern.

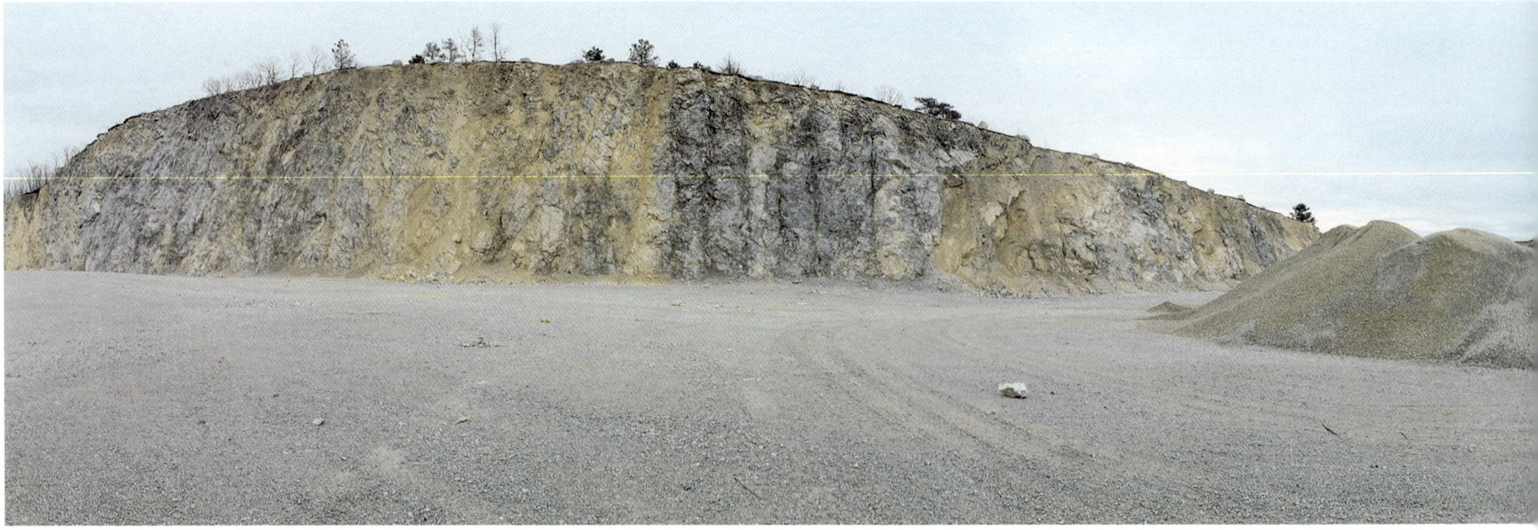

Der Pfaffenberg, oberste Abbau-Etage des heutigen Steinbruchs – ehemaliger Ort des Heiligtums.

A bends in der Stille klingen

L ange die Stimmen des

T ages nach, und der

E rinnerungen sind viele.

N ahes von einst ward fern –

B erge, Stürme, Gewässer.

U nter dem Stein

R uht im Guten,

G edanken.

       H = W

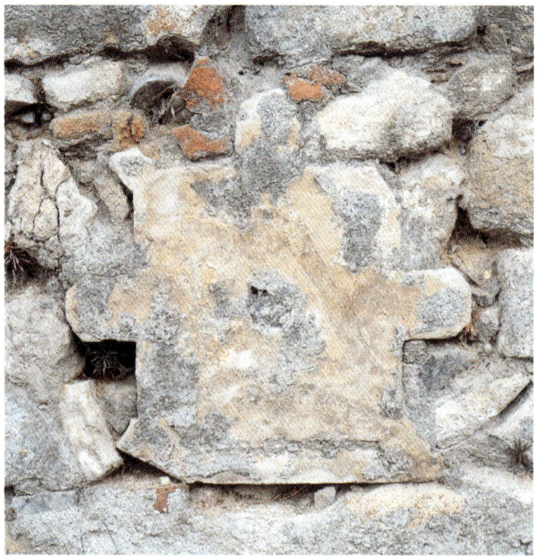

ANHANG

SCHRIFTLICHE QUELLEN ÜBER „HAINBURG" AUS DER MITTE DES 11. JAHRHUNDERTS, NEBST EINEM AUSFLUG INS AUSGEHENDE 9. JAHRHUNDERT – INHALT, PROBLEME, FRAGEN

HEIDE DIENST

In der Mitte des 11. Jahrhunderts wurde die alte Kulturlandschaft an der wichtigen Durchzugsstraße – um nicht zu sagen Heeres-„straße" – entlang des rechten Donauufers im Raum Carnuntum mehrfach Schauplatz kriegerischer Ereignisse und damit in Zusammenhang stehender baulicher Veränderungen. Die Kriege führten zur endgültigen Ausbildung der Grenze zwischen dem Reich, genauer dem Herzogtum Bayern, und dem ungarischen Königreich. Für die östlichste bayerische Grenzgrafschaft an der Donau war zu dieser Zeit bereits der deutsche Name Österreich (ahd. *Ostarrichi*, mhd. *Osterriche*) gebräuchlich. Markgraf war seit 1018 der österreichische Luitpoldinger (Babenberger) Adalbert, mit dessen Namen bereits im 12. Jahrhundert die siegreiche Behauptung des östlichsten bayerischen Donaubereichs in Verbindung gebracht worden ist. Die kurzfristige Einrichtung oder vielleicht auch nur Planung einer eigenen Mark an der Grenze gegen Ungarn kann hier außer Betracht bleiben, obwohl in der uns interessierenden Zeit die Amtszuständigkeit für das Carnuntiner Gebiet noch ungeklärt schien. Die inneren Konflikte in Ungarn als Auslöser der Feindseligkeiten bzw. für die Einmischung des Westens und der langdauernde Verlauf der durch wechselndes Kriegsglück und diplomatische Bemühungen gekennzeichneten Auseinandersetzungen – wiederholt Angelegenheit für Kaiser und Papst – können hier nicht dargestellt werden;[1] einige Aspekte wurden im Kapitel „Zur Geschichte des Ortes" bereits behandelt (siehe S. 42–43). An schriftlichen Quellen über die Reichsheerfahrten entlang der Donau gegen die Ungarn in der Mitte des 11. Jahrhunderts sind Urkunden, namentlich Herrscherdiplome und Traditionsnotizen, und annalistisch-chronikalische Nachrichten erhalten. In zwei Diplomen Kaiser Heinrichs III., in einem König Heinrichs IV. und in Nachrichten aus dem bayerischen Benediktinerkloster (Nieder-)Altaich sowie aus der Reichenau ist der Ortsname „Hainburg"[2] überliefert. Die Herrscherurkunden, die anschließend im originalen Wortlaut und in Übersetzung abgedruckt sind, sollen nun kurz erläutert werden.

Die beiden am 25. Oktober 1051 in *Heimenburc* bzw. *Heimenburg* ausgestellten Diplome Heinrichs III. sind im Original erhalten,[3] sie befanden sich als Bestand des Bamberger Hochstiftsarchivs fast zwei Jahrhunderte lang im Bayerischen Hauptstaatsarchiv in München und wurden vor kurzem an Bamberg zurückgestellt. Über Ursache und Zeitpunkt des Übergangs von Urkunden und Rechtstitel (welche auch immer) an Bamberg wurden unterschiedliche Vermutungen angestellt.[4] Formal fällt die – in Herrscherdiplomen

---

1 Die Ereignisse kurz zusammengefaßt bei Heide Dienst, Werden und Entwicklung der babenbergischen Mark, in: Österreich im Hochmittelalter, hg. v. d. Kommission für die Geschichte Österreichs der Österreichischen Akademie der Wissenschaften (Wien 1991) 80 ff. (mit der älteren Literatur, bes. Karl Lechner, Die Babenberger [Wien-Köln [-Weimar] 1976, 4. Aufl. 1992]; Forschungsstand von 1981); der bayerische Bezug kurz bei Wilhelm Störmer, Bayern und der bayerische Herzog im 11. Jahrhundert, in: Stefan Weinfurter (Hg.), Die Salier und das Reich 1 (Sigmaringen 1991) 503 ff., und Friedrich Prinz, Die Grenzen des Reiches in frühsalischer Zeit, ebd. 159 ff. Die Quellen über Königsgut in unserem Grenzraum zuletzt zusammengestellt von Erwin Kupfer, Das Königsgut im mittelalterlichen Niederösterreich vom 9. bis zum 12. Jahrhundert (= Studien und Forschungen aus dem Niederösterreichischen Institut für Landeskunde 28, 2000) 125–134. Für die Fakten im einzelnen noch unentbehrlich, wenn auch in vielem durch neuere Forschungen zu modifizieren und zu ergänzen, die Zusammenstellungen in den Jahrbüchern des Deutschen Reiches unter Heinrich III., Bd. 2, von Ernst Steindorf (Leipzig 1881) bzw. unter Heinrich IV. und Heinrich V., Bd. 1, von Gerold Meyer von Knonau (Leipzig 1890), ferner Max Vancsa, Geschichte Nieder- und Oberösterreichs 1 (Gotha 1905) 244 ff. Zu einzelnen Aspekten des Grenzbereichs Peter Csendes, „Regio finibus Ungarorum gladio ab hostibus adquisita", Überlegungen zur Geschichte der Ungarnmark in Österreich, Jahrb. f. Landesk. v. NÖ. NF 42 (1976, Babenberger-Forschungen) 38–51, bes. 47 ff.; Max Weltin, Ascherichsbrvgge – Das Werden einer Stadt an der Grenze, in: NÖLA. Mitteilungen aus dem Niederösterreichischen Landesarchiv 10 (1986/87) 1 ff., bes. 13 ff. m. Anm. 75.

2 Vgl. auch die Nachweise bei Heinrich Weigl, Historisches Ortsnamenbuch von Niederösterreich 3/1 (1970) 33 H 81 (Hainburg) und 1 (1964) 35 f. A 126 (Deutsch-Altenburg), sowie Elisabeth Schuster, Etymologie der niederösterreichischen Ortsnamen 2 (1990) 209 H 81 und 1 (1989) 166 A 126.

3 Die folgenden Bemerkungen stützen sich allein auf die Angaben in der Edition (durch Paul Kehr, 1931, Monumenta Germaniae Historica (MGH) DD H. III. 276, 277). Eine Arbeit am Original bzw. die Beschaffung von Fotos war aus Zeitgründen nicht möglich; das Institut für österreichische Geschichtsforschung verfügt zwar über hervorragende Aufnahmen aus jüngster Zeit, die im Rahmen eines gemeinsam mit dem Institut für Realienkunde des Mittelalters und der Frühen Neuzeit realisierten Projekts angefertigt worden sind; ihre Benützung wurde von den Leitern der beiden genannten Forschungseinrichtungen aus prinzipiellen Gründen verweigert.

4 Vgl. die Zusammenstellung Karl Lechners, Babenberger 327 Anm. 100, mit Ergänzungen von Maximilian Weltin.

damals übliche – besondere Auszeichnungsschrift mit überlangen Buchstaben (*scriptura elongata*) in der jeweils ersten Zeile auf: Nach einem allgemeinen Christuszeichen (*Chrismon*) und der Anrufung der Heiligen Dreifaltigkeit wird der Aussteller, Kaiser Heinrich, genannt (*Intitulatio*). Als Schreiber wurden von dem Editor sogenannte Gelegenheitsschreiber festgestellt, die nicht ständig in der Umgebung des Herrschers waren und gewissermaßen seiner „Kanzlei" angehörten. Die eine Hand wurde dem Hochstift Regensburg zugewiesen,[5] für die zweite konnte keine Parallele gefunden werden. Da Bischof Gebhard (III.) von Regensburg, mütterlicherseits Halbbruder Konrads II. und daher Onkel des Kaisers, als Befehlshaber des nördlichen Heeresteils an dem Ungarnzug beteiligt war und das Bistum Regensburg Besitzungen an der östlichen Donau hatte (Orth, Eckartsau, Interessen an dem Wels-Lambacher-Besitz östlich von Pframa bis zu Donau und March nach der Rückeroberung bzw. nach der 1050 erfolgten Ermordung des Letzten dieser Familie, des Markgrafen Gottfried der karantanischen Mark), ist der erste Befund leicht erklärlich. Den Lebensweg des geistlichen Schreibers kennen wir nicht. Sollte er dem (geplanten, wie die Folge zeigte) Marienstift angehören? Ist auch der zweite Schreiber im „Empfängerkreis" zu vermuten?

Weiter im Formalen: Die *Elongata* wird auch im Schlußteil der Diplome verwendet, dem sogenannten Eschatokoll: die Signumzeile, in der sich inmitten der Nennung des Ausstellers in besonders feierlicher Form eine Monogrammzeichnung befindet, die aus den Buchstaben von Namen und Titel des Kaisers besteht. Das Besondere daran ist ein kleiner Strich, vom Kaiser eigenhändig ausgeführt, meist kenntlich an einer anderen Tinte und einem anderen Duktus: der sogenannte *Vollziehungsstrich* – eine Beglaubigungsform, die in späteren Jahrhunderten durch die eigenhändige Unterschrift ersetzt wird. Damals konnten die Kaiser meist nicht lesen und schreiben; diese Kenntnisse wurden für ihre Aufgaben nicht als wichtig angesehen, dafür waren schreibkundige Geistliche zuständig. Das zweite Beglaubigungsmittel stellt das jeweils rechts unten eingedrückte Siegel dar. In das Pergament wurde meist ein kreuzförmiger Schnitt gemacht, eine größere Menge warmes Wachs aufgebracht, das durch den Schnitt auf die Rückseite quoll, besonders durch den Druck mit dem Siegelstempel (*Typar*), und so nach der Trocknung fest hielt. Unter der Signumzeile steht die *Rekognitionszeile*, d.h. die Nennung des Kanzlers, hier des Würzburger Domherrn Winither, der von 1048 bis 1058 im Amt war und die Kanzleigeschäfte in Vertretung des Erzkanzlers für das Reich, des Erzbischofs von Mainz, führte. In unseren Fällen war das Erzbischof Liutpold, vorher Dompropst von Bamberg, dessen Vorgänger als Erzkanzler, Erzbischof Bardo, erst im Juni (10. oder 11.) 1051 gestorben war.

Schließlich folgt in gewöhnlicher *Minuskel* die *Datierung*: zunächst das Tagesdatum nach dem Römischen Kalender („am 8. Tag vor dem 1. November", wobei dieser noch mitgezählt wird), dann die *Indiktion*, die „Römerzinszahl", eine seit der römischen Kaiserzeit gebräuchliche und durch Justinian sogar vorgeschriebene Angabe (meist nur) des Jahres innerhalb eines 15jährigen Steuerzyklus, der zur Zeit unserer Urkunde längst keine Bedeutung mehr hatte, aber in der Datierung noch lange beibehalten worden ist. Die Berechnung erfolgte entsprechend dem angenommenen Beginn drei Jahre vor der christlichen Zeitrechnung (Jahreszahl plus 3 dividiert durch 15). In der kaiserlichen Kanzlei wurde das Indiktionsgleich dem Inkarnationsjahr am 25. Dezember begonnen. Dann erst folgt die Angabe des Inkarnationsjahrs, der Jahre seit der Designation (Ordination, bei Heinrich III. am 14. April 1028; der künftige Kaiser war damals elf Jahre alt), der *Königsjahre* seit dem Tod des Vorgängers (Konrad II., der Vater von Heinrich III., starb am 4. Juni 1039) und schließlich der *Kaiserjahre* seit der Kaiserkrönung in Rom durch den Papst (25. Dezember 1046).

Doch nun zum Inhalt der beiden Diplome. Es geht im wesentlichen um die Organisation und Sicherung der Seelsorge in dem neugewonnenen Grenzstreifen. Dem Urkundenformular entsprechend, behandelt ein allgemeiner Satz die Beweggründe für die Ausstellung der Diplome (*Arenga*). Während in D. 276 darin vor der allgemeinen Erwähnung des Reichswohls und des Seelenheils auf die aktuelle Situation Bezug genommen wird (Zerstörung von christlichen Stützpunkten durch Heiden), wird in D. 277 nur ganz allgemein der Nutzen der Förderung von Kirchen für das Seelenheil mit einem Reimprosa-Zitat hervorgehoben. Mit der

---

[5] Vgl. Kehr, Vorbemerkung. D. 231, von Kehr derselben Hand zugewiesen, wurde im Februar (6.–12.) 1049 in Regensburg für das Erzstift Salzburg ausgestellt, dem eine nicht genannte Zahl an Königshufen im Ennswald angrenzend an den Salzburger Hof Aschbach verbrieft wurde.

Kundmachung *(Publicatio)* an alle Gegenwärtigen und Künftigen beginnt der rechtserhebliche Teil. Die feierliche Verkündigung des Geschehenen vor einer möglichst großen Anzahl von Menschen stellte damals das wichtigste Element dar; die Urkunde wurde „nur" zur Sicherung der Erinnerung ausgestellt. Nochmals wird der Seelenheil-Aspekt betont und im Hinblick auf die Familie des (damals 34jährigen) Kaisers konkretisiert: Seine damals etwa 25 Jahre alte Gemahlin Agnes, Tochter Wilhelms V. von Aquitanien und der Agnes von Burgund, könnte ihren Gemahl auf dem Kriegszug durchaus begleitet haben, eine quellenmäßige Bestätigung dafür gibt es nicht. Nach Heinrichs Tod (1056) führte seine Witwe sechs Jahre lang die Regentschaft für ihren zum Zeitpunkt unserer Urkunden knapp einjährigen Sohn Heinrich (IV.), von 1055 bis 1062 war sie zumindest nominell Inhaberin des Herzogtums Bayern; das Herzogtum wurde ihr von ihrem Sohn (d. h. im Namen ihres Sohnes) auf dem Regensburger Hoftag 1056 formell noch einmal zugesprochen. Nach Gemahlin und Sohn wird der Eltern, Konrad II. und der Kaiserin Gisela, gedacht.

Schließlich kommt man zur Sache: Der Eigenbesitz (das Reichsgut) Sieghartskirchen wird an eine Kirche (bzw. deren Altar) in *Heimenburc* übergeben, die der heiligen Maria und den heiligen Märtyrern Mauritius und Laurentius geweiht ist. Da in der Folge vom Propst *(praepositus)* der dort Gott dienenden Brüder die Rede ist, muß an ein Kollegiatstift gedacht werden; doch darüber etwas später. Von dem Besitz Sieghartskirchen (an der kleinen Tulln, in Höhenlage am Südrand des Tullnerfelds an einer alten Durchzugsstraße) wird festgestellt, daß er in der Grafschaft des Markgrafen Adalbert im Gau *Ostericha* liege; auch der Besitz zwischen Fischa und Leitha im Süden bzw. zwischen einer gedachten Linie von Tracht (Strachtin/Strachotin, nördlich von Nikolsburg/Mikulov am linken Thayaufer) bis zur Fischamündung und der March im Norden befindet sich im Gau *Osteriche;* der Platz für den Namen des zuständigen Grenzgrafen blieb im Diplom leer – was allgemein als Indiz für die noch ungeklärte Situation gewertet wird. Denn in Herrscherdiplomen wird in der Regel die Lage von Besitzungen, die bestimmten Personen oder Gemeinschaften verbrieft werden, durch die Nennung des zuständigen Amtsträgers und der mehr geographischen als politischen Angabe des Gaunamens präzisiert.[6] Dieser Grenzstreifen zwischen Fischa und Leitha bzw. Tracht–Fischamündung und March war 1043 nach dem zweiten Ungarnzug Heinrichs III. bei einem Friedensschluß mit Aba/Ovo, dem in Ungarn siegreichen Thronprätendenten, unter anderem dem Reich verbrieft worden (wir haben darüber keine Urkunde, sondern sind auf die Nachrichten der Altaicher Annalen und die Chronik Hermanns von Reichenau angewiesen); im folgenden Jahr war es nach der Schlacht bei Menfö gelungen, den im Westen im Exil lebenden König Peter, den Schwager des Markgrafen Adalbert, wieder in Ungarn zu installieren. Als Amtsträger in den eroberten Grenzstreifen südlich und nördlich der Donau wird in vier Diplomen aus dem Jahr 1045 ein Markgraf Siegfried genannt:[7] Für ihn wurden großräumige Besitz- und damit Herrschaftsgrundlagen geschaffen; von den anderen Interessenten sei das bayerische Benediktinerkloster Nieder-Altaich erwähnt,[8] dessen offensichtlich auf guten Informationen beruhende Nachrichten eine wesentliche Quelle für unser Thema darstellen. Bereits ein Jahr später brachte ein Umsturz in Ungarn das Ende der kurzen Herrschaft König Peters, den Beginn des Königtums des Arpaden Andreas (I.) und schuf eine Anzahl christlicher Märtyrer unter ungarischen Bischöfen und Mönchen. Das Gebiet an der Grenze blieb unsicher, von Markgraf Siegfried hören wir nichts mehr. Auf die größeren Reichsunternehmungen von 1050 und 1051 werden wir noch zurückkommen.

Der Ortsname „Sieghartskirchen" deutet darauf hin, daß sich hier eine – noch heute weithin sichtbare, hochgelegene – alte Taufkirche befand, die für die Gründung eines Sieghart so charakteristisch war, daß sie den Ortsnamen bestimmte. Sieghart (Sizo) wieder ist der Leitname des im 10., 11. und 12. Jahrhundert in ganz Bayern mächtigen Grafengeschlechts der Sighardinger, von denen einzelne Zweige sich im 12. Jahrhundert u. a. nach Tengling, Burghausen, Peilstein und Schala (Schallaburg) nannten. Im 10. Jahrhundert sind zwei Chiemgau-Grafen dieses Namens nachweisbar, der jüngere starb um 980/90. Ob er jener Sizo war, welchen der

---

6 *Eine Auflistung diesbezüglicher Nennungen für den (nieder)österreichischen Bereich bei Max Weltin, Die „tres comitatus" Ottos von Freising und die Grafschaften der Mark Österreich, Mitteilungen des Instituts für österreichische Geschichtsforschung (MIÖG) 84 (1976) 31 ff.*

7 *D. H. III. 133, 136, 137, 141 (das volle Zitat der Edition der Diplome Heinrichs III. Anm. 3).*

8 *D. H. III. 137.*

erste österreichische Babenberger Luitpold von der Reichsburg Melk vertrieben haben soll? Von den zahlreichen Trägern des Namens Sieghart im 11. Jahrhundert ist einer in der Schlacht bei Menfö (1044) gefallen, ein weiterer vielleicht auch auf einem Ungarnzug 1045. Die frühe Herrschaftsgeschichte von Sieghartskirchen ist unklar: Die Kirche mit dem Margaretenpatrozinium wurde vermutlich erst im 12. Jahrhundert Pfarre, diese gelangte 1228 von dem bayerischen Pfalzgrafen Rapoto II., einem Ortenburger, an das (1111 von Graf Berengar von Sulzbach gegründete) bayerische Regularkanonikerstift Baumburg.[9] Die Burg wurde regensburgisch – was mit den Aktivitäten des Bischofs Gebhard (III.) von Regensburg in der hier behandelten Zeit in Verbindung gebracht worden ist. In der Tat scheint dieser Besitz in der unten zu besprechenden Urkunde Heinrichs IV. nicht mehr auf. In unserem Zusammenhang ist festzuhalten, daß er zur Dotation des „Hainburger" Stifts herangezogen werden sollte – ob aufgrund der Verfügung eines Sieghardingers, muß unklar bleiben, ebenso, ob der oder ein für diese Kirche bestellter Geistlicher Mitglied des Kapitels werden sollte. Die *Pertinenzformel*, in der alles aufgelistet ist, was den ansehnlichen und noch ausbaufähigen Grundbesitz ausmachte und die in der Hauptsache dem üblichen Standard entspricht, enthält als Auffälligkeit, daß aus der großen Zahl der den Grund bewirtschaftenden Bauern und Bäuerinnen (Hörigen) diejenigen nicht der neuen Herrschaft angehören sollten, die aus der *familia* der alten Herrschaft hinausgeheiratet haben und – so wollen wir vermuten – nun einer anderen Herrschaft unterstanden. Der Propst sollte volle Freiheit haben, mit diesem Besitz nach Gutdünken zu verfahren, soweit dies der geistlichen Gemeinschaft von Nutzen war, der er vorstand. Darüber hinaus wird ihm und seiner Gemeinschaft im zweiten Diplom (D. 277) nicht nur ein Zehntel aller bäuerlichen Wirtschaftseinheiten in den beiden Grenzstreifen zuerkannt, sondern auch der gesamte (Frucht-)Zehent in dem eroberten Gebiet und ein Drittel aller nur denkbaren Einkünfte der (Reichs-)Burg „Hainburg". Die folgende *Pertinenzformel* kann im strengen Sinn nur auf diese Burg bezogen werden; in diesem Fall müßte man an einen größeren Burgbezirk denken: Hofstätten, andere Baulichkeiten, bewirtschaftetes und noch brachliegendes Land, Wiesen, Weiden, Wälder, Jagd- und Fischrechte, die Nutzung aller Wasserläufe, Mahlrechte und Mühlgebäude werden aufgezählt. Damit ist eine Bevölkerung vorausgesetzt, die sich von Ackerbau und Viehzucht ernährt; Jagd-, Fisch- und Mühlenrechte sind wohl der Herrschaft, dem Kanonikatstift, vorbehalten gewesen und brachten in der Regel gute Einnahmen.

Der Wortlaut des zweiten Diploms legt die Annahme nahe, daß die Kirche innerhalb der Burgbefestigung lag: ... *auf den Altar der heiligen Maria und der heiligen Märtyrer Mauritius und Laurentius in „Hainburg" und ein Drittel der Einkünfte ... aus dieser Burg ...* . Der Name der Burg ist mit dem Personennamen Heimo gebildet. Der wohl bekannteste Träger dieses Namens war ein Adliger, Sohn eines Witagowo, aus dem Ende des 9. und dem Beginn des 10. Jahrhunderts, der im Raffelstettener Zollweistum (903/6) als Grundherr im Osten und als einer der dem Grenzgrafen Arbo untergeordneten Richter (wohl im östlichsten Abschnitt von dessen Gewaltbereich) genannt wird; Kaiser Arnulf, zu dessen engerem Kreis Heimo gezählt hat, hatte dessen besondere Rechte, im wesentlichen auch in seinem Besitz um Grünz (*Grunzwitigau*), aber auch dessen Pflichten in einer im Original erhaltenen Urkunde aus dem Jahr 888 (Mai/Juni) festgelegt (das Dokument befindet sich im Haus-, Hof- und Staatsarchiv in Wien). Laut dieser Urkunde wurde Heimo auch verpflichtet, seine Leute zum Bau einer Befestigung/Fluchtburg anzuhalten, der gemeinsam mit dem Grenzgrafen und an einem von ihm zu bestimmenden Platz erfolgen sollte. Im Notfall sollte sich die Bevölkerung mit Hab und Gut dorthin zurückziehen und Wächter und Kundschafter zur Beobachtung der Feinde stellen.[10] Falls diese Burg tatsächlich errichtet worden ist, so hat man sie bisher in der Nähe des Grunzwitigaus gesucht und an Obritzberg gedacht. Da die Befugnisse Heimos weitreichend waren und wir noch von

---

9 Vgl. Hans Wolf, *Erläuterungen zum Historischen Atlas der österr. Alpenländer* II 6 (1955) 122 f.

10 MGH D. Arnolf 32 (ed. Paul Kehr 1940/Ndr.1955): „... *eo videlicet rationis tenore, ut homines eius inde cum terminali comite, ubi ipse elegerit, urbem aedificent et, si quando necesse eveniat, ad semetipsos defendendos cum rebus suis illuc confugium faciant, custodias cum caeteris more solito ad communem suae salvationis vel circumspectionis contra inimicorum insidias tutelam vigilanter exhibentes ...*" *Den lateinischen Text und eine Übersetzung bietet Lorenz Weinrich, Quellen zur Deutschen Verfassungs-, Wirtschafts- und Sozialgeschichte bis 1250 (=Ausgewählte Quellen zur deutschen Geschichte des Mittelalters. Freiherr vom Stein-Gedächtnisausgabe. 32, Darmstadt 1977) Nr. 2.*

sehr entfernten anderen Besitzungen wissen, ist nicht auszuschließen, daß diese Fluchtburg weiter östlich im Machtbereich des Grenzgrafen angelegt und mit dem Namen des wesentlichen Initiators der Anlage bezeichnet worden ist. Die Verlockung, diese Burg, die zwischen 888 und (vor der Schlacht bei Preßburg) 907 errichtet worden sein müßte, in unserem *Heimenburg* zu suchen, ist groß. Über die genaue Lokalisierung ist damit aber noch nichts gesagt – Archäologen hätten das Wort.

Der Name Heimo war im 9. und 10. Jahrhundert nicht allzu selten: Im Reichenauer Verbrüderungsbuch (9.–11. Jh.) erscheint er 61mal, in den Nekrologen von St. Emmeram in Regensburg aus dem 11. Jahrhundert nur fünfmal. Sollte unser Ortsname auf den Amtsträger im östlichsten Bereich des Grenzgrafen Aribo zurückgehen, so wäre er an der Wende zum 10. Jahrhundert entstanden, in einer Zeit, in der auch in Salzburger Annalen der Name von Preßburg erstmals überliefert ist (Niederlage des bayerischen Heeres gegen die Ungarn 907). Man hat in unserem Zusammenhang auch an einen in Tegernseer Traditionen zu Beginn des 11. Jahrhunderts belegten Träger dieses Namens gedacht, der auch als Vogt aufscheint, doch fehlt der Bezug zur Gegend, und nach allem, was wir wissen, ist die Errichtung einer bayerischen Befestigungsanlage so weit im Osten zu Beginn des 11. Jahrhunderts unwahrscheinlich.

Nun aber zu der Kirche und ihren Patrozinien: zunächst das *Marien*patrozinium, das in klösterlichen und Kanoniker-Gemeinschaften wie in Pfarrkirchen sehr häufig war; dann Mauritius und Laurentius, Namen, die einen unmittelbaren Bezug zu Heidenkampf im allgemeinen und zu Ungarnkampf im besonderen aufweisen. Am *Laurentius*tag, dem 10. August, des Jahres 955 fand am Lechfeld südlich von Augsburg die denkwürdige Schlacht gegen die Ungarn statt; sehr bald verbanden sich Legenden sowohl mit Bischof Ulrich von Augsburg als auch mit dem Heiligen des siegreichen Tages. Das Laurentius-Patrozinium war sehr populär: für Niederösterreich zählte Hans Wolf 32 Kirchen, darunter die „babenbergische" Eigenpfarre Niederhollabrunn. In diesem Zusammenhang mag auch das Patrozinium des sagenhaften „Erzbistums" Lorch in der Passauer Tradition eine Rolle gespielt haben. Der Militärheilige *Mauritius* aber, der sagenhafte Anführer der thebäischen Legion, unter den Ottonen Reichspatron, war auch Patron des Klosters Nieder-Altaich, das im eroberten Gebiet nördlich der Donau (Nieder-Absdorf, Hohenau) aktiv wurde und das über die Vorgänge während der Ungarnkämpfe hervorragend unterrichtet war. Die „heilige Lanze", in ottonischer Zeit als „Mauritius-Lanze" ein zentrales Reichs-Heiltum, war auch in der Lechfeldschlacht zum Einsatz gekommen. In Niederösterreich ist das Mauritius-Patrozinium selten, lediglich die „babenbergische" Eigenpfarre Oberleis ist Mauritius und Maria geweiht.

Die Tatsachen, daß im heutigen Hainburg keine Kirche ein Marienpatrozinium aufweist, wohl aber (Deutsch-)Altenburg, und daß der Ortsname *Alten*burg die Existenz einer neuen Burg voraussetzt, veranlaßten Ernst Klebel 1933 zu der Feststellung, daß die Kirche in *Heimenburg* die von Altenburg sei;[11] eine Feststellung, die allgemein angenommen worden ist. Klebel hat zudem auf die im Mittelalter lebendige Tradition der Urpfarre hingewiesen. Nicht aussichtslos ist auch ein Rückschluß von dem Besitz der Pfarre Altenburg bzw. der Martinspfarre Hainburg auf das in der Pertinenzformel genannte Dotationsgut („Pfaffenberg"). Noch scheinen keine Weingärten auf!

Die Neben-Patrozinien Mauritius und Laurentius und das Kollegiatstift werden in der nächsten die Marienkirche betreffenden Urkunde nicht mehr erwähnt: Nach der Rückkehr von dem denkwürdigen Zug an die ungarische Grenze im Sommer 1058, der im Marchfeld in dem endgültigen Friedensschluß mit König Andreas und in der Verlobung von dessen etwa sechsjährigem Sohn Salomon mit Judith (Sophie), der elfjährigen Schwester des deutschen Königs, gipfelte, wurde im Namen des kaum sechsjährigen Königs Heinrich IV. in Regensburg eine Urkunde ausgestellt: Die „Hainburger" Marienkirche wurde mit allen 1051 genannten Einkünften an die Kaiserin-Mutter Agnes übertragen.[12] Die Urkunde ist stilistisch sehr einfach, auf eine Arenga wurde verzichtet, die Mutter des Königs wird nur als Kaiserin, nicht als Inhaberin des bayerischen Herzogtums genannt. Vom Propst ist nicht mehr die Rede, nur von den *deo ibi famulantes*, was auch auf eine Pfarrgeistlichkeit bezogen werden kann. Daß die Kirche Pfarrkirche wurde, ist wohl nicht zu bezweifeln. Zwar wird festgestellt, daß das gesamte von Heinrichs Vater bestimmte Dotationsgut an seine Mutter übergehen

---

11 *Ernst Klebel, Altenburg und Hainburg, MIÖG 47 (1933) 57 ff.*

12 *D. H. IV. 44 (das volle Zitat der Edition der Diplome Heinrichs IV. Anm. 3).*

solle, doch folgt nur eine allgemeine Pertinenzformel. Keine Rede mehr von Sieghartskirchen, von den Zehenten, von einem Zehntel der Siedlungen, von einem Drittel der Einkünfte der Reichsburg! Wir gehen daher wohl recht in der Annahme, daß das 1051 geplante und dotierte Kollegiatstift nie realisiert und die neue Kirche gleichsam von Reichs wegen eingezogen worden ist. Dadurch konnten neue Konzeptionen in die Wege geleitet werden.

Die Errichtung von Kollegiatstiften als geistliche Zentren zur Organisation der Seelsorge, aber auch der Durchsetzung der Gewalt des Diözesanbischofs und der Sicherstellung der Zeheneinnahmen lag durchaus im Zug der Zeit. Warum ein solches Zentrum in der Heimenburg nicht in Funktion getreten ist, wissen wir nicht. Ein Grund könnte darin liegen, daß hier im äußersten Osten ein Aufbau erst begonnen hatte und die personellen Ressourcen knapp gewesen sein könnten, die Planung also einfach zu früh für eine Realisierung erfolgt ist. Es gab bereits mehrere Zentren dieser Art in der Mark: St. Pölten, wahrscheinlich auch Melk, 1049 war Ardagger zu diesem Zweck gegründet worden; in den nächsten Jahrzehnten folgten Göttweig und Klosterneuburg. Gerade Göttweig, die Gründung Altmanns – des ehemaligen Angehörigen der Kapelle der Kaiserin Agnes, die ihm zum Bistum Passau verholfen hatte –, wird später für unsere Gegend interessant. Die weitere Entwicklung ist wohl auch im Lichte der 1051/1058 getroffenen Verfügungen zu sehen. Wenn das Kollegiatstift gar nicht ins Leben getreten war, so erklärt sich auch, warum die Urkunden in Bamberg – damals eine Art Reichsarchiv und damit Archiv des Ausstellers – aufbewahrt wurden; dazu kommt, daß gerade 1051 der Bamberger Dompropst zuständiger Reichs-Erzkanzler geworden war. Die Urkunde von 1058 kam später als Stück des salischen Hausarchivs an das Generallandesarchiv Karlsruhe. In unserem lokalen Zusammenhang ist vielleicht die Beobachtung von Interesse, daß 1051 nur vom Altar der heiligen Maria und der Märtyrer Mauritius und Laurentius in „Hainburg" die Rede war; die Fortsetzung des Satzes über die Einkünfte aus dieser Burg *(de eadem urbe)* drängt die Vermutung einer besonderen räumlichen Nähe zwischen *altare* und *urbs* auf. Zwar setzt *altare* einen Kultbau voraus, aber es ist immerhin auffällig, daß 1058 von der Kirche gesprochen wird, die neben der Burg „Hainburg" errichtet worden ist *(aecclesia ... iuxta castrum Heimenbvrc constructa)*. Das mag einerseits etwas mit dem Inhalt der Urkunden zu tun haben: die Schenkung an eine Kirche bzw. deren Altar im ersten Fall, im zweiten die Schenkung der Kirche selbst. Andererseits könnte es ein Indiz für die Datierung des Baues sein, der „neben der Burg" errichtet worden ist. Wie diese Wendung, wie das Wort *iuxta* in räumlichem Sinn zu interpretieren ist, darüber gehen die Meinungen auseinander. Hier sind archäologische Befunde gefragt. Darüber mehr am Ende dieser Überlegungen.

Zunächst sind wir auf die Schriftquellen zur Burg verwiesen: keine Urkunden, sondern erzählende Quellen. Quellen, die – wie wir allen Grund haben zu vermuten – auf Augenzeugenberichten fußen.

Als erstes ist die Chronik des Reichenauer Mönchs Hermann des Lahmen *(Hermannus contractus, Hermann von Reichenau, Hermannus Augiensis)* zu nennen, eine der hervorragenden Quellen über die Ungarnkriege. Aus schwäbischem Grafengeschlecht, geboren 1013, gestorben 1054, lebte der schwer Körperbehinderte, der sich nicht selbständig bewegen konnte, seit seinem siebenten Lebensjahr im Kloster der Bodenseeinsel Reichenau und gewann durch seine Tätigkeit den Ruf eines der vielseitigsten Gelehrten des Mittelalters. Uns interessiert seine „Chronik", Geschichte von Christi Geburt an, eine Kompilation nach der bereits vorhandenen sogenannten Schwäbischen Weltchronik, begonnen etwa 1045 und zeitgleich bis zu seinem Tod 1054 fortgeführt. Die Nachrichten von 1040 an gelten als selbständige Leistung, als schriftliche Zusammenfassung zahlreicher mündlicher Mitteilungen, im wesentlichen von Augenzeugen. Sowohl Familienverbindungen als auch der Einfluß seines Klosters bzw. seines in der Reichspolitik aktiven Abtes Bern sorgten für einen hochkarätigen Kreis von Informanten, die allerdings meist ungenannt bleiben. Im Jahr 1048 hielt sich der Kaiser mit großem Gefolge auf der Reichenau auf (Kirchweihe am 24. April; zu Christi Himmelfahrt, 12. Mai, war der Kaiser bereits in Zürich). Hermanns Abt und Freund Bern (1008–1048) hatte die Lebensgeschichte des Helden der Lechfeldschlacht, Bischof Ulrichs von Augsburg, bearbeitet, er unterhielt einen Briefwechsel mit den Kaisern und im Reich politisch Mächtigen. Für die letzten 15 Jahre ist Hermanns Chronik daher besonders ausführlich, politische Berichterstattung steht im Vordergrund, das Interesse an bedeutenden Vorgängen im Reich und besonders an den Grenzen ist groß. Man hat die Darstellung dieses Zeitraums daher als allgemeine Reichsgeschichte charakterisiert.[13] Was die Ungarnkriege betrifft, so kam noch spezielles persönliches Interesse dazu, aufgrund einer Familientradition über den Heldentod von zwei Vorfahren in der Lechfeldschlacht.

Zu 1041 berichtet er die Einsetzung von Ovo/Aba als König durch die Ungarn, die Flucht König Peters „zu unserem Markgrafen Adalbert, dem Gemahl seiner Schwester" und weiter zu König Heinrich, der ihm seine bisherige Feindseligkeit verzieh und ihn huldvoll aufnahm; ferner zu 1042 als Vergeltung dafür den Einfall Ovos mit zwei Heeren nördlich und südlich der Donau in „bayerisches Gebiet" mit Raub und Brand; der nördliche Heeresteil sei von Markgraf Adalbert und seinem Sohn Luitpold vernichtet worden. Im Herbst habe König Heinrich auf einer Heerfahrt nach Ungarn die Heimenburg und Preßburg zerstört, habe dann aber das Gebiet nördlich der Donau bis zum Granfluß verwüstet bzw. die Unterwerfung der dortigen Bevölkerung angenommen, da der Süden durch Flüsse und Sümpfe geschützt war. Zweimal habe ein Teil des Heeres den angreifenden Ungarn vernichtende Niederlagen bereitet ... ;[14] zu 1043 erwähnt er den neuerlichen Ungarnzug des Königs, diesmal bis zur Leitha, wo er von Ovo durch einen von der Stellung von Geiseln und von Geschenken begleiteten Vertrag die Abtretung des Gebiets bis zur Leitha erreicht habe (*Heinricus rex iterum Pannonias petens ab Ovone vix impetrante pactum satisfactionem obsides munera regnique usque ad Litaha flumen partem accipiens discessit ...*).

Zu 1044: Ovo habe Eid und Vertrag gebrochen, Heinrich sei mit einem kleinen Heer nach Ungarn gezogen, wo ihn der starke Gegner (wohl im Vertrauen auf die natürlichen Hindernisse im Süden?) eindringen ließ. König Heinrich aber habe die Raab überschritten und am 5. Juli einen vollständigen Sieg errungen ...; zu 1045: Der wieder als König eingesetzte Peter, der noch 1044 den unterlegenen Ovo hatte hinrichten lassen, habe König Heinrich zur Feier des Pfingstfestes (damals am 26. Mai) eingeladen. Wir erfahren nicht, wo die Veranstaltungen stattgefunden haben (in Gran, dem ersten Metropolitansitz?), die mit großem Gepränge begangen worden sind und weitreichenden deutschen Einfluß befestigen sollten; eine Woche zuvor hatte sich der aufsehenerregende Einsturz des Saales aufgrund des Bruches des tragenden Balkens auf der von Hermann namentlich nicht genannten Burg Persenbeug ereignet, der prominente Todesopfer gefordert hatte.

Sehr viel ausführlicher berichten die Altaicher Annalen über dieses Unglück; auch über die Fahrt des Königs, der von Regensburg vor den Bittagen (sie begannen am 12. Mai) zu Schiff aufgebrochen war, in Passau Christi Himmelfahrt (16. Mai) gefeiert, den Greiner Strudel gemeistert, das Unglück in Persenbeug überlebt hatte und wohlbehalten in Ungarn gelandet und feierlich empfangen worden war.[15] Nirgendwo erfahren wir, wo der Kaiser und sein Gefolge gelandet sind. Meines Erachtens kämen nur Preßburg oder Gran in Frage, da nur von der Schiffsreise berichtet wird; Stuhlweißenburg nennt erst der bayerische Historiograph Aventin im 16. Jahrhundert, vielleicht aufgrund seiner Überzeugung, daß Regierungshandlungen nur dort stattgefunden haben konnten. Ob man in „Heimenburg" Station gemacht hat, wird nirgends berichtet, es wäre aber möglich. Ausführlich werden die reichen Geschenke geschildert: Gold zur Belohnung der Ritter, die im Vorjahr gegen Ovo gekämpft hatten, dann die viel interpretierten Treueide der Ungarn gegenüber Kaiser und Reich, die Übergabe der vergoldeten Königslanze an den Kaiser (die dieser dann dem Papst übersandte). Der Rückweg erfolgte wohl auf dem Landweg; am 3. Juni sind einige der für unsere Gegend bedeutenden Urkunden dieses Jahres in Perschling ausgestellt.

Doch zurück zu unserem Gewährsmann Hermann, zu 1046: Dem Stereotyp ungarischer Treulosigkeit entsprechend, sei Andreas zum König erhoben worden; viele Neusiedler, die für König Peter gekämpft hätten, seien erschlagen worden, Peter geblendet und mit seiner Frau vertrieben. Auswärtige (*peregrini*) hätten unter Raub, Vertreibung und Mord zu leiden gehabt. Ob das nur für ungarisches Gebiet galt oder ob auch unsere Gegend in Mitleidenschaft gezogen war? König Heinrich, mit den Vorbereitungen zur Romfahrt beschäftigt und dann durch den Italienzug 1046/47 und nach der Rückkehr durch Empörungen im Westen des Reiches abgehalten und durch Friedens-Gesandtschaften des neuen ungarischen Königs beruhigt, habe nicht eingegriffen.

---

13 Vgl. den kurzen Überlick von Franz Josef Schmale, in: Die deutsche Literatur des Mittelalters. Verfasserlexikon 2. Aufl., hg. v. Kurt Ruh u. a. 3 (1981) Sp. 1082 ff.

14 Hermannus Augiensis, Chronicon ed. Pertz MGH SS V 123sq.; Übersetzungen: Nobbe, Geschichtsschreiber der deutschen Vorzeit (1851); Rudolf Buchner, in: Ausgewählte Quellen zur Geschichte des Mittelalters. Freiherr vom Stein-Gedächtnisausgabe XI (1961) 628 ff. (ab 901), unsere Stellen 675.

15 Annales Altahenses ad 1045, ed. Edmund v. Oefele, MGH SS rer. Germ in us. schol. 4 (1891) 39.

Im Winter 1050 schließlich sei Bischof Gebhard von Regensburg nach Ungarn vorgestoßen und habe große Beute gemacht, was nach seinem Abzug einen ungarischen Einfall und die Besetzung des bayerischen Ostgebiets, Brand und Zerstörung zur Folge gehabt habe.[16] Zum selben Jahr heißt es dann allerdings auch, Bischof Gebhard von Regensburg, Herzog Konrad von Bayern, Markgraf Adalbert und andere bayerische Bischöfe und Mächtige hätten die Heimenburg wieder hergestellt *(Heimenburg reaedificant)* und eine große Schar ungarischer Angreifer abgewehrt, verfolgt, und als sich die Verfolger schließlich einem unermeßlich großen ungarischen Heer gegenübergesehen hätten, habe dieses die Flucht ergriffen, und die Bayern seien heil wieder in ihr Lager (zu der Burg?) zurückgekehrt *(ad castra revertuntur)*. Diese Aktivitäten werden wohl in der warmen Jahreszeit stattgefunden haben.

Erst im Herbst 1051 sei der Kaiser endlich mit Heeresmacht nach Ungarn gezogen, nachdem er einen von König Andreas durch Gesandte angebotenen Vertrag zurückgewiesen hatte. Bischof Gebhard von Regensburg, die Herzöge Welf von Bayern und Bretislaw von Böhmen seien mit der Verwüstung des Gebiets nördlich der Donau betraut gewesen; der Kaiser habe sich infolge der Überschwemmungen der Flüsse im Süden durch karantanisches Gebiet, d.h. auf dem Boden der heutigen Steiermark bzw. des heutigen südlichen Niederösterreich, dem ungarischen Königreich genähert. Dafür mußte der Nachschub von den Schiffen auf Pferde umgepackt werden, die soviel wie möglich heranbrachten. Zwar verwüstete der Kaiser das feindliche Gebiet, doch wichen die Ungarn einer offenen Schlacht aus, verlegten sich auf Guerillataktik, setzten auf fehlenden Nachschub für das kaiserliche Heer und versuchten, ihm durch Befestigung von Furten und seichten Sümpfen den Rückzug abzuschneiden. Doch sei unter anderem einer aus Burgundern, Sachsen und Polen gebildeten Reitereinheit die Übersetzung der Rabnitz, die Eroberung eines stark befestigten Brückenkopfs und dadurch die Sicherung des Rückzugs des Heeres über diese Brücke gelungen; danach sei alles in Brand gesteckt worden, wodurch allerdings der Nachhut der Rückzug abgeschnitten war. Zu dieser Zeit sei der nördliche Heeresteil längst wieder erfolgreich zurückgekehrt gewesen. König Andreas aber habe mit Markgraf Adalbert Frieden geschlossen.

Doch schon zu dem folgenden Jahr, 1052, lesen wir, daß König Andreas von Ungarn einen Friedensvertrag mit dem Reich von immer geringeren Zugeständnissen abhängig machte und der Kaiser deshalb nach der Feier des Pfingstfestes (7. Juni) in Zürich ein Heer gegen Ungarn geführt und lange Zeit unter Einsatz verschiedener Kriegsmaschinen Preßburg *(Brezisburg castrum)* belagert habe. Die langdauernde Belagerung sei schließlich ohne Erfolg abgebrochen worden, nicht zuletzt aufgrund des Eingreifens von Papst Leo IX. für König Andreas: Der Papst war persönlich auf dem Kriegsschauplatz erschienen, mußte jedoch bald die Erfahrung machen, daß der ungarische König nicht daran dachte, die Vereinbarungen auch einzuhalten, die auf seine, des Papstes, Vermittlung zustande gekommen waren. Die zehn Jahre zuvor zerstörte Befestigung von Preßburg war offenbar nach den modernsten Gesichtspunkten wieder aufgebaut worden, und man sah keine Aussicht auf ein erfolgreiches Ende der Belagerung. Nach den Altaicher Annalen setzte das Heer über die Donau und kehrte um.[17] Eine späte ungarische Überlieferung weiß von dem Hauptangriff des kaiserlichen Heeres von der Wasserseite her zu berichten (und verband das mit der Schilderung einer ungarischen Heldentat, die die Schiffe zum Sinken brachte). Das Heer muß auf dem Rückweg die Heimenburg berührt haben.

Aufgrund der Ausstellungsorte von Urkunden können wir für den Beginn des Ungarnzugs 1052 Weg und Zeit präzisieren: In der ersten Julihälfte (1., 13., 14.) finden wir den Kaiser in Regensburg, am 20. Juli in Passau, am 24. in Persenbeug. Leider ist aus diesem Jahr keine weitere Kaiserurkunde für unseren Bereich mehr bekannt. Zwischen Bischof Gebhard von Regensburg und Herzog Konrad von Bayern, die bisher an den Ungarnfeldzügen führend beteiligt waren, sei es im Herbst 1052 zu größeren Feindseligkeiten gekommen; auf einem Hoftag in Merseburg um Ostern 1053 (11. April) sei Herzog Konrad von Bayern nach einem Gerichtsverfahren abgesetzt worden. Der

---

16 Hermannus Augiensis 129: „… *Sed ipso [scil.-Gebehardo episcopo] discedente plurimus Ungariorum exercitus fines nostros invadens plurimam partem captivavit, incendit atque vastavit.*"

17 *Annales Altahenses maiores*, ed. Giesebrecht-Oefele, MGH SS rer. Germ. in us. schol. 4 (1891) 48: „*(Rursus ad Ungros expeditio, sed nihil honoris vel utilitatis adquisitum regno. Cum enim urbem Preslawaspurch in finibus utriusque regni sitam diutina premerent obsidione, papae adiuratione constricti inde discessere. …) Cum vero Danubium transfretasset exercitus, cuncta quae spoponderat est mentitus [scil. rex Ungrorum].*"

abgesetzte Herzog habe in der Folge im karentanischen Gebiet Verwüstungen angerichtet, nachdem ihm seine dortigen Besitzungen entzogen worden waren, habe bei den Ungarn Zuflucht gesucht, den geplanten, von Bischof Gebhard massiv unterstützten Friedensvertrag des Königs Andreas hintertrieben und unter Ausnützung von Zwistigkeiten der dort Mächtigen einen Teil Karentaniens besetzt.[18] Daß es sich um nach heutigen Begriffen östliches steirisches Gebiet gehandelt hat, daß die Hengistburg bei Wildon erobert wurde und eine Zeitlang besetzt war, erfahren wir wiederum aus den *Altaicher Annalen*. In diesen steht aber auch zu lesen, daß die Ungarn unter der Führung des ehemaligen Herzogs Konrad von Bayern und seiner Leute im östlichen Bayern (Donauraum) eingefallen seien, verschiedene Siedlungen zerstört und eine Unmenge Menschen gefangen hinweggeführt hätten. Da habe es plötzlich Gegenwehr der Einheimischen gegeben; die Ungarn hätten zwar ihre Beute schon in Sicherheit gebracht gehabt, hätten aber daraufhin ihre Einfälle eingestellt.[19] Man darf wohl annehmen, daß die befestigte Heimenburg in diesem Zusammenhang eine Rolle gespielt hat. Daß bald darauf Konrad, Bischof Gebhard und mächtige bayerische Grafen gemeinsame Sache gegen den Kaiser gemacht haben, sei nur der Vollständigkeit halber erwähnt.

Ergänzend zu den Schilderungen Hermanns von Reichenau sollen nun die bisher nicht bekannten Nachrichten aus Niederaltaich treten: Neben den bereits erwähnten Worten zu 1052 fand dort besonders der unbefriedigende Feldzug von 1051 näheres Interesse: Den ganzen Sommer über habe es geregnet, es habe umfangreiche Überschwemmungen gegeben, Menschen und Pferde seien ertrunken. Der Kaiser sei zu Schiff die Donau hinabgefahren, habe Mariä Himmelfahrt in Passau gefeiert und sei mit einem riesigen Heer aus Bayern, „Langobarden", Sachsen, Schwaben, Franken und Slawen (Hermann von Reichenau hatte Polen erwähnt, wie wir wissen) nach Ungarn gezogen. Er habe aber den Weg an der Grenze versperrt gefunden *(cum ... ad Ungariam ... iter illo ingrediendi interclusum fuisset ...)* und nach eingehender Beratung den Entschluß zu einer weiträumigen Umgehung gefaßt; Schiffe und Wagen habe er zurückgelassen und sei nur zu Pferd in Ungarn eingedrungen. In jeder Ortschaft sei alles mit Feuer und Schwert vernichtet worden, nur die Kirchen ausgenommen; ohne offen auf den Feind gestoßen zu sein, habe man schließlich aus Mangel an Nachschub den Rückzug angetreten.[20]

Den Altaicher Annalen verdanken wir den ausführlichsten Bericht über die Umstände, die 1050 zur Wiedererrichtung der *Heimenburg* führten, und eine Schilderung der in diesem Jahr dort herrschenden Situation: Auf einem Nürnberger Hoftag – vom 16. Juli datiert hier eine Urkunde – habe der Kaiser die bayerischen Machtträger konsultiert. Man habe beschlossen, die *urbs Heimenburg* zu errichten und die mit den Bauarbeiten Beschäftigten militärisch zu schützen. Dieses Vorhaben sei zur Ausführung gekommen, ausschließlich Bayern seien damit beauftragt gewesen, die militärische Schutztruppe war klein. Das verleitete die Ungarn, in der Nacht des Festes der Thebäischen Märtyrer – wir erinnern uns, Mauritius war ihr Anführer! –, d.h. am 22. September, zu einem Überfall auf das bayerische Lager.
Nun soll die Nieder-Altaicher Darstellung im Wortlaut folgen: „Obwohl in einem Zelt mehr als 200 Pfeile gesammelt wurden, wurde doch nicht ein einziger Mann verwundet. Diesen Angriff hielten sie in derselben Woche drei-, ja viermal aus (im Jahr 1050 war der 22. September ein Samstag), dann gingen sie geschlossen zum Gegenangriff über. *Siehe, göttliche Gnade war zugegen, die niemals im Stich läßt, die auf sie hoffen!* (Judith 13,17) Denn sobald sie zusammenstießen, besiegten sie, die wenigen, ein riesiges Heer, schlugen es in die Flucht und machten nieder, wen immer sie einholen konnten. Deshalb lobten sie Gott, ihren Schutz, und kehrten jubelnd heim; eine kleine Besatzung ließen sie in der Burg zurück. Aber damit übler Wille nichts unversucht ließe, versuchten die Ungarn, sie zu zerstören, und sammelten wieder ein unüberschaubar großes Heer. *Ich berichte Gewaltiges, doch noch gewaltiger erwiesen sich die Tatsachen.* Denn als die Wenigen am Sonntag, Montag und Dienstag dem Ansturm eines so großen Heeres standgehalten hatten, priesen sie Gott, daß nur ein einziger von ihnen gefallen war. Sie selbst aber machten eine so große Zahl Feinde nieder, daß deren (der Ungarn) Kameraden sechs Schiffe anfüllten, als sie zurückkamen, um die Gefallenen wegzuschaf-

---

18 *Hermannus Augiensis* 133.

19 *Annales Altahenses* 50 (ad annum 1054).

20 *Annales Altahenses* 47 (ad annum 1051). Für die Mitte des 11. Jahrhunderts können die Altaicher Annalen, die in der vorliegenden Form um 1073 zusammengestellt worden sind, aber auf gleichzeitigen Notizen und mündlichen Augenzeugenberichten beruhen, als eine Art Reichshistoriographie mit besonderem Interesse für den Südosten und Süden gelten.

fen. Auch ein göttliches Zeichen fehlte nicht: während des Kampfes umflog eine wunderschöne Turteltaube die Mauern. (Die Feinde) schafften Material zur Brandlegung im Osten und Westen, im Süden und Norden herbei: ein widriger Wind wandte das Feuer ab. Daraus erkannten die Feinde schließlich ihren Frevel und zogen sich verwirrt zurück."[21]
Die Darstellung ist insofern unklar, als nicht deutlich wird, ob es sich um zwei unterschiedliche Überfälle und Kämpfe gehandelt hat, die sich auf jeweils mehr als eine Woche erstreckten, oder nur um eine doppelte Schilderung von zusammengehörigen Ereignissen, die einmal stattgefunden haben.
Zu 1042 hielt man in Altaich fest, daß Ovo, nachdem er sichergestellt hatte, daß keine Nachricht in den Westen dringen konnte, am 15. Februar zu beiden Seiten der Donau plündernd nach Westen zog – er selbst befand sich bei dem südlichen Heeresteil –, bis zur Traisen, auf dem Rückweg in der Gegend der Burg Tulln die Nacht verbrachte und mit reicher Beute wieder heimkehrte; der nördliche Heerhaufen dagegen wurde von Markgraf Adalbert und seinem Sohn Luitpold mit einer geringen Schar niedergemacht und der Rest bis zur March verfolgt. Ferner ist zu lesen, daß die Rache-Reichsheerfahrt nach Ungarn zur Wiedereinsetzung von König Peter im Juni stattfand; auf Rat des Böhmenherzogs (Wratislaw), der dem König Zuzug geleistet hatte, sei man nördlich der Donau gezogen. Neun Burgen hätten sich unterworfen und seien König Peter übergeben, die zwei der bayerischen Mark nächstgelegenen Burgen aber vor der Ankunft des Reichsheers von ihren Bewohnern angezündet und verbrannt worden.[22] Unter diesen beiden Burgen sind wohl „Heimenburg" und Preßburg zu verstehen.

Die Darstellung weicht bemerkenswert von der Hermanns von Reichenau ab!
Von der Reichsheerfahrt (im August) 1043 wird erwähnt, der König habe an der ungarischen Grenze das Heer gemustert, die Invasion beschlossen und habe ferner Belagerungsmaschinen gegen die Rabnitzsperre in Stellung gebracht, bereit, den Kampf am nächsten Tag zu beginnen. Doch da sei es zu den ausführlich geschilderten Friedensvereinbarungen gekommen. Zu 1044 wird der Umsturz in Ungarn geschildert, und ausführlicher und anschaulicher der Zug nur mit bayerischen und böhmischen Reitern bis zur Überwindung von Rabnitz und Raab und zur siegreichen Schlacht mit allen ihren Folgen.[23]
Soweit die unmittelbaren Quellen. Die aus ihnen abgeleiteten Geschichtswerke, wie die Chronik des Frutolf von Michelsberg bzw. seines Fortsetzers Ekkehard von Aura und einzelne Redaktionen österreichischer Annalen (siehe S. 344) können und müssen an dieser Stelle außer Betracht bleiben, da unser Interesse ja Deutsch Altenburg bzw. der „Heimenburg" gilt und nicht der Verbreitung und Bearbeitung der Altaicher und Reichenauer Quellen.

Fassen wir also zusammen, was sich aus dem Vorherigen für Deutsch Altenburg ergibt. Zunächst die Lage an einer Durchzugsstraße: Soweit nicht eine Schiffahrt auf der Donau vorgezogen worden ist – eine Landung in unserer Gegend ist nie auszuschließen, aber auch nicht ausdrücklich erwähnt –, wurde zwar nicht ausschließlich, aber offenbar sehr oft der Landweg nach Osten südlich der Donau benutzt. Der Fluß wurde nicht weit von der Grenze, so etwa bei Wien oder, einer Altstraße folgend, eben bei Altenburg übersetzt, sofern man nicht zu einem der (ungarischen) „Landestore" im Süden strebte, wie zu 1043 und 1044 berichtet; nur einmal, eben 1044, wurde neben der Rabnitz auch die Raab übersetzt. In allen Fällen mußte unsere Gegend berührt werden. Von hier aus begannen Kriegszüge im Norden auf ungarisches Gebiet bis etwa zur Gran, während weiter westliche Vorstöße in den Norden den Mährern gegolten haben. Falls sich von archäologischer Seite erhärten ließe, daß um 900 eine Wehranlage bestanden hat, so gewänne die Interpretation der „Heimo"-Urkunde von 888 an Wahrscheinlichkeit. Auch der dort zum Ausdruck gebrachte starke Bezug zur slawischen Bevölkerung (Handel, Gericht) würde in diesen Zusammenhang passen; er wurde bisher, auch durchaus plausibel, in der Hauptsache mit der mährischen Bevölkerung nördlich der Donau in Verbindung gebracht, wobei slawische Siedlungen innerhalb der Grafschaft Arbos besonders beachtet werden sollten.[24]

---

21 L. c. 46 (ad annum 1050).

22 L. c. 31sq. (ad annum 1042).

23 L. c. 35sq. (ad annum 1044).

24 Mündliche Mitteilungen ergaben keinen Hinweis auf spätkarolingische Funde. Slawisches vom Deutsch Altenburger Kirchenberg wurde publiziert: vgl. Herbert Mitscha-Märheim, Gräberfunde am Kirchenberg in Deutsch-Altenburg, Archaeologia Austriaca 18 (1955) 32 ff.; ders., Archäologische Bemerkungen zur Frage der slawischen Besiedlung Niederösterreichs, in: Jahrbuch für Landeskunde von NÖ 34 (1958–60) 47 f.; vgl. auch die kurzen Bemerkungen von Herwig Friesinger, Die Slawen in Niederösterreich (=Wiss. Schriftenreihe NÖ 15, 2. Aufl. 1978) 20, 23 mit Fundorteliste 30 sowie Karte Abb. 1; ders. (-Brigitte Vacha), Die vielen Väter Österreichs (Wien 1987) 144 ff. Zur Sache allgemein: Herwig Wolfram, Grenzen und Räume (Österr. Geschichte 378–907, Wien 1995) 268 ff., 320 ff.

Es ist sicher, daß 1042 die damals (*Heimenburg* jedenfalls seit 1030) ungarischen Grenzbefestigungen „Hainburg"/Altenburg und Preßburg zerstört worden sind. Ob durch das Reichsheer oder von den eigenen Leuten, um verbrannte Erde zu schaffen? Ebenso sicher ist der Wiederaufbau von „Hainburg"/ Altenburg 1050, von Preßburg wohl in den Jahren nach 1045. Wenn wir die Tauben-Allegorie aus Niederaltaich auf real Bestehendes übertragen wollen, so muß 1050 bereits eine steinerne Umwallung bestanden haben.

Die Frage, wo diese Befestigungen konkret angelegt waren und auf welche Weise, kann nur von archäologischer Seite beantwortet werden. Handelte es sich um Anlagen auf Erhebungen in Donaunähe oder um Höhenburgen, d. h. im Gebiet von Bad Deutsch-Altenburg und von Preßburg, oder waren es der Burgberg von Hainburg und der von Preßburg? Sind die Höhenburgen jünger? Was ist mit der Befestigung von Theben?

Daß die 1051 und 1058 in „Hainburg" neben der Burgbefestigung genannte Marienkirche im Bereich des heutigen „Kirchenbergs" von Bad Deutsch-Altenburg zu suchen ist, ist seit Klebels Vorschlag nicht mehr in Zweifel gezogen worden. Archäologen haben an dieser Stelle seit Jahrhunderten bestehende Spuren menschlicher Tätigkeit nachgewiesen. Ob die 1050/58 errichtete Kirche der erste Kirchenbau an dieser Stelle war, darf bezweifelt werden. Wenn man das „neben"einander (*iuxta*) von Kirche und Burg im alltäglichen Sinn verstehen will, so muß man die Burg wohl im Gebiet Deutsch Altenburgs suchen; ob aber am Kirchenberg? Welche Rolle kam etwa der um 1900 durch die Hollitzer-Steinbrüche zerstörten Anlage „Am Stein" zu? An dieser Stelle sind Reste einer römischen Fortifikation und eine frühmittelalterliche Wallburg, südlich davon ein Friedhof des 10./11. Jahrhunderts gesichert.[25] Unsicher ist die Ausdehnung der Anlage. Ist in dieser Zeit doch mit einer befestigten Dauersiedlung zu rechnen? Falls wir dem Altaicher Bericht über sechs Schiffsladungen voll Leichen einen wahren Kern zutrauen, so müßten die Kampfhandlungen wohl in Donaunähe stattgefunden haben. Im Vergleich dazu läßt der Bericht über die erfolglose Belagerung von Preßburg an eine Lage der Burg in Donaunähe denken, wenn wir annehmen wollen, daß die Schiffe nicht nur der Versorgung dienten.

Wir müßten viel mehr über damalige Kriegstechnik und -taktik wissen. Welche Funktion konnten damals Höhenburgen erfüllen? In letzter Zeit ist die Annahme Klaars, die *Heimenburg* unserer Quellen sei auf dem Hainburger Burgberg zu suchen, von Weltin mit neuen Argumenten vertreten worden.[26] Baugeschichtliche Untersuchungen Gerhard Seebachs, dessen Datierungsvorschläge für die ältesten Baulichkeiten in die zweite Hälfte des 11. Jahrhunderts auf Analogieschlüssen zur Einordnung vergleichbarer Anlagen beruhen,[27] müßten auf breiterer Grundlage ergänzt werden. Es dürfte ja keinem Zweifel unterliegen, daß auf allen Höhen Wachtposten stationiert waren, der durchgehenden Sichtverbindung kam sicher entscheidende Bedeutung zu.

Es versteht sich von selbst, daß die isolierte Vorstellung einiger schriftlicher Quellen zwar sehr notwendig ist, doch sind diese Quellen für sich allein von nicht allzu großer Aussagekraft. Sie müssen mit unseren Vorstellungen von Siedlung, Bevölkerung, Wirtschaft, „Verfassung", Krieg, Verkehr in Austausch treten, Vorstellungen, die nur in größerräumigem Vergleich und in interdisziplinärem Gespräch der Realität näherkommen können – wie wir hoffen.

---

25 Vgl. Christine Neugebauer-Maresch, *Zur verschwundenen Befestigungsanlage „Am Stein", Bad Deutsch-Altenburg, NÖ.*, in: Mitt. d. Österr. Arbeitsgemeinschaft für Ur- und Frühgeschichte 30 (Wien 1980) 37–55, mit 2 Tafeln. Laut mündlicher Mitteilung befinden sich Pfostenreste aus dieser Anlage im Museum Carnuntinum; eine dendrochronologische Untersuchung könnte wohl weitere Aufschlüsse geben.

26 Max Weltin, *Ascherichsbrvgge*, wie Anm. 1, 13 f. bes. mit Anm. 75.

27 Gerhard Seebach, *Burg und Stadt Hainburg – baugeschichtliche Untersuchungen*, in: Unsere Heimat 48 (1977) 94 ff., mit drei Plänen.

Originalquellen und ihre Übersetzungen

ANNALES REGNI FRANCORUM
(entstanden vermutlich vor 830)

DCCCV. Non multo post capcanus, princeps Hunorum, propter necessitatem populi sui imperatorem adiit, postulans sibi locum dari ad habitandum inter Sabariam et Carnuntum, quia propter infestationem Sclavorum in pristinis sedibus esse non poterat. Quem imperator benigne suscepit – erat enim capcanus christianus nomine Theodorus – et precibus eius annuens muneribus donatum redire permisit.

(Aus: Annales regni Francorum. Monumenta Germaniae Historica. Scriptores rerum Germanicarum in usum scholarum. Hrsg. Friedrich Kurze. Hannover 1895, S. 119 f.)

FRÄNKISCHE REICHSANNALEN

805. Wenig später suchte der Fürst der *Hunnen*, Capcan, wegen der Not seines Volkes den Kaiser auf und verlangte, ihm einen Ort zur Niederlassung zwischen *Savaria* und *Carnuntum* zu geben, da er wegen der Angriffe der Slawen nicht in den alten Wohnstätten bleiben konnte. Der Kaiser nahm ihn gnädig auf – denn Capcan war Christ und hieß Theodor –, erhörte seine Bitten und ließ ihn reich beschenkt wieder nach Hause ziehen.

(Unter Verwendung einer Übersetzung von Reinhold Rau, in: Quellen zur karolingischen Reichsgeschichte. Neubearbeitet von Reinhold Rau. Unveränderter Nachdruck der Ausgabe Darmstadt 1968. Darmstadt 1993, S. 81)

HERIMANNI AUGIENSIS CHRONICON
(vollendet 1054)

1042
Heinricus quoque rex autumno Pannonias petens, Heimenburg et Brezesburg evertit, septentrionalem Danubii partem, quia flumina australem et paludes munierant, usque ad Grana flumen vastavit seu in dedicionem accepit; ...

1050
Gebehardus Ratisponensis episcopus cum Counrado duce Baioariae et Adalberto marchione aliisque quibusdam episcopis et principibus Baioariae Heimenburg reaedificant, et magnam Ungariorum copiam se invadentem prosternunt, ...

(Aus: Monumenta Germaniae Historica. Scriptores Band V. Hrsg. Georg Heinrich Pertz u. a. Hannover 1844, S. 124 und S. 129)

CHRONIK DES HERMANN VON REICHENAU

1042
Auch König Heinrich zog im Herbst nach *Pannonien**, zerstörte die *Heimenburg* und *Brezesburg*** von Grund auf und verwüstete das Gebiet nördlich der Donau bis zum Fluß Gran, da Flüsse und Sümpfe das südliche Gebiet schützten; ...

1050
Bischof Gebhard von Regensburg und mit ihm Herzog Konrad von Bayern, Markgraf Adalbert und einige andere bayerische Bischöfe und Große bauen die *Heimenburg* wieder auf, vernichten eine große Schar Ungarn, die sie angegriffen hatte, ...

ANNALES ALTAHENSES MAIORES

1050
Complacitum est urbem Heimenburg aedificari et interim ab armatis aedificantes custodiri.

(Aus: Annales Altahenses maiores. Monumenta Germaniae Historica. Scriptores rerum Germanicarum in usum scholarum. Hrsg. Edmund von Oefele. Hannover 1891, S. 45 f.)

ANNALEN DES KLOSTERS NIEDERALTAICH

1050
... [Auf dem Hoftag in Nürnberg, Anm. d. Übers.] wurde beschlossen, den befestigten Platz *Heimenburg* aufzubauen und die mit der Errichtung der Befestigung Beschäftigten in dieser Zeit durch Bewaffnete zu sichern.

Urkunde Kaiser Heinrich III.:

HEIMENBURC 1051 OKTOBER 25.

Heinrich schenkt dem Marienstift zu *Heimenburc* Sieghartskirchen.

In nomine sanctae et individuae trinitatis. Heinricus divina favente clementia Romanorum imperator augustus.
Si loca sub catholicae fidei religione ad dei servicium a quibusdam iuste ac pie viventibus quondam constructa et a quorumdam pravorum christianitati repugnantium populatione devastata ex regiis sumptibus recuperamus, hoc ad regni nostri stabilitatem ac utriusque vitae felicitatem nobis prodesse non dubitamus. Unde quique Christi nostrique fideles tam futuri quam presentes noverint, qualiter nos ob nostram nostrique regni ac thori consortis scilicet Agnetis imperatricis augustae ac dilectae prolis nostrae Heinrici felicitatem et pro patris nostri felicis memoriae Chuonradi ac matris nostrę beatae commemorationis Gisilae simulque omnium parentum nostrorum beatitudine quoddam predium Sigehartteschiriha dictum in comitatu Adalberti marchionis in pago Ostericha situm ad altare in loco Heimenburc in honore sanctae dei genitricis Mariae sanctorumque martirum Mauricii Laurentii consecratum cum omnibus suis scilicet cum utriusque sexus mancipiis, exceptis ex eadem familia coniugatis, areis aedificiis terris cultis et incultis pratis pascuis compascuis aquis aquarumve decursibus piscationibus, silvis venationibus molis molendinis viis et inviis quęsitis et inquirendis sive cum omni utilitate, quę ullo modo inde poterit provenire, in proprium tradidimus, ea videlicet conditione ut prepositus fratrum inibi deo servientium liberam habeat potestatem possidendi precariandi commutandi vel quicquid illum collibuerit ad utilitatem aecclesiae faciendi. Et ut haec traditio stabilis et inconvulsa omni aevo permaneat, hanc paginam inde conscriptam propria manu confirmantes sigilli nostri impressione iussimus insigniri.
Signum domni Heinrici tercii regis invictissimi (M. [Monogramm, Anm. d. Red.]) secundi Romanorum imperatoris augusti. (SMP. [signum manus propriae, Anm. d. Red.])
Uuinitherius cancellarius vice Luipaldi archicancellarii recognovi. (SI. 3. [sigillum, Siegel, Anm. d. Red.])
Data VIII. kal. nov. indictione IIII, anno dominicae incarnationis millesimo LI, anno autem domni Heinrici tercii regis imperatoris secundi ordinationis eius XXIIII, regni quidem XIII, imperii V; actum Heimenburc; feliciter amen.

(Aus: Monumenta Germaniae Historica. Diplomata. Die Urkunden der Deutschen Könige und Kaiser. Fünfter Band. Die Urkunden Heinrichs III. Hrsg. Harry Bresslau u. Paul Kehr. Berlin 1931, S. 376, Nr. 276)

HEIMENBURC 1051 OKTOBER 25.

Im Namen der heiligen und unteilbaren Dreifaltigkeit. Heinrich durch die Gunst göttlicher Milde Römischer Kaiser und Augustus.
Wenn Wir auf königliche Kosten Plätze wiederherstellen, die einst in Ergebenheit für den allgemeinen Glauben zum Dienst Gottes von Leuten errichtet worden sind, die gerecht und fromm lebten, und die dann von einem Volk von üblen Streitern wider das Christentum zerstört wurden, tun Wir das in der Überzeugung, daß dies der Stabilität Unserer Königsherrschaft [Unseres Reiches, Anm. d. Übers.] und dem Glück beider Leben [hier und im Jenseits, Anm. d. Übers.] nütze. Deshalb mögen alle Christgläubigen und Unsere Getreuen – künftige wie gegenwärtige – wissen, daß Wir zu Unserem eigenen Heil, auch zu dem der Teilhaberin Unseres Reiches

---

* *Ungarn*
** *Bratislava/Preßburg*

und Bettes, der Kaiserin Agnes und Augusta, wie zu dem Unseres geliebten Sohnes Heinrich wie auch für die Seligkeit unseres verstorbenen [wörtlich: seligen Angedenkens, Anm. d. Übers.] Vaters Konrad und unserer verstorbenen Mutter Gisela und aller unserer Vorfahren, den Eigenbesitz Sieghartskirchen in der Grafschaft des Markgrafen Adalbert im Gau Österreich an den Altar in *Heimenburc*, der der heiligen Gottesgebärerin Maria und den heiligen Märtyrern Mauritius und Laurentius geweiht ist, zu Eigen übergeben haben; dieses Gut mit allem, was dazugehört: mit den Hörigen beiderlei Geschlechts – mit Ausnahme derer, die aus dieser *familia* [in diesem Fall: Gruppe der gesamten Hörigen auf den Besitzungen einer Herrschaft, Anm. d. Übers.] weg verheiratet sind –, mit Hofstätten, Baulichkeiten, bebautem und unbebautem Land, mit Wiesen, Weiden, Gemeinweiden, Gewässern und Wasserläufen, mit Fischweiden, Wäldern, Jagden, Mühlen, Mühlgebäuden, Wegen und unwegsamem Gelände, mit allen bestehenden und noch zu erzielenden Erträgen und mit aller Nutznießung, auf welche Weise immer sie ermöglicht werden kann. Das alles geschah mit der Bestimmung, daß der Propst der Brüder, die dort Gott dienen, volle Freiheit habe, dieses Gut in Eigenbesitz zu bewirtschaften, zu verpachten, zu vertauschen oder was immer ihm zum Nutzen der Kirche zu tun beliebe. Damit diese Unsere Besitzübertragung für alle Zeiten sicher und unanfechtbar stehe, haben Wir diese Urkunde schreiben lassen, sie eigenhändig [durch den Vollziehungsstrich, Anm. d. Übers.] beglaubigt und durch das Eindrücken Unseres Siegels besiegeln lassen.

Zeichen des Herrn Heinrich des Dritten als unbesiegbarstem König [folgt Monogramm mit Vollziehungsstrich, Anm. d. Übers.], des Zweiten als Römischem Kaiser und Augustus.

Ich Winitherius, Kanzler, habe in Stellvertretung des Erzkanzlers Luitpald gegengezeichnet.

Gegeben am 25. Oktober, in der 4. Indiktion, im Jahr 1051 der Menschwerdung des Herrn, im 24. Jahr der Ordination [Krönung, Anm. d. Übers.] des Herrn Heinrich, des Dritten als König, des Zweiten als Kaiser, im 13. Jahr seiner Königsherrschaft, im 5. seines Kaisertums. Geschehen in *Heimenburc*; mit Glück. Amen.

Urkunde Kaiser Heinrich III.:

HEIMENBURG 1051 OKTOBER 25.

Heinrich schenkt dem Marienstift zu Heimenburg jede zehnte Hufe und den Fruchtzehnten in dem eroberten Grenzgebiet im Gau Österreich in angegebenen Grenzen sowie den dritten Teil der Einkünfte aus der Burg *Heimenburg*.

In nomine sanctae et individuae trinitatis. Heinricus divina favente clementia Romanorum imperator augustus.

Scimus ac perfecte cognovimus sublimationem aeclesiarum provectum parere animarum, quia dum terrenis caelestia temporalibus sempiterna comparamus, cęlestem ac sempiternam requiem animabus nostris praeparamus. Unde noverint omnes Christi nostrique fideles tam futuri quam praesentes, qualiter illa spe inducti donavimus pro remedio animę nostrę dilectaeque nostrae coniugis scilicet Agnetis nostraeque prolis Heinrici seu parentum nostrorum, pro pace etiam et stabilitate regni nostri decimum mansum rectamque fructuum decimationem totius regionis in finibus Ungarorum gladio ab hostibus adquisitae in pago Osterriche in comitatu ex una parte Danubii inter Fiscaha et Litaha, ex altera autem inter Strachtin et ostia Fiscaha usque in Maraha ad altare sanctae Mariae et sanctorum martyrum Mauricii Laurentii in Heimenburg et terciam partem utilitatis ullo modo de eadem urbe provenientis cum omnibus pertinentiis areis ędificiis terris cultis et incultis pratis pascuis et compascuis silvis venationibus aquis aquarumve decursibus piscationibus molis molendinis et cum omnibus quę ullo modo scribi vel appellari possunt utilitatibus, ea videlicet ratione ut praepositus fratrum inibi deo servientium liberam dehinc habeat potestatem possidendi precariandi commutandi seu quicquidlibet ad utilitatem praedictę ęclesię inde faciendi. Et ut hęc nostrę traditionis auctoritas stabilis et inconvulsa permaneat, hanc cartam inde conscriptam sygilli nostri inpressione et proprię manus confirmatione iussimus insigniri.

Signum domni Heinrici tercii regis invictissimi (M.) secundi Romanorum imperatoris augusti. (SMP.)

Uuinitherius cancellarius vice Liutpaldi archicancellarii recognovi. (SI. 3.)

Data VIII. kal. nov. indictione IIII, anno dominicę incarnationis MLI, anno autem domni Heinrici tercii regis imperatoris secundi ordinationis eius XXIIII, regni quidem XIII, imperii autem V; actum Heimenburg; in dei nomine feliciter amen.

(Aus: Monumenta Germaniae Historica. Diplomata. Die Urkunden der Deutschen Könige und Kaiser. Fünfter Band. Die Urkunden Heinrichs III. Hrsg. Harry Bresslau u. Paul Kehr. Berlin 1931, S. 378, Nr. 277)

HEIMENBURG 1051 OKTOBER 25.

Im Namen der heiligen und unteilbaren Dreifaltigkeit. Heinrich durch die Gunst göttlicher Milde Römischer Kaiser und Augustus.

Wir wissen ganz sicher, daß die Errichtung von Kirchen das Seelenheil fördert, da wir ja für Unsere Seelen die himmlische und ewige Ruhe vorbereiten, da Wir für irdische zeitliche Güter himmlische ewige gewinnen. Daher mögen alle Christgläubigen und Unsere Getreuen – künftige wie gegenwärtige – wissen, daß Wir – durch diese Hoffnung getrieben – zum Heil Unserer Seele und Unserer geliebten Gemahlin Agnes und unseres Sohnes Heinrich und aller Unserer Vorfahren, aber auch für den Frieden und die Stabilität Unseres Reiches [Unserer Königsherrschaft, Anm. d. Übers.] jede zehnte Hufe und den ordentlichen Fruchtzehent des gesamten Grenzgebietes gegen die Ungarn, das mit dem Schwert von den Feinden erobert worden ist, im Gau Österreich in der Grafschaft [Name nicht eingesetzt, Anm. d. Red.], an dem einen Donauufer zwischen Fischa und Leitha, an dem anderen zwischen [einer Linie von, Anm. d. Übers.] Tracht [heute Strachotin nördlich von Nikolsburg/Mikulov, Mähren, Anm. d. Red.] und der Fischamündung bis zur March an den Altar der heiligen Maria und der heiligen Märtyrer Mauritius und Laurentius in *Heimenburg* übertragen haben, und ein Drittel aller Nutznießung, die auf welche Weise immer von dieser Burg erzielt werden kann, mit allem, was dazugehört: Hofstätten, Gebäuden, bebautem und unbebautem Land, Wiesen, Weiden, Gemeinweiden, Wäldern, Jagden, Gewässern und Wasserläufen, Fischweiden, Mühlen und Mahlgebäuden, und allen Nutzungserträgen, wie immer man sie aufschreiben oder mündlich nennen kann. Das alles geschah mit der Bestimmung, daß der Propst der Brüder, die dort Gott dienen, die volle Freiheit und Gewalt habe, die Besitzungen selbst innezuhaben, zu verpachten, zu tauschen, oder was immer damit zum Nutzen der genannten Kirche zu unternehmen. Damit diese Unsere Besitzübertragung sicher und unanfechtbar bleibe, haben Wir diese ausgefertigte Urkunde durch den Eindruck Unseres Siegels und die eigenhändige Bestätigung besiegeln lassen.

Zeichen des Herrn Heinrich des Dritten als unbesiegbarstem König [folgt Monogramm mit Vollziehungsstrich, Anm. d. Übers.], des Zweiten als Römischem Kaiser und Augustus.

Ich Winitherius, Kanzler, habe in Stellvertretung des Erzkanzlers Luitpald gegengezeichnet.

Gegeben am 25. Oktober, in der 4. Indiktion, im Jahr 1051 der Menschwerdung des Herrn, im 24. Jahr der Ordination des Herrn Heinrich, des Dritten als König, des Zweiten als Kaiser, im 13. Jahr seiner Königsherrschaft, im 5. seines Kaisertums. Geschehen in *Heimenburc*; im Namen Gottes mit Glück. Amen.

Urkunde König Heinrich IV.:

REGENSBURG 1058 OKTOBER 18

Heinrich überträgt seiner Mutter, der Kaiserin Agnes, die Marienkirche bei der *Heimenburg* und alles, was sein Vater, Kaiser Heinrich III., für dieselbe bestimmt hatte.

In nominae sanctae et individuae trinitatis. Heinricus divina favente clementia rex.
Omnibus Christi nostrique fidelibus tam futuris quam praesentibus notum esse volumus, qualiter nos dilectissimae genitrici nostrae Agneti imperatrici augustae aeclesiam in honore sanctae dei genitricis Mariae iuxta castrum Heimenbvrc constructam et omnia, quae genitor noster beatę memoriae Heinricus imperator eidem aeclesiae deoque ibi famulantibus attribuit et praedestinavit, ubicumque sita sint, cum omnibus pertinentiis, hoc et utriusque sexusque mancipiis areis aedificiis terris cultis et incultis agris pratis pascuis campis silvis venationibus aquis aquarumque decursibus molis molendinis piscationibus exitibus et reditibus viis et inviis quaesitis et inquirendis seu cum omni utilitate, quae ullo modo inde provenire potest, in proprium dedimus atque tradidimus, ea videlicet ratione ut praedicta imperatrix Agnes de praefatis bonis sibi a nobis traditis liberam dehinc potestatem habeat tenendi dandi vendendi commutandi praecariandi vel quicquid sibimet placuerit inde faciendi. Et ut haec nostra regalis traditio stabilis et inconvulsa omni permaneat aevo, hanc paginam inde conscribi manuque propria, ut subtus videtur, corroborantes sigilli nostri impraessione iussimus insigniri.
Signum domni Heinrici (M.) quarti regis.
Gebehardus cancellarius vice Liutbuldi archicancellarii recognovi. (SI. 1)
Data XV kal. nov. anno dominice incarnationis MLVIII, indictione XI, anno autem ordinationis domni Heinrici quarti regis V, regni vero III; actum Regenesbvrc; in dei nomine feliciter amen.

(Aus: Monumenta Germaniae Historica. Diplomata. Die Urkunden der Deutschen Könige und Kaiser. Sechster Band. Die Urkunden Heinrichs IV. Hrsg. Dietrich v. Gladiss u. Alfred Gawlik. Berlin 1941, S. 55, Nr. 44)

REGENSBURG 1058 OKTOBER 18

Im Namen der heiligen und unteilbaren Dreifaltigkeit. Heinrich durch die Gunst göttlicher Milde König.
Allen Christgläubigen und Unseren Getreuen – künftigen wie gegenwärtigen – wollen Wir bekanntmachen, daß Wir Unserer sehr geliebten Mutter, der Kaiserin und Augusta Agnes, die Kirche zu Eigen gegeben und übertragen haben, die zu Ehren der heiligen Gottesmutter Maria bei der Burg *Heimenburc* errichtet worden ist, und dazu alles, was Unser verstorbener Vater, Kaiser Heinrich, dieser Kirche und denen, die dort Gott dienen, zugeeignet und bestimmt hat, wo auch immer es gelegen ist, mit allem, was dazugehört: Hörigen beiderlei Geschlechtes, Hofstätten, Baulichkeiten, bebautem und unbebautem Land, Äckern, Wiesen, Weiden, Feldern, Wäldern, Jagden, Gewässern und Wasserläufen, Mühlen, Mahlgebäuden, Fischweiden, Ausgaben und Einnahmen, Wegen und unwegsamem Gelände, mit allen bestehenden und noch zu erzielenden Erträgen und mit aller Nutznießung, auf welche Weise immer sie erzielt werden kann. Dies alles mit der Bestimmung, daß die genannte Kaiserin Agnes über die vorgenannten Besitzungen, die Wir ihr übereignet haben, die volle freie Verfügungsgewalt habe, sie selbst innezuhaben, weiterzugeben, zu verkaufen, zu vertauschen, zu verpachten oder damit zu tun, was immer sie will. Damit diese Unsere königliche Besitzübertragung für alle Zeiten sicher und unanfechtbar bestehe, haben Wir diese Urkunde schreiben lassen, sie mit eigener Hand, wie unten zu sehen, [durch den Vollziehungsstrich, Anm. d. Übers.] beglaubigt und durch Eindrücken Unseres Siegels besiegeln lassen.
Zeichen des Herrn Heinrich [Monogramm, Anm. d. Übers.] des Vierten als König.
Ich, Gebhard, Kanzler, habe anstelle des Erzkanzlers Liutpald gegengezeichnet.
Gegeben am 18. Oktober im Jahr 1058 der Menschwerdung des Herrn, in der 11. Indiktion, im 5. Jahr seit der Ordination [Krönung, Anm. d. Übers.] des Herrn Heinrich des Vierten als König, im 3. Jahr seiner Königsherrschaft. Geschehen in Regensburg. Im Namen Gottes mit Glück. Amen.

ABGELEITETE SCHRIFTQUELLEN

EKKEHARDI CHRONICON UNIVERSALE

(entstanden in der ersten Hälfte des 12. Jahrhunderts; die Nachricht wurde aus der Chronik des Frutolf von Michelsberg übernommen)

XI. A. D. 1050. Ungarii item rebellant. Quibus Gebehardus Ratisponensis episcopus, qui erat imperatoris patruus, obviam veniens vice ipsius imperatoris, in fugam conversos non minima eos cede afflixit; insuper urbem Heimenburg, in marcha positam, aedificiis restauravit et militari custodia muniri fecit, ipseque summa cum pace regressus est.

(Aus: Monumenta Germaniae Historica. Scriptores Band VI. Hrsg. Georg Heinrich Pertz. Hannover 1844, S.196)

CHRONIK DES EKKEHARD VON AURA

1050. Auch rebellieren die Ungarn. Gegen sie zog Bischof Gebhard von Regensburg, ein Onkel des Kaisers, an des Kaisers Statt, schlug sie in die Flucht und brachte ihnen eine große Niederlage bei. Außerdem ließ er den in der Mark gelegenen befestigten Platz *Heimenburg* mit neuen Baulichkeiten versehen, reparieren und mit einer militärischen Besatzung sichern. Dann zog er in tiefem Frieden wieder zurück.

ANNALES ADMUNTENSES

(entstanden in der ersten Hälfte des 13. Jahrhunderts; die Nachricht zu 1050 wurde aus Frutolf von Michelsberg bzw. Ekkehard von Aura übernommen, doch fälschlich zu 1056 gestellt)

1056. Ungari imperatori rebellant. Quibus Gebehardus Ratisponensis episcopus, patruus imperatoris, occurrit in fugamque versos magna cede afflixit, et urbem marchiae Heimburch aedificiis restauratam militibus imperatoris communivit.
(Aus: Monumenta Germaniae Historica. Scriptores Band IX. Hrsg. Georg Heinrich Pertz. Hannover 1851, S. 575)

ANNALEN DES STIFTES ADMONT

1056. Die Ungarn rebellieren gegen den Kaiser. Gegen sie zog Bischof Gebhard von Regensburg, ein Onkel des Kaisers, schlug sie in die Flucht und brachte ihnen eine große Niederlage bei. Auch sicherte er eine Burg in der *Mark Heimburch*, die mit neuen Baulichkeiten wiederhergestellt worden war, mit „Rittern" des Kaisers.

Urkunde aus dem Stiftsarchiv Göttweig mit der Erstnennung des Namens Altenburg

1297 FEBRUAR 3, ST. PÖLTEN.

Abt Heinrich IV. von Göttweig löst dem Wulfing von Gerlas die Zehente des Stiftes an benannten Orten im V.U.W.W. sowie ein Leibgeding zu Scharndorf um 150 Pfund Pfennig [Pfennige wurden damals gewogen, Anm. d. Red.] ab.

Ich Wůlfinch von Gerlas tun chunt allen den, di nu sint und hernach chůnftich werdent, daz der erber abbt Heinrich von Chŏtweig hat von mir gelediget di zehent, di ich von dem gotshause ze Chŏtweig han gehabt ze iaren an den steten daze Prukk, daze Temendorf, in der Alten stat, daze Laevtweins und umb Pruk und umb Sand Petronellen, daze Goteinsprunn, daze Arbaiztal, daze Regelprunne, daze Altenburch und ander zehent, di ich von dem gotshause han gehabt ze iaren, swa si sint gelegen. Darzu hat auch derselb abbt von mir gelediget ein leibgeding, daz ich het an dem zehent daze Shorndorf, und hat mir umb di ledigung gegeben anderhalb hundert pfunt pfenning und pin auch derselben pfenning shon gewert und verych auch des, daz weder ich noch einhein mein herib nicht rechtes haben an dem vorgenanten zehenten, und ob einhein hantfest fůrbaz darumb wurd fůrpracht, daz di nicht chraft hat und entwicht ist, wan allez daz recht gelediget ist, daz ich het an den zehenten. Daz di sache fůrbaz staet und an chrig beleib, darumb han ich gegeben disen brief mit minem insigel ze einem sichtigen urchůnd. Des sint ziug: her Vlrich von Chappell, her Laeutwein von Werde, her Ott der Zelkinger von Shola, her Chvnrat von Shaevrnberch, her Ditrich von Weizzenberch, her Chvnrat von Arnsteyn, her Ott und her Marquart von Wildensteyn, Wernhart, Ditrich und Wůlfinch von dem Haevslein, her Vlrich von Ritzendorf und ander piderb laeut. Di sach ist geshehen an sand Blasentag daze Sand Pŏlten, da von Christes gebůrt waren zergangen tousent iar zwai hundert iar in dem siben und neunzkisten iar.

S[iegel] d[es] Wulfing v[on] Gerlas sechseckig (39), ungefärbt, [...] Umschr[ift]: S. WVLFINGI · DE · GERLOS. Ein schrägrechter Fluß.

(Aus: Adalbert Fuchs: Urkunden und Regesten zur Geschichte des Benediktinerstiftes Göttweig. I. Theil 1058–1400. Wien 1901, S. 220 f., Nr. 205)

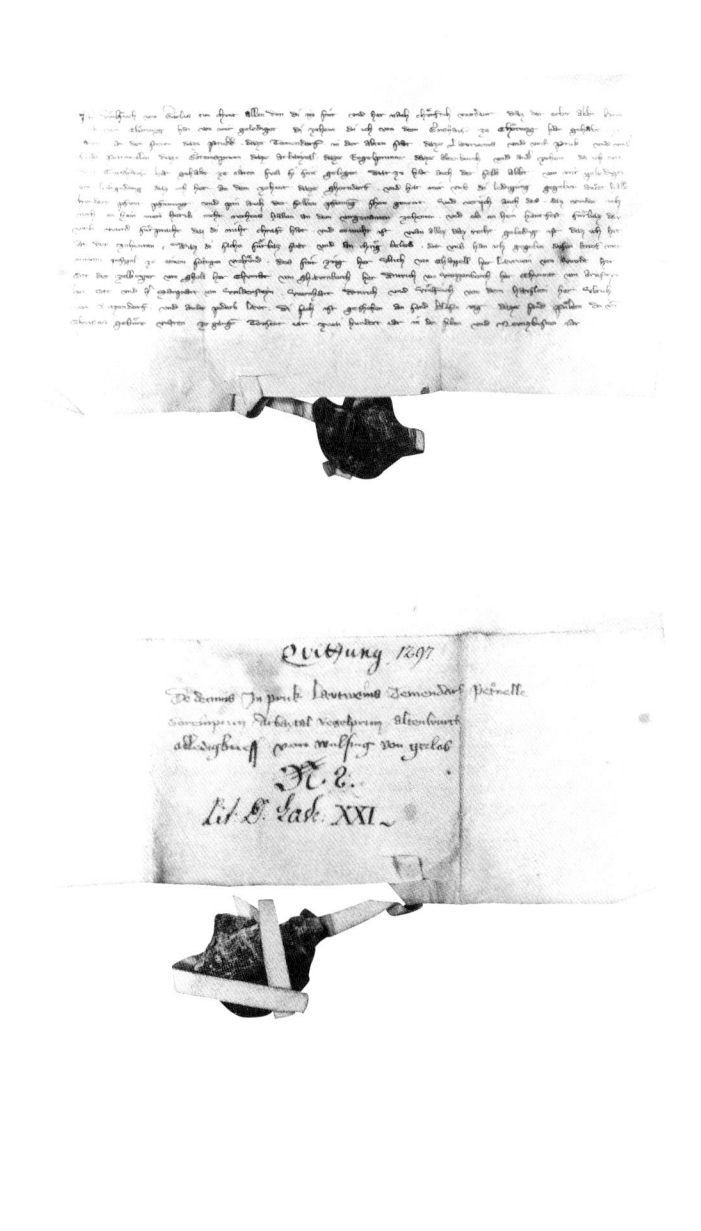

Verzeichnis der abgebildeten Stiche
mit Ansichten der Gegend von Bad Deutsch-Altenburg
(chronologisch, mit Originalangaben)

1649 (Frankfurt am Main):
Schloss und Herrschafft Petronell sambt ihren Marcktdörffern und Landesgericht Wild pban und Fischwasser/ im Ertzherzogthum Oesterreich unter der Enns. 8 meil von Wien an der Donaw gelege. Clemens Beuttler Delin.

1. *Cronenberger auw*
2. *Vnter gestetten*
3. *Mitterhaufen*
4. *Auw die Steinschütt genant*
5. *Stopfenreitische auwen*
6. *Fleischhacker wisen*
7. *Steinschütt*
8. *Schloss auw*
9. *Klein steinschütt*
10. *Thier gärtel auw*
11. *Summ lacken*
12. *Lilienfelderische Mühlauw*
13. *Im Grundt*
14. *Felber auw*
15. *Ober gesteten*
16. *Nass auw*
17. *Vnter Kopstetter*
18. *Eckertz auwer Haussauw*
19. *Mitter hauffen*
20. *Ober Kopstetter*
21. *Wildungs Mauwer auw*
22. *Alte Wildungs mauer auw*
23. *Regels brunner auw*
24. *Regels brunner gesteten*
25. *Rohten Wehrt*
26. *Karpfen Wehrt*
27. *Haslauwer auw*
28. *Schüttel vnter Haslauw*
29 *Ohrten ueffer*
30. *Ohrterische auwen*
31. *Gebe Steinerin auwen*
32. *Mitter schidel*
33. *Schidel bein fischenendrisch Gericht.*

Sowie:
Schloß Petronell. Mit ihren angehörigen. als Mayerhoffgarten und ein theil des Thiergartens, ihro Gräfflichen Exelentz Herrn Grafen von Abensberg und Traun. ob. Landmarschalchen zugehörig. Clemens Beuttler Delin.

In: Topographia Provinciarum Austriacarum Austriae Styrie, Carinthiae, Carniolae, Tyrolis etc: Das ist Beschreibung Und Abbildung der fürnembsten Stätt Und Plätz in den Österreichischen Landen Under und Ober Osterreich/ Steyer/ Kärndten/ Crain Und Tyrol. An tag gegeben und Verlegt Durch Matthaeum Merian In Franckfurt am Mayn 1649.

1672 (ohne Ort):
Hainbvrg ab occidente.
Wolffsthaal.
Deitsch Altenbvrg.
Petronell.
Pröllenkirchen.
Rohrav.
Das Schloss zv Prvgg an der Leitta.
Prvgg an der Leitta.

In: Topographia Archiducatus Austriae Inf: Modernae, seu Controfee und Beschreibung aller Stätt Clöster und Schlösser wie sie anietzo stehen in dem Ertzhertzogtumb unter Osterreich. Heervorgebracht im Jahr 1672. Cum Priv. Sac. Caes. M. Durch Mühesamen Fleiß Georg Matthaei Vischer. Geogr.

1673 (London):
[Das Heidentor bei Petronell. unbez.]
In: Edward Brown, A Brief Account of some travels in Hungaria, Servia, Bulgaria, Macedonia, Thessaly, Austria, Styria, Carinthia, Carniolia, and Friuli. As also Some Observations on the Gold, Silver, Copper, Quick-silver Mines, Baths, and Mineral Waters in those parts: With the Figures of some Habits and Remarkable places. London, Printed by T. R. for Benj. Tooke, 1673.

1734 (Wien):
Plan der zerstörten Stadt Carnunto. 1. Haimburg. 2. Altenburg. 3. Petronell. 4. S. Johanns Kirche. 5. Heydnischer Triumph-Bogen. 6. Zerstöhrtes Dorff Stainabrun. 7. Alte mauerstücke der Stadt Carnunto. 8. Donau flus.
Sowie:
1. Römisch-Heydnischer Triumph-Bogen. 2. Alter Thurn von Stainabrun. 3. S. Johanns Kirche von denen Tempel-Herren erbaut. 4. Pfarr Kirche zu Teutsch Altenburg. 5. Haimburg. 6. Prespurg. 7. Theben.
In: Alt- und Neues Oesterreich Oder Compendieuse Universal-Historie Von dem alt- und neuen, geist- und weltlichen Zustand dieses Lands; nebst Topographischer Nachricht, Chronologisch=und Genealogischer Beschreibung Oesterreichischer Fürsten. Erster Theil. Denen der oesterreichischen Antiquitäten und Novitäten curieusen Geschichts=begierigen zum Dienst zusamm getragen, und nebst beygefügten Land=Chärtlein, Portraits, und von Oesterreichischen Denckwürdigkeiten einigen andern Kupfferstichen in neuer Einrichtung hervorgegeben. Von P. Mathia Fuhrmann, des heil. Pauli ersten Einsiedlers, Oesterreichischer Provintz Ordens=Priestern, der Zeit am Berg Calvari zu Hernals nebst Wienn. Mit Genehmhaltung einer Hohen Obrigkeit. Wienn/ gedruckt bey Johann Ignaz Heyinger/ Univ. Buchdr. An. 1734. Zu finden im Buchladen beym golden Ancker auf dem Kohlmarckt.

1751 (ohne Ort):
Vuë de Teutsch Altembourg.
In: Atlas du Cours du Danube avec les Plans, Vues et Perspectives des Villes, Chateaux et Abbayes, qui se trouvent le long du Cours de ce Fleuve depuis Ulm jusqu'a Widdin, dessiné sur les lieux, fait en 1751 par F. N. de Sparr.

1810 (Wien):
Ansicht des Dorfes Deutschaltenburg dem Herrn Joh. Adam Bienenfeld gehörig. Gezeichnet von Franz Jaschke.
In: Ansichten aus dem Erzherzogtum Österreich. Verlegt bey Joseph Eder in Wien, 1810.

1810 ca. (Wien):
Ansicht des Dorfes Deutsch-Altenburg. Vue du Village de Deutsch-Altenburg. Runk delineavit. Ziegler sculpsit.
In: Vues de différens Bourgs Villages et Villes de Autriche sup. et inf., de Stirie, de Carinthie. Suite de cent quatre-vingt estampes coloriées, gravées pour la plupart par J. Ziegler sur les dessins de Runk, L. Janscha et autres. Vienne chez F. X. Stöckl. Ohne Jahr, um 1810.

1821 (Paris):
Arc de Triomphe Romain près de Peternel en Autriche. Lieb. delineavit. Piringer sculpsit.
In: Voyage pittoresque en Autriche par le C.te Alexandre de Laborde. Paris, Imprimerie de P. Didot L'Aîné, 1821.

1831–1841 (Wien):
Der römische Siegesbogen nächst Petronell. Wett delineavit. A. Leitner sculpsit.
In: Darstellung des Erzherzogthums Oesterreich unter der Ens, durch umfassende Beschreibung aller Burgen, Schlösser, Herrschaften, Städte, Märkte, Dörfer, Rotten &c. topographisch-statistisch-genealogisch-historisch bearbeitet, und nach bestehenden vier Kreis-Vierteln alphabetisch gereihet. Von Fr. Schweickhardt Ritter von Sickingen. Wien 1831–1841. In Commission in der Schmidl'schen Buchhandlung.

1838–1840 ca. (Leipzig); 1850 ca. (ohne Ort); 1856 (Leipzig):
Deutsch Altenburg. Gezeichnet Von Prof. Alt. Gestochen Von I. Lewis.
Sowie:
Haimburg. Gezeichnet v. J. Alt – gestochen v. S. Lacey.
Sowie:
Das Heidenthor bei Petronell. R. Alt pinx. Sculp. direx. J. Axmann.
In: Eduard Duller, Die malerischen und romantischen Donauländer. Leipzig, Georg Wigand's Verlag. Ohne Jahr (um 1838–1840).
Auch in: Jakob und Rudolf von Alt, Donau-Album von Ingolstadt bis Haimburg. Ohne Ort, ohne Jahr (um 1850). Ferner in: Galerie pittoresker Ansichten des deutschen Vaterlandes mit einem historisch topographischen Text. Ein Hausschatz für Jedermann. Leipzig, Verlag von C. A. Haendel. 1856.

1840 (Stuttgart):
Deutsch Altenburg. [richtig: Heidentor bei Petronell]
In: Handbuch für Reisende nach Tirol, Salzburg und Erzherzogthum Oesterreich. Von A. A. Schmidl. Mit einer Karte und 100 Ansichten in Stahlstich. Stuttgart, J. Scheible's Buchhandlung, 1840.

1842 (Wien):
Kirche zu Deutsch Altenburg.
In: Panorama der Donau von Wien bis Pesth. In Vogelperspective gezeichnet und gestochen von H. Hummitzsch. Wien 1842. Eigenthum von Peter Rohrmann, k. k. Hofbuchhändler.

1856 (Wien):
Die Ruinen zu Hainburg. Gemalt v. Frh. v. Conrad Greise. – Beilage zu M. Auer's Faust.
In: Faust. Poligraphisch-illustrirte Zeitschrift für Kunst, Wissenschaft, Industrie und geselliges Leben begleitet von Kunst-Beilagen aus mehr als 30 Druckfächern mit 72 Kunstbeilagen. 3. Jahrgang, Wien, Druck und Verlag von M. Auer, 1856.

Verzeichnis der abgebildeten Landkarten
(chronologisch, mit Originalangaben)

1861 (Wien):
Kirche zu Deutsch-Altenburg. V.U.W.W. C. Grefe gemalt.
Sowie:
St. Leonhardscapelle zu Deutsch-Altenburg. V.U.W.W. C. Grefe gemalt.
In: Kirchliche Baudenkmale im Erzherzogthume Österreich unter der Enns. Nach Conrad Grefe's Aquarell-Aufnahmen in Farbendruck dargestellt. Wien, Aus der kaiserlich-königlichen Hof- und Staatsdruckerei, 1861.

1871 (Wien):
Hainburg an der Donau, Oesterreich unter der Enns. L. Rohbock. – A. Fesca.
Sowie:
Die Romanische Kapelle in Tulln [irrig für: Deutsch Altenburg], *Oesterreich unter der Enns. L. Rohbock – A. Fesca.*
In: Anton von Ruthner, Das Kaiserthum Oesterreich in malerischen Originalansichten seiner reizendsten Landschaften und großartigsten Naturschönheiten, seiner bedeutendsten Städte und ausgezeichnetsten Bauwerke in Stahlstichen. Mit beschreibendem Text seiner Geschichte, seines Culturlebens und seiner Topographie. Wien, Moritz Perles. Darmstadt, Ferdinand Lange. 1871.

1886 (Wien):
Die Pfarrkirche und Rundkapelle in Deutsch-Altenburg.
In: Die Österreichisch-Ungarische Monarchie in Wort und Bild. Auf Anregung und unter Mitwirkung Seiner kaiserlichen und königlichen Hoheit des durchlauchtigsten Kronprinzen Erzherzog Rudolf. Band II, Wien und Niederösterreich, 1886 und 1888. Druck und Verlag der kaiserlich-königlichen Hof- und Staatsdruckerei. Alfred Hölder, k. k. Hof- und Universitätsbuchhändler.

Ohne Jahr (Wien-Pest-Leipzig):
A Petronelli „pogany kapu". Te [sic] *„pagans gate" at Petronell.*
In: Donau-Album. Malerische Reise von Regensburg bis Sulina. Wien. Pest. Leipzig. A. Hartleben's Verlag, ohne Jahr.

Tabula Peutingeriana. (auch: *Tabula Theodosiana*).
Codex 324 (Carnuntum: Segment IV). Mittelalterliche Kopie (12/13. Jh.) einer spätantiken Straßenkarte.

1560 ca. (Wien):
Wolfgang Lazius: *Arch: Austriae infra Anisum.* Ohne Maßstab.

1602 (Duisburg):
Austria archiducatus. Per Gerardum Mercatorem. Cum Privilegio. Miliaria Germanica communia. Duisburg 1585.
In: Gerhard Mercator, Atlas sive cosmographicae meditationes de fabrica mundi et fabricati figura 1602.

1636 (Amsterdam):
Joannes Janssonius (Hg.): *Danubius, Fluvius Europae Maximus a fontibus ad ostia, cum omnibus Fluminibus, ab utroque latere, in illum fluentibus.* Maßstab ca. 1 : 2 Mill.

1649 (Frankfurt am Main):
Schloss und Herrschafft Petronell sambt ihren Marcktdörffern und Landesgericht Wild pban und Fischwasser/ im Ertzherzogthum Oesterreich unter der Enns. 8 meil von Wien an der Donaw gelegen. Clemens Beuttler Delin.
In: Topographia Provinciarum Austriacarum Austriae Styrie, Carinthiae, Carniolae, Tyrolis etc: Das ist Beschreibung Und Abbildung der fürnembsten Stätt und Plätz in den Osterreichischen Landen Under und Ober Osterreich/ Steyer/ Kärndten/ Crain Und Tyrol. An tag gegeben und Verlegt Durch Matthaeum Merian In Franckfurt am Mayn 1649.

1679/80 (ohne Ort):
Georg Matthaeus Vischer: *Des Ertzhertzogtumbs Unter Österreich Erstes Viertl unter Wiener Wald. „Dem gantzen Land gib ich ein Zühr. Der Römisch Kaiser wohnt in mir."* Ohne Maßstab.
In: Topographia Archiducatus Austriae Inferioris, seu Controfee und Beschreibung aller Stätt Clöster und Schlösser wie sie anietzo stehen in dem Ertzhertzogtum unter Osterreich. Cum Priv. Sac. Caes. M. Durch Mühesamen Fleiß Georg Matthaei Vischer. Geogr.

1697 (ohne Ort):
Georg Matthaeus Vischer (neue Ausgabe durch Jacobus Hoffmann und Jacobus Hermundt): *Archiducatus Austriae Inferioris Geographica, et Noviter Emendata Accuratissima Descriptio. Jacobus Hoffmann, Jacobus Hermundt sculps.* 1697, ohne Maßstab.

1720 (Nürnberg):
Johann Baptist Homann: *Archiducatus Austriae Inferioris. In omnes suas Quadrantes Ditiones divisi. Nova et exacta Tabula è conatibus Io. Baptistae Homanni.* 1720, Maßstab ca. 1 : 430.000.

1734 (Wien):
Mathias Fuhrmann: *Städte, Gnaden-Örter und ausser denen Städten gelegene Clöster Der Wienerisch-Passauisch- und Salzburgischen Dioeces In Unter-Oesterreich.* Ohne Maßstab. (Buch 5, Kap. VII, S. 320).
In: Alt- und Neues Oesterreich Oder Compendieuse Universal-Historie Von dem alt- und neuen, geist- und weltlichen Zustand dieses Lands; nebst Topographischer Nachricht, Chronologisch= und Genealogischer Beschreibung Oesterreichischer Fürsten. Erster Theil. Denen der oesterreichischen Antiquitäten und Novitäten curieusen Geschichts=begierigen zum Dienst zusamm getragen, und nebst beygefügten Land=Chärtlein, Portraits, und von Oesterreichischen Denckwürdigkeiten einigen andern Kupfferstichen in neuer Einrichtung hervorgegeben. Von P. Mathia Fuhrmann, des heil. Pauli ersten Einsiedlers, Oesterreichischer Provintz Ordens=Priestern, der Zeit am Berg Calvari zu Hernals nebst Wienn. Mit Genehmhaltung einer Hohen Obrigkeit. Wienn/ gedruckt bey Johann Ignaz Heyinger/ Univ. Buchdr. An. 1734. Zu finden im Buchladen beym golden Ancker auf dem Kohlmarckt.

1764–1787 (Wien):
Josephinische Landesaufnahme. *Sectio 84. Theil von deren Vierteln unter Manhartsberg, und unter Wienner Wald. Maas-Stab von 6000 Schritten, oder einer halben Meill.*

1819 (Wien):
Franziszeischer Kataster: *Gemeinde Deutsch Altenburg in N:Österreich V:U:W:W: 1819.*

Aufgenommen durch H. Henner Lieutenant und Geometer. Katastral Maassstab der Wiener Zoll zu 40 Klfter [sic].

1831–1846 (Wien):
Umgebung von Höflein und Petronell und die ungarische Grenze. (XIV. Section)
Sowie:
Oestlicher Theil des Marchfeldes. Umgebung von Ekartsau und Deutsch Altenburg im V.U.W.W. (XVI. Section).
Sowie:
Umgebung von Hundsheim und Prellenkirchen im V.U.W.W. und Kitsee in Ungarn. (XXXVI. Section)
Sowie:
Umgebung von Hainburg in V.U.W. W. und Pressburg in Ungarn. (XXXVIII. Section)
In: Franz Xaver Schweickhardt Ritter von Sickingen: Perspectiv-Karte des Erzherzogthums Oesterreich unter der Ens [sic]. Wien 1831–1846, Maßstab ca. 1 : 32.000.

1842 (Wien):
H. Hummitzsch: Panorama der Donau von Wien bis Pesth. In Vogelperspective gezeichnet und gestochen von H. Hummitzsch. Wien 1842. Eigenthum von Peter Rohrmann, k. k. Hofbuchhändler. Bd. 3, Taf. 2–7.

Literatur

Ammianus Marcellinus: *Römische Geschichte.* Latein und deutsch und mit einem Kommentar versehen von Wolfgang Seyfarth. 4 Bde., Berlin 1978–86.

Bastler, Anton Dominik: *Das Wildbad zu Deutsch Altenburg in Österreich.* Wien 1844.

Beckel, Lothar/Harl, Ortolf: *Archäologie in Österreich. Flugbilder, Wanderungen, Fundstätten.* Wien 1996.

Bohuslav, Petra/Geng-Sesztak, Gertrude/Jobst, Werner/Pratscher, Karin: *700 Jahre Bad Deutsch-Altenburg.* Bad Deutsch-Altenburg 1998.

Buberl, Paul: *Wandmalereien in der Pfarrkirche von Deutsch Altenburg.* In: Mitteilungen der k.k. Zentralkommission für Erforschung und Erhaltung der Kunst- und Historischen Denkmale. 3. Folge, Bd. 5, Wien 1906, S. 237–251.

Capra, Maria: *Die Karner Niederösterreichs.* Dissertation, Wien 1926.

Carnuntum 1885–1910. Zum 25jährigen Bestande des Vereines Carnuntum. Wien 1911.

Carnuntum Jahrbuch. Zeitschrift für Archäologie und Kulturgeschichte des Donauraumes. Wien, erschienen 1955–1965 und ab 1985.

Crantz, Heinrich Johann Nepomuk von: *Gesundbrunnen der österreichischen Monarchie.* Wien 1777.

Dienst, Heide: *Regionalgeschichte und Gesellschaft im Hochmittelalter am Beispiel Österreichs.* In: Mitteilungen des Instituts für Österreichische Geschichtsforschung, Ergänzungsband XXVII, Wien 1990.

Dies.: *Werden und Entwicklung der Babenbergischen Mark.* In: Österreich im Hochmittelalter (907–1246). Herausgegeben von der Kommission der Österreichischen Akademie der Wissenschaften, Wien 1991, S. 63–102.

Dahm-Rihs, Agatha: *Der Turm von Deutsch Altenburg.* Aufnahmearbeit, Kunsthistorisches Institut der Universität Wien, Wien 1988.

Dokumentationsarchiv des österreichischen Widerstandes (Hg.): *Widerstand und Verfolgung in Niederösterreich 1934–1945. Eine Dokumentation.* Wien 1987.

Donin, Richard Kurt: *Romanische Portale in Niederösterreich.* In: Jahrbuch des kunsthistorischen Institutes der k.k. Zentralkommission für Denkmalpflege. Bd. IX, Wien 1915, S. 1–105.

Ders.: *Die Kunstdenkmäler der Stadt Hainburg.* Wien 1931.

Ders.: *Zur Kunstgeschichte Österreichs.* Wien, Innsbruck 1951.

Enenkel, Job Hartmann von: *Collectanea genealogica.* 3 Bde., 1602–1608 (Cod. 78 des Nö. Landesarchivs).

Gollob, Hedwig: *Das große Badehaus von Deutsch Altenburg im 15. und 16. Jahrhundert.* In: Unsere Heimat. Monatsblatt des Vereines für Landeskunde von Niederösterreich und Wien. Jg. 38, Wien 1967, S. 49–50.

Graner, Hans Peter: *Nationalpark Donau-March-Thaya-Auen. Die letzte Aulandschaft Mitteleuropas.* Wien 1991.

Groller, Max von: *Limesstation und Tempelanlage auf dem Pfaffenberg bei Deutsch-Altenburg.* In: Der Römische Limes in Österreich. Heft I, Wien 1900, S. 65–86.

Gutkas, Karl: *Geschichte des Landes Niederösterreich.* 3 Bde., Wien 1957–1961.

Gutkas, Karl (Hg.): *Landeschronik Niederösterreich. 3000 Jahre in Daten, Dokumenten und Bildern.* 2. Aufl., Wien 1994.

HIC SAXA LOQVVNTVR. Museum–Theater–Belvedere–Pavillon. Gutachterverfahren Pfaffenberg. Bad Deutsch-Altenburg/Wien.
Sowie: Bartlett School of Architecture London, Christine Hawley & C. J. Lim, *Mechanical Landscapes. Studentenarbeiten für den Pfaffenberg.* Doppelband im Schuber. Katalog zu den Ausstellungen Berlin (17. Juni–8. August 1995), Wien (13. Jänner–5. März 1996), Venedig (15. September–17. November 1996). Berlin 1995.

Horn, Alfred: *Preßburgerbahn. 75 Jahre in Bildern. Eine Dokumentation.* Wien 1989.

Jobst, Werner: *11. Juni 172 n. Chr. Der Tag des Blitz- und Regenwunders im Quadenland.* In: Sitzungsberichte der Österr. Akademie der Wissenschaften, Nr. 335, Wien 1978.

Ders.: *Provinzhauptstadt Carnuntum. Österreichs größte archäologische Landschaft.* Unter Mitarbeit von Herma Stiglitz und Manfred Kandler. Wien 1983.

Ders.: *Archäologischer Park Carnuntum.* Mit Zeichnungen und Rekonstruktionen von Karl F. Gollmann. Carnuntum, Wien 1989.

Ders.: *Carnuntumführer.* Wien 1998.

Jobst, Werner (Hg.): *Carnuntum I. Das Erbe Roms an der Donau.* Katalog der Ausstellung des Archäologischen Museums Carnuntinum in Bad Deutsch-Altenburg, 1992.

Jobst, Werner/Thür, Hilke: *Carnuntum – Pfaffenberg 1984. Bilanz nach 15 Jahren.* In: Carnuntum Jahrbuch 1985. Wien 1986, S. 19–59.

Kandler, Manfred: *100 Jahre Österreichisches Archäologisches Institut 1898–1998. Forschungen in Carnuntum.* Wien 1998.

Kleindel, Walter: *Österreich. Daten zur Geschichte und Kultur.* Hg., bearb. und ergänzt von Isabella Ackerl und Günter K. Kodek. Wien 1995.

Knorre, Eckhard von: *Der Kirchturm von Deutsch Altenburg.* In: Festschrift für Werner Gross. München 1968, S. 129–138.

Konzept für den Nationalpark Donau-Auen. Bericht über die Planungsarbeiten 1991–1993. In: Blaue Reihe des Bundesministeriums für Umwelt, Jugend und Familie. Wien 1994.

Krems, Walter: *Bad Deutsch-Altenburg in alten Fotografien.* Bad Deutsch-Altenburg 1990.

Kreuziger, János: *Das Bad Deutsch Altenburg in Niederösterreich.* Preßburg 1856.

Kubitschek, Joseph Wilhelm/Frankfurter, Salomon: *Führer durch Carnuntum.* 6. Auflage, Wien 1923.

Lazius, Wolfgang: *Chronica Oder Historische Beschreibung Der Weitberühmten Kayserlichen Hauptstadt Wienn in Oesterreich/ Darinnen derselben Ursprung/ Adel/ Obrigkeit/ und Geschlechter außführlich erklärt werden/ auch sonst viel remerquable Sachen begriffen, In vier Bücher verfasset Durch Wolfgang Lazium, Wiennerischem Medicum, in Latein verfaßt: Und hernach in die Hoch=Teutsche Sprach versetzet Durch M. Henricum Aberman, Rectorn der löblichen Bürger=Schuel bey S. Stephan daselbsten. Anjetzo aber auff grosses Verlangen continuirt und corrigirt durch einen Liebhaber der Nation.* Franckfurt am Mayn/ Gedruckt und verlegt durch Philipp Fievet/ Buchdr. und Händler. Anno MDCXII.

Lechner, Karl: *Die Babenberger. Markgrafen und Herzöge von Österreich 976–1246.* 4. Aufl., Wien, Köln, Weimar 1992.

Lechner, Karl (Hg.): *Handbuch der historischen Stätten Österreichs. 1. Bd.: Donauländer und Burgenland.* Stuttgart 1970.

Lehrerarbeitsgemeinschaft Bruck an der Leitha: *Sagenschatz aus dem Bezirk Bruck an der Leitha.* Bruck an der Leitha, ohne Jahr.

Luca, Ignaz de: *Wiens gegenwärtiger Zustand unter Josephs Regierung.* Wien 1787.

Mannagetta, Johann Wilhelm: *Pollhaimerisch Badbuch oder Beschreibung. Von der sonderbaren Tugent/ Krafft und Wuerckung des Haylsamben Badbrunnens gelegen.* Wien 1634. – Neuausgaben als *Ludwigstorffisch Baad-Buch,* Wien 1710 sowie Wien 1758.

Marc Aurel: *Selbstbetrachtungen*. Übersetzung, Einleitung und Anmerkungen von Albert Wittstock. Stuttgart 1949.

Ders.: *Selbstbetrachtungen*. Übertragen und eingeleitet von Wilhelm Capelle. Stuttgart 1973.

Ders.: *Wege zu sich selbst*. Hg. und übers. von Rainer Nickel. München 1990.

Maurer, Joseph: *Geschichte der Landesfürstlichen Stadt Hainburg. Zu ihrem tausendjährigen Jubiläum zumeist nach ungedruckten Quellen*. Wien 1894.

Mitscha-Märheim, Herbert: *Gräberfunde am Kirchenberg in Bad Deutsch-Altenburg*. In: Archaeologia Austriaca. Heft 18, Wien 1955, S. 32–45.

Moses, Leopold: *Spaziergänge. Studien und Skizzen zur Geschichte der Juden in Österreich*. Hg. von Patricia Steines. Wien 1994.

Much, Matthäus: *Germanische Wohnsitze und Baudenkmäler in Niederösterreich*. In: Mitteilungen der anthropologischen Gesellschaft in Wien. Bd. V, Wien 1875, S. 37–115.

Ders.: *Germanische Grabmäler und Tempelstätten*. In: Mitteilungen der anthropologischen Gesellschaft in Wien. Bd. V, Wien 1875, S. 173–231.

Müllner, Franz: *Bad Deutsch-Altenburg. Von der Frühzeit bis zur Gegenwart*. Bad Deutsch-Altenburg 1973.

Müllner, Franz/Schrammel, Dechant Dr. Josef: *Marienkirche Bad Deutsch-Altenburg*. Bad Deutsch-Altenburg 1962 (5., von Gertrude Geng-Sesztak und Wolfgang Reinisch neu bearb. Auflage, Bad Deutsch-Altenburg 1993).

Neugebauer-Maresch, Christine: *Zur verschwundenen Befestigungsanlage „Am Stein", Bad Deutsch-Altenburg, NÖ*. In: Mitteilungen der Österreichischen Arbeitsgemeinschaft für Ur- und Frühgeschichte, XXX. Band, Wien 1980, S. 37–57.

Newald, Kurt: *Die Sendestation Deutsch-Altenburg*. In: Telematics Radio-Austria, Zeitschrift der Radio-Austria Aktiengesellschaft, Wien 1/1987, S. 4–10.

Obermayr, August: *Römerstadt Carnuntum*. Wien 1967.

Piso, Ioan: *Die Inschriften vom Pfaffenberg und der Bereich der canabae legionis*. In: Tyche. Beiträge zur alten Geschichte, Papyrologie und Epigraphik 6. Wien 1991, S. 131–169.

Pleyel, Peter: *Das römische Österreich. Kulturgeschichte und Führer zu Fundstätten und Museen*. Wien 1987.

Pohl, Walter: *Die Awaren. Ein Steppenvolk in Mitteleuropa 567–822 n. Chr.* München 1988.

Sacken, Eduard Freiherr von: *Die römische Stadt Carnuntum. Ihre Geschichte, Überreste und die an ihrer Stelle stehenden Baudenkmale des Mittelalters. (Aus dem Novemberhefte des Jahrganges 1852 der Sitzungsberichte der philos.-histor. Classe der kais. Akademie der Wissenschaften [IX. Bd., S. 660] besonders abgedruckt)*. Wien 1852.

Ders.: *Die Kirche und die Rundkapelle zu Deutsch Altenburg*. In: Mitteilungen der k. k. Cenralkomission zur Erforschung und Erhaltung der Baudenkmäler. Bd. 1, Wien 1856, S. 251–254.

Ders.: *Archäologischer Wegweiser durch das Viertel unter dem Wienerwald*. Wien 1866.

Schad'n, Hans P.: *Hausberge und verwandte Wehranlagen in Niederösterreich*. In: Prähistorische Forschungen. Hg. von der Anthropologischen Gesellschaft in Wien. Heft 3, Wien 1953.

Schedling, Hans/Steiner, Leopold: *Die Donau*. In: Beiträge zur Heimatkunde der Leopoldstadt. 2. und 3. Heft. Lehrer-Arbeitsgemeinschaft Wien II, Sektion Heimatkunde, 1928.

Schrammel, Josef: *Nachrichtenblätter der Pfarre Bad Deutsch-Altenburg*. Bad Deutsch-Altenburg 1952–1989.

Schreiner, Carola: *Studien zur Baugeschichte der Pfarrkirche Mariae Himmelfahrt in Bad Deutsch-Altenburg*. Diplomarbeit, Wien 1997.

Seebach, Gerhard: *Burg und Stadt Hainburg – baugeschichtliche Untersuchungen*. In: Unsere Heimat. Zeitschrift des Vereines für Landeskunde von Niederösterreich und Wien. Jg. 48, Wien 1977, S. 94–107.

Sesztak, Gertrude: *Studien zur Ortsgeschichte von Bad Deutsch-Altenburg*. Dissertation, Wien 1974.

Stenzel, Gerhard: *Das Dorf in Österreich*. Wien 1985.

Stiglitz, Herma/Kandler, Manfred/Jobst, Werner: *Carnuntum*. In: Aufstieg und Niedergang der römischen Welt II 6, Berlin, New York 1977, S. 583–730.

Swoboda, Erich: *Carnuntum. Seine Geschichte und seine Denkmäler*. Wien 1949 (4., neu bearb. und erw. Auflage, Graz, Köln 1964).

Vacha, Brigitte: *Die Habsburger – Eine europäische Familiengeschichte*. Graz, Wien 1996.

Vajda, Stephan: *Felix Austria. Eine Geschichte Österreichs*. Wien, Heidelberg 1980.

Velleius Paterculus: *Historia Romana. Römische Geschichte*. Lateinisch/Deutsch. Übers. und hg. von Marion Giebel. Stuttgart 1992.

Vorbeck, Eduard/Beckel, Lothar: *Carnuntum. Rom an der Donau*. Salzburg 1973.

Weltin, Max: *Ascherichsbrvgge. Das Werden einer Stadt an der Grenze*. In: Mitteilungen aus dem Niederösterreichischen Landesarchiv 10, Wien 1986/87, S. 1–43.

Wissgrill, Franz Karl: *Schauplatz des landsässigen Adels vom Herren- und Ritterstande vom 11. Jahrhundert bis auf jetzige Zeiten*. 5 Bde., Wien 1794–1804.

Weitere Quellen

Gedenkbücher der Pfarre Bad Deutsch-Altenburg:

Pfarr Protocoll: Archi-Eppiscopali Consistorie Vienni ergangen Decreten, Befehl, den Ursprung der Kirchen, Inventarium derselben Kreutz, Statuen, Stiftbrief, Bittgänge und andere Pfarrvorrichtungen. Von Mir nome Georgio Francisco Benka Johanes [Pfarrer in Deutsch Altenburg 1755–1774] *in Teutsch Altenburg verfasset von Anno $\overline{755}$ bis Anno $\overline{774}$. Lit: B.* (Letzte Eintragung: 23. 6. 1774.)

Protocollum Decretorum, quae a Reverendissimo Archi-Episcopali Consistorio Viennensi emanarunt. ad Parochiam Teutsch Altenburg pertinens. $\overline{755}$. (Letzte Eintragung: 16. 4. 1821.)

Kirchen = und Pfarr Protokol von Teutschaltenburg de anno 1776. (Letzte Eintragung: 19. 11. 1821.)

Gedenk = Buch und Sammlung der Verordnungen, Bescheide u. Erledigungen, welche diese Pfarre besonders angehen. Angefangen im Jahre 1827. Deutsch = Altenburg. Franz Prack, Pfr. (Letzte Eintragung: 1850, vermutlich 1. 10.)

Gedenkbuch und Topographie der Pfarre Deutsch-Altenburg. Angefangen im Jahre 1836 von Franz Prack, Ortspfarrer. (Letzte Eintragung: 18. 3. 1914.)

Gedenkbuch der Pfarre Deutsch-Altenburg vom Jahre 1914–1965. (Letzte Eintragung: 1965, vermutl. September.)

Cum Deo! Gedenkbuch der Pfarre Bad Deutsch-Altenburg. Ab 1. Jänner 1966. (Letzte Eintragung: 1989, vermutl. Ende Dezember.)

Auskünfte des Amts der Marktgemeinde Bad Deutsch-Altenburg.

Chronik der Freiwilligen Feuerwehr Bad Deutsch-Altenburg.

Projekt Pfaffenberg, Weidinger'sche Schenkung 1985–1994 (gebundene Akten am Gemeindeamt Bad Deutsch-Altenburg).

Ortsrichter von Deutsch Altenburg

1683 Hannß Gradinger
1684 Hannß Wolf
1688 Georg Strasser
1706 Hanns Köpf
1720 Simon Pockmayer
1726 Simon Waschnackh
1770 Anton Hurber
1785 Matthias Koch
1792 Johann Sutter
1836 Georg Obholzer
1838 Anton Hollitzer

Bürgermeister von Deutsch Altenburg bzw. Bad Deutsch-Altenburg

1850–1866 Anton Hollitzer
1866–1870 Matthäus Nowatzi
1870–1876 Thomas Aberham
1876–1884 Carl Hollitzer
1884–1900 Franz Koch
1900–1908 Franz Krems
1908–1919 Leopold Eder
1919–1920 Leopold Hössl
1920–1934 Johann Knobloch
1934–1935 Franz Nebastelitz
        (fungierte als Gemeindeverwalter)
1935–1938 Albert Schildorfer
1938–1939 Johann Polt
1939–1945 Franz Hradil
1945, 18. 5.–4. 8. Gustav Zöcklein
1945–1946 Karl Schrei sen.
1946–1950 Karl Strasser
1950–1954 Johann Knobloch
1954–1955 Richard Strasser
1955–1970 Karl Strasser
1970–1972 Josef Höferl
1972–1987 Kurt Trimmel
1987–   Ing. Hermann Terscinar

Schullehrer von Deutsch Altenburg

1720–1728 Johann Anton Schreiber
1728–1730 Andreas Johann Riener
1730–1737 Josef Anton Pfennigbauer
1737–1743 Mathias Hörger
1743–1745 Johann Paul Staindl
1745–1747 Johann Klee
1747–1759 Rochus Haller
1759–1781 Matthias Hurbner
1781–1791 Martin Markl
1791–1793 Johann Ezmann
1793–1796 Tobias Reichmann
1796–1815 Josef Kaltenecker
1815–1832 Jakob Wagner
1832–1859 Paul Krems
1859–1864 Josef Wimberger
1864–1869 Johann Lohner

Oberlehrer und SchuldirektorInnen von Deutsch Altenburg bzw. Bad Deutsch-Altenburg

1869–1873 Johann Lohner
1873–1881 Johann Sperlich
1881–1886 Franz Keller
1886–1892 Johann Skywa
1892–1917 Rudolf Reinhold
1917–1923 Karl Bauer
1923–1937 Alfred Wittmann
1938–1944 Johann Adam
1944, ab 10. 1. Stefanie Witka
        (provisorische Schulleitung)
1946, ab 25. 3. Johann Cencic
        (provisorische Schulleitung)
1949–1950 August Dreßler
1950–1964 Franz Müllner
1964–1973 Johann Cencic
1974–1987 Helga Rein
1987–1993 Johanna Bauer
1994–   Martina Ott

Pfarrer von Deutsch Altenburg bzw. Bad Deutsch-Altenburg

1717–1742 Andreas Kessler
1742–1758 Ulrich Pokorny
1758–1785 Georg Benka
1786–1787 Jakob Mazzioli
1787–1790 Joseph Anton Walser
1790–1795 Philipp Lankisch
        Ritter v. Hoernitz
1795–1802 Franz Stelzer
1803–1808 Franz Anton Bös
1808–1813 Joseph Wurm
        Vice-Dechant
1813–1820 Ignaz Tobias Wendler
1821–1825 Josef Reymann
1825–1844 Franz Prack
1844–1850 Johann Beyer
1850–1859 Karl Grössinger
1859–1881 Johann Ditscheiner
1882–1890 Adolf Hall
1890–1894 Josef Maurer
1894–1901 Georg Heinschink
1902–1914 Ignaz Braith
        (seit 1913 auch Dechant)
1914–1924 Alexander Radovanovic
1924–1936 Augustin Windhen
1937–1944 Franz Schlatzer
1944   Franz Wimmer
        (zum Pfarrer ernannt und installiert, dann aber resigniert)
1944–1952 Anton Hornung, Lokalprovisor
1952–1989 Dr. theol. Josef Schrammel
        (seit 1. 7. 1956 auch Dechant des Dekanates Hainburg bis zur Zusammenlegung desselben mit dem Dekanat Bruck/Leitha 1. 7. 1971)
1989 Sept. – Nov. Dr. theol. Walter Schaupp
1989–1992 Dr. theol. Alois Fechet
1992–   Pavel Balint
        (seit 1. 9. 1999 auch Dechant des Dekanats Bruck/Leitha)

Quelle: Franz Müllner, *Bad Deutsch-Altenburg*. Bad Deutsch-Altenburg 1973. Ergänzt nach Angaben des Gemeindeamts Bad Deutsch-Altenburg.

Statistik

Marktgemeinde Bad Deutsch-Altenburg
Gerichtsbezirk: Hainburg an der Donau
Fläche: 1 257,78 Hektar
Seehöhe: 148 Meter
Politischer Bezirk: Bruck an der Leitha
Bundesland: Niederösterreich

Bevölkerungsentwicklung des Ortes 1869–1997

JAHR	EINWOHNER
1869	833
1880	965
1890	1 252
1900	1 161
1910	1 231
1923	1 313
1934	1 453
1939	1 452
1951	1 491
1961	1 357
1971	1 276
1981	1 243
1991	1 275
1996	1 315
1997	1 399

Quelle: ÖSTAT (Österreichisches Statistisches Zentralamt); Volkszählungsergebnisse; Gebietsstand 15. 5. 1991; 1996; 1997 (31. 12.): Hauptwohnsitz-Einwohnerzahlen.

Einwohnerstatistik der Marktgemeinde Bad Deutsch-Altenburg 1991 sowie 1998–2000

STAATSANGEHÖRIGKEIT	VOLKSZÄHLUNG	EINWOHNERERHEBUNG		
	15. MAI 1991	1. 1. 1998	1. 1. 1999	1. 1. 2000
ÖSTERREICHISCHE STAATSBÜRGER	1 129	1 222	1 220	1 218
WEITERE EU-BÜRGER	5	3	5	7
ANGEHÖRIGE ANDERER STAATEN	141	174	155	139
EINWOHNER MIT HAUPTWOHNSITZ IN BAD DEUTSCH-ALTENBURG GESAMT	1 275	1 399	1 380	1 364
EINWOHNER MIT ZWEITWOHNSITZ*	—	356	345	340
EINWOHNERGESAMTZAHL		1755	1725	1704

* Zweitwohnsitz-Einwohner wurden bei der Volkszählung 1991 nicht gezählt. Quelle: Gemeindeamt Bad Deutsch-Altenburg.

BILDNACHWEIS

Foto und Archiv Walter Krems: S. 8, S. 37, S. 41, S. 108 o., S. 108 u., S. 110 u., S. 111 o., S. 111 u., S. 113 o., S. 113 u., S. 114 o., S. 114/115, S. 117 o. l., S. 117 o. r., S. 117 u., S. 128 u., S. 130, S. 132 o., S. 133 o., S. 134, S. 135 o., S. 135 u., S. 146 o., S. 154, S. 155, S. 156/157, S. 158 u. l., S. 158 u. r., S. 159 o., S. 159 u. l., S. 159 u. r., S. 160 o. l., S. 160 u., S. 161 u., S. 163, S. 165 o., S. 165 u., S. 168 o., S. 168/169, S. 169 o. l., S. 170 o., S. 170 u., S. 171 o., S. 171 u., S. 172 l., S. 181, S. 183 o., S. 184 o., S. 186 o., S. 186 u., S. 187 l., S. 188, S. 189 o., S. 189 u., S. 194 o., S. 194 u. l., S. 194 u. r., S. 196, S. 197, S. 198 o., S. 198 u., S. 199 o., S. 199 u., S. 202 o., S. 202 u., S. 203, S. 205 o., S. 205 u., S. 207 u. l., S. 207 u. r., S. 208 o., S. 208 u., S. 209 o. l., S. 209 o. r., S. 209 u., S. 211, S. 212 o., S. 212 u., S. 215 o. l., S. 215 o. r., S. 215 u., S. 216 u., S. 217 o., S. 217 u., S. 218 l., S. 218 r., S. 219 o., S. 219 u., S. 220 o. l., S. 220 o. r., S. 220 u. l., S. 220 u. r., S. 221 o., S. 221 u., S. 222 l., S. 222 r., S. 223 o., S. 225 o. l., S. 225 o. r., S. 225 u., S. 227 l., S. 243 o., S. 265, S. 280.

Archiv Kurt Trimmel: S. 10/11, S. 70, S. 71 l., S. 110 o., S. 116 o., S. 172 r., S. 180, S. 228/229, S. 298, S. 315.

Privatbesitz: S. 19, S. 39 o., S. 88 o. r., S. 109, S. 116 u., S. 131 u., S. 145, S. 153, S. 166, S. 174, S. 235, S. 236 u., S. 239, S. 279 u. l., S. 281, S. 285, S. 294, S. 295 o. l., S. 295 o. r., S. 295 u., S. 296 o., S. 296 u. l., S. 296 u. r., S. 297 o., S. 297 u. l., S. 297 u. r., S. 304 u. l., S. 304 u. r., S. 306 u., S, 307 u., S. 308 o. l., S. 308 o. r., S. 308 u., S. 309.

Foto Österreichische Nationalbibliothek, Bildarchiv: S. 20/21, S. 22 o., S. 22 u., S. 23, S. 24 o. l., S. 24 o. r., S. 24 M. l., S. 24 u. l., S. 25 o. l., S. 25 o. r., S. 25 M. r., S. 25 u. r., S. 32/33, S. 33 o., S. 34 l., S. 34 M., S. 34 r., S. 35 l., S. 35 M., S. 35 r., S. 36, S. 39 u., S. 40, S. 42, S. 44 l., S. 44 r., S. 50/51, S. 51 u., S. 52/53, S. 53 o., S. 56, S. 60/61, S. 61 M., S. 64 l., S. 64 r., S. 66 o., S. 66 u., S. 67 o., S. 67 u., S. 68, S. 71 r., S. 87, S. 88 o. l., S. 88 u., S. 89 o., S. 89 u., S. 105, S. 106/107, S. 112 l., S. 129, S. 141, S. 142 u., S. 143 o., S. 152 o. l., S. 152 o. r., S. 152 u. l., S. 152 u. r., S. 175, S. 184 u., S. 224 u., S. 236 o., S. 237 o., S. 237 u., S. 241, S. 251, S. 252, S. 253, S. 254, S. 264, S. 266, S. 304 o. l., S. 304 o. r., S. 305, S. 307 o.

Foto Andreas Balon: Schutzumschlag, S. 26/27, S. 82/83, S. 100/101 o., S. 100/101 u., S. 118/119, S. 120/121 o., S. 120/121 u., S. 272/273, S. 274/275, S. 302/303, S. 310/311, S. 324/325.

Foto Manfred Rahs: S. 17, S. 29, S. 45 l., S. 45 r., S. 46, S. 59, S. 72, S. 73 o., S. 73 u., S. 77 o., S. 79 o., S. 79 u., S. 80, S. 81, S. 85, S. 103, S. 122/123, S. 125, S. 131 o., S. 139, S. 147, S. 149, S. 158 o., S. 167, S. 169 u., S. 173, S. 177, S. 178, S. 179 u., S. 182 o. l., S. 182 o. r., S. 182 u., S. 183 o. l., S. 183 u., S. 187 r.,
S. 190, S. 191 l., S. 191 r., S. 192, S. 193 o., S. 193 u., S. 195 u. r., S. 200, S. 201, S. 207 o., S. 213, S. 214, S. 216 o., S. 223 u., S. 224 o., S. 230/231, S. 233, S. 238, S. 240 l., S. 242, S. 244, S. 245, S. 246, S. 247, S. 248, S. 249, S. 250, S. 256, S. 257 o., S. 257 u. l., S. 257 u. M., S. 257 u. r., S. 258, S. 263, S. 269 o., S. 269 u., S. 270, S. 271, S. 272 o., S. 273 o., S. 274 l., S. 274 u. r., S. 275 u., S. 276, S. 277 l., S. 277 r., S. 278 l., S. 278 r., S. 279 o. l., S. 279 r., S. 283, S. 287, S. 288 o., S. 288 u., S. 289, S. 290, S. 291 o. l., S. 291 o. r., S. 291 u., S. 292, S. 293, S. 300/301, S. 313, S. 328.

Österreich Werbung, Foto Gruenert: S. 31.

Archiv Christine Neugebauer-Maresch: S. 38.

Archiv Familie Geng: S. 47 o., S. 47 u., S. 76, S. 144, S. 146 u., S. 161 o., S. 195 o., S. 195 u. l., S. 240 r., S. 268 o.

Niederösterreichische Landesbibliothek: S. 49, S.54/55, S. 55 M., S. 185, S. 210.

Graphische Sammlung Albertina: S. 57 l., S. 243 u.

Wiener Stadt- und Landesbibliothek: S. 57 r.

Franz Müllner: Bad Deutsch-Altenburg. Bad Deutsch-Altenburg 1973: S. 58, S. 128 o., S. 262.

Österreichisches Staatsarchiv, Kriegsarchiv: S. 62/63.

Hollitzer Baustoffwerke Graz Ges.m.b.H.: S. 65.

Bundesamt für Eich- und Vermessungswesen, Katastralmappenarchiv: S. 69.

Gemeindeamt Bad Deutsch-Altenburg: S. 74/75.

Telematics Radio-Austria, Zeitschrift der Radio-Austria Aktiengesellschaft: S. 77 u.

Petra Bohuslav, Gertrude Geng-Sesztak, Werner Jobst, Karin Pratscher: 700 Jahre Bad Deutsch-Altenburg. Bad Deutsch-Altenburg 1998: S. 78, S. 151.

Österreichisches Archäologisches Institut: S. 90, S. 91 o., S. 91 u., S. 92/93, S. 94 o., S. 94 u., S. 95, S. 96, S. 98, S. 127, S. 162.

Kunstsammlungen der Ruhr-Universität Bonn, Slg. Dierichs. Foto I. Berndt: S. 97.

Archiv Hilke Thür: S. 99, S. 316, S. 319, S. 320 l., S. 320 r., S. 321, S. 322, S. 323.

Schiffahrtsmuseum Spitz an der Donau: S. 112 r.

Nationalpark Donau-Auen GmbH: S. 118 u.

Archiv Johann Hofmeister: S. 132 u.

Archiv Robert Riedmüller: S. 133 u.

Foto Margherita Spiluttini: S. 136 o. l., S. 136 o. r., S. 137, S. 179 o., S. 267, S. 298/299.

HIC SAXA LOQVVNTVR. Museum – Theater – Belvedere – Pavillon. Gutachterverfahren Pfaffenberg. Bad Deutsch-Altenburg/Wien. Sowie: Bartlett School of Architecture London, Christine Hawley & C. J. Lim, Mechanical Landscapes. Studentenarbeiten für den Pfaffenberg. Doppelband im Schuber. Berlin 1995: S. 136 u. l., S. 136 u. r., S. 164 o., S. 164 u., S. 303 M., S. 303 u.

Hans Schedling, Leopold Steiner: Beiträge zur Heimatkunde der Leopoldstadt. 2. und 3. Heft. Die Donau. Wien 1928: S. 142 o.

Archiv Manfred Kandler: S. 143 u.

Archiv Freiwillige Feuerwehr Bad Deutsch-Altenburg: S. 160 o. r., S. 204, S. 206.

Archiv Wolfgang Reinisch: S. 176, S. 226, S. 306 o.

Foto Franz Pingitzer: S. 227 r.

Kupferstichkabinett der Akademie der bildenden Künste Wien: S. 255.

Archiv Josef Schrammel: S. 259 l.

Franz Müllner, Josef Schrammel: Marienkirche Bad Deutsch-Altenburg. 5., von Gertrude Geng-Sesztak und Wolfgang Reinisch neu bearbeitete Auflage, Bad Deutsch-Altenburg 1993: S. 259 r.

Foto Herbert Puchinger: S. 259 M., S. 261, S. 286 o., S. 286 u.

Foto Severin Hoffmann/Patrick Baumann: S. 260 o. l., S. 260 o. r., S. 260 u.

Eduard Freiherr von Sacken: Archäologischer Wegweiser durch das Viertel unter dem Wienerwald. Wien 1866: S. 268 u.

Archiv Georg Schumacher: S. 302 u.

Foto Lothar Beckel, freigeg. v. BMfLV: S. 317.

Max Groller von Mildensee: Limesstation und Tempelanlage auf dem Pfaffenberg bei Deutsch-Altenburg. In: Der Römische Limes in Österreich. Heft I, Wien 1900: S. 318.

Vorsatzblatt vorne: © Tourismusbüro Bad Deutsch-Altenburg.
Vorsatzblatt hinten: © BEV-2000. Vervielfältigt mit Genehmigung des BEV-Bundesamtes für Eich- und Vermessungswesen in Wien, Zl. 1776/2000.

Register

Aberham, Thomas 350
Aberham-Kmenta-Haus *170 f.*
Adalbert, Mgf. v. Öst. 42, 331, 333, 337 f., 340, 342 f.
Adam,
 - Johann (Gärtner) *132*, *186*
 - Johann (Schulleiter) 350
Adam-Haus *186*
Afrika-Museum 176
Agnes v. Poitou 43, 333, 335 f., 343 f.
Akademie der bildenden Künste 236, 242
Akademie der Wissenschaften, Österr. 90, 95, 170, 331
Alberer, Georg 201
Albrecht I. v. Habsburg, Hzg. v. Öst. u. Steier, dt. Kg. 44
Albrecht III., Hzg. v. Öst. 214, 285
Albrecht IV., Hzg. v. Öst. 45, 175, 290
Albrecht V., Hzg. v. Öst., Kg. v. Böhmen u. Ungarn, dt. Kg. 44 f., 214
Allgemeine Straßenbau AG 294
Alt,
 - Jakob *224*, *236*, 346
 - Rudolf v. *89*, 346
Altenburg (heute → Bad Deutsch-Altenburg; NÖ) 19, 23, 43 f., 45, *45 ff.*, 48 f., *63*, 111, 119, *127*, *129*, 130, 143, 175, 214, 290, 335, 340 f., 345 f.
Altenburger Madonna 80, *200*, 201, *224*, 259, *259*, 262
Amphitheater → Carnuntum
Am Stein *38*, *114 f.*, *132*, *291*, *341*
Ammianus Marcellinus 35
Andrássy, Paul v. 57
Andreas II., Kg. v. Ungarn *46*, 333, 335, 337 ff.
Angeli, Eduard 188, *191*, *193*
Anlegestelle → Schiffanlegestelle
Annales Admuntenses (Annalen des Stiftes Admont) 43, 344
Annales Altahenses maiores (Annalen des Klosters Niederaltaich) 42, 333, 337 ff., 340 ff.
Annales regni Francorum (fränkische Reichsannalen) 36, 342
Antinoos *94*, 321
Archäologischer Park Carnuntum 21, 87, 96, *142*, 162
Archäologisches Institut, Österr. 80, 94 ff., 317, 318
Arnulf, Kg. d. Franken, röm. Ks. 37, 334
Árpád, myth. Kg. v. Ungarn *109*, 280
Ashton, Abigail *138*
Attila, Kg. d. Hunnen 19
Augsburg (Bayern) *49*

Awaren 13, 36
Axmann, J. *89*
Babenberger 36, 44, 239, 331, 334
Bad (Heil-, Kurbad) 19, 48, 78, 91, 125, 127 f., *127 f.*, 130 f., *132 f.*, 134, *136*, 168, *179*
Badbuch,
 - Ludwigstorffisch 128, *131*
 - Pollhaimerisch 45, 48, 128, *129*, *131*
Bad Deutsch-Altenburg (NÖ) 9, 13, 16, 21, 23, 25, 31, 37, 42 f., *61*, 74, 77 ff., *77ff.*, *81*, *91*, 96 f., *97 f.*, 105, *108*, 109, *111*, 112, 115, *116*, 119, 127, 130 f., *130*, 134, *136*, 142, *147*, *147*, 151, *157*, *161*, 162, 187 f., 190, 196, 205, 207, 211, 214, 216, *217*, 218, 222 f., 227, *227*, *229 f.*, 262, 265, 267, 279, 280, 285, 290, 292, 305, *306*, 315, 341
Badgasse 11, 80, 128, *130*, 144, 158, *158 f.*, 166, 168, *168*, 170, *170 f.*, 208, 218, *220*, 227, *227*, 262
Bahn (s. auch Preßburger, Raab-Ödenburg-Ebenfurther B.) 146, *278*, 294
Bahnhof 66, 79, *146*, 223 f., *226*
Balint, Pavel, Pfr. v. Bad Deutsch-Altenburg, Dechant v. Bruck/Leitha 350
Bamberg (Bayern) 43, 214, 331 f., 336
Baptista, Georg → Cretiol
Bastler, Anton Dominik 128, *128*, 144, *154*, 168, 291
Bastlerhaus (heute → Florianihof) 80, *128*, 154, 160, 168, *168 f.*,
Bauer,
 - Johanna 350
 - Karl 350
Bauernbefreiung 70, *71*
Bayer, Friseur *219*
Bayern 36, 42, 141, 214, 331, 333, 338 f.
Béla IV., Kg. v. Ungarn 44
Benka, Georg 350
Benndorf, Otto 94
Berg (NÖ) 23, 79
Berggasse 72, 187 f., *194*, *217*
Bernsteinstraße 16, 37, 42, 87, 109, 141, 214, 315
Besatzungsmächte 78, 298
Bettlergrube 224
Beuttler, Clemens *87*, 346 f.
Beyer, Johann 350
Biedermeier 66, *67*
Bienenfeld, Johann Nepomuk v. 210
Bienenfeldmühle (s. auch Pálffy-Villa) 80, *154*, 202, 210, *210 f.*, *242*, 305
Bindauer,
 - Joseph 210

 - Regina 210
Bischof-Durkowitsch-Weg *159*, 227, *227*, 285
Blauer (Pechtrager-) Bruch → Steinbrüche
Blumau (NÖ) 277
Böhmen 44, 48, 305
Bös, Franz Anton 350
Braith, Ignaz, Pfr. v. Deutsch Altenburg *211*, 264, 350
Brand, August Friedrich 57
Brandeis, Simon 78
Braunsberg *19*, 23, 31, *39*
Brenner-Schmiede *196*
Bronzezeit 31, 37, 276
Brown, Edward 88, 90, 346
Bruck an der Leitha (NÖ) 23, 25, 48, 80, 146, *146*, 162, 187 f., *206*, 259, 262, 294, 345 f.
 - Festungsmauern 23, 25
 - Schloß 24, *25*, 346
Brucker Pforte 109
Budapest (Ungarn) 80, 280, 346 f.
Büller-Kamlander-Haus *187*
Bundesstraße 9 (B9) 96, *147*, 162, 213, 280
Bundesstrombauamt (ehem. k. k. Wasserstraßenamt; heute: Wasserstraßendirektion) 74, *115*, 122
Burgbründl 73
Burgfeld 45, 290
Bürgermeister 9, 71, *72*, 305
Burgstaller, Erwin 56, *290*
Caesar, Caius Julius, röm. Ks. 14
Caesar, Lucius Aelius 321
Carl-Leopold-Hollitzer-Museum (ehem.) 305, 309
Carlone, Carlo Antonio 176
Carl-Sommer-Denkmal 226
Carnuntum 16, 19, *20*, 21, 23, *31*, *33*, 34 ff., 48, 85, 87, 90 f., 92, 94 ff., *108*, 109, 147, 160, 162, *162*, 187, *216*, 285, 321, *322*, 331, 342, 346
 - Amphitheater I (b. Militärlager) 91, *91*, 95, 97, *143*, 162, *199*
 - Amphitheater II (b.d. Zivilstadt) 21, 94, 97, *100*, 162
 - Auxiliarkastell (Petronell) *95*, 96, *96*
 - Forum 94
 - Freilichtmuseum 162
 - Kommandogebäude (principia) 90, *90*
 - Lagerstadt 91, 94, 96, 162, 321
 - Legionslager 90 f., *90*, 94, 96, 127, *143*, 162
 - Palastruine (Große Therme; Petronell) 91, *94*, 95, 97, 162, *286*
 - Zivilstadt 91, 94 ff., *100*, 162

Carnuntumgasse 144, 187, 194 ff., *195 f.*
Cencic, Johann 350
Chnab (Knab), Michael 240
Cholera 66
Cholerafriedhof 66, *278*
Cholerakreuz 66, *278*
Christl (-Ludwigstorff), Maria 179, 235
Christl von Lomnicka, Anton *161*
Chung, Ming Wen *303*
Cisleithanien 25
Claudius (Tiberius Claudius Nero Germanicus), röm. Ks. 34, 162
Collalto und San Salvadore
 - Antonio Francesco, Rgf. v. 57 f., 176
 - Leopold Rombald, Rgf. v. 58, 176
Concin, Ulrich v. 175
Conti, Carl *243*
Conze, Alexander 90
Cook, Peter 163, *164*
Cornette, Benoît 163
Crantz, Heinrich Johann 134
Cretiol,
 - Antoni 292 f.
 - Georg Baptista 292 f.
Dampfschiffe 112, *113*, 142
Danek, Karl *108*
Darnaut, Hugo 174
DDSG 80, 112, *113*, 142, *142*
Dechant-Schrammel-Weg 227, *227*, 285, *291*
Decq, Odile 163
Déed, Franz 56, 78, *108*, 162, 265
Dellenstedter, Sebastian *71*
Derr (s. auch Dörr), Jorg der 175
Deutsch Altenburg (heute → Bad Deutsch-Altenburg) 19, 37, *39 f.*, 45, *46*, 48 f., 55, 56 ff., *58 f.*, 62, 64, 66, *69 f.*, 70 f., 74, 77 ff., 94, 109, 111, *111*, 112, *112*, 114, 127 f., *128*, *131*, 141, 143 f., *143*, 146 f., *146*, *152 f.*, 168, 170, *172*, 175 f., *175*, *179*, *184*, 195 f., 202, *204*, 205, *206*, 210, *210*, 218, 221 f., 224, *224*, 226, *235 ff.*, 240, *241*, 242, *261*, 264, *266*, 294, 305, 331, 335, 340 f., 346 ff.
Deutsches Reich 78 ff.
Diana 162
Dianatempel 97, 162
Dienst, Heide 331
Diepold III. v. Vohburg, Mgf. 45
Dillenz,
 - Lilly → Hollitzer
 - Richard 305
Diokletian (Gaius Aurelius Valerius Diocletianus), röm. Ks. 35, *35*, 322
Ditscheiner, Johann 350

Dobyaschofsky (auch Dobiaschofsky), Franz 259, *259*, 262
Donatusmarterl → Rotes Kreuz
Donau 13 f., 16, 21, 23, 25, 31, 34 f., 37, *38*, *40 f.*, 44, 48, *62*, 66, 70, 74, 78 ff., 87, 96, 103, 105, *105*, *107 f.*, 109, *109*, 112 f., *112*, 115, 118 ff., *122*, *132*, 141 f., *141f.*, 147, 151, 158, 176, 187, 196, 207, *209*, 210, 264, *278*, 280, 292, 315, 331 ff., 337 ff., 340 ff., 346 f.
- Altarme 115, *116*, 119, *176*
- Auen 23, 57, 119 ff., 187
- Regulierung 112, *114*, 115, 118, *132*, 291, 294, 298
- Schiffahrt 112 f., 118 f.
- Staustufen- und Schleusenkette 113, 118, 119
- Straße 87, 105, 109, 141 f., *141*, 331
- Übergänge 37, 109, *110*, 111
- Ufer 21, 74, 94, 109, 112, *113*, 119, 147, *147*, 291, 315, 331
Donaubrücke 109, 122, 147, *147*, 166, *230*, 280
Donaugasse (heute: Emil-Hofmann-Gasse) 187, *207*
Donaulimes → Limes
Dörr (auch: Derr), Familie *45 f.*, 48, 175, *238*, 240, *249*, 265, 290
- Gruftstein *45 f.*, 48
- Wappen 45, *238*, 240, *247*
- Alban 239
- Albero de 175
- Dorothea 214
- Ehrenreich 49, 143, 175, 184, 221, 239
- Franz 48, 127 f., *129*, 184, 290
- Friedrich v. *46*, 259
- Hans Friedrich 221
- Johann 239
- Sabina 184
- Wilhelm 111, 175, 214, 290
Dörrweg 223, 225, *225*, 235, 285, *291*
Dr. Sommer-Weg 144, *144*, 223, 226, *226*
Dreißigjähriger Krieg 56
Dreßler, August 350
Duller, Eduard *236*, 346
Durkowitsch
- Anton, Bi. 227
- Franz 71
- Karl *132*
Dyson (-Ludwigstorff), Anna 179
Ebenfurth (NÖ) 44
Edelstal (Bgld.) 223
Eder, Leopold *211*, 350
Egger, Rudolf 94
Ehrler, Christoph 242

Eichelmüller, Hanns 227, *279*
Eisstoß 66, *209*
Ekkehard v. Aura 43, 340, 344
Elektrisches Licht 74
Elisabethkapelle 166, 179, *179 ff.*, 227
Emil-Hofmann-Gasse *185*, 187, *187*, 205, *207*, 222
Enenkel, Job Hartmann v. 239
Engerau (Petržalka; heute Teil v. Bratislava, Slowakei) 79 f., *79*
Erhard, Franziska Xavera → Hollitzer
Erhardgasse 72, 187, 188, *188 ff.*, 305
Ernst, Erzhzg. v. Öst. 49, 239
Eugen, Prinz v. Savoyen *33*, 142
Ezmann, Johann 350
Fährmänner 111
Fechet, Alois 350
Feldgasse 73, 81
Ferdinand I., Ks. v. Öst. 70 f.
Ferdinand I., Erzhzg. v. Öst., Kg. v. Böhmen u. Ungarn, dt. Kg., röm. Ks. 48
Fernberger, Oberst Christoph 56
Fesca, A. *268*
Feuerwehr, Freiwillige *183*, *204 ff.*, 205, 207, *207*
Feuerwehrhaus (-depot),
- altes *187*, 205, *205*
- neues 202, 205, 207, *207*, 214
Fiebersäule → Frauensäule
Finck, Jacob 71
Fischa 42 f., 45, 333, 343
Fischamend (NÖ) 115, 119, 143, 179, 305
Florian, Matthias *71*
Florianihof (ehem. → Bastlerhaus) 80, 128, *158*, 168, *169*
Flüchtlinge 15, 80 f.
Fortuna Balnearis 127
Franken 36, *36*, 141, 175, 339
Frankreich 14, 57, 64
Franz II./I., röm. Ks., Ks. v. Öst. 66, *142*
Franz Joseph I., röm. Ks. v. Öst. 70, 71, 76, 94, 109, 146, *146*, 160, *160 f.*, 162, *206*, 218, 305
Franz-Joseph-Denkmal → Kaiser-Franz-Joseph-Denkmal
Franziszeischer Kataster 66, *69*, 347
Frauenbrunnen 64, *158*, 166, *167*, 170, *170*
Frauensäule (Fiebersäule, s. auch Frauenbrunnen) 64, 144, 147, 166, *166 f.*, 224, *224*, 262
Fremdenverkehrsverein *108*
Friedhof 66, 77, 79 f., *131*, *185*, 218, 235, *239*, 242, 265, *275 ff.*, 276 f., *279*
Friedrich I. Barbarossa, dt. Kg., röm. Ks. *46*

Friedrich II., der Streitbare, Hzg. v. Öst. u. Steier 44
Friedrich IV., dt. Kg., Kg. v. Ungarn, als röm. Ks. Friedrich III. 44
Friedrich, Karl (K.A.F.R.I.) 201, *201*
Fuchs, Josef *298*
„Führergrabung" *94*, 95
Fuhrmann, Mathias 20, 57, *152*, 261, *264*, 346 f.
Fuksas, Massimiliano 163
Galerius, röm. Ks. 35
Gamber, Emil *91*
Gasthaus,
- Durkowitsch *132*
- Johler *171*
- Krautsieder (heute: Stöckl) 218
- Promintzer 226, *226*
- Schlanitz *170 f.*
- „Zum goldenen Lamm" 76, 218, *219 f.*
- „Zur blauen Traube" 76, 144, *194 ff.*, 195, *216*, 305
Gebhart, Bi. v. Regensburg 42 f., 332, 334, 338 f., 342, 344
Gegenreformation 48, *49*, 222, 264
Gemeindeamt 72, 81, 187 f., *190*, *194*, 218, 305
Gemeinderat 71, 73 f.
Gemeindeverfassung 70 f.
Geng, Karl-Heinz 227
Geng-Sesztak, Gertrude 9, 29, 48 f., 58, 103, 125, 139, 149, 175, 233, 239, 262, 283
Germanen 13, 34 f., *108*, 109
Gesellschaft der Freunde Carnuntums 91, 95
Geyer v. Edelbach,
- Franz Christoph 57, 175
- Maria Eleonora 57
Giuliani, Giovanni 172
Glatz, Theodor 239
Gotesprunn (Göttlesbrunn), Mertten v. 214
Gotischer Bildstock b. Friedhof 239, *277*
Göttweig (NÖ) 45, *47*, 175, 336, 345
Grabstein der „11 unbekannten Israeliten" 79
Gradinger, Hannß 350
Grasser,
- Jakob 175, 210, 285, 290, 292
- Peter 214
Grefe, Conrad 241, *266*, 347
Greise, Conrad *39*, 346
Grill, Elisabeth → Wertanek
Grill-Haus *159*, 196
Groller v. Mildensee, Max 91, 94, *94*, 127, *161*, 318, *318*, 321

Grössinger, Karl 350
Großmährisches Reich 36
Guntersdorf 111
Habsburger 44, 48, 57
Hadid, Zaha 163, *164*
Hadrian (Publius Aelius Hadrianus), röm. Ks. 34, *34*, 96, 321
Haimo (auch Heimo), Vogt d. Klosters Tegernsee 37, 335
Hainburg (NÖ) 13, *19*, 21, 23, *24*, 31, 37, *39 f.*, 43 ff., 48 f., *49*, 57 f., 64, 66, 74, 79 f., 111, *111*, 119, 128, 131, 142 ff., *144*, 146 f., 163, 165 f., 170, 175, 184, 187, 216, 218, 221, 224, *224*, 239 f., 242, 264, 280, 290, 292 f., 294, 305, 331, 335, 341, 346 f.
- Burg (Heimburch u.a.) 23, *39*, 43 f., 44, *83*, 341, 346
- Festungsmauern 23
- Kraftwerk 118 f.
- Martinskirche 43, 239
- Pfarrhof 207, 262
- Schloßberg 239, *315*
- Synagoge 188
- Tabakfabrik 196, 210, 305
Hainburger Berge 20, 26, 96, 292, 315, *315*
Hainburger Straße 144, *145*, 216, 218, 223 ff., 226, *226*, 262
Hall, Adolf 350
Haller, Rochus 350
Hallstattkultur 37, 276
Hanef-Hof 214, *215*
Hardy, Thomas *64*
Harrach, grfl. Familie 24, 290
- Aloys Thomas, Rgf., Vizekg. v. Neapel 24
- Carl v., Frh. v. Rohrau u. Gerhaus 290
- Leonhard v. 175
Hartel, Wilhelm August v. *146*
Hasenburg → Pottenburg
Haslau (NÖ) 175
Haunold, Carl F. E. *90*
Hauptplatz *131*, 158, *158*, 216, 218, *218 ff.*, 223, 285
Hauptstraße (heute: Wiener Straße) *215*, 223
Hauser, Alois 90
Hawley, Christine 163, *164*
Haydn,
- Joseph 23 f., 64, *64*
- Michael 24
- Thomas 23
- Gedenkstätte → Rohrau
Haydnweg 144, 223, 235, *291*
Heidentor *20*, 21, *87 ff.*, 90 f., 97, 162, 346

Heiliges Römisches Reich 13, *36*
Heiligtum f. orientalische Götter → Mühläcker
Heiligtum a. d. Pfaffenberg → Pfaffenberg, Tempelanlage
Heiligtum d. Antinoos *94*, 321
Heiligtum d. Juppiter Dolichenus 91, *99*
Heilquelle 58, 119, 127 f., *129*, 130, 134, 151, 285
Heimenburg (Heimenburc, Heimburc) 23, 37, 42 f., 45, *46*, 239, 331, 333 ff., *337* ff., 341 f., 344 f.
Heimo (Adeliger aus dem Kreis um Kaiser Arnulf) 37, 334 f., 340
Heinrich II., Hzg. v. Bayern, dt. Kg., röm. Ks. 267, *272*
Heinrich III., dt. Kg., röm. Ks. 42 f., 239, 331 ff., 335 ff., 339 f., 342 ff.
Heinrich IV., Abt v. Göttweig 45, 345
Heinrich IV., dt. Kg., röm. Ks. 43, 331, 333 ff., 343 f.
Heinrich VII., dt. u. röm. Kg. 44
Heinschink, Georg 350
„Heldenfriedhof" 265, 277, *279*
Helly, Josef *217*
Hermann v. Reichenau 336 ff., 340, 342
Herrengasse (heute Badgasse) 144, 158
Hetzendorf v. Hohenberg, Ferdinand 293
Hexenberg *115*, *292*, 315
HIC SAXA LOQVVNTVR (baukünstl. Wettbewerb) *136*, 163, *164*, 291, *303*, 319
Hilger, Thomas 290
Hirsch, Johann August 143, *178*
Hochwasser → Überschwemmungen
Höferl, Josef *170*, 350
Hofmann, Emil 187
Hofmeister-Haus (vorm. Löwinger) *189*
Högler, Pius *144*
Höglerkreuz (auch: Tote-Pfarrer-Kreuz) 144, *144*, 226
Hollein, Hans 163
Hollitzer,
- Anna Maria (geb. Kalteneckerin, verw. Schwarzmaierin) 195, 305
- Anton 71, 72, 144, 163, 165, 168, *215*, 305, 350
- Anton jun. 305
- Antonia (geb. Mazzes) 305
- Carl 72, *115*, 160, *161*, 162, 165, 226, 291, 294, *304*, 305, 350
- Carl Leopold *65*, 188, *304*, 305
- Emil 73, 211, 294, *295*, *304*, 305
- Emil (Emilian) 211, 305

- Eva (geb. Riemer) *215*, 305
- Franz 195, 305
- Franz (II) 211, 305
- Franz (III) 73, 294, *295*, *304*, 305
- Franziska (geb. Schmied) 305
- Franziska Xavera (verh. Erhard) 168, 188, 305
- Lilly (verh. Dillenz) 305, *305*
Hollitzer-Allee 23
Hollitzer Baustoffwerke 9, *74*, 166, 179, *259*, *259*, 279, 287, 294 f., *294 f.*, *301 f.*, 305
Hollitzer-Villa *72*, *154*, 188, *190 ff.*, 218, 305, *306 ff.*
Hollitzer-Werke → Hollitzer Baustoffwerke
Homann, Johann Baptist *61*, 347
Hörger, Mathias 350
Hornung, Anton, Pfr. v. Bad Deutsch-Altenburg *161*, 350
Hössl, Leopold 350
Hradil, Franz 350
Huber,
- Anton 210, *242*
- Franz 318
Hubertuskapelle 213, *213*
Hummitzsch, H. *105*, *141*, *152*, *237*, 346 f.
Hundsheim 45 f., 74, 175, 221 ff., *223*, 240, 293, 347
Hundsheim,
- Anna v. 175, 214
- Moyker v. 214
Hundsheimer Berge → Hainburger Berge
Hundsheimer Brüche → Steinbrüche
Hundsheimer Straße 196, 223
„Hundsheimer Turm" 202
Hunnen 13, 342
Huntzhaimer, Philipp 175
Hurber, Anton 350
Hurbner, Matthias 350
Hydranten 205
Illek, Josef 165
Illek-Haus 165, *165*,
Illig, Heribert 36
Illyrer 13
Illyrien 34
Innozenz III., Papst 264
Jachym, Franz, Erzbi. Koad. 179
Janssonius, Joannes *107*, 347
Jaschke, Franz 210, 346
Jobst, Werner 96, 318
Jonas, Johann Leopold 143
Jordan, Richard 242
Josephinische Landesaufnahme *68*, 347

Judengasse (heute: Erhardgasse) 188, 222
„Judenhaus" 188
Jüdische Häftlinge 73, 79 f., *79*
Julianus Apostata (Flavius Claudius Julianus), röm. Ks. 201
Juno 21, 319
Juppiter 21, 315, 319, *319 ff.*, 322, *323*
Juppiter Dolichenus 91, *99*
K.A.F.R.I. → Friedrich, Karl
Kaiserbad → Kurzentrum „Kaiserbad"
Kaiser-Franz-Joseph-Denkmal *137*, *160*
Kaltenecker, Josef 350
Kalteneckerin, Anna Maria → Hollitzer
Kaltenegger, Jakob *71*
Kanalisation 74
Kandler, Manfred 31, *92*, 96, 98
Kara Mustafa, Großwesir 57
Karl der Große, Kg. d. Franken, röm. Ks. 36, *36*, 42, 141, 342
Karl VI., dt. Kg., röm. Ks. 24, *58*
Karl, Erzhzg. v. Öst. 64
Karner 64, *181*, 235, *237*, *253*, 265, *266 ff.*, 267 ff., *272 f.*, *275*, 347
- Apsis 267, *269*, 280
- Fresken *253*, 267, *272*
- Kanzel (ehem.) *268*, *270*
- Portal 268
Katzy, Johann Rudolf, Edler Herr v. Ludwigstorff, Frh. v. Goldlamb 58, *128*, 176, 222
Keller, Franz 350
Kelten 13, 31
Kessler, Andreas, Pfr. v. Deutsch Altenburg 58, *58 f.*, 350
Kielmannsegg, Erich, Gf. 146
Kienesberger, Alois 259
Kirche am Berg → Marienkirche
Kirchenberg 21, 23, 37, *38*, *40*, 42 f., 64, 73, *73*, 77, *132*, *136*, 144, *145*, *153 ff.*,163, *164*, 166, *166*, *171*, 174, 175, *179*, 210, 214, *224*, 225 ff., 233, 235, *239*, 265, 276, 277, *280 f.*, 285, 290 f., *290*, 319, 340 f.
Kirstein, August 94, 160, 162
Kittsee (Bgld.) 23, 347
Klebel, Ernst 43, 335, 341
Klee, Johann 350
Klima, Leopold 95
Knab, Michael → Chnab
Knobloch,
- Johann (I) 350
- Johann (II) *161*, 222, 350
Koch,
- Franz *131*, 279, 350
- Matthias *71*, 350

Koerber, Ernest v. *146*
Koháry, Stephan Gf. *263*
Kollhoff, Hans 163
Kommission z. Erforschung d. röm. Limes → Limeskommission
König-Stephan-Gasse 291
König-Stephan-Ruhe → Steinbrüche
Königswart (NÖ) 23
Konrad II., Bi. v. Passau *46*, 175
Konrad II., dt. Kg., röm. Ks. 42, 331 333, 343
Konrad III., dt. Kg. 46
Konrad, Hzg. v. Bayern 42, 338 f., 342
Köpf, Hanns 350
Köpf-Haus *159*, 227
Körner, Theodor *161*
Kranichberg, Friedrich v. 175, 290
Krebitz, Hans 131
Kreinerhügel (auch Krainer-, Greinerhügel) 21, 42, 79, 144, 196, *197* f., 201, 262
Krems,
- Franz 350
- Paul 350
- Walter 9, *11*
- „Schwarzer" 186
- „Weißer" 189
Kreuzzüge *46*, 141
Kriegerdenkmal 77, 218, 235, 276
Kriegsgefangene 77
Kroaten 48, 264
Kudlich, Hans 70, *71*
Kunigunde, hl. 267, *272*
Kurhaus (Ludwigstorff) 79, 119, 131, *132 ff.*, 135 f., *158*, 209
Kurkapelle Kuzelka *135*
Kurortegesetz 130 f.
Kurpark 74, 80, *122*, *132*, *137*, 158, *170*
Kuruzzen 57 f., *57*, 64, 109
Kurzentrum „Kaiserbad" 131, *131*, *136*, 165, 227, 285, *291*
Kutschera, Karl 37, *275*
Lachmayer, Herbert 13, 163
Ladislaus Postumus, Hzg. v. Öst., Kg. v. Ungarn u. Böhmen 44
Lambeck, Petrus 87
Landesmuseum, NÖ. *90*, 176
Landesregierung, NÖ. 95, 131, 162, 242
Landstraße (heute: Wiener u. Hainburger Straße) 216
Landtag, NÖ. 78, 146
Langobarden 36, 339
Lankisch, Ritter v. Hoernitz, Philipp 350
Lazius, Wolfgang *51*, 347
Lazarett 79, 131, 165, 218
Leitha 24 f., 42 ff., 298, 333, 337, 343

Leithagebirge 25, *286*
Leopold I., Erzhzg. v. Öst., Kg. v. Ungarn u. Böhmen, röm. Ks. 264
Leopold VI., Hzg. v. Öst. u. Steier *46*
Lesch-Greißler 219
Limes *31*, 34, 87, 91, 95, 315, 318
Limeskommission 91, 94 f.
Liutpold, Markgf. in Bayern 36
Lohner, Johann 350
Lorch (Lauriacum, bei Enns, OÖ) 36, 335
Lorenzoni, Pietro Antonio *64*
Lourdes-Grotte (s. auch Steinbrüche) 235, *290*
Luca, Ignaz de 143
Ludwig II., Kg. v. Ungarn u. Böhmen 48
Ludwig, Siegfried 162
Ludwigstorff, Familie (Herrschaft) 58, *70*, 176, 218, 224, *261*, 267
- Anna, Freiin v. *278*
- Anna, Gfn. → Dyson
- Anton, Gf. 76, *146*, 176
- Johann Rudolf → Katzy
- Maria, Gfn. → Christl
- Rudolf, Gf. 160, *161*, *162*, 176, 179
Ludwigstorffbründl 73 f.
Lueger, Karl *211*
Luntz, Viktor *255*
Luttring, Andre 292 f.
Magyaren 36
Mährer 36
Mang-Haus *188 f.*
Mang-Stadel *186*
Manitius, Max 43
Mannagetta, Johann Wilhelm 45, 128, *129*, *131*
Mannersdorf (NÖ) *172*
Marbod, Markomannenfürst 34
Marc Aurel (Marcus Aurelius Antoninus), röm. Ks. 16, *34*, 35, *108*, 321 f.
Marc-Aurel-Denkmal *108*
March 43 f., *109*, *109*, 298, 332 f., 340
Marchegg, Schloß (NÖ) 176
Marchfeld (NÖ) 23, 44, *109*, 119, *147*, 179, 264, 335, 347
Marcus Aurelius Severus Alexander, röm. Ks. 97
Margarete, Hzgn. v. Öst. 44, *44*
Maria Theresia, Erzhzgn. v. Öst., Kgn. v. Ungarn u. Böhmen, Ksn. *38*, *64*, 218, 222, 293
Marie Louise, Erzhzgn. v. Österr., Ksn. d. Franzosen, Hzgn. v. Parma 64
Marienkirche 21, 37, *37*, *40*, 42 f., *42*, *45* f., 48, 58, 64, 77 f., 80, *131*, *145*, 151, 166, 175, 179, *183*, 184, 218, 227, 229, 235, *237*, 239 f., *239*,

241f., *243*, *246*, 251, *253*, *255*, *258 f.*, 259, *260*, *261*, *262*, *263*, 264 f., *276*, *277*, 280, *281*, 335, 341, 343, 347
- Chor 45 f., *240*, 245 f., 251, 256 f., 259, 262
- Fresken, ehem. *250 ff.*, 251 f.
- Hochaltar *183*, *258*, *259*, *259*, *262*, *262*
- Krippen 80, *260*, *260*
- Langhaus *240*, 267, *269*
- Marienbild → Altenburger Madonna
- Orgel *240 ff.*
- Portale *248 ff.*, 251, *253*, 257, *262*, 267
- Renovierung *243*, 247
- Stephanus-Altarbild *263*
- Stephanusfenster 265
- Taufkapelle (Johanneskapelle) 59, *249*, 251, *254*, *256*, 262, 267
- Turm *45*, 78, *238 f.*, 239 f., *244*, 251, 262
- Wappen (→ auch Dörr) *240*, *240*
Mariensäule 144, 224, *224*, 262
Markl, Martin 350
Markomannen 31, 34 f.
Markterhebung 78
Marktl, Wolfgang 134
Martinsdorf, (NÖ) 267
Martis
- Josefine *216*
- Richard *216*
Matthias Corvinus, Kg. v. Ungarn 44
Maurer,
- Jakob 290
- Joseph, Pfr. v. Deutsch Altenburg 37, *170*, *172*, *242*, 279, 350
Mauthausen (OÖ) 79 f.
Maximian, (Marcus Aurelius Valerius Maximianus), röm. Ks. 35
Maximilian I., Erzhzg. v. Öst., dt. Kg., röm. Ks. 44
Maximilian II., Erzhzg. v. Östrreich, Kg. v. Ungarn u. Böhmen, röm. Ks. 49, *293*
Maydinger, Georg *144*
Mayerl, Anton *194*
Mazzioli, Jakob 350
Meierhof *155*, *186 f.*, 195
Mercator, Gerhard *53*, 347
Merian, Matthäus 22 f., 87, *152*, 346 f.
Merscheck, Johann, Dechant v. Hainburg 264
Miklas, Wilhelm 162
Mildner, Josef 144
Mildner-Kurve (auch: Reith) 144
Milles, Jeremia 90
Miltner, Franz 94
Mindszenty, József, Kard. 265

Minerva 21, 319
Mineurkreuz *291*
Mithraeum 91, 290
Mithras 99
Mitscha-Märheim, Herbert 37, 43, 340
Moffel, Familie (genannt: v. Altenburg) 175
Mohács (Ungarn) 48
Molitor, Wolfgang (eigentl. Millner), Pfr. v. Hainburg 49
Monarchie, österr.-ungarische 13, 15, 25, 64, 74, 78, 112, 134, 347
Mozart, Wolfgang Amadeus 64, *64*, *131*, 143
Much, Matthäus *41*
Muggenfuß, Georg 264
Mühläcker 80, 96, 98
- Heiligtum f. orientalische Götter 80, 96, 98
- Kultbezirk f. d. Götterpaar Liber u. Libera 96, 98
Mühläugl 80, 196
Mühlgarten (s. auch Pálffy-Villa) 31, 127, *127*, 211, *214*
Müllabfuhr 74
Müllner, Franz 9, 48 f., *108*, 111, 222, *262*, 350
Münz- und Antikenkabinett, kais. 90
Murat, Joachim 64
Museum Carnuntinum 31, 37, 74, 87, 91, 94, 96 f., *108*, 146, *146*, 151, 158, 160 ff., *160 ff.*, 163, 187, 196, *206*, 235, 275, 291, 319, 323, 341
Museum Mannersdorf und Umgebung *286*
Nagelstein (s. auch Schwimmschule) 116
Napoleon I., Ks. d. Franzosen 64
Napoleonische Kriege 64
Nationalpark Donau-Auen *118*, 120 f.
Nationalsozialismus 73, 80, 95, 205
Naturhistorisches Museum Wien 31
Nebastelitz, Franz 350
Nedelkovits, A. *237*
Neuenpauer, Benedikt 48
Neugebäude, Schloß (Wien) 293
Neugebauer-Maresch Christine 37, *38*, 43, 280, 341
Neuhauserin, Dorothea 214
Neustift, In der 221
Neustiftgasse 188, 218, 221 f., *221 f.*
Niederaltaich, Kloster (s. auch Annales Altahenses maiores) 42, 331, 333, 335, 339, 341 f.

Niederösterreich *38*, 42, 44, 49, *51*, 55, 56 f., 64, 66, 78, 91, 95 f., 120, 130, *161*, 162 f., 188, 235, 331, 335, 340
Niederweiden, Schloß (NÖ) 23
Noricum, Königreich 34
Nowatzi,
- Anton 160, *215*
- Matthäus 350
Nowotny, Eduard 94
Nürnberg (Bayern) 19, 42, 339, 342
Oberpannonien → Pannonien
Obholzer, Georg 350
Ödes Schloß 94
Ohmann, Friedrich 94, 160, 162
Opferkuh, Friedrich *172*
Ortsfriedhof → Friedhof
Ortsrichter *70*, 71, *72*, 305
Österreich 13, 15, 36, 44, 49, *51*, *53*, *57*, *61*, 64, *67*, 76, 77 f., 87, 95, 105, 120, 141, 147, *147*, 331, 333, 340, 343, 346 f.
Österreichische Nationalbibliothek (ehem. k.k. Hofbibliothek) *33*, 87
Ostgoten 36
Ott, Martina 350
Otto I., der Große, dt. Kg., röm. Ks. 36, 43
Ottokar II. Přemysl, Kg. v. Böhmen 44, *44*, 109
Pálffy, grfl. Fam. 211
Pálffy-Villa 31, 211, *211 f.*
- Brunnstube *210 f.*
- Erholungsheim der Wiener Straßenbahner 211
- Garten 211
Pannonien 34, 322, 342
- Oberpannonien (Pannonia superior) 21, 34 f., 87, 96, 141, 315, 321
- Unterpannonien (Pannonia inferior) 34, 315
Parkhotel 131
Parkpension 163
Payr, Wolfgang 43
Pest 56, 264
Pestfriedhof 196
Pestmarterl 56
Peter I., Kg. v. Ungarn 42, 333, 337, 340
Petermair, Hanns 259, *259*
Peter-und-Pauls-Kirche 49, *182*, 184, *184 f.*, 222, 265
Peter-und-Pauls-Kirtag 184, 196, 220, 265
Petronell (NÖ) 21, *22*, 48, 74, *88 f.*, 91, *91*, 96, *96*, 115, *116*, *143 f.*, 147, *154*, 162, 201, 213, 262, *345 ff.*
- Gemeindemuseum 97

- Kirche 175
- Lange Gasse 91
- Pfaffenbrunnwiese 91
- Schloß (auch Schloß Traun) 21, 22 ff., 24, 91, 95, 97, *153*, 346
- Tiergarten (von Schloß Traun) 91, 94, *99*

Peutinger, Konrad 33
Pfaffenberg 21, 31, 37, 64, 74, 79, *81*, 94, *94*, 96, *115*, *136*, 196, *197*, *199*, *216*, 224, *230*, *259*, 292 f., 294, 305, *310 f.*, 315, *315*, *319 ff.*, 321, 22 f., *322 ff.*
- Museum 163, 235, 319
- Steinbruch → Steinbrüche
- Tempelanlage 21, 35, 95, 96, 292 f., 315 ff., *316 ff.*, 318 f., 322 f., *322 ff.*, 325

Pfaffenbergsattel → Steinbrüche
Pfarrer-Maurer-Gasse 73 f., 144, 158, *159*, 166, 170, *170 ff.*, 175, *178*, 184, 187, *188*, 195, *208*, 222
Pfarrgasse (heute: Pfarrer-Maurer-Gasse) 170, *174*, 222
Pfarrhof 143 f., 155, 170, 178, *207*, 222, 227, *243*, *248*, 276
Pfarrkirche → Marienkirche
Pfennigbauer, Josef Anton 350
Pferdeschwemme *202*
Piso, Ioan *94*, 321
Pockmayer, Simon 350
Pococke, Richard 90
Pohl,
- Adolf 77, 218
- Franz *135*
Pokorny, Ulrich 350
Polheim,
- Gundakar v. 49, 175, 184, 210, 239, 290
- Hans v. 290
Polt, Johann 350
Popp, Franz *161*, 162
Porta Hungarica 13, 25, *46*, 142
Porter, Andrew *303*
Posthof → Poststation
Poststation 64, 81, *131*, 143 f., 170, 214, 216
Poststraße 143 f.
Pottenburg (Hasenburg), Ruine 23
Potuznik, Heribert 179, *181 f.*,
Prack, Franz, Pfr. v. Deutsch Altenburg 240, 242, 350
Prankh, Friedrich v. 221
Prellenkirchen (NÖ) 57 f., 176, 213, 221, 223, *223*, 346 f.
- Schloß 24, *25*
Preßburg (Bratislava, Poszony, Brezalauspurc; Slowakei) 23, 31, 36, 64, 79, *131*, *136*, 141, 143 f., 146, *153*, 187, 210, 242, 264 f., 292 f., 334 f., 337 f., 340 ff., 346 f.
Preßburger Bahn 146, *146*, 213, 294
Pretrer, Jakob der 175, 285, 290, 292
Principia → Carnuntum, Kommandogebäude
Prix,
- Josef 218
- Wolf D. 218
Prochazka, Elsa 163
Promintzer, Josef *161*, 226
Puchhammer, Hans 162 f.
Püttner, Jakob 48
Quaden 31
Quadenburg *41*
Raab-Ödenburg-Ebenfurther Bahn 294
Radio-Austria-AG 77 f., *77*
Radiostation 77, *77*, 80, 213
Radovanovic, Alexander 350
Rákóczy, Franz II. 57
Rascher von Weyeregg, Johann Karl, Pfr. v. Hainburg 58, 224, 240
Rau, Otto 201
Reformation 48, 221
Regensburg (Bayern) 42, 142, *142*, 267, 270, 331 ff., 335, 337 f., 344
Reichmann, Tobias 350
Rein, Helga 350
Reinhardt, Max 305
Reinhold, Rudolf 350
Reinisch, Wolfgang *262*
Reisenberg (NÖ) 74
Reith → Mildner-Kurve
Revolution 1848 70 f., 109
Reymann, Josef 350
Rhomberg, Lilo 176
Ribarz, Rudolf 145, *281*
Richard I. Löwenherz, engl. Kg. 23
Richtstätte, alte 144, 224
Riedl, Stefan 166, *200*, 201, *262*, *279*
Riedmüller, Kurkonditorei *130*, *158*
Riener, Andreas Johann 350
Ritchie, Ian 163
Rofingshofer-Haus *158*
Rohbock, L. *268*
Rohrau (NÖ) 24, 64, 346
- Haydn-Gedenkstätte 24
- Schloß 24, *25*
Rollfähre 80, *110 f.*, 147, *179*
Römer 13, 31 f., 34, 37, 78, 87, 97, *108*, 109, 127, 141, 151, 276, 285, 315
Römisches Reich 35, 97, 105, 109, 315
Roseggergasse 56, 80 f., 196, 211
Rotes Kreuz (Donatusmarterl) 196, *200 f.*, 201, 262

Röthelstein (urspr. Rottenstein), Ruine 23, 37, 111
Rott am Inn 37
Rottenstein → Röthelstein
Royas, Christoph v., Pfr. v. Hainburg, Bi. v. Wr. Neustadt 264
Rudolf I. v. Habsburg, dt. Kg. 44, 109
Rudolf II., Hzg. v. Öst. u. Steier 143
Rudolf II., Erzhzg. v. Öst., Kg. v. Ungarn u. Böhmen, röm. Ks. 143
Rumänien 15, 79, 227
Runk, F. F. *235*, 277, 346
Ruthner, Anton v. *40*, 347
Sabaria → Savaria
Sacken, Eduard Frh. v. 90, *268*, 285
Samo, fränk. Adliger 36
Sauberg 42
Savaria (Szombáthely, Steinamanger; Ungarn) 36, 315, 322, 342
Scarbantia (Sopron, Ödenburg; Ungarn) 315
Schad'n, Hans 43
Schanda-Häuser *170 f.*
Schaupp, Walter 350
Scheiger, Josef *184*
Schiffsanlegestelle 80, *113*, 142, 291
Schiffsmühlen 112, *112*, 196, 210
Schiffsmüller 112
Schiffahrtsmuseum, Spitz an der Donau *112*
Schildorfer, Albert 350
Schlatzer, Franz 350
Schloß (Bad Deutsch-Altenburg) 24, 58, 73, 144, *153*, 155, 160, 170, 175 f., *175 ff.*, 179, *179*, 210 f.
Schloßbrücke 64, 144, *170 ff.*
Schloßgasse (heute: Pfarrer-Maurer-Gasse) 144, 170, *174*
Schloßhof, Schloß (NÖ) 23, *307*
Schmidl, Adolf *236*, 346
Schmidt, Friedrich Frh. v. 242
Schmutzer, Johann Adam *261*
Schönabrunn (NÖ) 213
Schönbrunn (Wien),
- Gloriette 293
- Schloß 64
Schram, Wolfgang 210
Schrammel, Josef, Msgr., Pfr. v. Bad Deutsch-Altenburg, Dechant v. Hainburg 131, *172*, 179, 188, 227, *227*, *275*, *279*, 350
Schrei, Karl sen. 350
Schreiber, Johann Anton 350
Schreiner, Carola 43, 239
Schröter, Johann, Pfr. v. Hainburg 292
Schubert, Heinrich Carl 109

Schule 221
- alte 170, 184, *186 f.*, 187 f., 205, *205*, 222
- neue 221 f., *221 f.*
Schulgasse (heute: Emil-Hofmann-Gasse) 73, *187*, 188, 222
Schulgasse (heute: Erhardgasse) 73, *188 f.*, 305
Schumacher,
- Georg 302
- Patrick 163, *164*
Schwaben 57, *57*, 339
Schwarzberger, Matthias 71
Schwarzmaierin, Anna Maria → Hollitzer
Schwechat (NÖ) 57, 298, 305
Schweden 56
Schweickhardt v. Sickingen, Franz Xaver 67, 89, 112, 152, 346 f.
Schweizergassel *207*, 227
Schwimmschule „Am Nagelstein" 116
Seder, Franz 290
Seebach, Gerhard 43, 341
Segelfliegerverein „Carnuntum" 223, *223*
Seleskowitsch, Martin 71
Senders, Tiny (verh. Hollitzer) 305
Septimius Severus (Lucius Septimius Severus Pertinax), röm. Ks. 34 f., *35*, 96, 321
Sesztak → Geng-Sesztak, Gertrude
Sieghartskirchen (Sigehartteschiriha) 42, 333 ff., 342 f.
Sigismund v. Luxemburg, Kg. v. Böhmen u. Ungarn, dt. Kg., röm. Ks. 44
Sinowatz, Fred 119
Skywa, Johann 350
Slawen 13, 36 f., 42, 276, 339 f., 342
Slowakei 23, 80
Smart, Tony *136*
Solabründl 73, 127, 213
Sola-Feld (Sala-Feld) 213
Soliman II., Sultan 48
Sommer, Carl 226, 235
Spanitsch, Joseph 71
Sparr, F. N. de *62*, 346
Sperlich, Johann 350
Spitzerberg 223
Staindl, Johann Paul 350
Standuhr auf dem Hauptplatz 144, 218, *218*
Starhemberg, Rüdiger v. 111
„Stein" 37, *41*, 42, 111
Steinabbau → Steinbrüche
Steinabrunn (ehem.) *46*, 48, 202, 221, 346
Steinabrunner Heide 77 f., 80, 202, 213
Steinabrunner Weg 196

Steinabrunngasse 31, 74, 80, *194*, 196, 202, *202*, 205, *207*, 210 f., *210 f.*
Steinbrecherkreuz 277, *279*
Steinbrüche 21, 31, *132*, *136*, 179, *224*, 235, 259, 279, 283, 285, *288*, 290
 - Am Stein *132*, *288*, 291, 341
 - Badgasse 11, 80, 128, 144, 218, *220*, 227, *227*
 - Blauer Bruch 292 f., *292*
 - Helstein (Holstein) 290
 - Illek-Haus (Kaiserbad) 165, 285, 291, *291*
 - Kirchenberg 42, *115* , *132*, *136*, 285, 290 f., *290 f.*, 294
 - König-Stephan-Ruhe 285
 - Lourdes-Grotte 285, *290*, 291
 - Pfaffenberg 73 f., *179*, *230*, 285, 287, 292 f., *295 ff.*, 298, *298 ff.*, 305, *315*, *317*, 318, *325*
 - Pfaffenbergsattel 221, *223*, 285
 - Strombauamt (ehem.) 235, 285, *289*, 291, 294
 - Weißer Bruch 292 f., *293*
 - Zottmann-Villa 285, *288*
Steinbüchel v. Rheinwall, Anton 90
Steinhauser-Wimmer, Peppi *195*
Steinzeit, jüngere 31
Stelzer, Franz 350
Stephan I., der Heilige, Kg. v. Ungarn 42, *42*, 239, 259, *261*, *263*, 265, 280
Stiglitz, Herma 96, *99*
Stopfenreuth (NÖ) 111, 147, *147*
Stopfenreuther Au *118 ff.*, 119, *120*, 122
Strachtin (Tracht, heute: Strachotin, Mähren; Tschechien) 43, 333, 343
Strandbad 115, *116 f.*, 187
Strasser,
 - Georg 350
 - Karl 350
 - Richard 350
Strombauamt → Bundesstrombauamt
Stumpf, K. F. 43
Südostwall 74, 79 f.
Sulz, In der *154*, 214
Sulzbach, Gfn. 43, 214, 334
Sulzbach 73 f., 127, *131*, 170, *172*, 196, *202 f.*, 214, *214 f.*, 235
Sulzgasse 73, 81, 203, 214, *215*
Sutter, Johann *70 f.*, *144*, 350
Svoboda, Gertrude 78
Swoboda,
 - Erich 31, 94 f., 318
 - Gottfried *170*
Synagoge → Hainburg
Szátmár (Ungarn) 57
Szombathy, J. 280
Tabakfabrik → Hainburg

Tabula Peutingeriana (auch Theodosiana) *33*, 87, 347
Telefon 73
Telegraphenverkehr 77 f.
Tempelbezirk auf dem Pfaffenberg → Pfaffenberg, Tempelanlage
Terscinar, Hermann 9, *72*, *227*, 350
Theben (Devin; Slowakei) 31, 109, 341, 346
 - Árpád-Felsen *109*
 - Ruine *109*
Thebener Kogel 26
Theodor, awarischer Capcan 36, 342
Thermenanlage b. Mühlgarten 127, *127*
Thermenstein 127, *128*
Thoma, Joseph *185*
Thür, Hilke 85, *313*, 316
Tiberius (Tiberius Julius Caesar Augustus), röm. Ks. 34, *34*
Todesmarsch 79, 80
Tököly, Imre Gf. 57
Tonkino Carnuntum *216*
Trajan (Marcus Ulpius Traianus), röm. Ks. 34
Transleithanien 25
Trimmel, Kurt *72*, 350
Trojan, Ludwig *91*
Trott, Adolf *108*
Tschechoslowakei 13
Tumulus (auch: Türkenhügel, Kreuzelberg, Hütelberg) 37, *40*, 144, *145*, 224, 226, *229*, 235, 276, 280, *280*
Türken 13, 48, 57 f., 105, 127, 142, 176, 184, 221, 240, 259, 280
Türkenhügel → Tumulus
Türkenkriege 48, 57 f., 64, 128, 143, 187, 202, 240, 264
Turnhalle 225
Überschwemmungen 66, 115, 207, 207 f.
Umurkenkirtag 265, *265*
Ungarisch Altenburg (Magyaróvár; Ungarn) 48, 64
Ungarn 13, 15, 25, 36, *38*, 42 ff., 48, 56 f., 80, 105, 109, 141 f., 146, 239, *263*, 265, 280, 331 ff., 335, 337 f., 339 f., 342 ff., 346 f.
Ungarnkreuz 265
Universität Wien 90, 94, 128, 168, 267, 280
Unterpannonien → Pannonien
Urban, O. H. 31
Urfahr (→ auch Donauübergänge) 109, 111, 147
Valentini, Dominik 49
Valentinian (Flavius Valentinianus), röm. Ks. 35, *35*

Velleius Paterculus 34
Verein Carnuntum 90 f., *91*, 94, 160, *161*, 162
Verschönerungsverein (s. auch Fremdenverkehrsverein) *170*, *216*, 218
Vetters, Hermann 95 f., 318
Viehtrift 195
Vilius, Johann (eigentl. Höfler) 48
Vindobona 35, 94, *108*
Vischer, Georg Matthäus *24 f.*, *55 f.*, *175*, 346 f.
Volksschule → Schule
Vorbeck, Eduard *108*
Vormärz 66
Vulcanus 127, *128*
Wagner, Jakob 350
Wallburg 23, 37, *37*, *38*, *40 f.*, 42 f., 48, 276, 341
Wallfahrten 151, 264 f., 267, *268*, 270
Walser, Joseph Anton 350
Walter, C. J. v. *38*
Walterskirchen v. Wolfsthal, Baron 163
Wanckmühl 57
Wank (NÖ) 175
Wappen,
 - der Fam. Dörr → Dörr
 - der Marktgemeinde Bad Deutsch-Altenburg 78, *78 f.*, 151, *151*, 285
Waschnack, Simon 350
Wasserleitung 73 f., *73*, *74*, 196, 205, 213
Wasserstraßendirektion → Bundesstrombauamt (ehem.)
Weidinger (geb. Wertanek), Erna 235, *259*
Weinbacher, Jakob, Bi. 179
Wein *195*, 196, 214
Weinbauverein 196
Weingartenfeld 196
Weißer (Miltschuh-)Bruch → Steinbrüche
Weißes Kreuz 221, *223*
Weltkrieg,
 - Erster 15, 77, *77*, 91, 94, 218, 294
 - Zweiter 13, 78, 80, 91, 95, 131, 162, 165 f., 196, 211, 226, 235, 277
Wendler, Ignaz Tobias 350
Wenzel,
 - Friedrich 265
 - Joseph 179
Wertanek,
 - Anna (geb. Wimmer), *76*
 - Elisabeth (geb. Grill), *179*
 - Erna → Weidinger
 - Hans *76*, *161*, *174*, 179, *179*, 235, *259*, 298, *298*
Wertanekplatz *179*, *208*

Westgoten 36
Wetterhäuschen 166, *170*
Wien 19, 21, 42, 44, 48, *51*, *57*, 64, 66, 70, 78 f., 87, *105*, 109, 113, 115, 119 f., *122*, *136*, *141 f.*, 142 ff., 146 f., *153*, 162 f., 179, 187, 211, *211*, *215*, 218, *229 f.*, 240, *246*, 260, *260*, 264 f., *268*, 280, 293, 298, 305, 334, 340, 346 f.
Wiener Becken *19*, 39
Wiener Neustadt (NÖ) 44, 240, 264
Wiener Straße 56, *72*, 80 f., *131 f.*, 143, 188, *194*, 195 f., *196*, 214, *215 ff.*, 216, 218, 223
Wieselburg (Moson; Ungarn) 264
Wikosch, Martin Johann 267, 280
Wildungsmauer *46*
Wimberger, Josef 350
Wimmer,
 - Anna → Wertanek
 - Franz 350
 - Johann *76*, *195*
 - Marie (geb. Koch) *76*
Wimmer-Geng, Marie *195*
Wimmer-Hinke, Josefine *195*
Windhen, Augustin, Pfr. v. Deutsch Altenburg 290, 350
Windmühle 79, 196, *198 f.*, 201, 210, *211*
Windmühlsiedlung 80, 196
Wissgrill, Franz Karl 239
Witka, Stefanie 350
Wittmann, Alfred 350
Wolf, Hannß 350
Wolfger, Bi. v. Passau 109
Wolfsthal (NÖ) 23, 146, *279*, 285, 346
 - Schloß 24, *24*
Wollzeile (heute: Carnuntumgasse) 144, 195
Wulfing v. Gerlas 45, 345
Wurm, Joseph 350
Wurz, Franz Lambrecht *144*
Zabehlicky, Heinrich 96
Zeitelberger, Leopold 196
Zöcklein, Gustav 350
Zottmann, Franz 144, 163, 305
Zottmann-Villa (auch → Parkpension) 163, *163*
Zumbusch, Caspar v. 218
Zwangsarbeiter 79
Zwilling, Ernst Alexander 176

Autorinnen und Autoren

HEIDE DIENST,

geb. 1939 in Wien. Studium der Geschichte, klassischen Philologie und Kunstgeschichte; Mitglied des Instituts für österreichische Geschichtsforschung, habilitiert für Österreichische Geschichte und Historische Hilfswissenschaften; o. Prof. für österreichische Geschichte an der Universität Wien, Mitglied des Lehrkörpers des Instituts für österreichische Geschichtsforschung; u. a. Publikationen und Editionen zur Geschichte der Babenberger.

GERTRUDE GENG-SESZTAK,

geb. 1951 in Götzendorf/Leitha, NÖ. Studium der Mathematik und Geschichte in Wien, unterrichtet seit 1974 am Bundesrealgymnasium in Bruck/Leitha; wohnt seit 1958 in Bad Deutsch-Altenburg.

WALTER KREMS,

geb. 1919 in Zwentendorf, NÖ. Pensionist, früher technischer Angestellter bei der Radio-Austria AG. Engagierter Fotograf und Chronist des Ortes; wohnt seit 1920 in Bad Deutsch-Altenburg.

HERBERT LACHMAYER,

geb. 1948 in Wien. Studium der Philosophie und Kulturwissenschaften; Leiter der Meisterklasse für experimentelle Gestaltung an der Universität für Gestaltung in Linz, dort auch Leiter des *Art & Tek Institute*, Gastprofessor an der Bartlett School of Architecture, London.

KÄTHE SPRINGER,

geb. 1948 in Wien. Studium der Pädagogik und Psychologie; freie Lektorin und Publizistin, Projektleiterin der „Redaktion Tagbau".

HILKE THÜR,

geb. 1941 in Frankfurt/Main. Studium der Architektur und klassischen Archäologie; Lehrtätigkeit am Institut für klassische Archäologie der Universität Wien; seit 1971 Mitarbeit an den Ausgrabungen des Tempelbezirks auf dem Pfaffenberg/Carnuntum und wissenschaftliche Bearbeitung der Architekturfunde. Seit 1975 Mitglied des österreichischen Ausgrabungsteams in Ephesos (Türkei).

Dank

Die Herausgeber danken allen, die mit ihrem Engagement
zur Entstehung dieses Buches beigetragen haben,

insbesondere

Msgr. Dr. Josef Schrammel; Kurt Trimmel;

Familie Geng; Dechant Pavel Balint; Beatrix und Karl Wertanek; Robert Riedmüller;

Wolfgang Reinisch, Regina Hruschka, Robert Annerl (Gemeindeamt Bad Deutsch-Altenburg);

Robert Kapaun (Freiwillige Feuerwehr Bad Deutsch-Altenburg);

Irmgard Pober (Kurverwaltung Bad Deutsch-Altenburg);

Hofrat Dr. Manfred Kandler (Österreichisches Archäologisches Institut);

Mag. Claudia Skuretsidis-Haider (Dokumentationsarchiv des österr. Widerstandes);

Ing. Gert Hofmann (Datakom, ehem. Radio-Austria AG);

Heribert Schutzbier (Museum Mannersdorf und Umgebung);

Dr. Christian Baumgartner (Nationalpark Donau-Auen GmbH);

Mag. Marion Großmann; Dr. Sergius Kodera;

Donata Brandner; Mag. Cristina Brandner.

Leopoldsdorf im Marchfelde
Lassee
Leopoldsdorfer Feld
Schmale Lüsse
Rutzendorf
Fuchsenbigl
Breitstetten
Haringsee
Franzensdorf
M A R C H F E L D
Straudorf
Andlersdorf
Wittau
Probstdorf
Wagram an der Donau
Pframa
Kopfstetten
Mannsdorf an der Donau
Orth an der Donau
Eckartsau
Schönau an der Donau
DONAU
Fischamend-Dorf
FISCHAMEND
Maria Ellend
Haslau an der Donau
Regelsbrunn
Wildungsmauer
Neu Haslau
Klein-Neusiedl
Rohrauer Wald
Scharndorf
Enzersdorf an der Fischa
Schüttenberg
Höflein
Schwadorf
Arbesthal
Göttlesbrunn
Gallbrunn